Outlook 2010

Die Anleitung in Bildern

von
Jan Tittel und Thomas Giesen

Vierfarben

Sie haben Fragen, Wünsche oder Anregungen zum Buch?
Gerne sind wir für Sie da:

Anmerkungen zum Inhalt des Buches: maike.luebbers@vierfarben.de
Bestellungen und Reklamationen: service@vierfarben.de
Rezensions- und Schulungsexemplare: britta.behrens@vierfarben.de

An diesem Buch haben viele mitgewirkt, insbesondere:

Lektorat Jan Watermann, Maike Lübbers
Korrektorat Alexandra Müller, Olfen
Herstellung Iris Warkus
Einbandgestaltung Marc Thoben, Köln
Coverentwurf Daniel Kratzke
Layout Vera Brauner
Satz Markus Miller, München
Druck Himmer AG, Augsburg

Gesetzt wurde dieses Buch aus der Linotype Syntax (10,25 pt/14,25 pt) in Adobe InDesign CS5. Und gedruckt wurde es auf mattgestrichenem Bilderdruckpapier (115 g/m^2). Hergestellt in Deutschland.

Bibliografische Information der Deutschen Nationalbibliothek
Die Deutsche Nationalbibliothek verzeichnet diese Publikation in der Deutschen National-bibliografie; detaillierte bibliografische Daten sind im Internet über http://dnb.d-nb.de abrufbar.

ISBN 978-3-8421-0020-6

1. Auflage 2012
© Vierfarben, Bonn 2012
Vierfarben ist ein Verlag der Galileo Press GmbH
Rheinwerkallee 4, D-53227 Bonn
www.vierfarben.de

Der Verlagsname Vierfarben spielt an auf den Vierfarbdruck, eine Technik zur Erstellung farbiger Bücher. Der Name steht für die Kunst, die Dinge einfach zu machen, um aus dem Einfachen das Ganze lebendig zur Anschauung zu bringen.

Liebe Leserin, lieber Leser,

E-Mails sind aus unserem Kommunikationsalltag nicht mehr wegzuden-
ken – weder in beruflicher noch in privater Hinsicht. Häufig ist Microsoft
Outlook die Software der Wahl, wenn es um die Bearbeitung, Verwaltung
und Archivierung von E-Mails geht. Doch das Programm kann weit mehr.
Pflegen Sie Ihre Kontakte mitsamt allen wichtigen Daten im Adressbuch,
organisieren Sie Ihre Termine dank der Kalenderfunktion an zentraler
Stelle, kurzum: Bündeln Sie all diese Aufgaben in Outlook, auf dass Sie
immer den Überblick behalten.

Wie Sie Outlook 2010 nutzen und welche Einstellungen Sie vornehmen
sollten, damit das Ganze möglichst einfach und vor allem sicher ist, zeigen
Ihnen Thomas Giesen und Jan Tittel in diesem Buch. Dabei gehen sie jeden
Schritt mit Ihnen zusammen, sodass Sie direkt loslegen können, anstatt
erst lange zu suchen.

Natürlich wurde dieses Buch mit größter Sorgfalt geschrieben und hergestellt. Sollten Sie dennoch einmal Fehler finden oder inhaltliche Anregungen haben, freue ich mich, wenn Sie mit mir in Kontakt treten. Für kons-
truktive Kritik bin ich dabei ebenso dankbar wie für lobende Worte. Doch
zunächst einmal wünsche ich Ihnen viel Freude beim Lesen!

Maike Lübbers
Lektorat Vierfarben

maike.luebbers@vierfarben.de

Inhalt

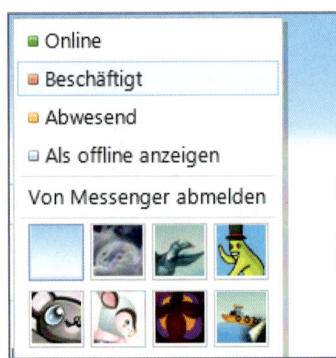

Inhalt

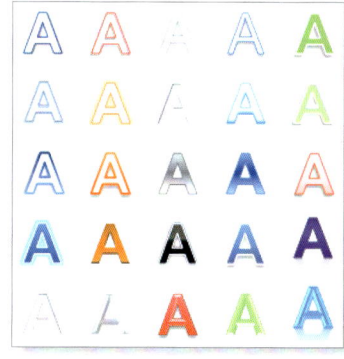

Inhalt

8 Das Adressbuch für E-Mails verwenden ... 170

9 Termine planen 180

10 Aufgaben organisieren 208

Inhalt

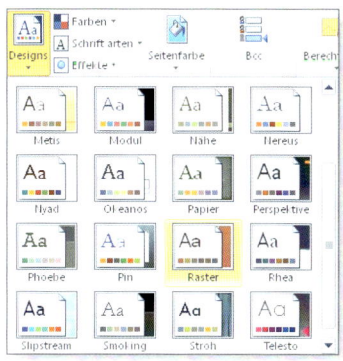

11 Notizen machen 224

12 Outlook individuell anpassen 234

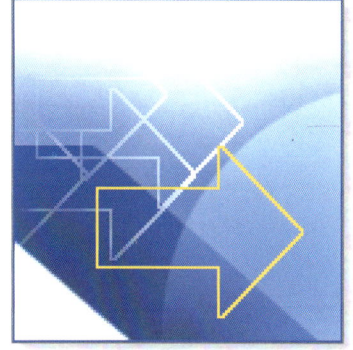

13 Outlook-Daten sichern 254

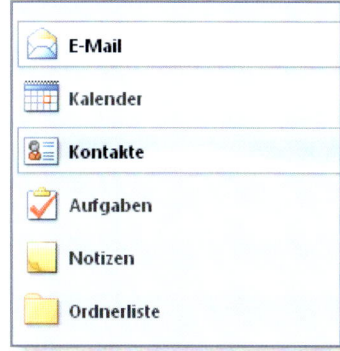

Kapitel 1
Outlook kennenlernen und einrichten

Um mit Outlook richtig durchstarten zu können, benötigen Sie zunächst ein E-Mail-Konto.
Denn erst, wenn Sie ein solches Konto erstellt haben, sind die Voraussetzungen dafür
gegeben, Outlook einzurichten und kennenzulernen.

Ein E-Mail-Konto erstellen

Es gibt viele verschiedene E-Mail-Anbieter (*Provider*). Sie müssen also aus der großen Viel-
falt kostenpflichtiger oder auch kostenloser Angebote wählen. Auf den Seiten der Anbieter
ist die Erstellung von E-Mail-Accounts ❶ meistens gut erklärt, und Sie werden durch den
gesamten Vorgang geführt.

Das E-Mail-Konto mit Outlook verbinden

Der Weg zu einer funktionstüchtigen Verbindung von Outlook mit dem Internet kann für
den Laien – trotz der Führung durch das E-Mail-Programm – zuweilen etwas unübersicht-
lich werden. Der E-Mail-Account in unserem Beispiel wird zwar automatisch verbunden,
dafür muss aber zuerst ein Installationsprogramm ❷ heruntergeladen werden.

Outlook-Elemente sicher handhaben

Wenn Sie Ihre E-Mail-Adresse eingerichtet und den Account erfolgreich mit Outlook verbunden haben, können Sie sich nun voll und ganz Outlook widmen. Dazu ist die Beschäf-
tigung mit den Befehlen im Menüband sehr empfehlenswert – vor allem mit denen auf der
Registerkarte **Ordner** ❸.

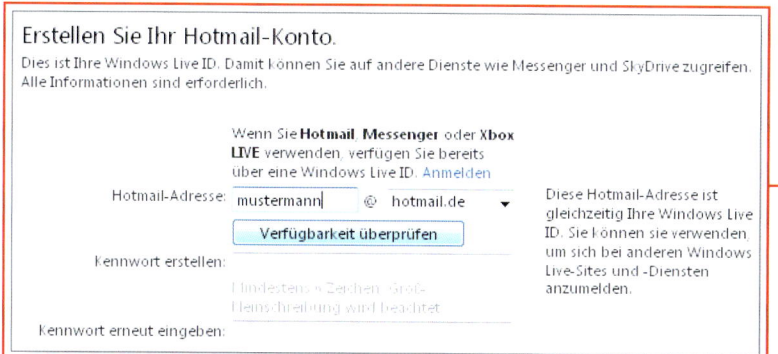

Wir zeigen Ihnen beispielhaft, wie Sie sich eine E-Mail-Adresse bei Hotmail einrichten.

Um den Hotmail-Account mit Outlook zu verbinden, müssen Sie den Microsoft Office Outlook Connector installieren.

Auf der Registerkarte **Ordner** finden Sie die wichtigsten Befehle zum Sortieren und Verwalten Ihrer E-Mails.

Ein E-Mail-Konto anlegen

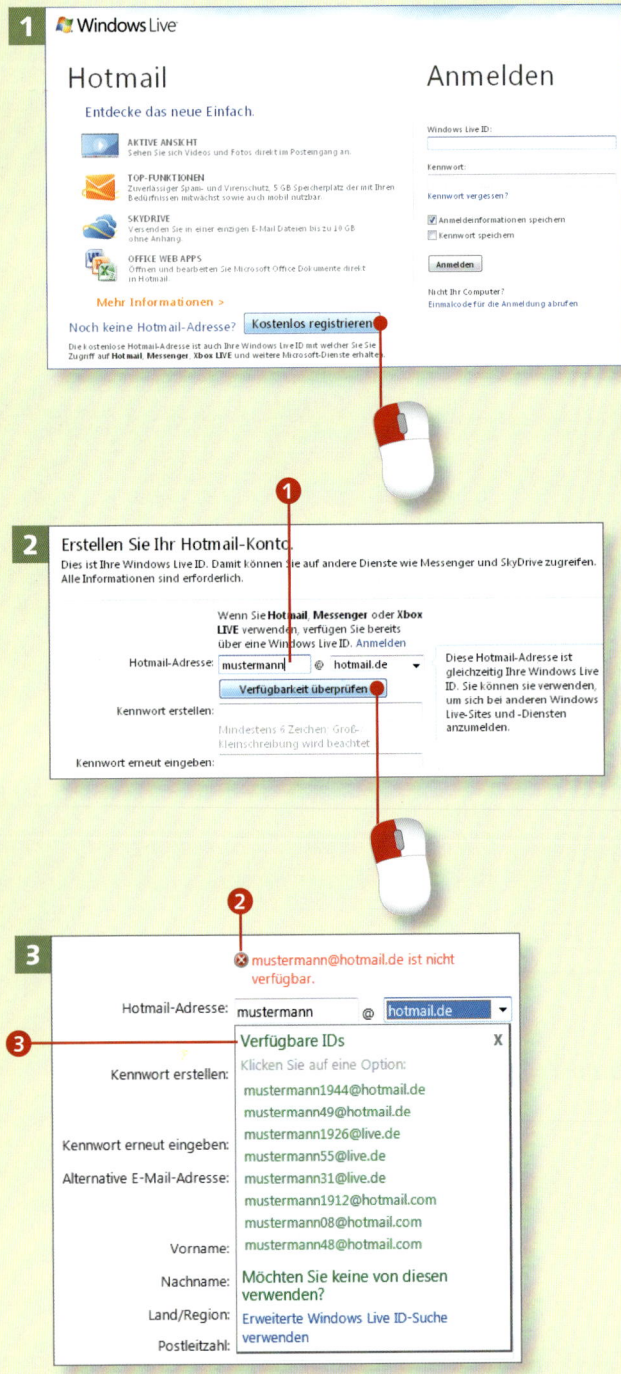

Um Outlook nutzen zu können, benötigen Sie eine E-Mail-Adresse. Dazu machen verschiedene Internetportale ganz unterschiedliche Angebote. Als Beispiel nehmen wir Hotmail.

Schritt 1

Öffnen Sie die Internetseite *www.hotmail.com*. Unten am Bildschirm sehen Sie die Schaltfläche **Kostenlos registrieren**. Klicken Sie darauf.

Schritt 2

Auf der dann folgenden Seite **Erstellen Sie Ihr Hotmail-Konto** testen Sie zunächst die Verfügbarkeit Ihrer Wunschadresse: Geben Sie einen Namen in das Feld **Hotmail-Adresse ❶** ein, und klicken Sie auf **Verfügbarkeit überprüfen**.

Schritt 3

Ist Ihre Wunschadresse schon vergeben ❷, öffnet sich eine Liste mit Adressvorschlägen ❸, die Ihrer Angabe nahekommen. Kein akzeptabler Vorschlag dabei? Dann variieren Sie Ihre Angabe, und versuchen Sie es z.B. mit einer Ergänzung durch Ihren Vornamen.

Schritt 4

Nun legen Sie ein Passwort im Feld **Kennwort erstellen ❹** an. Rechts daneben zeigt ein Farbbalken an, wie schwer das Passwort zu knacken sein wird. Um seine Schreibweise zu überprüfen, geben Sie es noch einmal im Feld **Kennwort erneut eingeben** ein.

Schritt 5

Für den Fall, dass Sie Ihr Passwort vergessen, geben Sie entweder eine andere E-Mail-Adresse an (im Feld **Alternative E-Mail-Adresse ❺**), an die ein neues Kennwort versendet wird, oder Sie klicken auf **Sie können auch eine Sicherheitsfrage zum Zurücksetzen des Kennworts auswählen**.

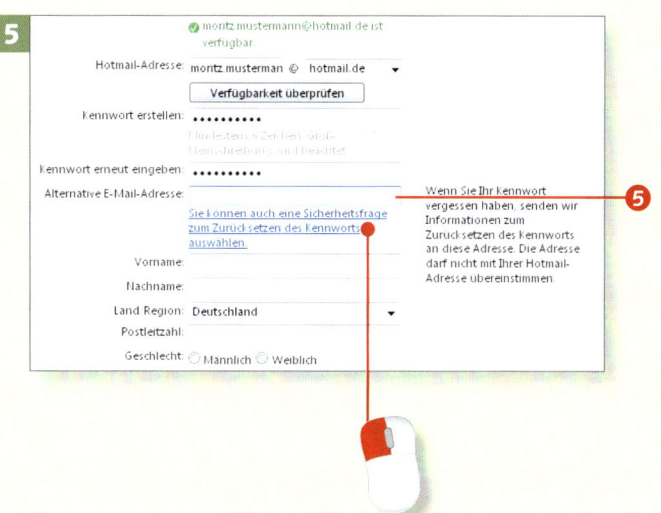

Schritt 6

Dadurch erscheint das Feld **Frage**. Klicken Sie auf den Pfeil rechts daneben, und wählen Sie eine Frage aus dem Aufklappmenü aus. Tragen Sie die Antwort in das Feld **Geheime Antwort** direkt darunter ein.

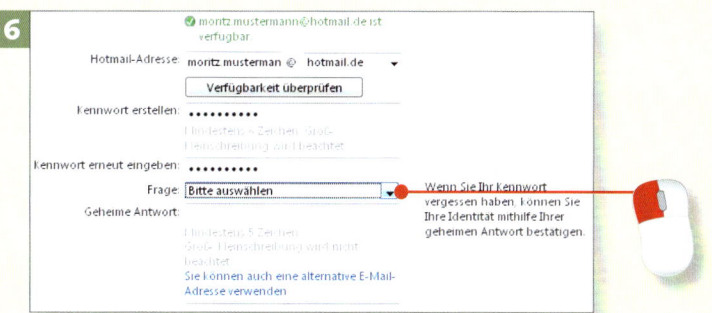

Ein E-Mail-Konto anlegen (Forts.)

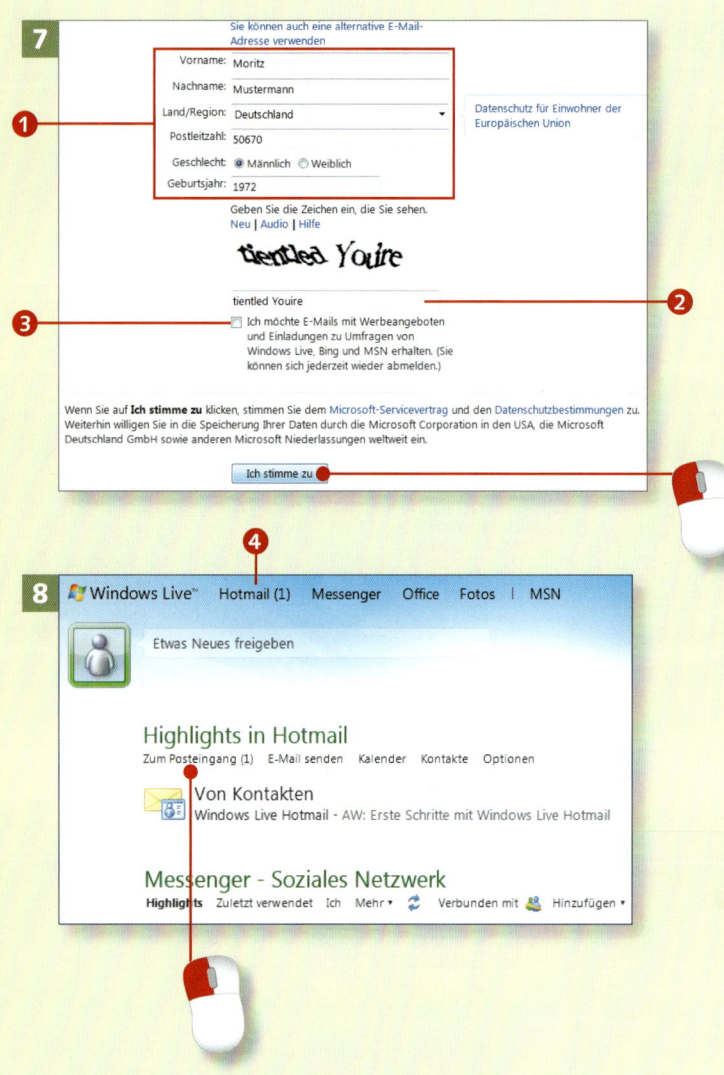

Schritt 7

Schließlich tragen Sie Ihre persönlichen Daten ❶ ein. Authentifizieren Sie Ihre Eingaben durch die Abschrift ❷ des verzerrt gesetzten Codes. Setzen Sie ein Häkchen in das Feld ❸ darunter, falls Sie Werbemails erhalten wollen. Klicken Sie dann auf die Schaltfläche **Ich stimme zu.**

Schritt 8

Ihr E-Mail-Konto (*Account*) bei Hotmail ist nun angelegt, und Sie sind automatisch eingeloggt. Im Posteingang ❹ ist bereits eine Willkommensnachricht für Sie abgelegt. Klicken Sie auf **Zum Posteingang**, um Ihr Postfach zu öffnen.

Schritt 9

Im Posteingang sehen Sie die ungeöffnete Begrüßungsmail. Wenn Sie daraufklicken, öffnet sich ein Fenster, das Ihnen den Nachrichtentext der eingegangenen E-Mail zeigt.

Schritt 10

In der Menüleiste ganz oben ist Ihr aktueller Status **5** für andere Hotmail-Nutzer ersichtlich. Das kleine grüne Quadrat bedeutet, dass Sie online sind. Melden Sie sich beim Verlassen dieser zentralen E-Mail-Konto-Seite mit einem Klick auf **Abmelden** ab.

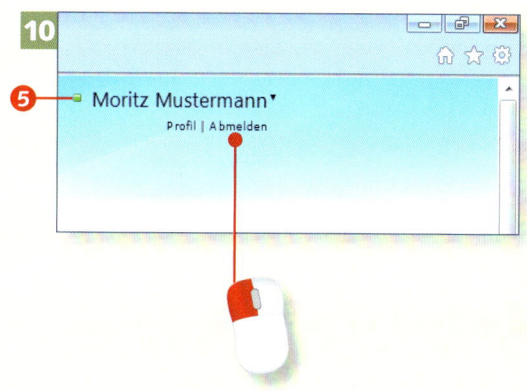

Schritt 11

Wenn Sie die Seite nicht verlassen, sondern nur nicht gestört werden wollen, können Sie einen anderen Status wählen. Klicken Sie auf den Pfeil neben Ihrem Namen, und wählen Sie aus der Liste **Beschäftigt**.

Netiquette, die Etikette im Web
Höflichkeit funktioniert auch im Internet, wenn sich alle Nutzer mit Respekt begegnen. Ähnlich wie im »realen Leben« hängt es auch vom jeweiligen Gegenüber ab, was noch als »guter Ton« akzeptiert wird. Bei geschäftlichen bzw. irgendwie offiziellen E-Mails sollten Sie auf allzu flapsige Bemerkungen verzichten.

Outlook automatisch verbinden

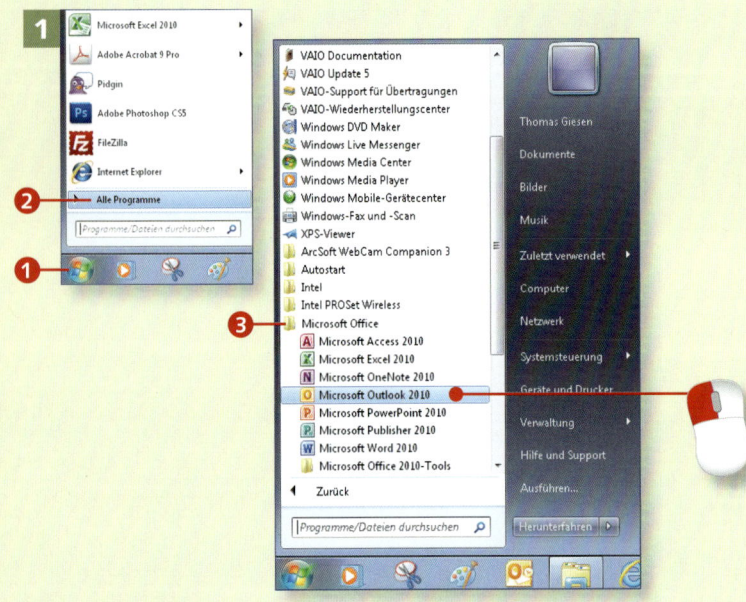

*Wenn Sie eine E-Mail auch offline –
also ohne Internetverbindung –
verfügbar machen wollen, müssen
Sie Ihre neue E-Mail-Adresse mit
Outlook 2010 verbinden.*

Schritt 1

Um Outlook 210 zu starten, klicken
Sie auf die Schaltfläche **Start** ❶ und
dann auf **Alle Programme** ❷. Aus
dem Ordner **Microsoft Office** ❸
wählen Sie den Programmeintrag
Microsoft Outlook 2010.

Schritt 2

Das Dialogfenster **Microsoft
Outlook 2010-Start** öffnet sich.
Bestätigen Sie die erste Seite des
Start-Assistenten mit einem Klick
auf **Weiter**.

Schritt 3

Auf der zweiten Seite des Assis-
tenten können Sie angeben, ob Sie
Outlook für die Verwendung von
E-Mails konfigurieren möchten.
Wählen Sie die Option **Ja**, und be-
stätigen Sie diese mit **Weiter**.

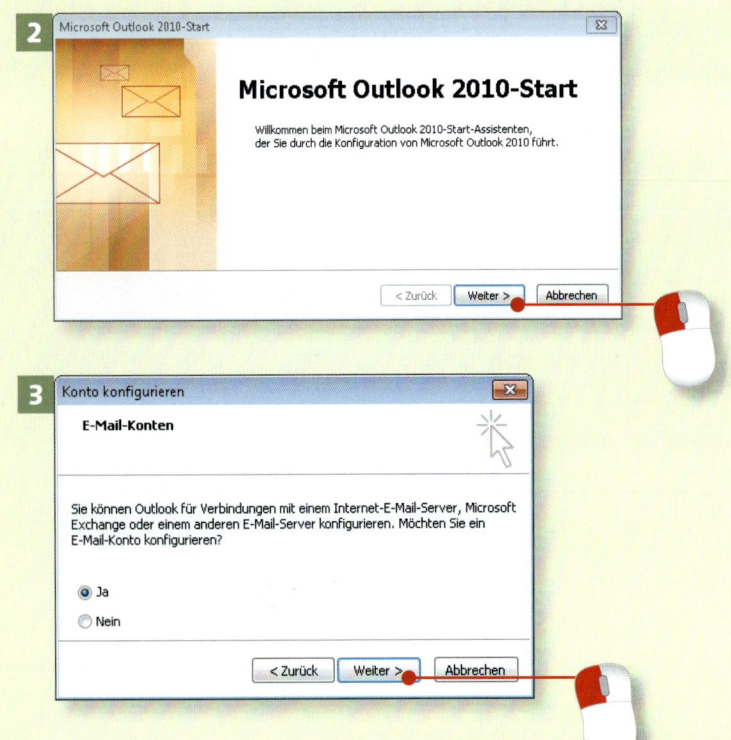

Schritt 4

Geben Sie auf der dritten Seite des Assistenten Ihren Namen, Ihre soeben bei Hotmail angelegte E-Mail-Adresse und das dazugehörige Kennwort ein. Klicken Sie dann auf **Weiter**.

Schritt 5

Es öffnet sich ein Fenster, das Sie zum Herunterladen der Software Microsoft Outlook Hotmail Connector auffordert, die Sie bei der Verbindung Ihres Hotmail-Kontos mit Outlook unterstützt. Bestätigen Sie die Aufforderung mit einem Klick auf **Jetzt installieren**.

Schritt 6

Nach dem Download erscheint eine Mitteilung, die Sie auffordert, das ausführende Programm zuzulassen. Bestätigen Sie diese mit einem Klick auf **Ja**.

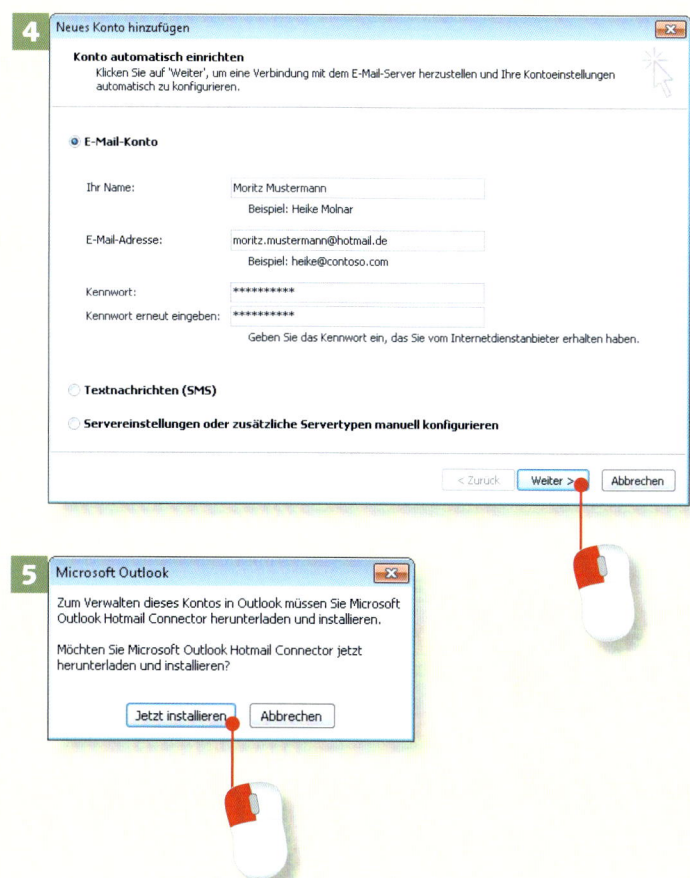

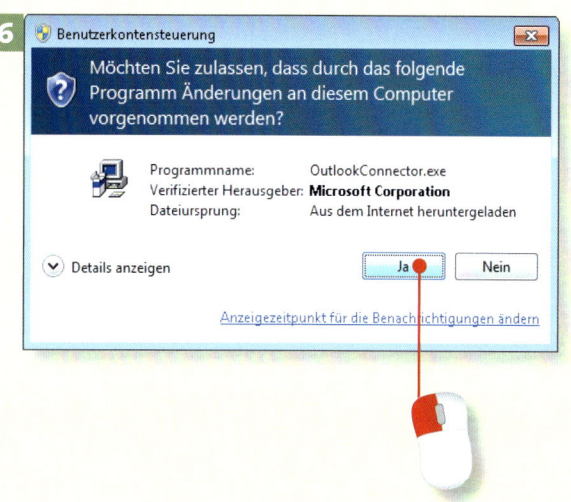

Outlook automatisch verbinden (Forts.)

Schritt 7

Im Dialogfenster **Dateidownload – Sicherheitswarnung** klicken Sie dann auf **Ausführen**, um das Installationsprogramm zu starten.

Schritt 8

Nach dem Download öffnet sich das Fenster **Microsoft Office Outlook Connector-Setup**. Setzen Sie mit der Maus ein Häkchen neben **Ich stimme den Bedingungen des Lizenzvertrags zu ❶**, und starten Sie die Installation dann mit einem Klick auf **Installieren**.

Schritt 9

Wenn die Installation abgeschlossen ist, erscheint eine entsprechende Meldung. Klicken Sie nun auf **Fertig stellen**.

i

Aktiviert sich die neu installierte Software selbst?

Nein, wie häufig bei einer Software-Installation müssen Sie Ihren Computer neu starten, damit die neue Software aktiviert wird.

Schritt 10

Im Dialogfeld **Neues Konto hinzufügen** klicken Sie zunächst auf **Abbrechen** und in Outlook dann auf das Schließkreuz ganz oben rechts. Denn um die Installation vollständig abzuschließen, müssen Sie Outlook jetzt neu starten. Wiederholen Sie dann die Schritte 1 bis 4.

Schritt 11

Nachdem Sie Ihre Angaben ❷ auf der dritten Seite des Assistenten, **Neues Konto hinzufügen**, erneut eingegeben und bestätigt haben, wird die erfolgreiche Einrichtung durch drei grüne Häkchen ❸ angezeigt. Klicken Sie anschließend auf **Fertig stellen**.

Schritt 12

Die letzte Seite des Installationsassistenten öffnet sich. Klicken Sie auch in diesem Fenster auf **Fertig stellen**, um Outlook zu starten.

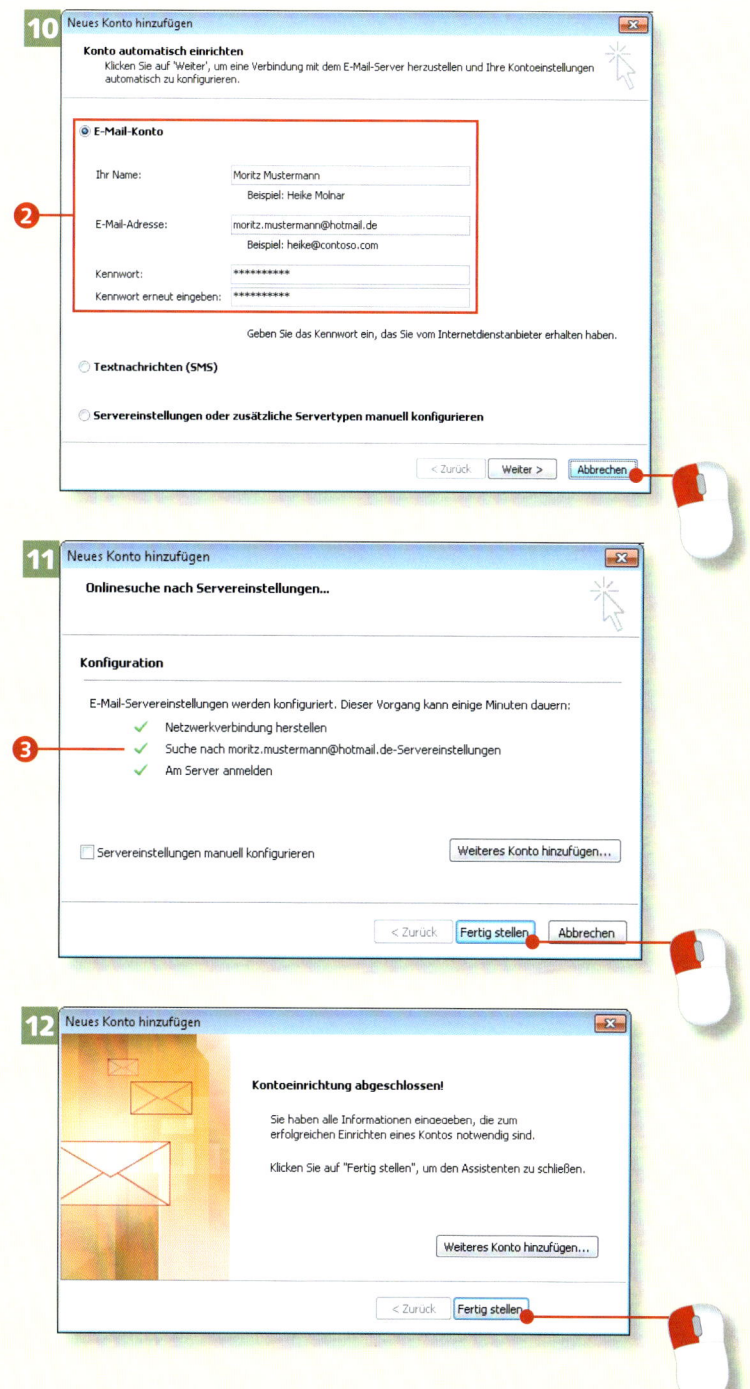

Outlook manuell verbinden

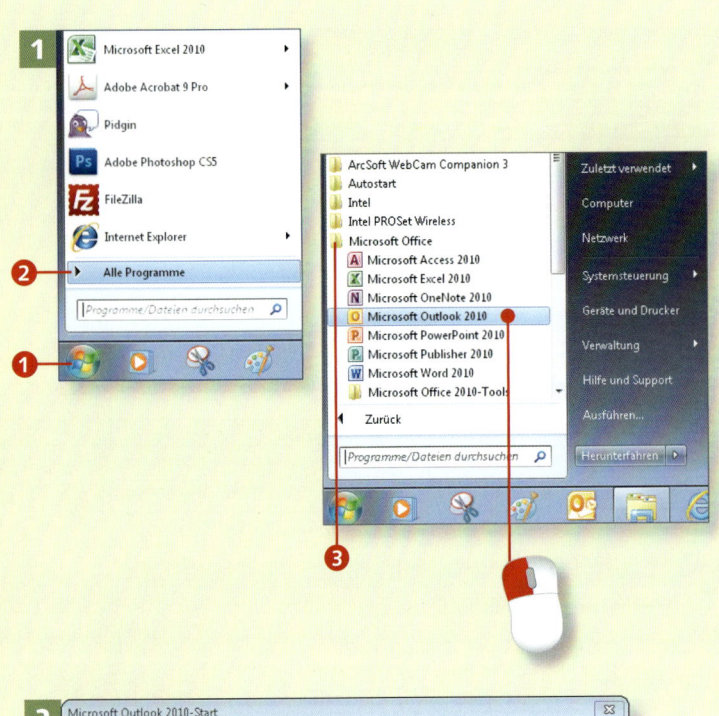

Nicht alle Anbieter von E-Mail-Konten unterstützen die automatische Konfiguration. Falls die automatische Konfiguration fehlschlägt, müssen Sie die notwendigen Einstellungen manuell vornehmen.

Schritt 1

Um Outlook 2010 zu starten, klicken Sie auf die Schaltfläche **Start ❶** und dann auf **Alle Programme ❷**. Aus dem Ordner **Microsoft Office ❸** wählen Sie den Programmeintrag **Microsoft Outlook 2010**.

Schritt 2

Das Fenster **Microsoft Outlook 2010-Start** öffnet sich. Bestätigen Sie die erste Seite des Start-Assistenten mit einem Klick auf die Schaltfläche **Weiter**.

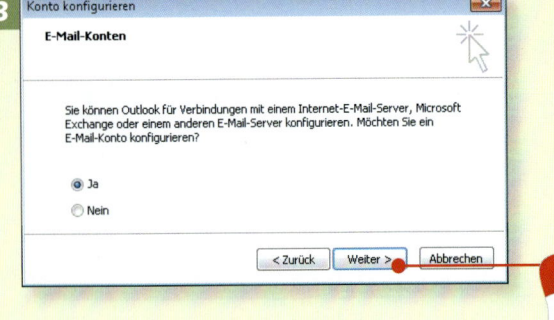

Schritt 3

Auf der zweiten Seite des Assistenten können Sie angeben, ob Sie Outlook für die Verwendung von E-Mails konfigurieren möchten. Wählen Sie die Option **Ja**, und bestätigen Sie diese Angabe mit **Weiter**.

Schritt 4

Auf der dritten Seite des Assistenten angelangt, müssen Sie für eine manuelle Einrichtung die Option **Servereinstellungen oder zusätzliche Servertypen manuell konfigurieren** ❹ auswählen. Bestätigen Sie Ihre Auswahl mit **Weiter**.

Schritt 5

Nun wählen Sie den Dienst für das E-Mail-Konto aus. Die richtige Option lautet für Outlook-Einsteiger immer **Internet-E-Mail** ❺. Klicken Sie anschließend auf **Weiter**.

Schritt 6

Im nächsten Fenster des Assistenten tragen Sie die Verbindungsdaten für Ihr E-Mail-Konto ein, das wir in Abschnitt »Ein E-Mail-Konto anlegen (Beispiel: Hotmail)« ab Seite 10 angelegt haben. Wenden Sie sich an Ihren Anbieter, falls Ihnen die notwendigen Angaben unbekannt sind. Klicken Sie dann auf **Weitere Einstellungen** ❻.

Lässt sich vorab immer klären, welcher Weg zu beschreiten ist?
Nein, leider nicht. Hier gilt der alte Satz »Probieren geht über Studieren«. Versuchen Sie, was geht bzw. nicht geht, und gehen Sie dann so vor, wie beschrieben.

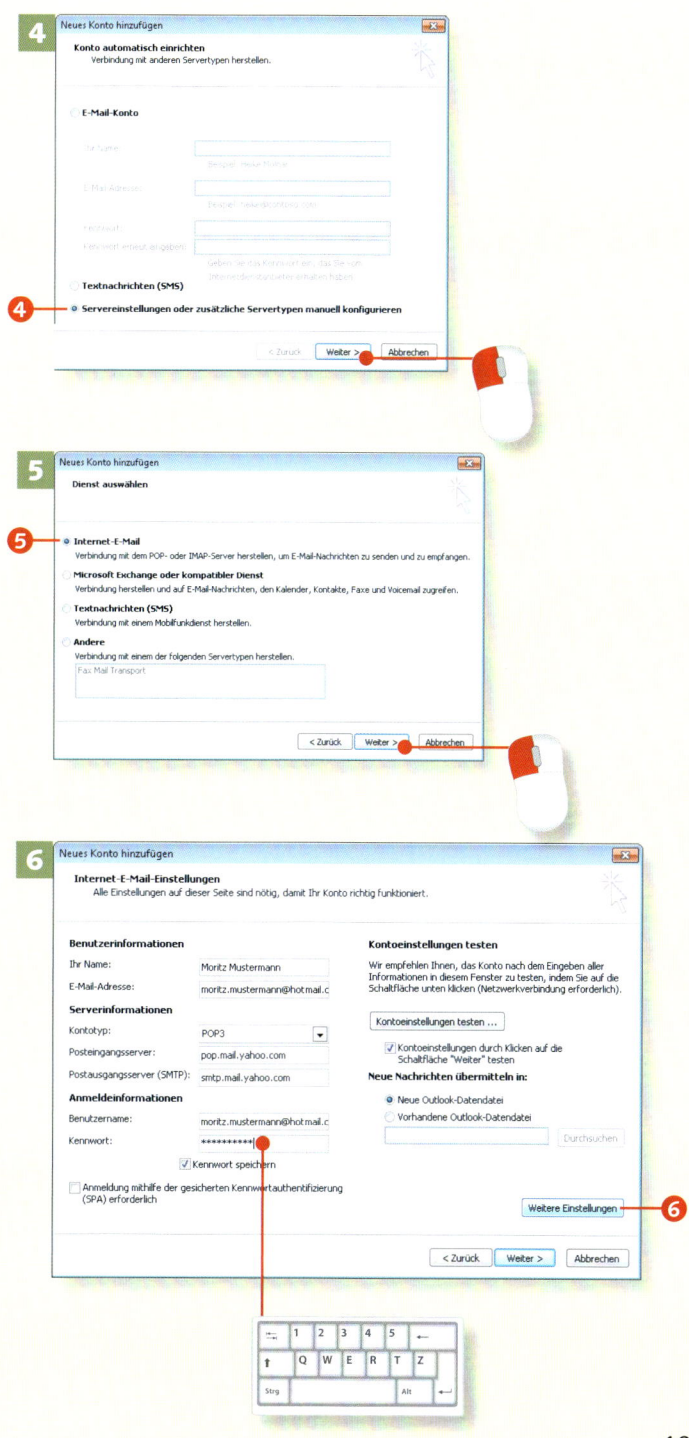

Outlook manuell verbinden (Forts.)

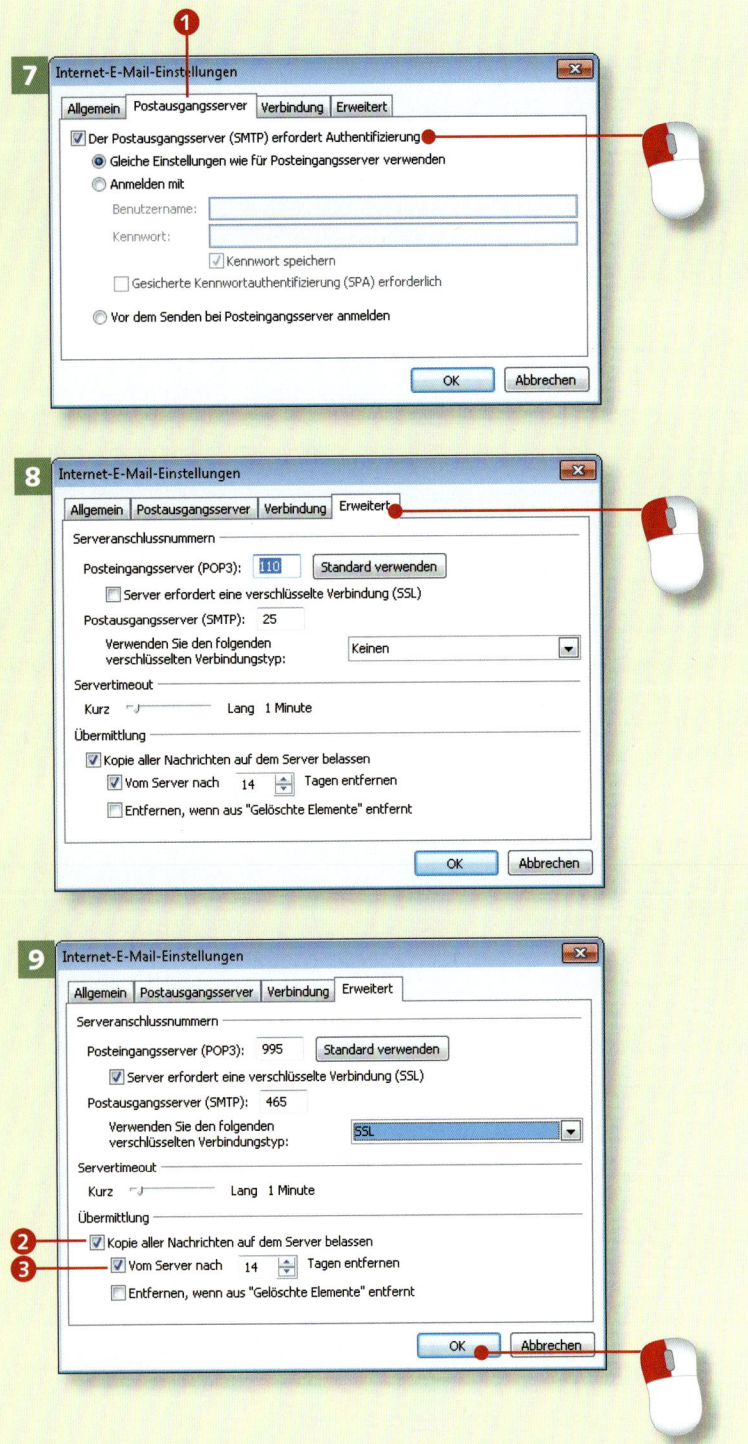

Schritt 7

Im Dialogfeld **Internet-E-Mail-Einstellungen** wechseln Sie zur Registerkarte **Postausgangsserver** ❶ und aktivieren dort die Option **Der Postausgangsserver (SMTP) erfordert Authentifizierung**. Die Angabe **Gleiche Einstellungen wie für Posteingangsserver verwenden** direkt darunter ist dann sofort mit aktiviert.

Schritt 8

Wechseln Sie zur Registerkarte **Erweitert**. Hier müssen Sie die Einstellungen für Ihren Serveranschluss wählen, die Ihnen bei der Einrichtung Ihrer E-Mail-Adresse übermittelt worden sind. Bei den meisten E-Mail-Anbietern handelt es sich um standardisierte Voreinstellungen, wie Sie hier sehen.

Schritt 9

Lassen Sie das Häkchen vor **Kopie aller Nachrichten auf dem Server belassen** ❷ stehen. So sorgen Sie für eine Sicherung Ihrer Daten. Mit dem Befehl **Vom Server nach** (tragen Sie eine Zahl ein) **Tagen entfernen** ❸ reicht diese Sicherung für 14 Tage. Bestätigen Sie Ihre Einstellungen mit **OK**.

Schritt 10

Zurück im Fenster **Neues Konto hinzufügen** klicken Sie auf **Kontoeinstellungen testen**. Anhand einer Test-E-Mail überprüft Outlook dann automatisch, ob Ihre Angaben korrekt sind.

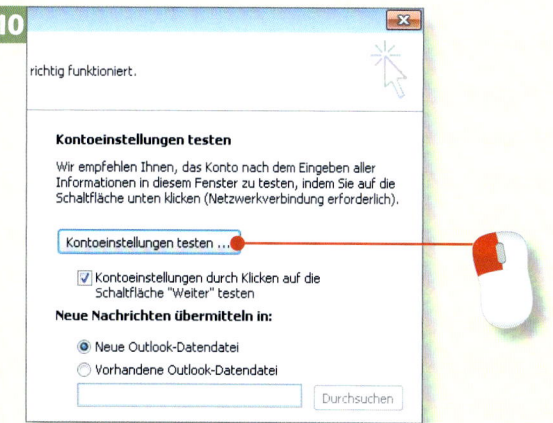

Schritt 11

Wenn die Prüfung erfolgreich war, gibt Outlook in einem gleichnamigen Fenster die nebenstehenden Meldungen mit grünen Häkchen aus. Im Falle eines Fehlschlags korrigieren Sie Ihre Angaben. Klicken Sie dann auf **Schließen**.

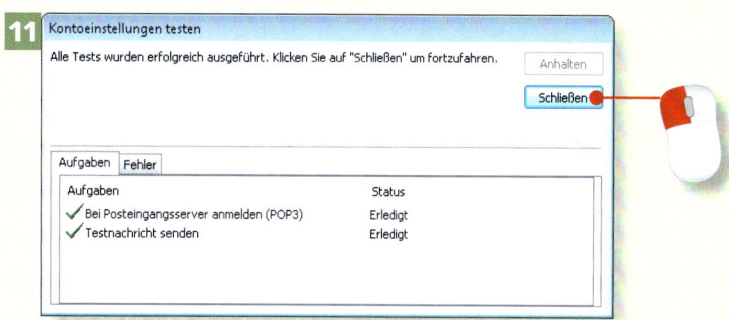

Schritt 12

Wenn der Test erfolgreich war, gelangen Sie zur letzten Seite des Assistenten. Mit **Weiteres Konto hinzufügen** ❹ können Sie zusätzliche E-Mail-Konten für Outlook konfigurieren. Mit **Fertig stellen** beenden Sie den Assistenten. Outlook wird anschließend automatisch gestartet.

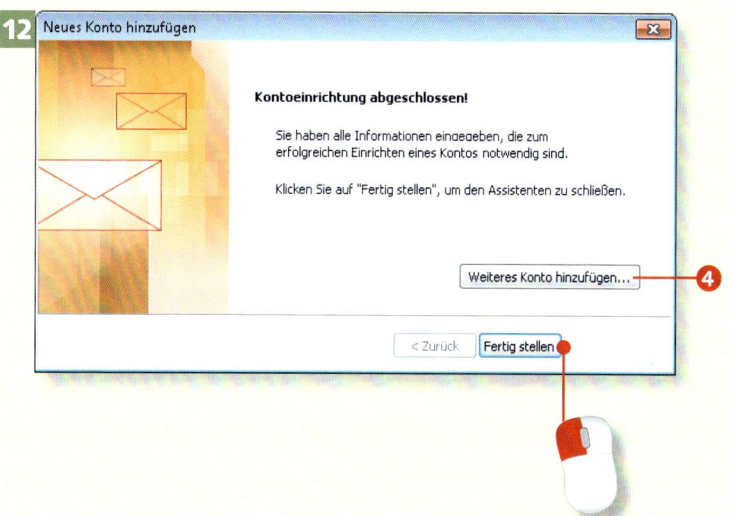

Die Benutzeroberfläche im Überblick

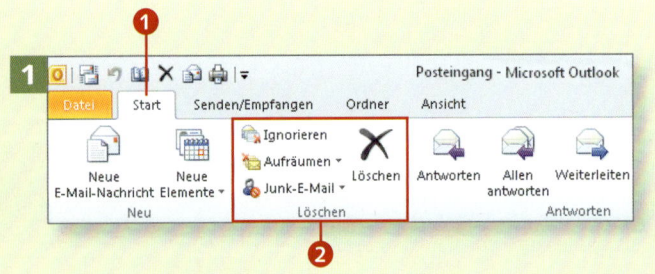

Für eine erste Orientierung stellen wir Ihnen zunächst die wichtigsten Bereiche der Outlook-Benutzeroberfläche vor.

1 Das Menüband

Im Menüband (*Ribbon*) sind verschiedene Registerkarten (*Tabs*) ❶ gebündelt, auf denen Sie verschiedene *Befehlsgruppen* ❷ finden.

2 Die Registerkarte »Start«

Auf der Registerkarte **Start** finden Sie die wichtigsten Befehle zum Senden, Empfangen und Verwalten von E-Mails. Sie sind in mehreren Befehlsgruppen wie **Neu**, **Antworten** oder **Verschieben** zusammengefasst.

3 Die Registerkarte »Datei«

Auch über die Registerkarte **Datei** können Sie auf wesentliche Outlook-Befehle zugreifen. Um z.B. ein zusätzliches E-Mail-Konto einzurichten, klicken Sie auf **Informationen** ❸ und dann über den Befehl **Kontoinformationen** auf **Konto hinzufügen** ❹.

4 Die Registerkarte »Senden/Empfangen«

Auf der Registerkarte **Senden/Empfangen** finden Sie zahlreiche Funktionen zum Senden und Empfangen von Nachrichten, etwa eine Aktualisierungsfunktion oder die Statusanzeige.

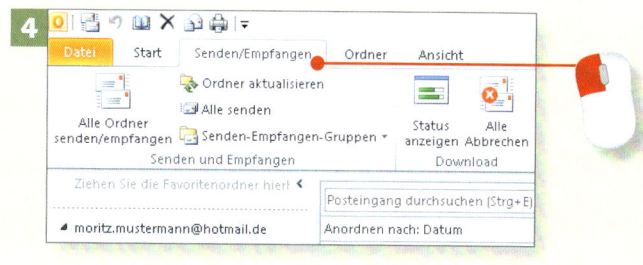

5 Die Registerkarte »Ordner«

Über die Registerkarte **Ordner** verwalten Sie die Struktur Ihrer E-Mail-Ablage in Ordnern. Dabei sind besonders die Aufräumfunktionen in der Befehlsgruppe **Aufräumen** nützlich.

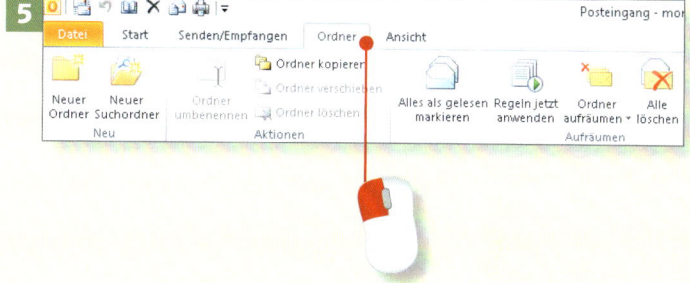

6 Die Registerkarte »Ansicht«

Um in Outlook 2010 die Übersicht zu behalten, benötigen Sie die richtigen Informationen am rechten Platz. Mithilfe der Befehle auf der Registerkarte **Ansicht** können Sie die Fülle der verfügbaren Informationen anordnen, sodass alle für Sie wichtigen Daten auch zusammen dargestellt werden.

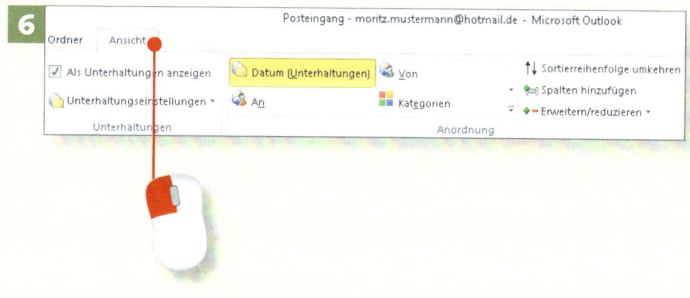

Die Benutzeroberfläche im Überblick (Forts.)

7 Der Bereich »E-Mail«

Mit dem Aufruf von Outlook befinden Sie sich automatisch im Bereich **E-Mail**. Hier liegen die Ordner, die zu Ihrem E-Mail-Konto gehören. In unserem Fall also auch **moritz. mustermann@hotmail.de ❶** als Hauptordner.

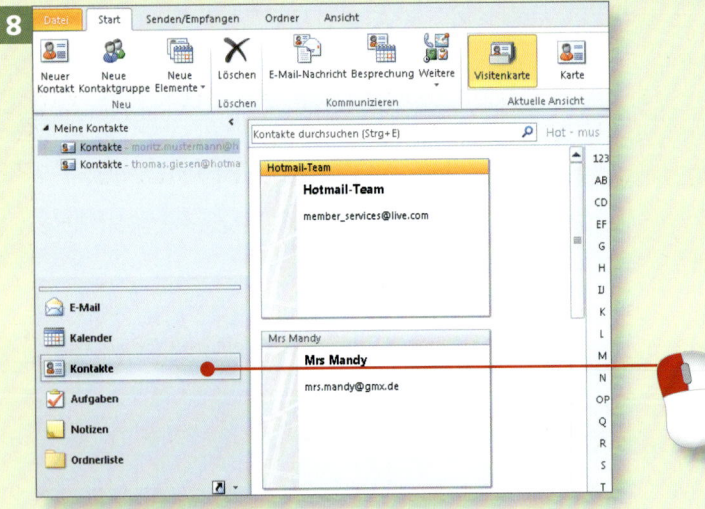

8 Der Bereich »Kontakte«

Klicken Sie dann links im Navigationsbereich auf **Kontakte**. Es öffnet sich der gleichnamige Bereich, in dem Ihre Kontakte u.a. in Form von Visitenkarten angezeigt werden. Wie Sie einen neuen Kontakt anlegen, erfahren Sie in Kapitel 7, »Ein Adressbuch einrichten und pflegen«, ab Seite 144.

9 Der Posteingang

Klicken Sie im Navigationsbereich wieder auf **E-Mail ❷** und dann auf den Ordner **Posteingang**. Daraufhin sehen Sie in der Mitte den *Nachrichtenbereich*, in dem alle E-Mails aufgelistet sind, die sich im Posteingang befinden.

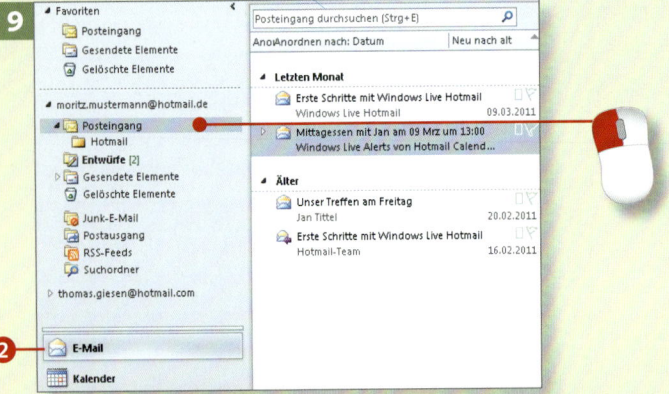

10 Die E-Mail-Vorschau

Rechts im Bild erscheint außerdem der Inhalt der ausgewählten E-Mail in einem *Vorschaubereich*. Mithilfe des Scrollbalkens können Sie sich durch den Text bewegen.

11 Der Personenbereich

Klicken Sie unter dem Scrollbalken der Vorschau auf den nach oben gerichteten Pfeil ❸. Es öffnet sich der sogenannte *Personenbereich*. Er enthält Informationen zum Absender und eine Übersicht der verschiedenen Interaktionen zwischen Ihnen und dem Absender.

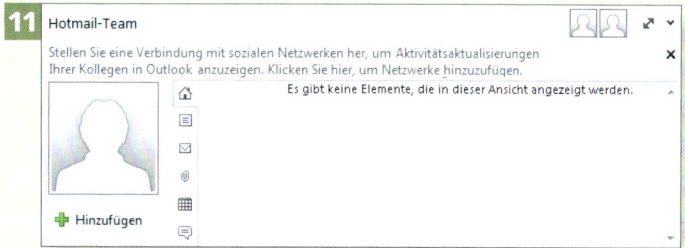

12 Die Zoom-Funktion

Um die Größe der Darstellung im Vorschaubereich zu verändern, ziehen Sie mit gedrückter Maustaste am Schieberegler rechts unterhalb des Personenbereichs oder klicken auf **+** oder **–**. Diese Zoom-Funktion erleichtert das Lesen.

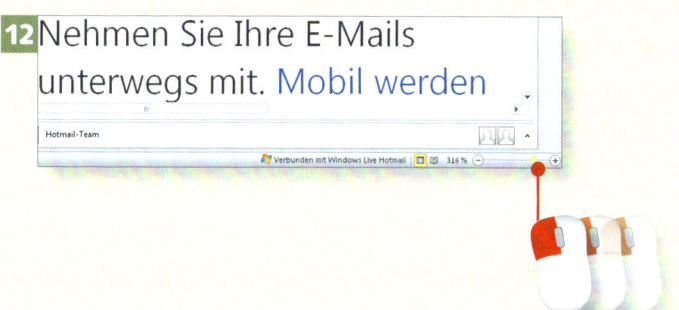

Die Benutzeroberfläche im Überblick (Forts.)

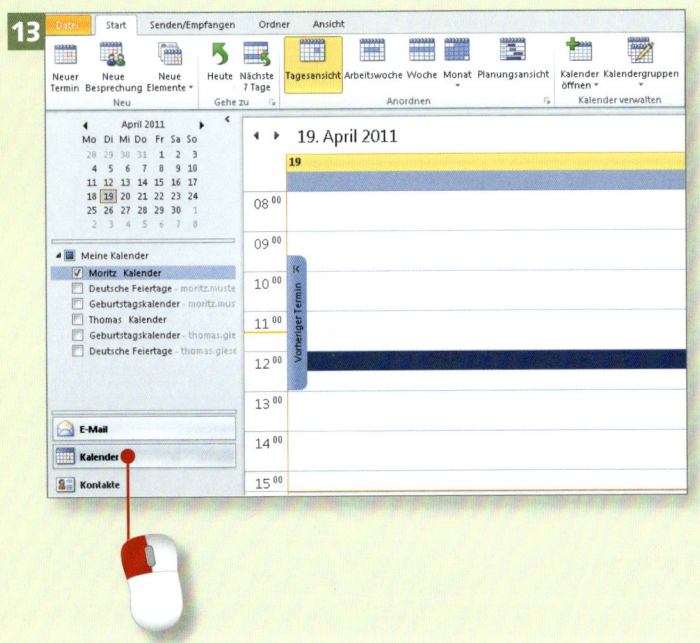

13 Der Bereich »Kalender«

Um den Outlook-Kalender zu öffnen, klicken Sie im Navigationsbereich auf **Kalender**. Im Bereich rechts können Sie dann Ihre Termine eintragen und verwalten. In Kapitel 9, »Termine planen«, ab Seite 180 zeigen wir Ihnen das genauer.

14 Die Symbolleiste für den Schnellzugriff

Ganz oben am Bildschirm sehen Sie die *Symbolleiste für den Schnellzugriff.* Hier können Sie Befehle ablegen, die Sie häufig nutzen, damit Sie sie nicht lange suchen müssen. Klicken Sie dazu auf den kleinen Pfeil.

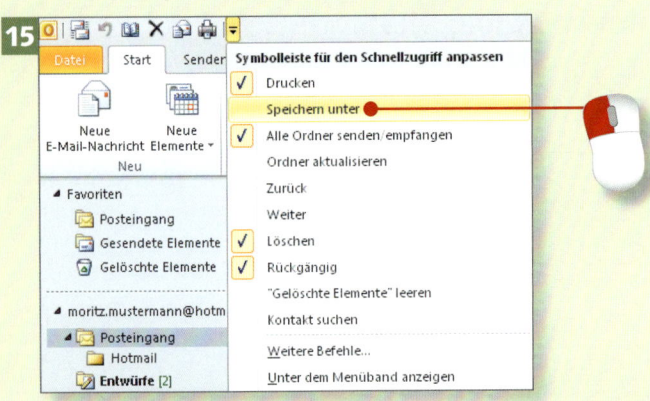

15 Die Symbolleiste erweitern (1)

Es öffnet sich ein Aufklappmenü, in dem Sie die Befehle für den Schnellzugriff auswählen können. Klicken Sie dazu einfach auf den jeweiligen Befehl. Wenn Sie das Häkchen mit einem Klick wieder entfernen, verschwindet das Symbol dieses Befehls natürlich auch wieder aus der Symbolleiste.

16 Die Symbolleiste erweitern (2)

Wenn Sie ganz unten im Menü aus Schritt 15 auf **Weitere Befehle** klicken, öffnet sich das Dialogfenster **Outlook-Optionen**, in dem viele weitere Befehle zur Auswahl stehen. Aus der Liste unter **Befehle auswählen** wählen Sie den Eintrag **Alle Befehle**.

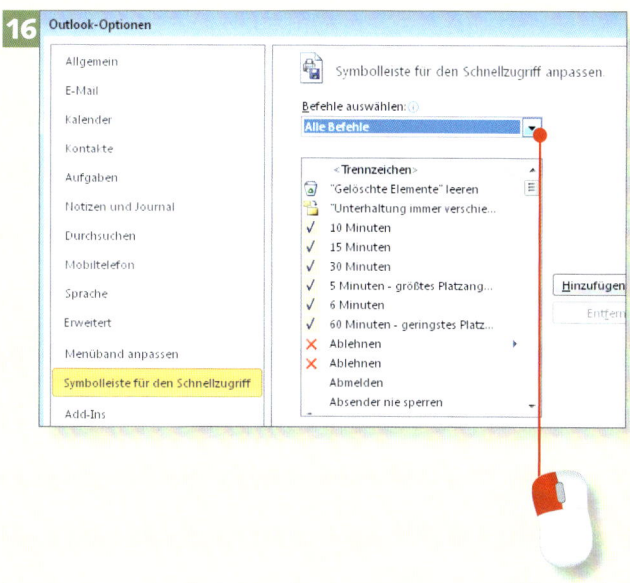

17 Die Symbolleiste erweitern (3)

Im Fensterchen darunter markieren Sie dann den Befehl, den Sie der Symbolleiste hinzufügen wollen ❶, und klicken schließlich in der Mitte auf **Hinzufügen**.

18 Die Symbolleiste erweitern (4)

Wenn Sie den Dialog mit **OK** bestätigen, wird das Symbol für diesen Befehl in der Symbolleiste für den Schnellzugriff sichtbar ❷.

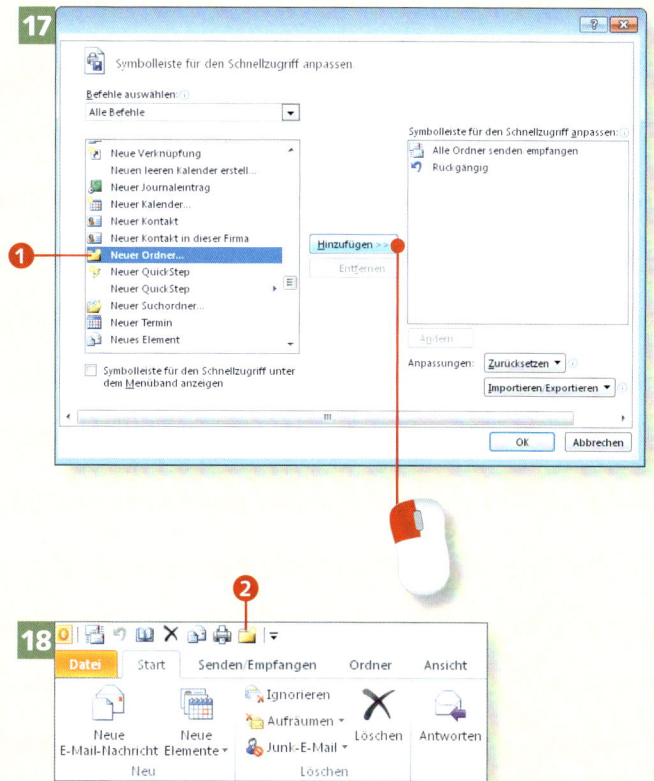

Sind weitere individuelle Einstellungen möglich?

Ja, sogar sehr viele. In Kapitel 12, »Outlook individuell anpassen«, ab Seite 234 werden diese Schritt für Schritt vorgestellt.

In Ordnern navigieren

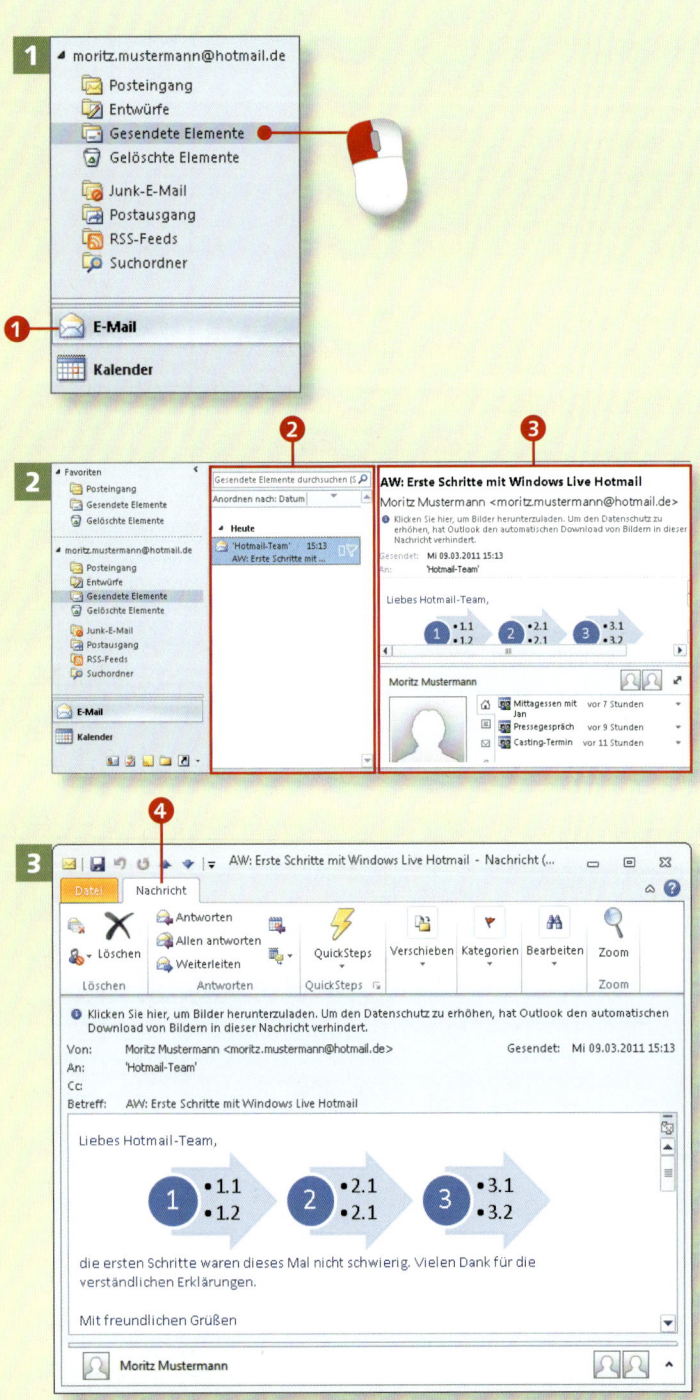

Sich in Outlook 2010 zurechtzu-
finden ist recht leicht: Stets geht es
von Arbeitsbereichen, wie »E-Mail«
oder »Kontakte«, über Ordner hin zu
einzelnen Elementen.

Schritt 1

Öffnen Sie den Arbeitsbereich
E-Mail ❶, und klicken Sie dann im
Navigationsbereich darüber auf den
Ordner **Gesendete Elemente**.

Schritt 2

Im Nachrichtenbereich ❷ werden
die E-Mails angezeigt, die im Ordner
liegen. Wenn Sie eine E-Mail anklicken, wird sie hellblau hinterlegt,
und ihr Inhalt und der Personenbereich (je nach Ansicht) werden
ganz rechts im Vorschaubereich ❸
angezeigt.

Schritt 3

Klicken Sie doppelt auf eine E-Mail.
Sie öffnet sich in einem separaten
Fenster. Mittels der Befehle, die u. a.
auf der Registerkarte **Nachricht** ❹
zu finden sind, können Sie die
E-Mail nun bearbeiten.

Schritt 4

Klicken Sie nun auf den Namen Ihres E-Mail-Kontos (hier: **moritz.mustermann@hotmail.de**). Daraufhin erscheint rechts die Seite **Outlook Heute anpassen** und bietet eine Übersicht über die drei wichtigsten Themenbereiche von Outlook: **Kalender**, **Aufgaben**, **Nachrichten**.

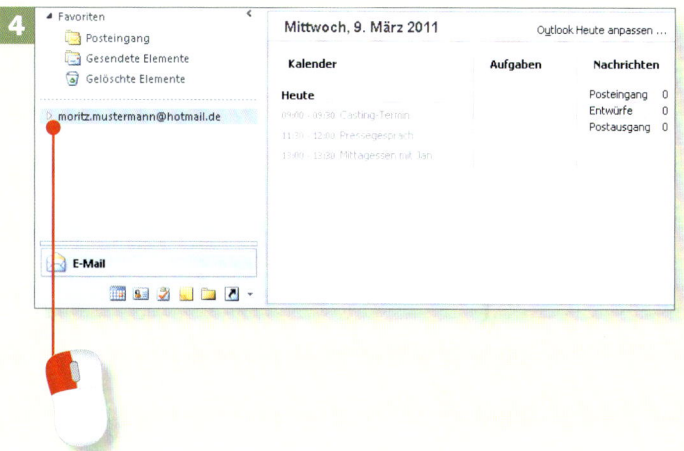

Schritt 5

Klicken Sie unten links auf das Symbol **Kontakte** ❺. So gelangen Sie in den gleichnamigen Arbeitsbereich. Hier können Sie Ihre Kontakte bearbeiten. Wählen Sie über die Buchstabenleiste einen Namen aus.

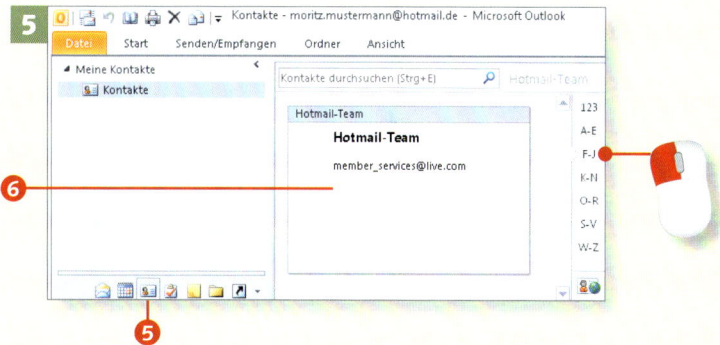

Schritt 6

Klicken Sie doppelt auf eine Visitenkarte ❻. Das nächste Fenster, das sich daraufhin öffnet, enthält alle Outlook-Daten des Kontakts. Wie Sie diese Daten eingeben, erfahren Sie in Kapitel 7, »Ein Adressbuch einrichten und pflegen«, ab Seite 144.

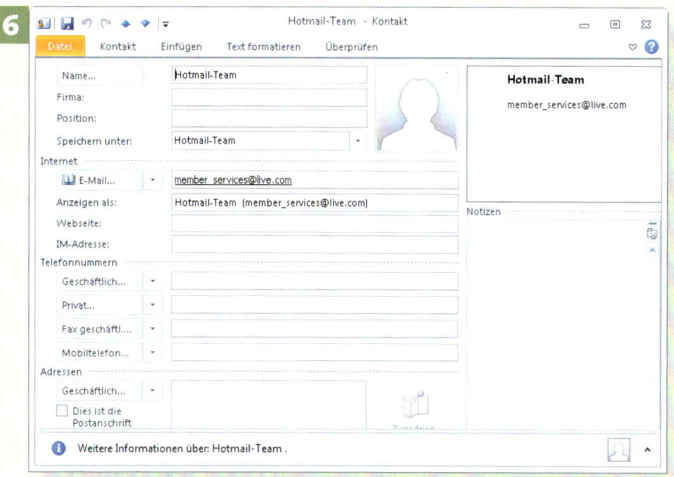

Die Hilfe verwenden

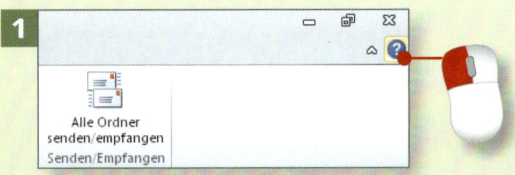

Die Informationen im Hilfe-Bereich von Outlook 2010 reichen von den Inhalten auf Ihrem Rechner bis zur Onlinesuche bei Microsoft.

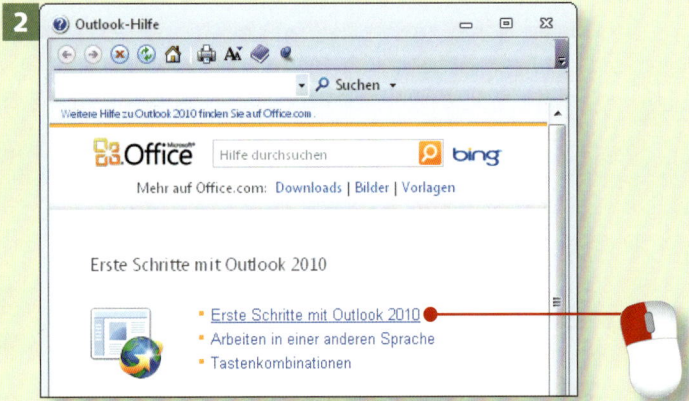

Schritt 1

Sie steigen in den Hilfe-Bereich ein, indem Sie auf das blaue Fragezeichen am oberen rechten Rand des Menübands klicken.

Schritt 2

Es öffnet sich das Fenster **Outlook-Hilfe** mit Anleitungen zur Selbsthilfe, die nach Schwerpunktthemen geordnet sind. Klicken Sie auf den Link **Erste Schritte mit Outlook 2010**.

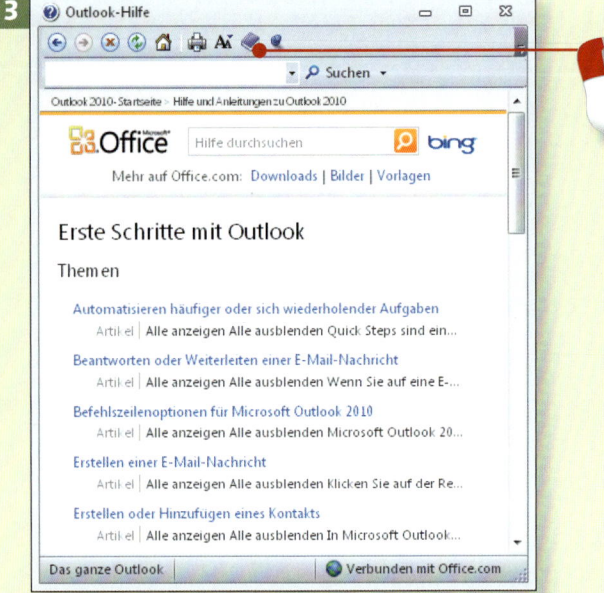

Schritt 3

Das Hilfe-Fenster verändert sich und zeigt Ihnen die nach Themen gelisteten Hilfe-Informationen unter der Überschrift **Erste Schritte mit Outlook** an. Klicken Sie auf das Buch-Symbol rechts oberhalb des Suchfensters.

Gibt es Hilfe zum Verständnis der Hilfe?

Ja, nehmen Sie auch die Online-suche der einschlägigen Internet-suchmaschinen und natürlich auch Bücher wie das vorliegende zur Hilfe.

Schritt 4

Das Inhaltsverzeichnis wird eingeblendet. Über die angezeigten
Ordner lässt sich das Informations-
angebot zur Outlook-Hilfe zusätzlich
erschließen. Die gelisteten Überschriften sind Ordnernamen, die
weitere Unterthemen enthalten. Klicken Sie in diesem Inhaltsverzeichnis
auf **Kontakte**.

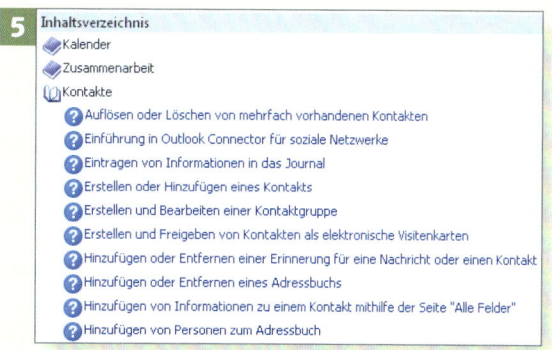

Schritt 5

Wie Sie sehen, öffnen sich sehr viele
Unterthemen. Versuchen Sie auch
hier nicht, alles zu lesen, sondern
suchen Sie nach Anhaltspunkten zu
Ihrem Problem.

Schritt 6

Sie können auch über das Suchfeld
an die Hilfe-Informationen gelangen. Geben Sie »Kontakt suchen«
in das Suchfeld ❶ ein, und klicken
Sie anschließend auf **Suchen**. Das
Ergebnis ❷ ist eine Liste passender
Hilfe-Artikel.

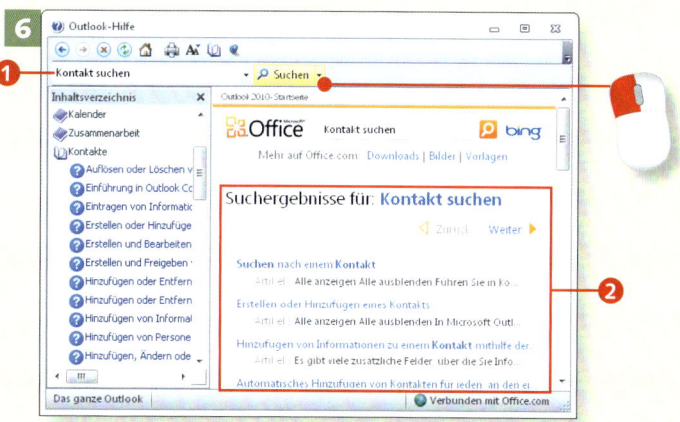

Kapitel 2
E-Mails schreiben und versenden

Der Text in einer E-Mail sollte verständlich formuliert und sprachlich korrekt sein. Dazu können Sie auf sehr interessante Outlook-Instrumente zugreifen, z.B. die Rechtschreibprüfung oder ein (mehrsprachiges) Wörterbuch. Auch in puncto Gestaltung hat Outlook einiges zu bieten. Und wie Sie Ihre E-Mail schließlich verschicken, erfahren Sie natürlich auch noch in diesem Kapitel.

E-Mails ein Gesicht geben
Sie müssen sich keineswegs auf den Textinhalt beschränken, um etwas »rüberzubringen«. Mithilfe moderner E-Mail-Formate lassen sich auch effektvolle Gestaltungselemente einbauen, die Ihre E-Mail interessanter machen können. Hinterlegen ❶ Sie Ihren Text z.B. mit einem Bild.

Den richtigen Begriff wählen
Trotz seiner gestalterischen Möglichkeiten dient Outlook als E-Mail-Programm vornehmlich dem knappen und sachlichen Austausch von Informationen. Outlook unterstützt Sie dabei auf verschiedene Arten, z.B. mit Recherchewerkzeugen ❷, der AutoKorrektur oder einem »Übersetzer«.

Die E-Mail versenden
Das alles wäre überflüssig, wenn Sie die E-Mail nicht auch verschicken würden ❸. Dazu können Sie mehrere Empfänger auswählen, Fotos oder andere Dateien als Anhang mitschicken oder eine E-Mail vorschreiben und sie dann erst mal als Entwurf speichern und später verschicken.

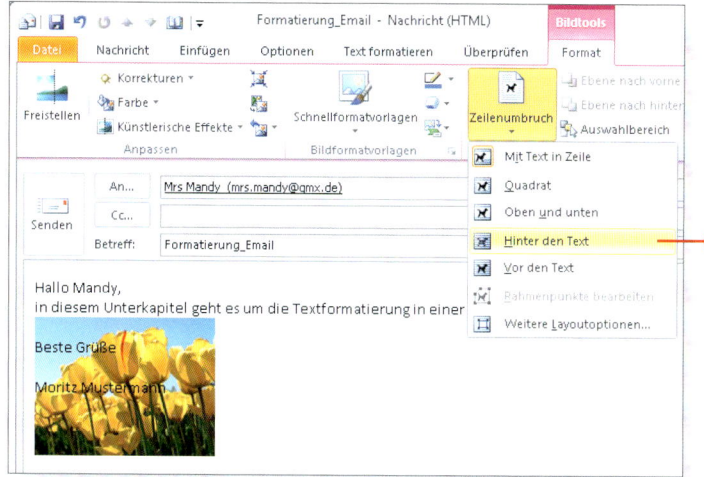

Fügen Sie z.B. Bilder in Ihre E-Mail ein, um sie etwas aufzulockern.

Auf der Registerkarte **Überprüfen** finden Sie einige Werkzeuge, die Ihnen beim Verfassen von E-Mails helfen könnten.

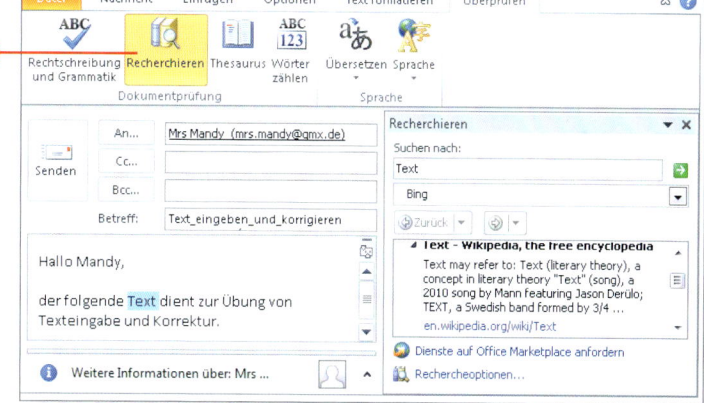

Wenn Sie Ihren Text verfasst, einen Betreff und vor allem einen Empfänger angegeben haben, klicken Sie einfach auf **Senden**.

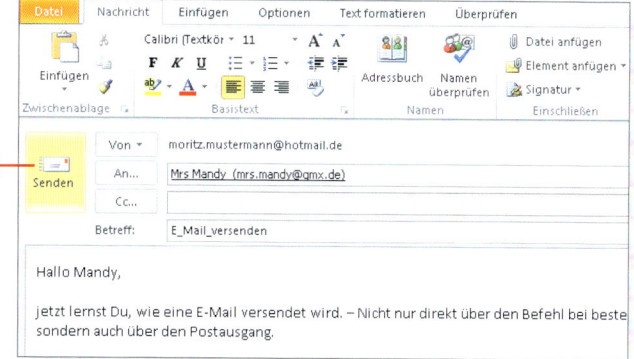

Der Kopf einer E-Mail

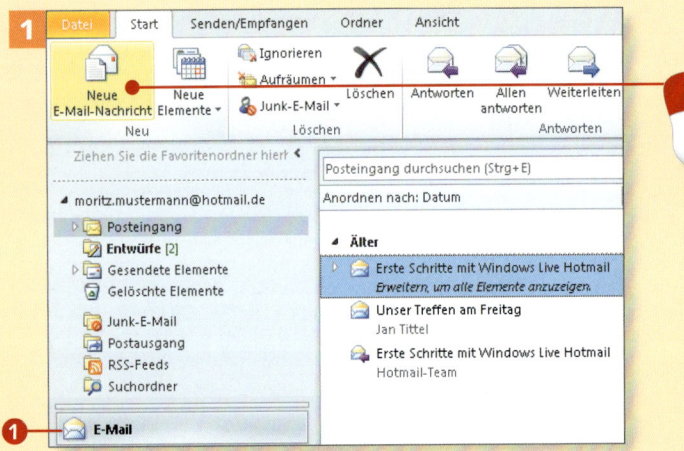

Eine E-Mail mit Outlook 2010 zu schreiben funktioniert, wie Sie vielleicht wissen, über das Nachrichtenformular.

Schritt 1

Der E-Mail-Bereich, den Sie über die Schaltfläche **E-Mail** ❶ erreichen, öffnet sich automatisch mit dem Posteingang. Klicken Sie auf die Schaltfläche **Neue E-Mail-Nachricht** auf der Registerkarte **Start**.

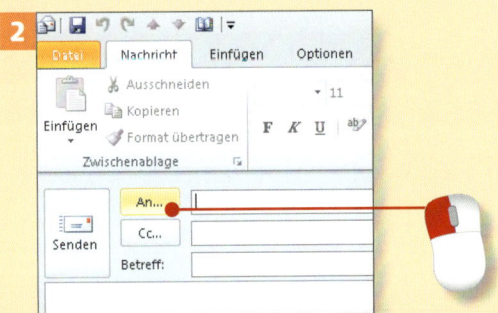

Schritt 2

Sie sehen das *Nachrichtenformular*. Der Cursor steht im Feld **An**. Geben Sie die Empfängeradresse nun manuell ein, oder klicken Sie auf die Schaltfläche **An**, um das Adressbuch aufzurufen.

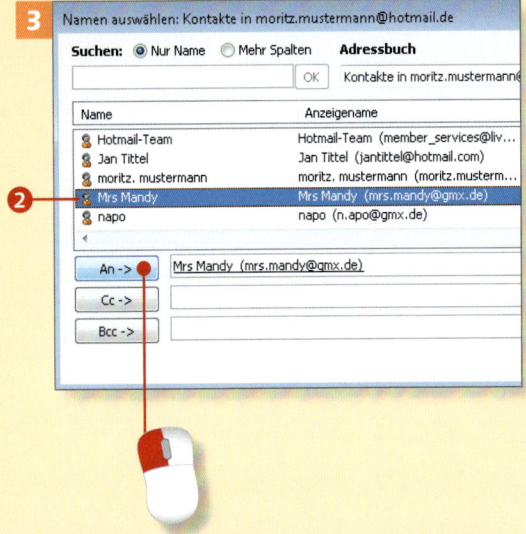

Schritt 3

Im Adressbuch klicken Sie auf den Namen ❷ des Empfängers und danach auf die Schaltfläche **An**. Im Feld daneben erscheint daraufhin der entsprechende Name.

Schritt 4

Wenn Sie die Nachricht an einen weiteren Empfänger senden wollen, klicken Sie im Adressbuch einfach auf eine andere E-Mail-Adresse und fügen sie ebenfalls in das Feld **An** ein. Bestätigen Sie den Vorgang mit **OK**.

Schritt 5

Beide Empfänger erscheinen ebenfalls im Empfängerfeld **An** im Nachrichtenformular. In die Betreffzeile schreiben Sie dann noch eine möglichst einprägsame »Überschrift« für Ihre Nachricht.

Schritt 6

Optional gibt es noch ein weiteres Feld für E-Mail-Adressen, nämlich das Feld **Bcc**. Sie blenden es ein, indem Sie auf der Registerkarte **Optionen** auf die Schaltfläche **Bcc** klicken. Mehr dazu erfahren Sie im Abschnitt »Eine E-Mail für mehrere Empfänger: Cc und Bcc« ab Seite 38.

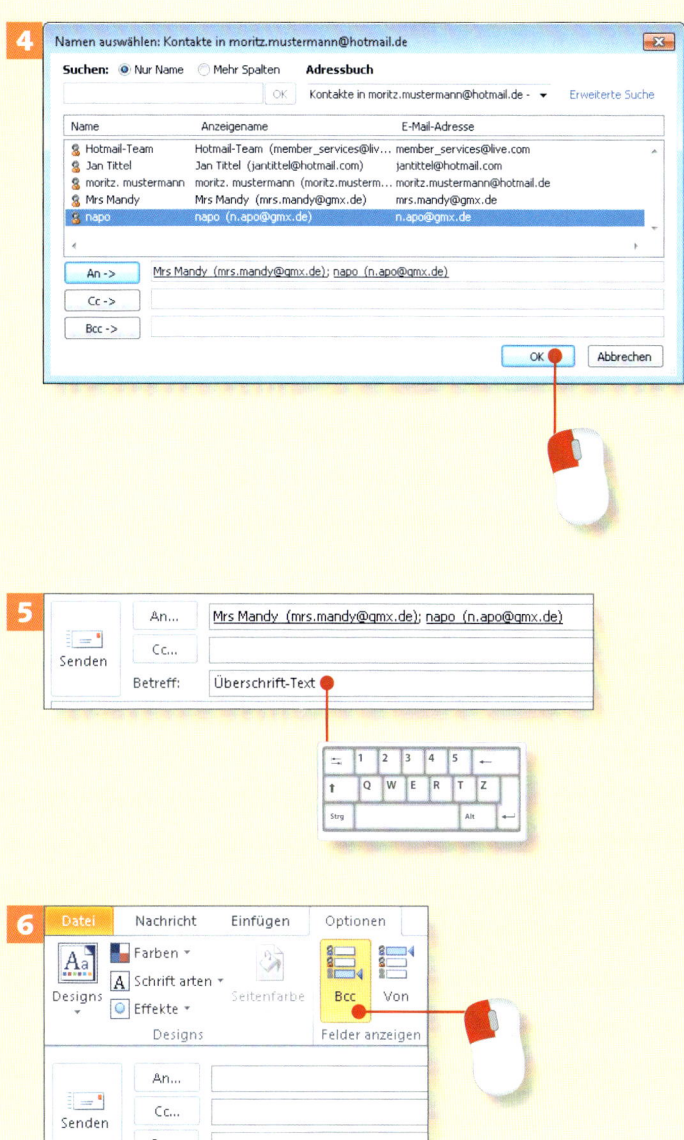

Der Kopf einer E-Mail (Forts.)

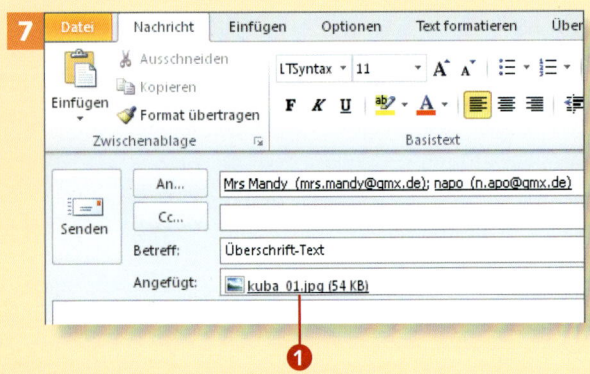

Schritt 7

Im Kopf einer E-Mail werden auch die Anhänge/Anlagen angezeigt, also die Dateien, die Sie mit Ihrer Nachricht verschicken (z.B. ein Foto ❶). Wie Sie eine Datei an Ihre E-Mail hängen, erfahren Sie im Abschnitt »Dateien und Fotos mitschicken« ab Seite 50.

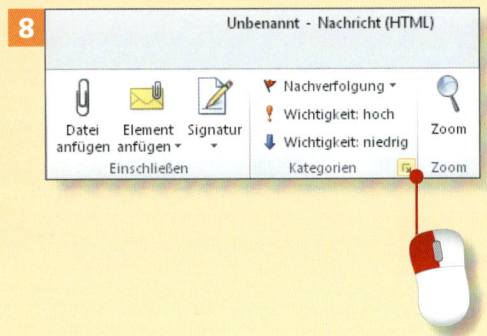

Schritt 8

Eine weitere Angabe, die Sie im Kopf der E-Mail machen können, ist die zur Wichtigkeit der Information. Klicken Sie auf den kleinen Pfeil an der Gruppe **Kategorien** auf der Registerkarte **Nachricht**.

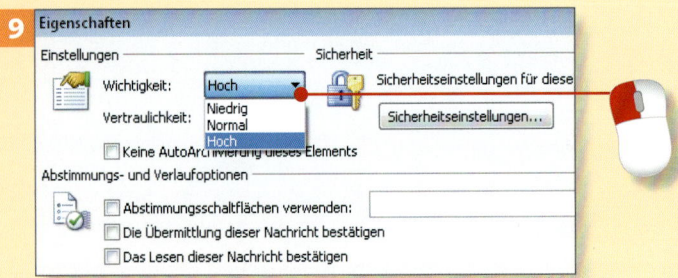

Schritt 9

Im nächsten Dialogfenster **Eigenschaften** wählen Sie unter **Einstellungen** im Feld **Wichtigkeit** den Eintrag **Hoch**, um die Priorität der E-Mail für den Empfänger kenntlich zu machen.

Schritt 10

Im gleichen Dialogfenster **Eigenschaften** können Sie unter **Einstellungen** im Feld **Vertraulichkeit** angeben, wie »geheim« die Information der E-Mail ist. Schließen Sie das Dialogfenster über die Schaltfläche **Schließen**.

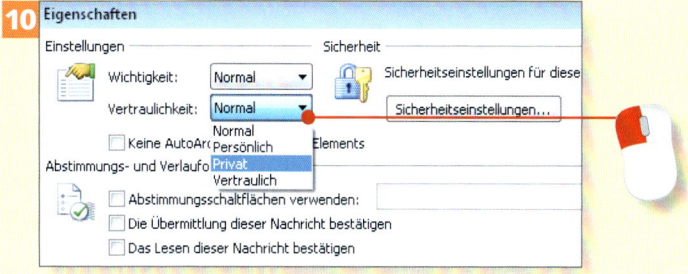

Schritt 11

Die E-Mail wird wegen ihrer hohen Wichtigkeit nun mit einem roten Ausrufezeichen ➋ markiert. Beim Empfänger ist das im Posteingang sichtbar. Sie können es bei sich auch im Ordner **Postausgang** sehen.

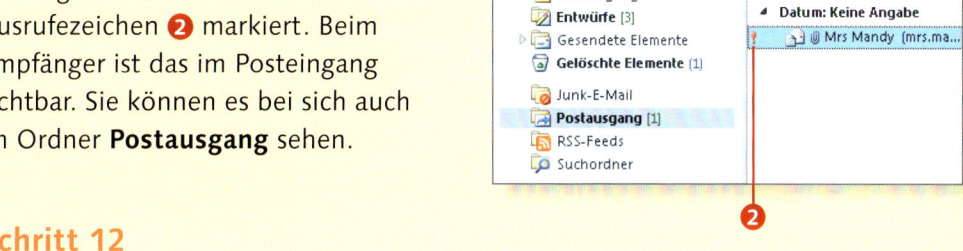

Schritt 12

Ob die E-Mail besonders vertraulich ist, wird nicht so deutlich gekennzeichnet. Es gibt aber einen entsprechenden Hinweis ➌ im Kopf bei den Absenderinformationen. Ob sich der Empfänger dann auch daran hält, ist eine andere Frage.

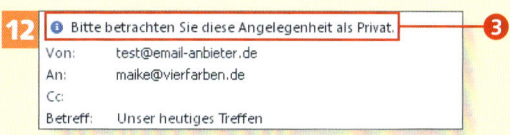

Eine E-Mail für mehrere Empfänger: Cc und Bcc

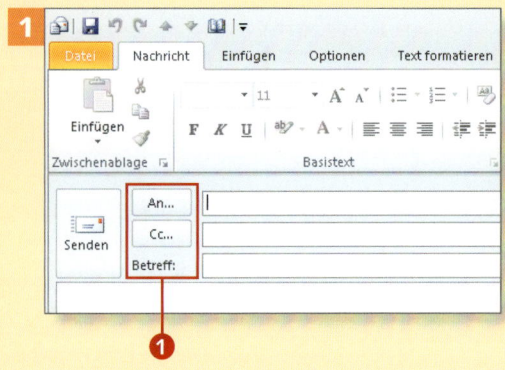

Nicht nur im Feld »An« können Sie einen Empfänger angeben, sondern auch in den Feldern »Cc« und »Bcc«. In beiden Fällen bekommt der dort Eingetragene eine Kopie der Mail.

Schritt 1

Öffnen Sie ein Nachrichtenformular mit einem Klick auf die Schaltfläche **Neue E-Mail-Nachricht** auf der Registerkarte **Start**. Die Felder **An**, **Cc** und **Betreff** ❶ werden standardmäßig angezeigt. Das Feld **Cc** nutzen Sie, wenn Sie jemanden über eine Nachricht an den Hauptempfänger im Feld **An** in Kenntnis setzen wollen, aber nicht unbedingt eine Reaktion erwarten.

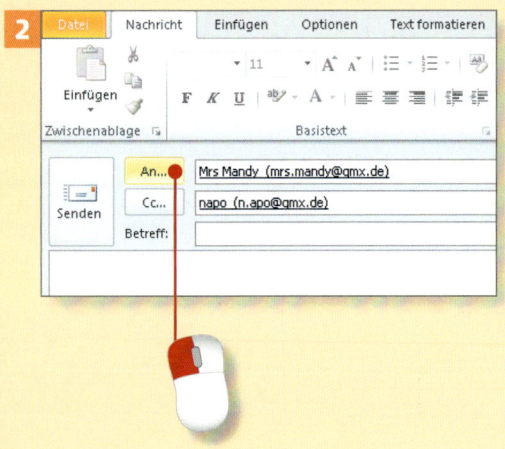

Schritt 2

Wie im vorangegangenen Abschnitt erklärt, können Sie nun Empfängeradressen von Hand oder über das Adressbuch in die Felder **An** und **Cc** eintragen.

Schritt 3

Klicken Sie dann auf der Registerkarte **Optionen** in der Befehlsgruppe **Felder anzeigen** auf die Schaltfläche **Bcc**.

Schritt 4

Das Feld **Bcc** erscheint unter den
Feldern **An** und **Cc**. Versehen Sie
auch dieses Feld mit einer Empfängeradresse.

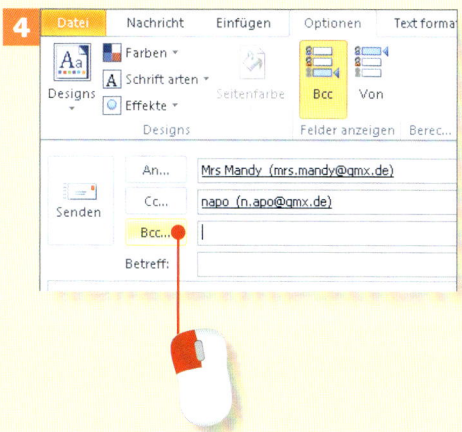

Schritt 5

Die Empfängeradresse, die im Feld
Bcc angezeigt wird, ist nur für Sie,
nicht aber für die beiden anderen
Empfänger sichtbar. Dieses Feld
erzeugt also eine *Blindkopie*. Um das
Beispiel komplett zu machen, füllen
Sie zusätzlich auch noch die Betreff-
zeile aus.

Schritt 6

Jetzt fehlt Ihnen nur noch der Text
für Ihre Nachricht, dessen Eingabe
und Korrektur das Thema des
folgenden Abschnitts ist.

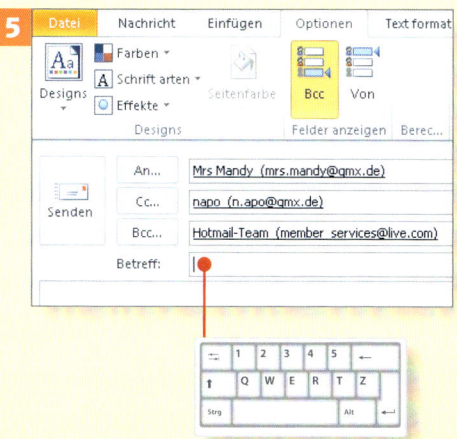

Das Feld »Bcc« ausblenden

Um das Feld **Bcc** wieder auszu-
blenden, klicken Sie einfach noch
einmal auf die Schaltfläche **Bcc** auf
der Registerkarte **Optionen**.

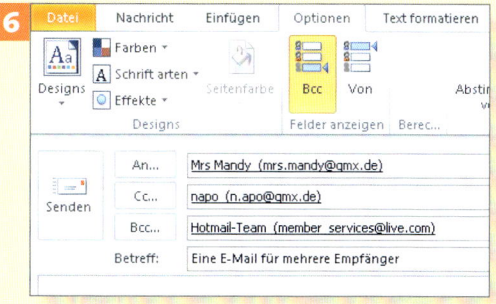

Text eingeben und korrigieren

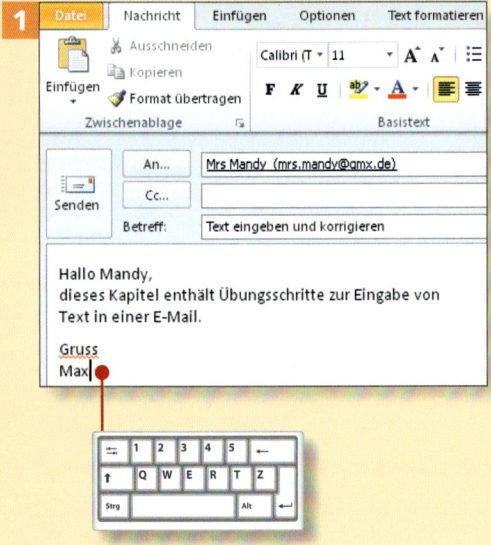

Der Grundstein für eine E-Mail ist natürlich der Text. Outlook 2010 hilft Ihnen sogar dabei, den passenden Ausdruck zu finden.

Schritt 1

Öffnen Sie über die Schaltfläche **Neue E-Mail-Nachricht** ein Nachrichtenformular, und tragen Sie den Empfänger im Feld **An** ein. Geben Sie Ihrer Nachricht einen Betreff, und formulieren Sie eine kurze Nachricht. Wie Sie sehen, werden Fehler rot unterkringelt.

Schritt 2

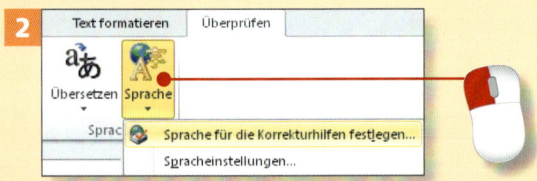

Outlook hilft Ihnen beim Korrigieren. Um die *Rechtschreibprüfung* zu nutzen, klicken Sie auf der Registerkarte **Überprüfen** auf die Schaltfläche **Sprache** und wählen **Sprache für die Korrekturhilfen festlegen** aus dem Aufklappmenü.

Schritt 3

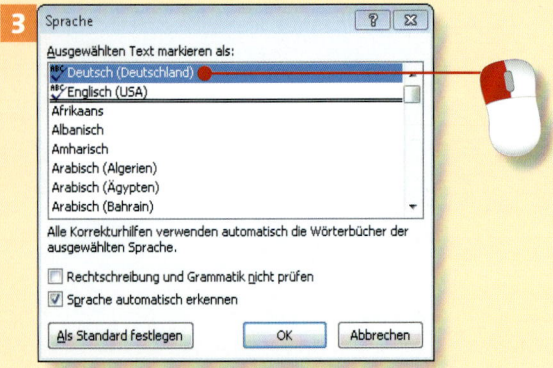

Im Dialogfenster **Sprache** geben Sie die Sprache an, in der Sie Ihren Text verfassen, z.B. **Deutsch (Deutschland)**. Bestätigen Sie Ihre Angabe mit **OK**.

Schritt 4

Um die Rechtschreibprüfung durchzuführen, klicken Sie auf der Registerkarte **Überprüfen** auf die Schaltfläche **Rechtschreibung und Grammatik**.

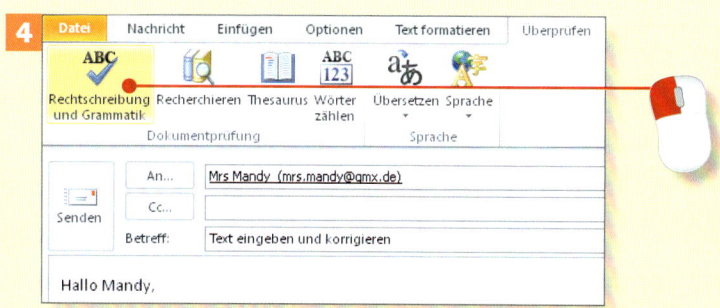

Schritt 5

Das Fenster **Rechtschreibung und Grammatik: Deutsch (Deutschland)** öffnet sich. Fehlerhafte oder unbekannte Wörter ❶ werden hier rot dargestellt. Im Bereich **Vorschläge** ❷ macht Outlook ggf. Änderungsvorschläge. Sie können sie übernehmen, indem Sie auf **Ändern** klicken. (Mit **Einmal ignorieren** ❸ oder **Alle ignorieren** ❹ lehnen Sie entweder nur das markierte oder jedes Vorkommen des Wortes ab.)

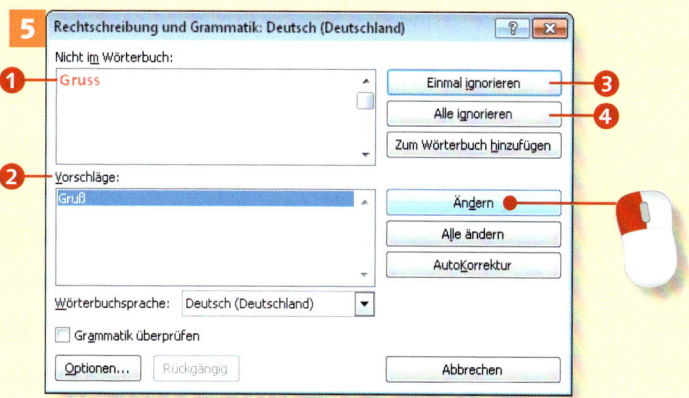

Schritt 6

Wenn alle Fehler oder unbekannten Schreibweisen überprüft worden sind, erscheint ein kleines Infofenster. Bestätigen Sie es einfach mit einem Klick auf **OK**, um wieder in Ihren E-Mail-Text zurückzukehren.

Text eingeben und korrigieren (Forts.)

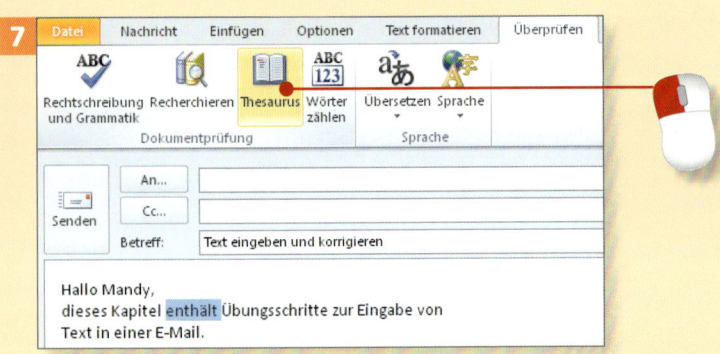

Schritt 7

Outlook sucht für Sie auch nach Synonymen. Markieren Sie ein Wort, für das Sie eine andere Formulierung suchen, und klicken Sie auf der Registerkarte **Überprüfen** auf die Schaltfläche **Thesaurus**.

Schritt 8

Rechts taucht der Bereich **Recherchieren** auf. Hier sehen Sie eine Liste alternativer Begriffe. Um Ihr Wort zu ersetzen, zeigen Sie mit der Maus auf eine Alternative, klicken auf den kleinen Pfeil und wählen **Einfügen** aus dem Menü.

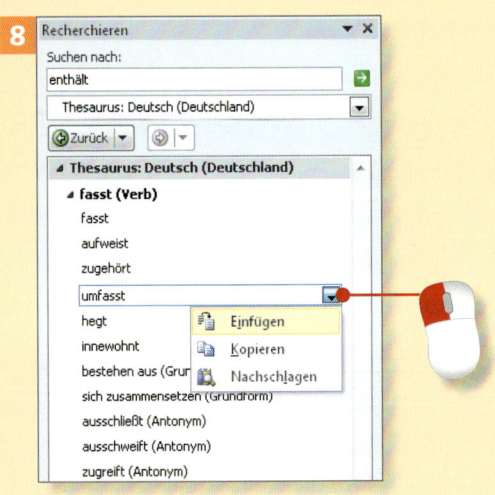

Schritt 9

Sie können mit Outlook sogar übersetzen. Klicken Sie auf der Registerkarte **Überprüfen** auf die Schaltfläche **Übersetzen**. Im Aufklappmenü wählen Sie den Eintrag **Sprache für die Übersetzung auswählen**.

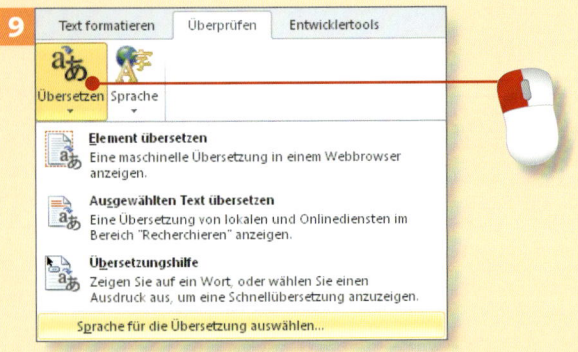

Rechercheoptionen
Wenn Sie ganz unten im Bereich **Recherchieren** auf **Rechercheoptionen** klicken, können Sie auswählen, welche Nachschlagewerke und Websites zurategezogen werden.

Schritt 10

Das Dialogfenster **Optionen für die Übersetzungssprache** öffnet sich. Hier treffen Sie Ihre Wahl in den Feldern **Übersetzen aus ❶** und **Übersetzen in ❷**. Im Beispiel wird von **Deutsch (Deutschland)** nach **Englisch (USA)** übersetzt. Bestätigen Sie Ihre Angaben mit **OK**.

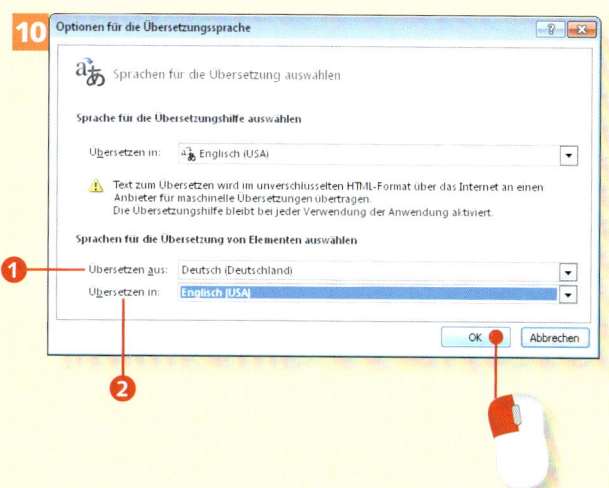

Schritt 11

Markieren Sie Ihren Text, und klicken Sie im Aufklappmenü der Schaltfläche **Übersetzen** auf **Element übersetzen [Deutsch (Deutschland) in Englisch (USA)]**. (In dem schmalen Hinweisfenster, das sich daraufhin öffnet, müssen Sie einfach nur auf **Senden** klicken.)

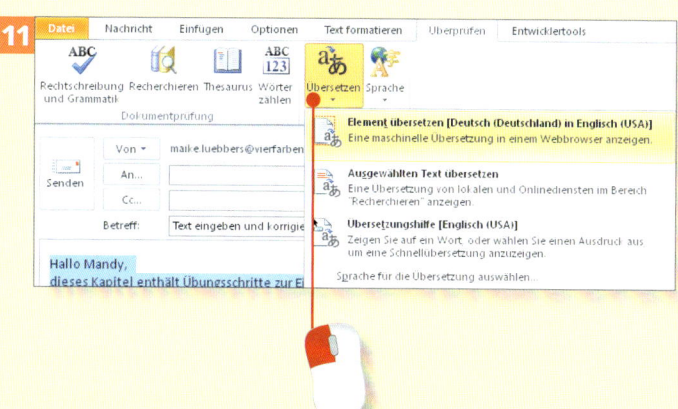

Schritt 12

Das Ergebnis der Übersetzung wird in einem neuen Fenster geöffnet. Sie können Ihren Text auch von hier aus in andere Sprachen übersetzen lassen. Leider muss man sagen, dass die Übersetzungen häufig ähnlich holprig klingen, wie es womöglich der eigene Versuch getan hätte.

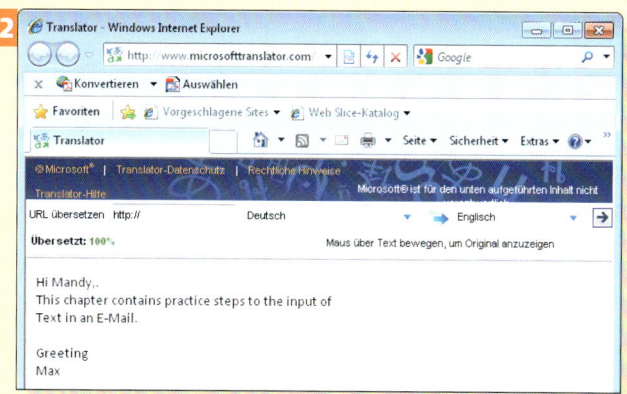

Entwürfe speichern und überarbeiten

Man muss eine E-Mail nicht sofort verschicken, sondern kann sie erst einmal als Entwurf im Ordner »Entwürfe« speichern.

Schritt 1

Öffnen Sie ein neues Nachrichtenformular, indem Sie auf die Schaltfläche **Neue E-Mail-Nachricht** auf der Registerkarte **Start** klicken.

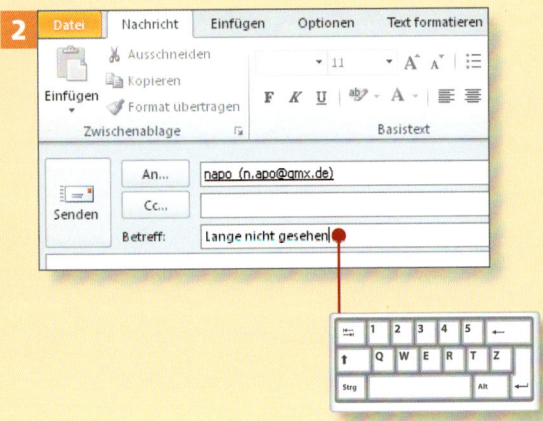

Schritt 2

Tragen Sie einen Empfänger ein, und füllen Sie die Betreffzeile aus.

Schritt 3

Formulieren Sie nun einen Text. Stellen Sie sich z.B. vor, Sie sind gerade dabei, eine lange E-Mail zu schreiben, und dann werden Sie durch irgendetwas unterbrochen, bevor Sie alles noch einmal lesen und korrigieren können.

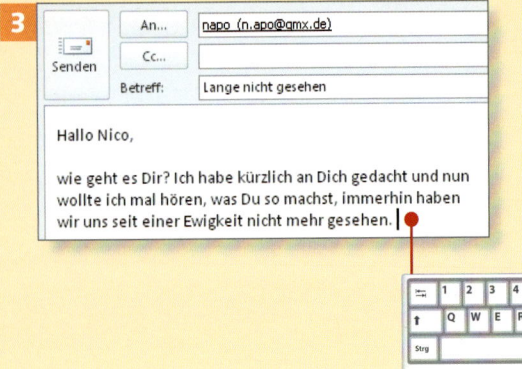

E-Mail vor dem Versenden speichern

Sie können jede E-Mail vor dem Versenden speichern. Sie landet dann im Ordner **Entwürfe**, wo Sie sie zu einem späteren Zeitpunkt wieder öffnen können.

Schritt 4

Nach der Texteingabe klicken Sie über die Registerkarte **Datei** auf **Speichern**. Ihre E-Mail wir nun gespeichert und im Ordner **Entwürfe** abgelegt. Außerdem springen Sie automatisch ins Nachrichtenfenster zurück.

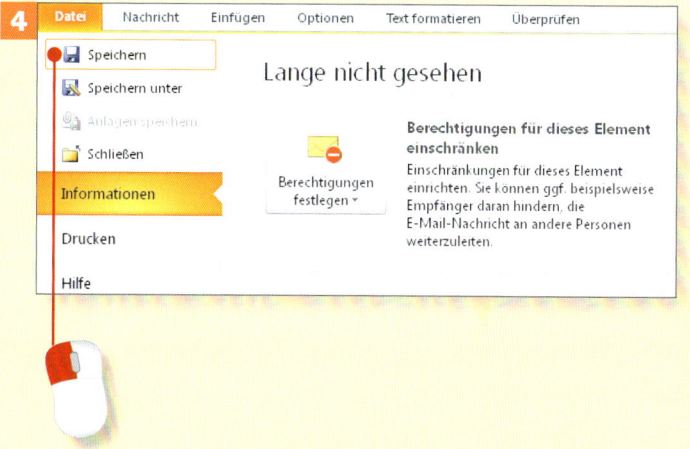

Schritt 5

Schließen Sie das Fenster, in dem Sie Ihre E-Mail verfasst haben, mit einem Klick auf das Schließkreuz oben rechts.

Schritt 6

Klicken Sie nun auf den Ordner **Entwürfe** ❶. In der Mitte wird nun der Inhalt des Ordners angezeigt. Der neueste E-Mail-Entwurf steht oben und ist blau hinterlegt, solange Sie noch nirgends geklickt haben. Klicken Sie doppelt auf diese Markierung, um den Entwurf zu öffnen und weiterzubearbeiten.

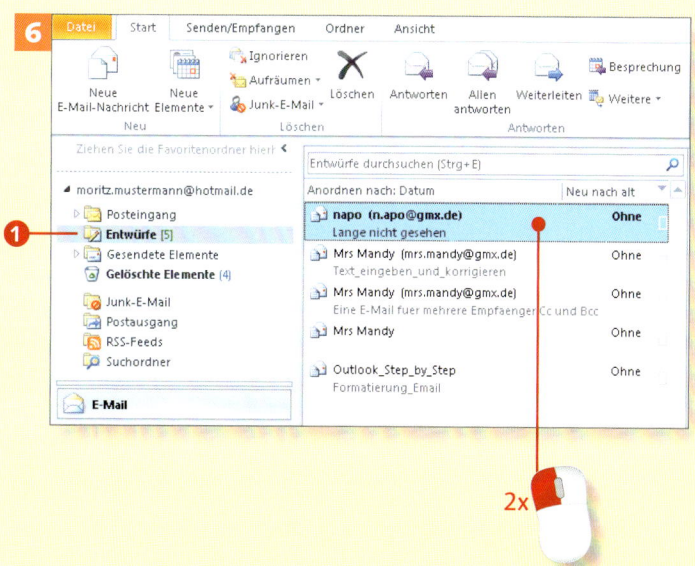

Die E-Mail versenden

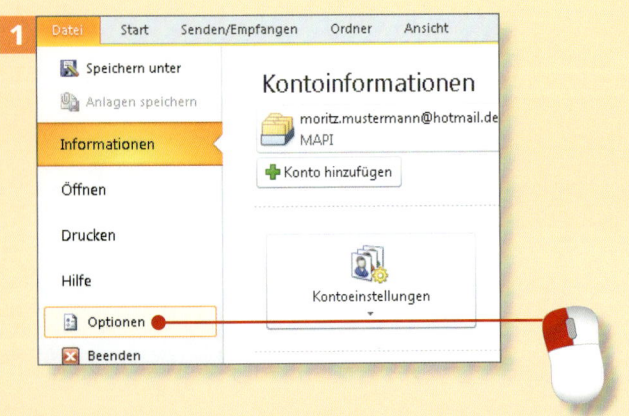

Das Versenden einer E-Mail kann direkt über die Schaltfläche »Senden« erfolgen. Alternativ können Sie aber auch das manuelle Versenden wählen. Hierbei wird die Mail erst einmal im Postausgang »zwischengelagert«.

Schritt 1

Bevor Sie ein Nachrichtenformular einrichten, klicken Sie auf der Registerkarte **Datei** auf die Schaltfläche **Optionen**.

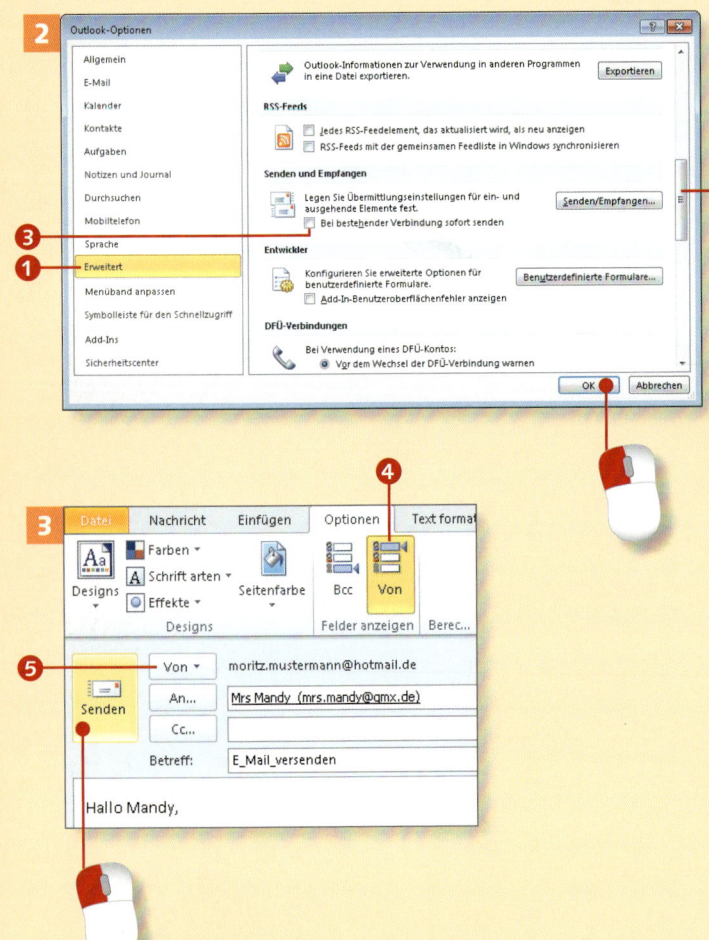

Schritt 2

Das Dialogfenster **Outlook-Optionen** öffnet sich. Klicken Sie hier auf **Erweitert ❶**. Mithilfe der Bildlaufleiste ❷ scrollen Sie bis zum Bereich **Senden und Empfangen**. Hier stellen Sie sicher, dass vor **Bei bestehender Verbindung sofort senden ❸** kein Häkchen steht, und bestätigen die Einstellung mit **OK**.

Schritt 3

Öffnen Sie nun das Nachrichtenformular. Tragen Sie Empfänger und Betreff ein. Formulieren Sie einen Nachrichtentext, und klicken Sie dann auf **Senden**.

Schritt 4

Es öffnet sich der E-Mail-Bereich. Ihre Nachricht ist in den **Postausgang** gesendet worden, weil Sie die entsprechende Einstellung in Schritt 2 vorgenommen haben. Klicken Sie auf den Ordner **Postausgang**, um sich seinen Inhalt anzeigen zu lassen.

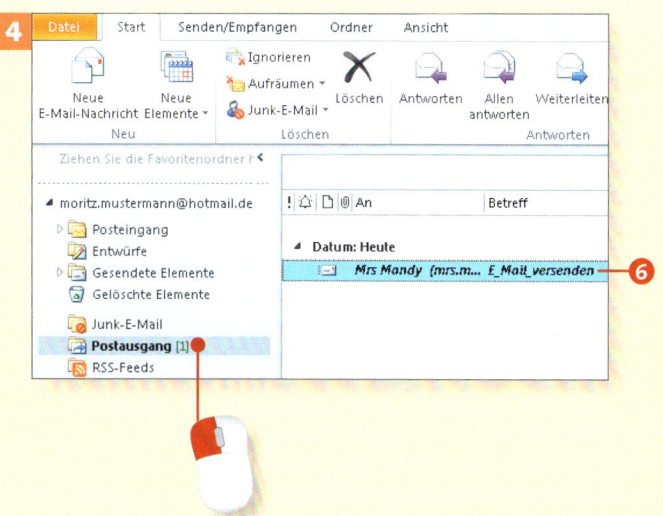

Schritt 5

Doppelklicken Sie auf die zu versendende E-Mail ❻. Sie befinden sich nun wieder im Nachrichtenformular und können Ihren Text kontrollieren, verbessern oder ergänzen. Klicken Sie dann auf **Senden**.

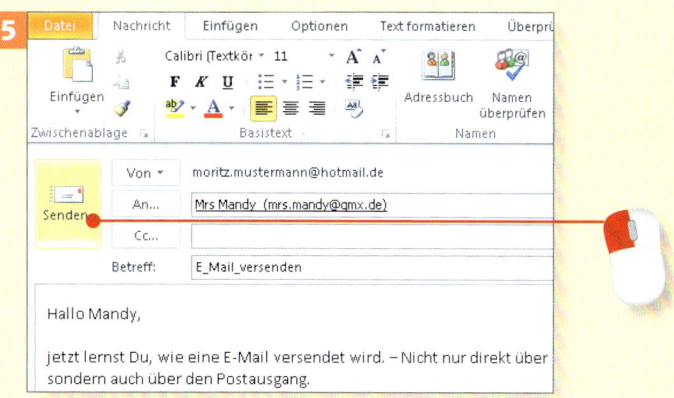

Schritt 6

Die überarbeitete E-Mail liegt nun wieder im Postausgang. Wenn Sie sie endgültig versenden wollen, klicken Sie auf der Registerkarte **Senden/Empfangen** auf **Alle Senden**. Ihre E-Mail wird an die angegebenen Empfänger versendet.

Sofort senden

Wenn Sie den Zwischenschritt mit dem Postausgang nicht wünschen, setzen Sie einfach das Häkchen aus Schritt 2.

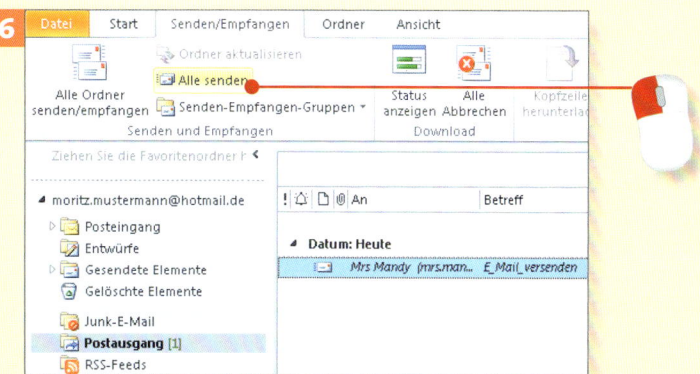

Zur Kontrolle: Wurde die E-Mail versendet?

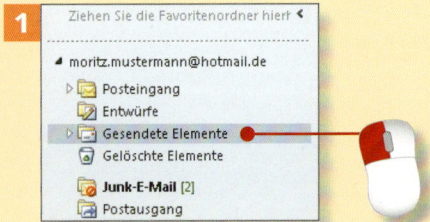

Vertrauen ist gut, Kontrolle ist besser: Wenn Sie wissen möchten, ob Ihre E-Mail erfolgreich versendet wurde, schauen Sie im Ordner »Gesendete Elemente« nach.

Schritt 1

Um zu kontrollieren, ob Ihre E-Mail auch wirklich versendet wurde, klicken Sie im E-Mail-Bereich auf den Ordner **Gesendete Elemente**, um ihn zu öffnen.

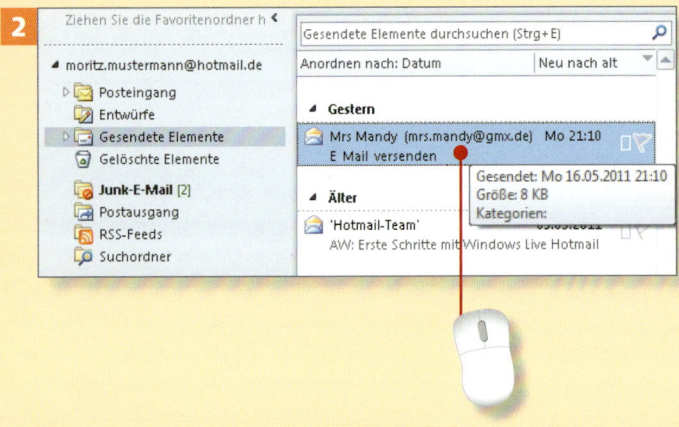

Schritt 2

Die zuletzt gesendete E-Mail ist hellblau hinterlegt. Wenn Sie mit dem Mauszeiger über diese E-Mail fahren, werden Ihnen in einem kleinen Feld die wichtigsten Sendedaten angezeigt: Absenderadresse, Datum, Uhrzeit und Dateigröße.

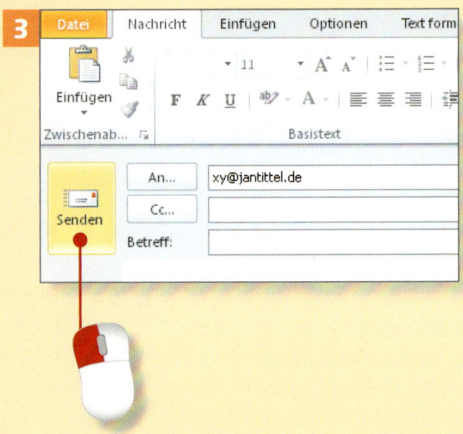

Schritt 3

Wenn eine E-Mail nicht zugestellt werden konnte, erhalten Sie eine Nachricht darüber. Geben Sie beispielhaft eine nicht existierende E-Mail-Adresse ein, und klicken Sie dann auf **Senden**.

Schritt 4

Wie Sie wissen, landet die E-Mail erst im Postausgang. Klicken Sie deshalb auf der Registerkarte **Senden/ Empfangen** auf die Schaltfläche **Alle Ordner senden/empfangen**, um die E-Mail endgültig zu verschicken.

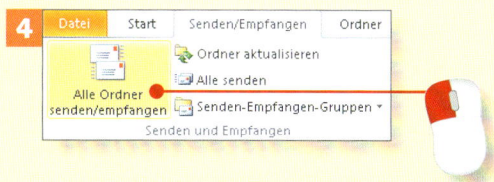

Schritt 5

Weil die Adresse nicht gültig ist, bekommen Sie eine Fehlermeldung mit dem Betreff **Delivery Status Notification (Failure)** vom Postmaster. Klicken Sie doppelt auf den Dateianhang *details.txt (367 B)*.

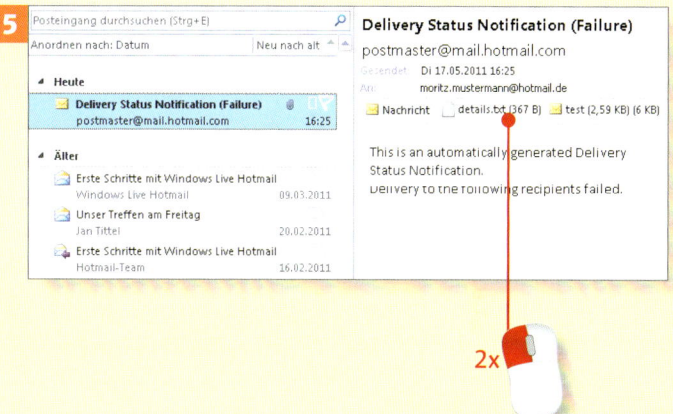

Schritt 6

Das Fenster **details.txt – Editor** öffnet sich. Die entscheidende Information ist diese: **user unknown** (Empfänger unbekannt). So werden Sie benachrichtigt, dass und warum Ihre Nachricht nicht angekommen ist. Schließen Sie das Fenster.

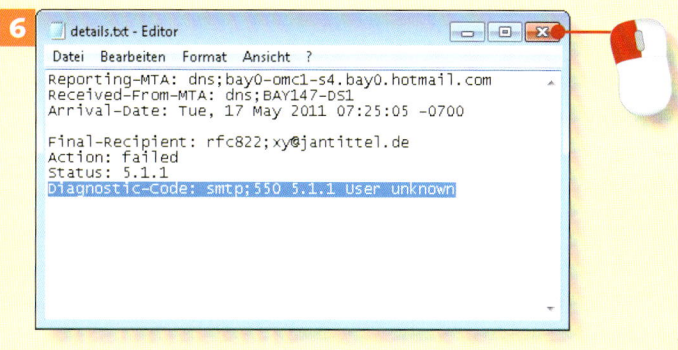

Der Postmaster

Man kann sich den Postmaster wie die Person vorstellen, die am Telefon »Kein Anschluss unter dieser Nummer« sagt. So verschwinden E-Mails, die nicht zustellbar sind, nicht einfach im Äther, sondern dem Absender wird mitgeteilt, dass ein neuerlicher Versand zwecklos ist.

Dateien und Fotos mitschicken

Dateien an eine E-Mail anzuhängen oder Fotos mitzuschicken sind Vorgänge, die in Zeiten leistungsstarker Breitbandverbindungen nicht nur möglich, sondern häufig auch notwendig sind.

Schritt 1

Im Arbeitsbereich E-Mail ❶ klicken Sie auf der Registerkarte **Start** auf die Schaltfläche **Neue E-Mail-Nachricht**.

Schritt 2

Es öffnet sich das Nachrichtenformular. Tragen Sie eine Empfängeradresse im Feld **An** ein. Formulieren Sie einen Betreff. Schreiben Sie einen Nachrichtentext. Klicken Sie dann auf die Registerkarte **Einfügen**.

Schritt 3

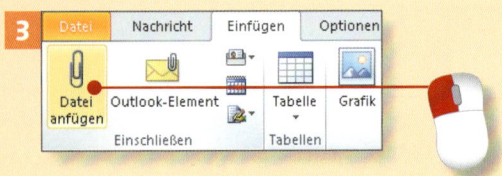

Auf der Registerkarte **Einfügen** klicken Sie auf die Schaltfläche **Datei anfügen**, um eine Datei auszuwählen, die mit Ihrer E-Mail mitgeschickt wird.

Schritt 4

Das Dialogfenster **Datei einfügen** öffnet sich. Wählen Sie per Mausklick das Element aus, das Sie in Ihre E-Mail einfügen wollen ❷. Klicken Sie dann auf die Schaltfläche **Einfügen** unten im Dialogfenster.

Schritt 5

Das eingefügte Dokument erscheint im Nachrichtenformular im Feld **Angefügt** ❸ und wird zusammen mit der E-Mail verschickt. Sie können ein Bild aber auch direkt in die E-Mail »einkleben«. Setzen Sie dazu den Cursor im Text an die Stelle, an der die Grafik erscheinen soll.

Schritt 6

Auf der Registerkarte **Einfügen** klicken Sie auf die Schaltfläche **Grafik**.

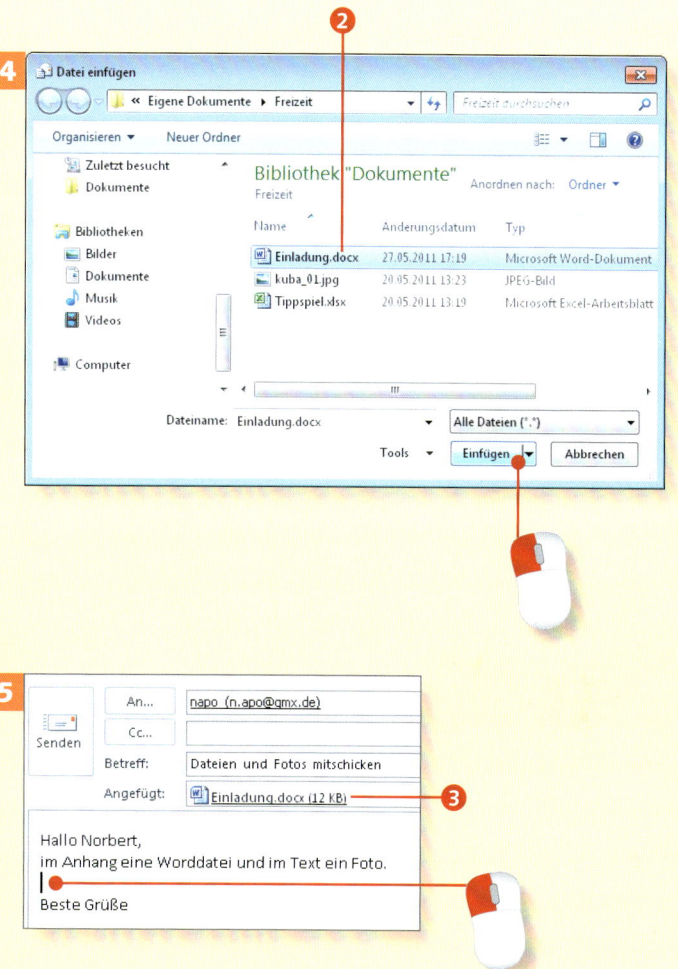

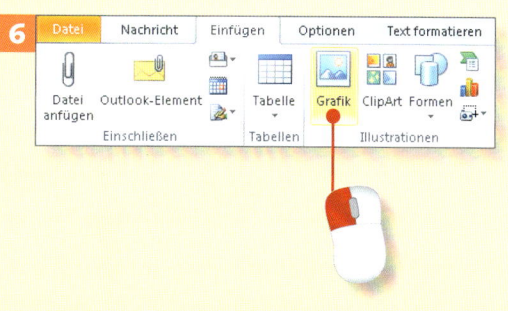

Wo finde ich schöne Bilder?

Bei der Installation des Office-Pakets werden die Bilder unseres Beispiels in der Regel mitgeliefert. Sie finden Sie im Ordner *Computer/Bibliotheken/Bilder/Beispielbilder*, den Sie über den Windows-Explorer aufrufen können.

Dateien und Fotos mitschicken (Forts.)

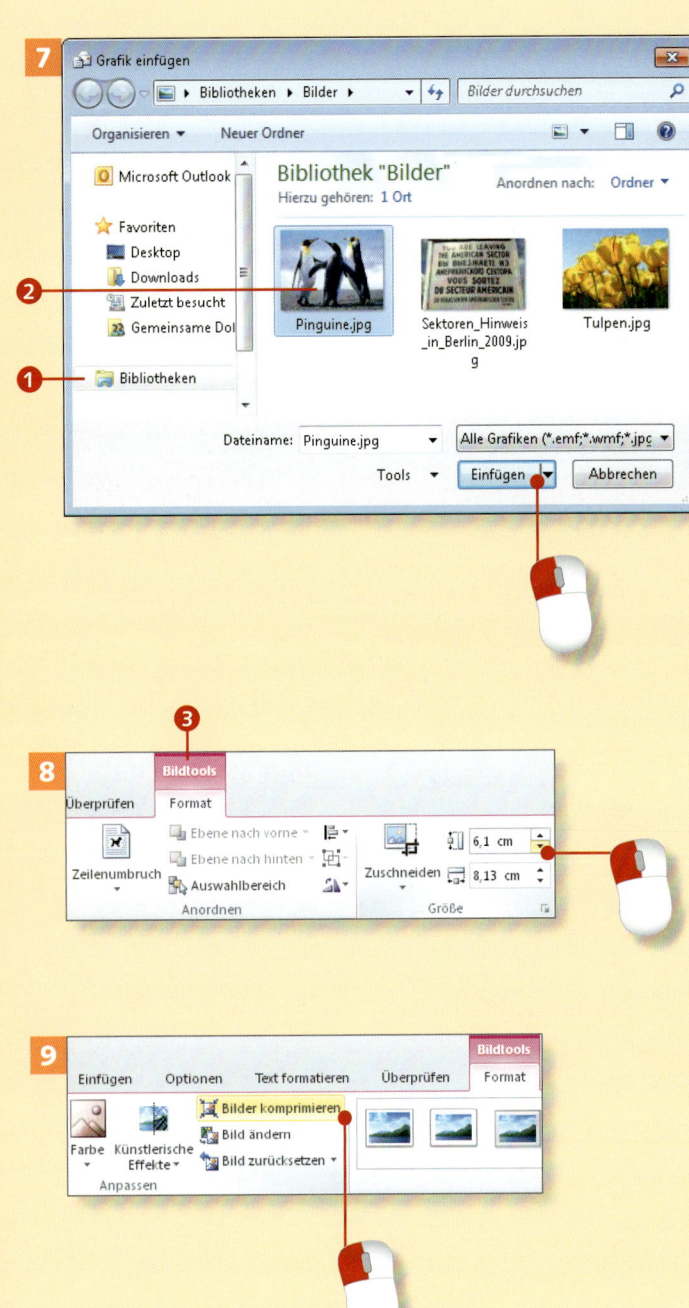

Schritt 7

Es öffnet sich das Fenster **Grafik einfügen** mit dem Dokumenten-ordner **Bibliotheken** ❶. Klicken Sie eine passende Bilddatei an ❷, und fügen Sie diese dann in Ihre E-Mail ein, indem Sie auf die Schaltfläche **Einfügen** klicken.

Schritt 8

Nach dem Einfügen der Grafik (und weil sie markiert ist, wie Sie an den acht Ziehpunkten um sie herum sehen) wird die Registerkarte **Bildtools** ❸ zur Formatierung von Bildern bzw. Grafiken eingeblendet. Mithilfe der Pfeile an den Feldern **Höhe** und **Breite** in der Befehls-gruppe **Größe** verändern Sie z.B. die Bildgröße.

Schritt 9

Damit Ihre Grafik die Datenmenge der E-Mail nicht unnötig vergrößert (und dadurch unter Umständen ihr Versand erschwert wird), klicken Sie auf der Registerkarte **Bildtools** in der Befehlsgruppe **Anpassen** auf die Schaltfläche **Bilder komprimieren**.

Schritt 10

Das Dialogfenster **Bild komprimieren** öffnet sich. Verringern Sie
die Dateigröße der eingefügten
Grafik, indem Sie die Option **E-Mail
(96 ppi)** mit einem Klick auswählen.
Bestätigen Sie diese Angabe mit **OK**.

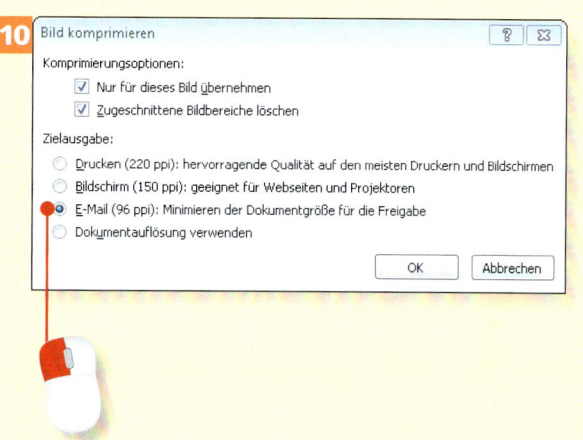

Schritt 11

Sie können das Bild auch speziell
gestalten. Auf der Registerkarte
Bildtools gibt es die Gruppe **Bild-
formatvorlagen**. Wählen Sie per
Klick eine Vorlage aus, z.B. **Reflek-
tiertes abgerundetes Rechteck**.
Den Effekt sehen Sie direkt am Bild.

Schritt 12

Wenn Sie nun mit der Gestaltung
fertig sind, können Sie die E-Mail
verschicken. Klicken Sie dazu einfach
auf die Schaltfläche **Senden** neben
den Adressfeldern.

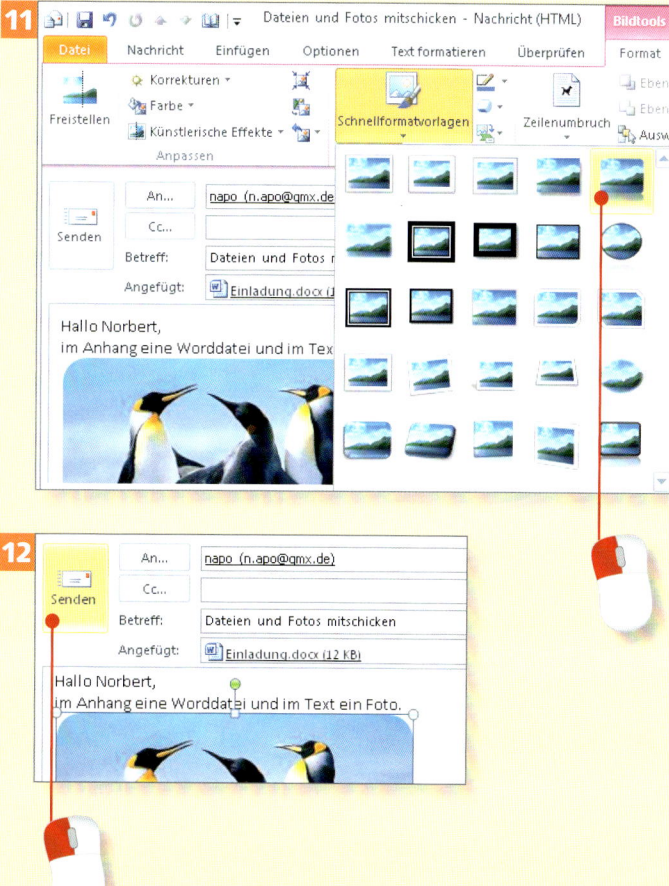

Dateigröße anpassen

Wenn die Grafik nicht nur Ihre
E-Mail verschönern, sondern auch
später weiterverwendet (z.B. gedruckt) werden soll, müssen Sie sie
mit einer größeren Dateigröße anhängen, um die Bildqualität nicht
zu beeinträchtigen. Allerdings
gibt es bei den meisten E-Mail-
Anbietern Beschränkungen bei
der Größe, die eine E-Mail haben
kann, um versendet zu werden.

Den Text formatieren

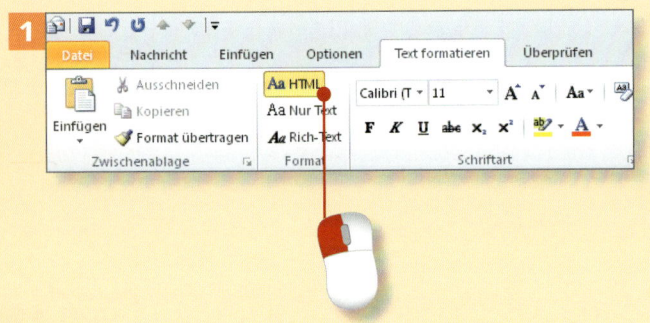

Visuell aufbereitete E-Mails steigern beim Empfänger die Bereitschaft, Nachrichten aufmerksamer zur Kenntnis zu nehmen.

Schritt 1

Um die Schrift einer E-Mail zu gestalten, klicken Sie auf der Registerkarte **Text formatieren** in der Gruppe **Format** auf **HTML**.

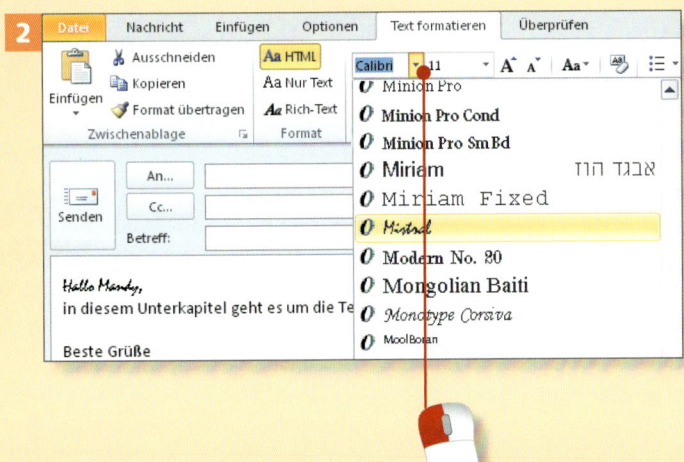

Schritt 2

Markieren Sie dann z.B. die Anrede in Ihrer Nachricht. In der Gruppe **Schriftart** wählen Sie im gleichnamigen Feld die Schriftart **Mistral** aus. Der Effekt zeigt sich sofort.

Schritt 3

Im Feld **Schriftgrad** wählen Sie die Schriftgröße **18** aus. So erkennt man die neue Schrift auch deutlich.

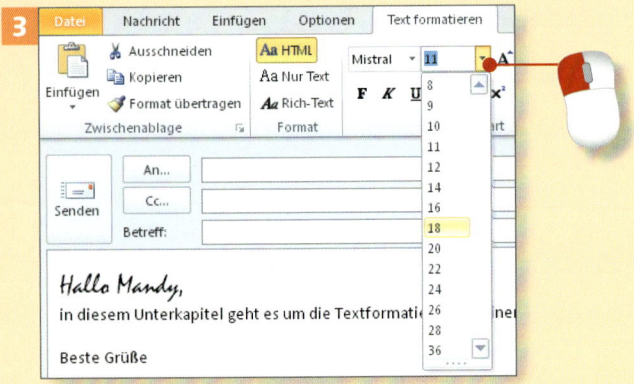

HTML, Rich-Text und Nur Text
In der Gruppe **Format** gibt es drei Formate: Bei **Nur Text** ist keine Gestaltung möglich. Das Format **Rich-Text** kommt nur bei den Empfängern wie gewünscht an, die Outlook verwenden, und auch **HTML**-Mails laufen Gefahr, unvollständig beim Empfänger angezeigt zu werden. Allerdings bieten sie die meisten Formatierungsmöglichkeiten.

Schritt 4

Wenn Sie ein bestimmtes Wort hervorheben wollen, markieren Sie es und klicken dann auf die Schaltfläche **Fett** in der Gruppe **Basistext**. Sie können das Wort aber natürlich auch kursiv setzen ❶. Um das Ganze wieder rückgängig zu machen, klicken Sie einfach noch einmal auf die gleiche Schaltfläche.

Schritt 5

Markieren Sie nun die formatierte Anrede erneut, und klicken Sie auf den Pfeil an der Schaltfläche **Schriftfarbe**. Mit einem Klick auf ein Farbkästchen in der Palette wählen Sie eine Farbe aus.

Schritt 6

Sie können auch den ganzen Hintergrund färben. Markieren Sie den gesamten Text, und klicken Sie in der Befehlsgruppe **Absatz** auf den Pfeil an der Schaltfläche **Schattierung**. Im Menü wählen Sie per Klick eine Farbe.

Nicht übertreiben!

Wie immer gilt: Weniger ist mehr. Zu bunte E-Mails irritieren den Leser eher als dass sie beeindrucken.

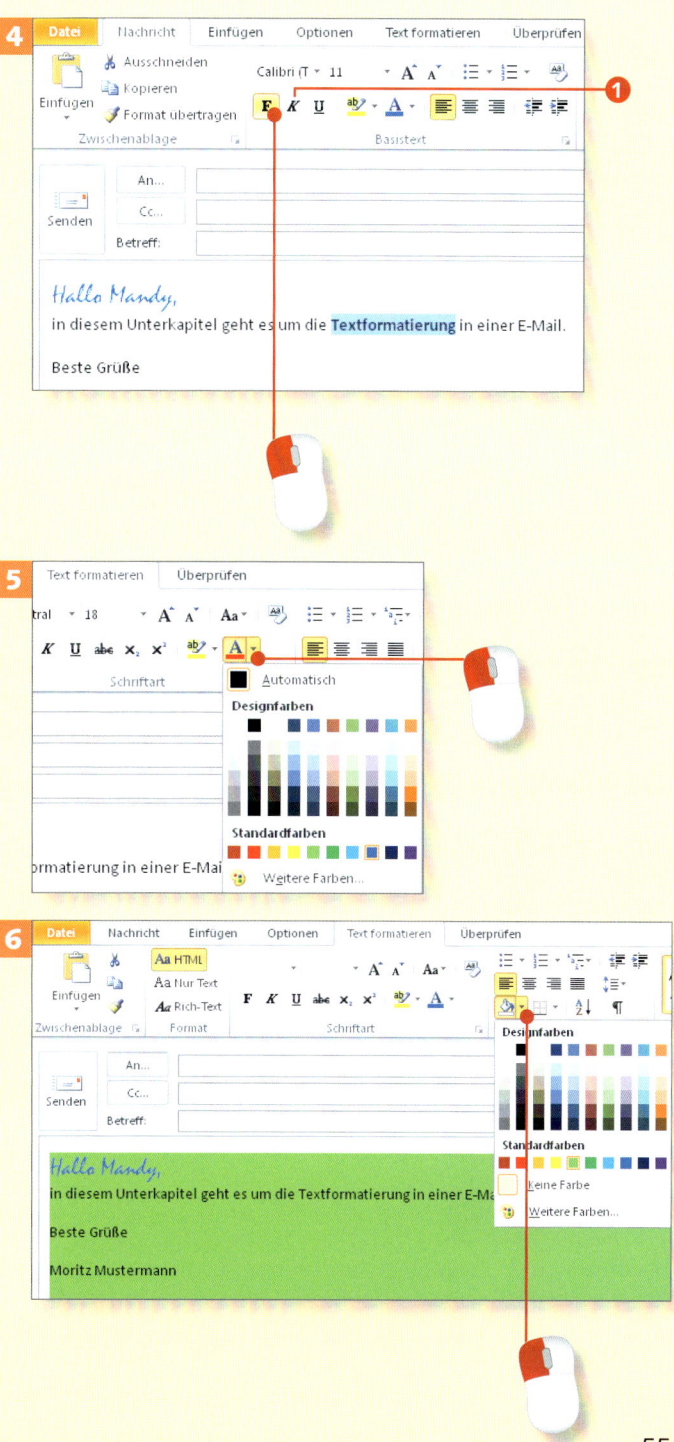

Den Text formatieren (Forts.)

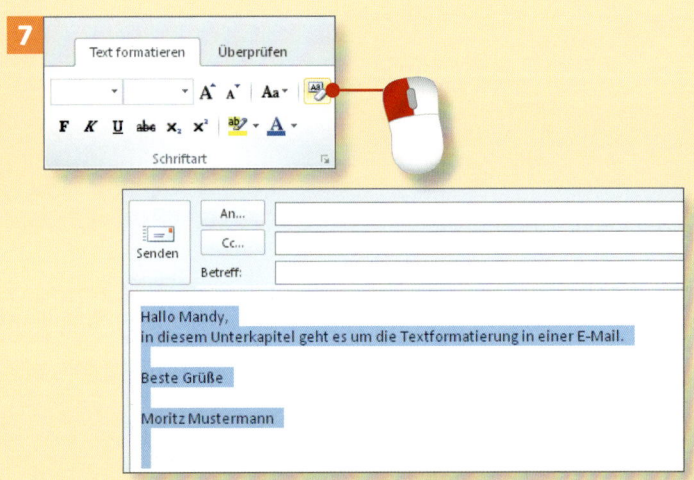

Schritt 7

Wenn Sie die Mail doch lieber unformatiert verschicken wollen, markieren Sie den gesamten Text. Klicken Sie in der Befehlsgruppe **Schriftart** auf **Alle gesetzten Formatierungen löschen**. Sie sehen Ihren Nachrichtentext wieder ganz unformatiert (aber markiert).

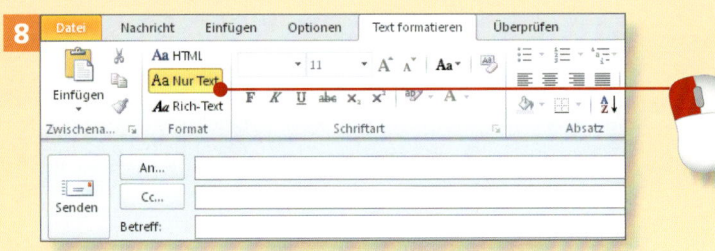

Schritt 8

Wenn Sie auf der Registerkarte **Text formatieren** jetzt auf **Nur Text** klicken, sehen Sie, dass alle Befehle grau hinterlegt werden und damit nicht mehr nutzbar sind. Siehe dazu den Infokasten auf Seite 54. (Das Fenster **Microsoft Outlook-Kompatibilitätsprüfung** bestätigen Sie einfach mit **Weiter**.)

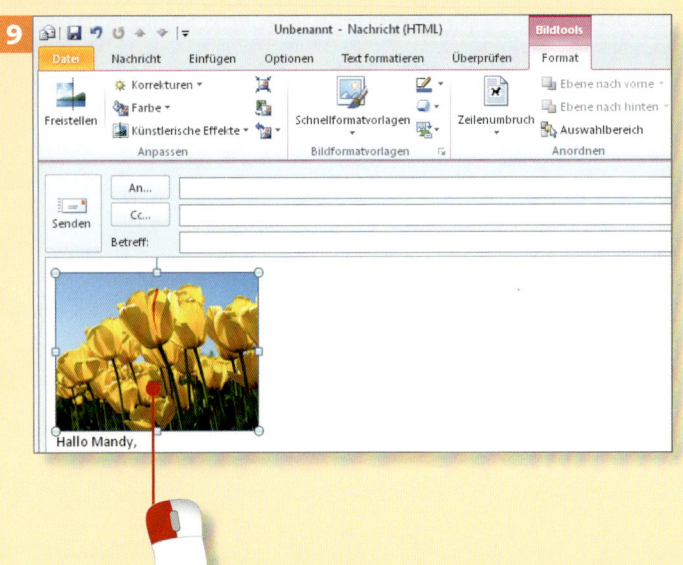

Schritt 9

Sie können zur Gestaltung auch Bilder nutzen. Fügen Sie über **Einfügen ▸ Grafik** ein Bild in Ihre Nachricht ein, wie im Abschnitt »Dateien und Fotos mitschicken« ab Schritt 5 auf Seite 51 beschrieben. Klicken Sie anschließend auf die eingefügte Grafik, um die Registerkarte **Bildtools** einzublenden.

Schritt 10

Um dieses Bild als Verzierung hinter Ihren Text zu legen, klicken Sie auf der Registerkarte **Bildtools ▸ Format** in der Befehlsgruppe **Anordnen** auf die Schaltfläche **Zeilenumbruch** und im Aufklappmenü auf **Hinter den Text**. Wenn Sie mit der Maus nur auf den Menüeintrag zeigen, sehen Sie das Ergebnis in der Live-Vorschau.

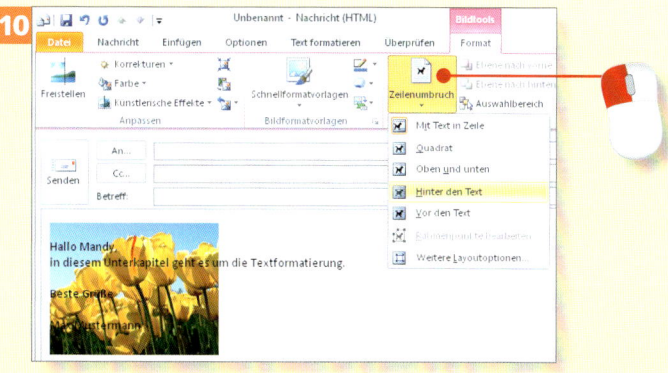

Schritt 11

So kann man den Text natürlich nicht gut lesen. Klicken Sie deshalb auf den Pfeil an der Schaltfläche **Farbe** in der Gruppe **Anpassen**, und wählen Sie die Option **Ausgeblichen** im Bereich **Neu einfärben**.

Schritt 12

Wenn Ihnen diese Bildgestaltung doch nicht gefällt, klicken Sie einfach auf die Schaltfläche **Bild zurücksetzen** in der Gruppe **Anpassen**. Sogleich ist wieder alles beim Alten. Um das Bild zu löschen, markieren Sie es mit einem Klick und drücken dann die Entf-Taste.

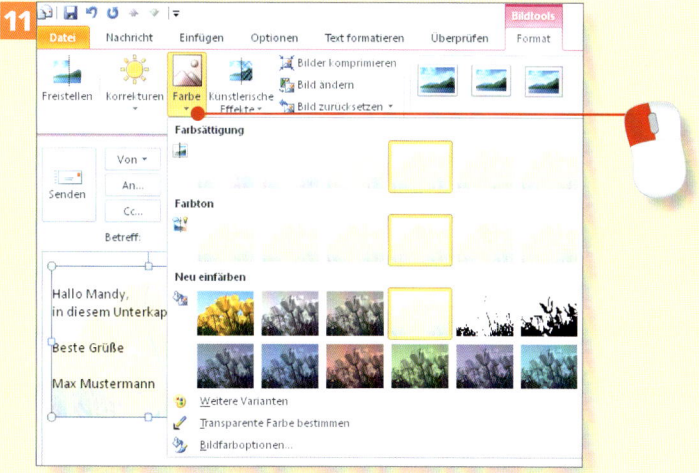

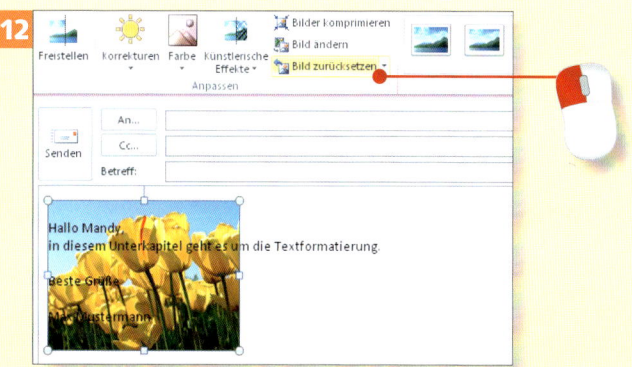

Formatvorlagen und Designs verwenden

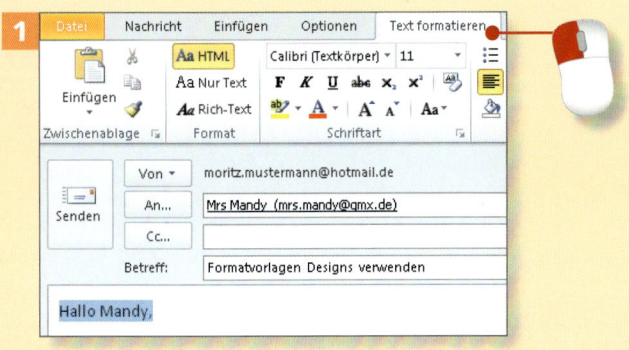

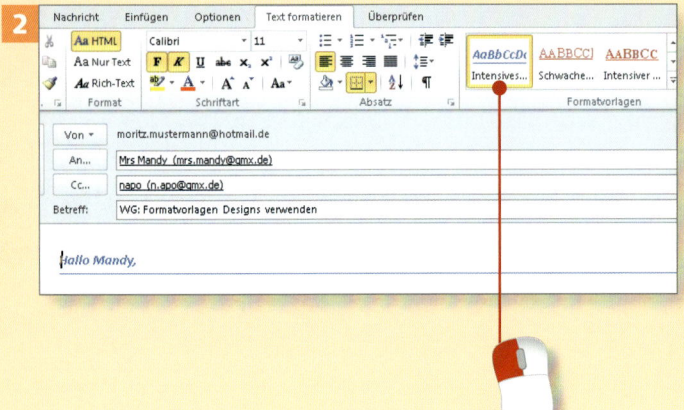

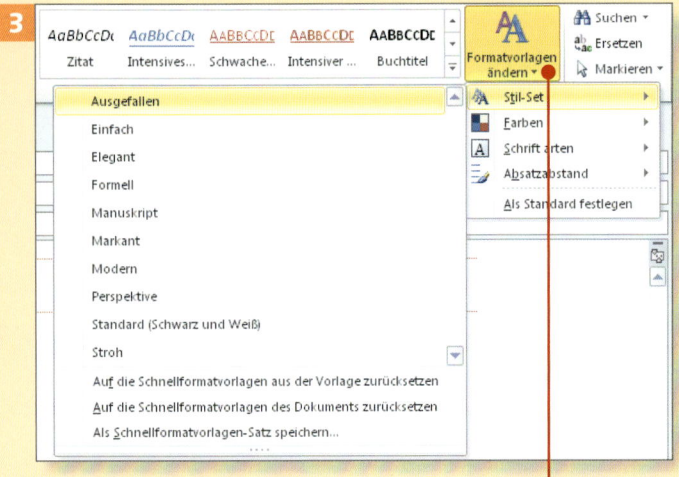

Wem die eigenhändige Gestaltung seiner E-Mails nicht so liegt, der kann auf Musterlösungen zurückgreifen, die Outlook in Form von Formatvorlagen und Designs anbietet.

Schritt 1

Schreiben Sie erneut einen E-Mail-Text, und öffnen Sie die Registerkarte **Text formatieren**. Markieren Sie die Anrede in Ihrer E-Mail.

Schritt 2

Um der Anrede eine Formatvorlage zuzuweisen, klicken Sie in der Gruppe **Formatvorlagen** auf eine Option, z.B. **Intensives Zitat**. Achten Sie auf die automatischen Veränderungen in den Befehlsgruppen **Schriftart** und **Absatz**.

Schritt 3

Wenn Sie die Formatierung variieren wollen, klicken Sie auf die Schaltfläche **Formatvorlagen ändern** neben der Auswahl an Formatvorlagen. Im Menü wählen Sie den Eintrag **Stil-Set** und dann wiederum die Option **Ausgefallen**.

Schritt 4

Wenn Sie auf den kleinen Pfeil
an der rechten unteren Ecke der
Gruppe **Formatvorlagen** klicken,
öffnet sich ein Fenster mit allen
Formaten.

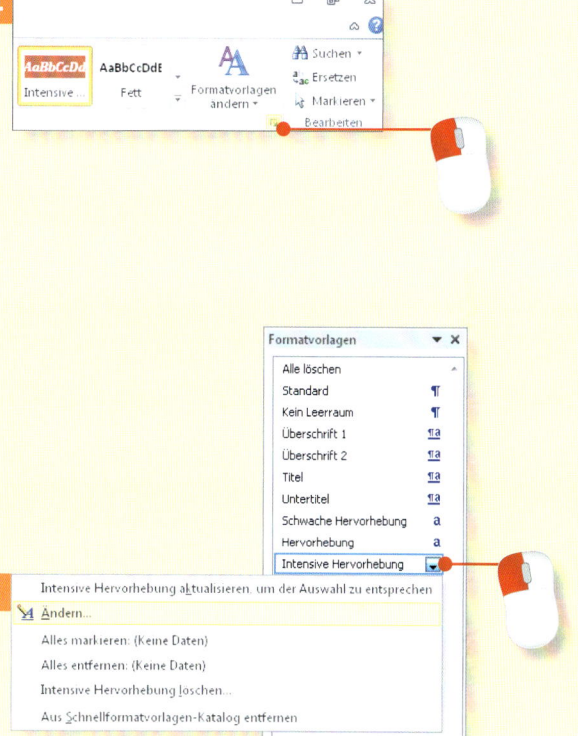

Schritt 5

Das Format des Textteils, in dem
der Cursor aktuell steht, ist blau
umrahmt. Wenn Sie den Mauszeiger
auf das Zeichen rechts neben dem
Eintrag halten, zeigt sich ein kleiner Pfeil. Klicken Sie darauf, um ein
Auswahlmenü zu öffnen. Wählen Sie
hier den Befehl **Ändern**.

Schritt 6

Das Fenster **Formatvorlage ändern**
öffnet sich. Hier können Sie das
gewählte Grundmuster und die zugehörigen Gestaltungserweiterungen
nach Ihren Vorstellungen verändern.
Wählen Sie z.B. eine andere Schriftfarbe aus, und klicken Sie auf **OK**.

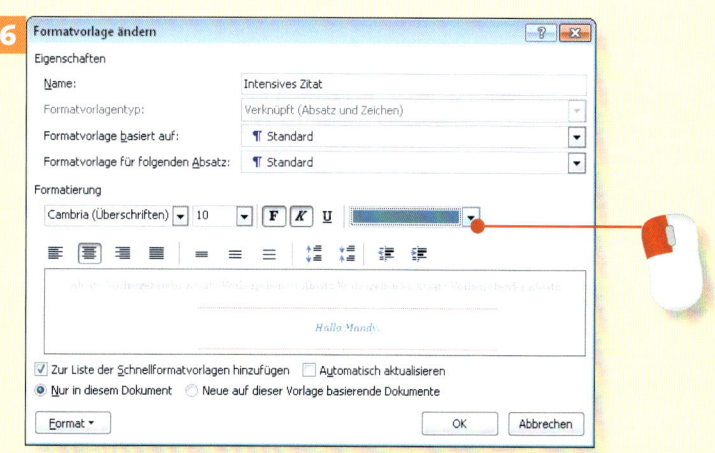

✚✚ Musterlösungen

Wer sich in einer E-Mail kreativ
und stilsicher zeigen will, z.B. bei
einer Bewerbung, sollte besser
auf die (allzu bekannten) Vorlagen
verzichten.

Formatvorlagen und Designs verwenden (Forts.)

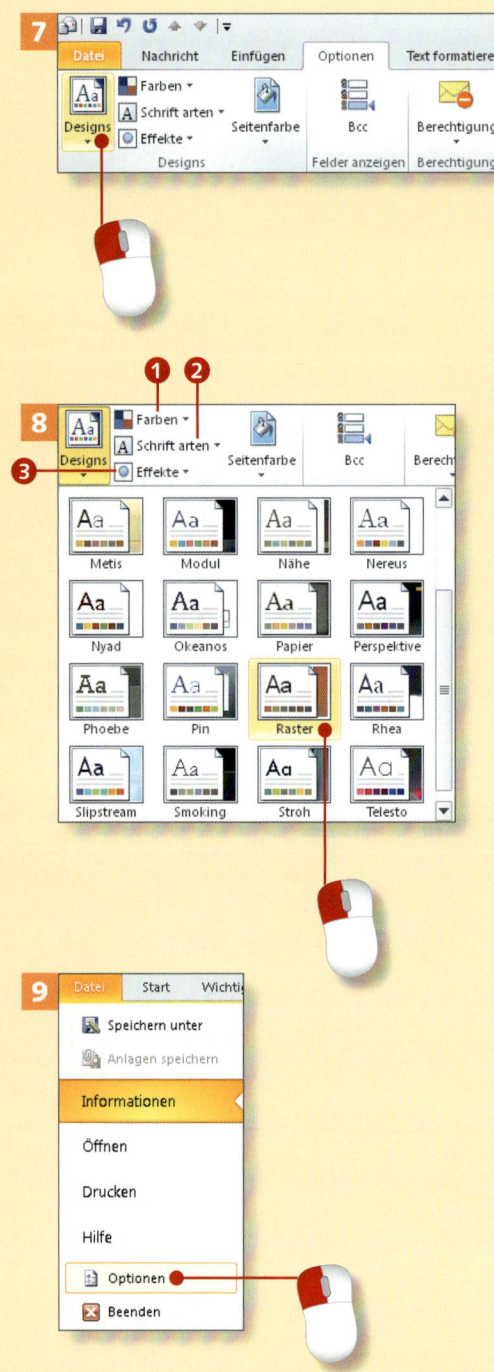

Schritt 7

Eine andere Methode, um schnell eine Gestaltung zuzuweisen, sind die Designs. Sie finden sie auf der Registerkarte **Optionen** in der Gruppe **Designs**. Klicken Sie auf die gleichnamige Schaltfläche. Das Standarddesign ist **Larissa**.

Schritt 8

Mit dem Design ändert sich in erster Linie die Schriftart, aber auch ihre Farbe und Größe sowie weitere Gestaltungselemente werden angepasst. (All dies können Sie auch einzeln über die Schaltflächen **Farben** ❶, **Schriftarten** ❷ und **Effekte** ❸ verändern.) Wählen Sie probeweise ein anderes Design aus. Auch hier gibt es eine Live-Vorschau, wenn Sie den Mauszeiger nur auf ein Design halten, ohne jedoch zu klicken.

Schritt 9

Wenn Sie z.B. für geschäftliche E-Mails standardmäßig eine einheitliche Gestaltung vorgeben, also eine Art Briefpapier anlegen möchten, öffnen Sie die Registerkarte **Datei**, und klicken Sie hier auf **Optionen**.

Schritt 10

Das Fenster **Outlook-Optionen** öffnet sich. Klicken Sie hier in der Kategorie **E-Mail** ❹ auf die Schaltfläche **Briefpapier und Schriftarten**.

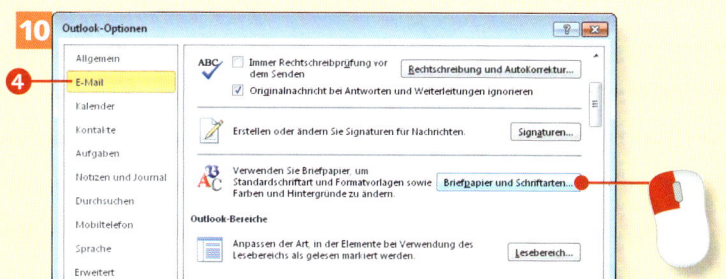

Schritt 11

Ein weiteres Fenster wird geöffnet: **Signaturen und Briefpapier**. Die Registerkarte **Persönliches Briefpapier** ist bereits aktiviert. Um z.B. eine besondere Schriftart für Ihre E-Mails einzustellen, klicken Sie auf die Schaltfläche **Schriftart** im Bereich **Zum Verfassen einer Nachricht**.

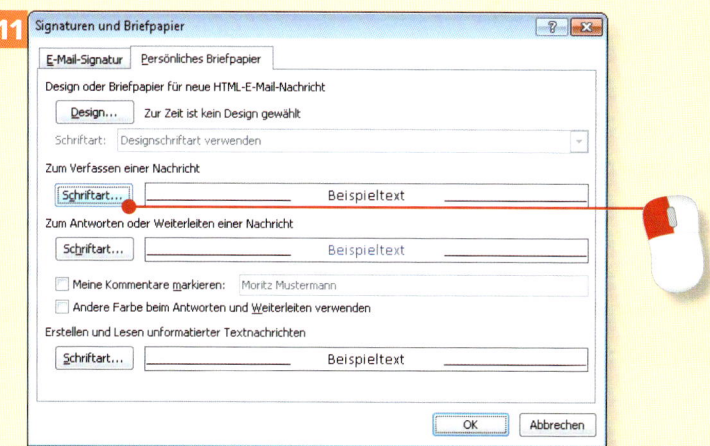

Schritt 12

Der Dialog **Schriftart** öffnet sich. Hier können Sie z.B. eine Schriftart wählen, die Ihnen zusagt, und eine geeignete Schriftgröße einstellen. Auch Farben und besondere Effekte sind möglich. Wenn Sie dann beide Fenster mit **OK** bestätigen, gilt diese Einstellung für jede neue E-Mail, die Sie verfassen.

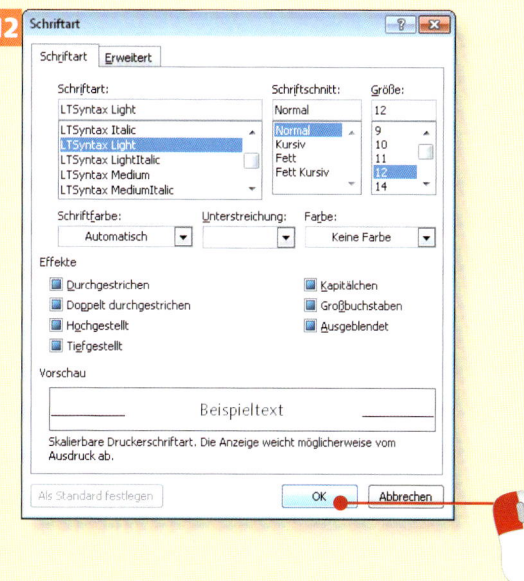

Corporate Design

Die einheitliche, wiedererkennbare Gestaltung jeder Form von Geschäftskommunikation (E-Mails, Briefpapier, Visitenkarten etc.) nennt man *Corporate Design*.

Signaturen als elektronische Unterschriften

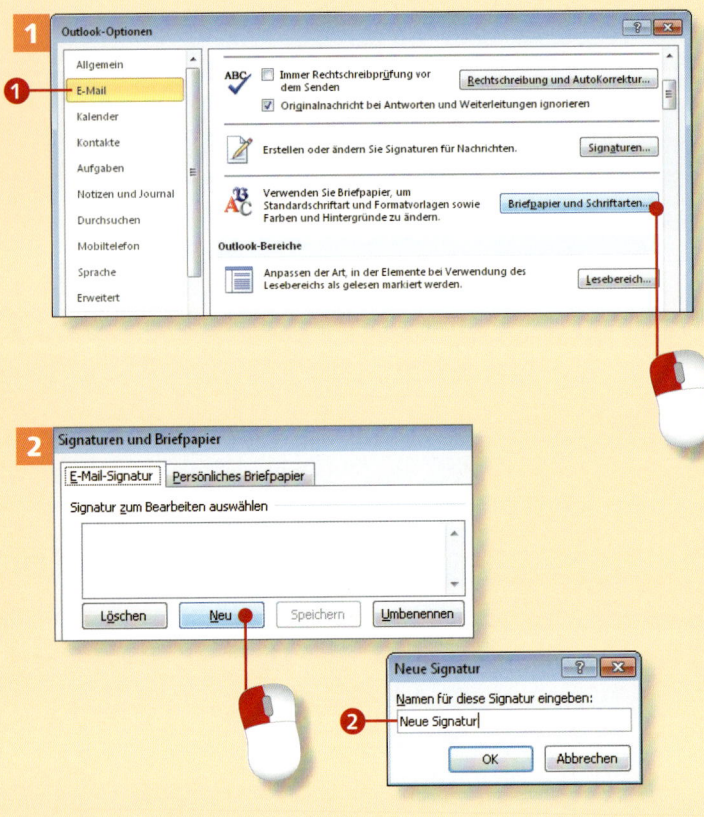

Der »Briefkopf« sollte auch in Ihrer E-Mail nicht fehlen. Meist wird er als sogenannte Signatur unter die E-Mail gesetzt.

Schritt 1

Öffnen Sie über **Datei ▸ Optionen** das Fenster **Outlook-Optionen**. In der Kategorie **E-Mail** ❶ klicken Sie im Bereich **Nachrichten verfassen** auf die Schaltfläche **Briefpapier und Schriftarten**.

Schritt 2

Im Fenster **Signaturen und Briefpapier** öffnen Sie die Registerkarte **E-Mail-Signatur**. Klicken Sie hier auf die Schaltfläche **Neu**. Ein kleines Fensterchen öffnet sich. Geben Sie Ihrer persönlichen Signatur einen Namen ❷, und klicken Sie auf **OK**.

Schritt 3

Der Eintrag für die neue Signatur ist nun oben zu sehen ❸. Wählen Sie dann eine Schrift in passender Größe ❹, und geben Sie im Textfeld Ihre Kontaktdaten ein. Wenn Sie fertig sind, speichern Sie Ihre Eingaben mit **OK**. Schließen Sie auch das Fenster **Outlook-Optionen** mit **OK**.

Schritt 4

Wenn Sie nun über die Schaltfläche **Neue E-Mail-Nachricht** auf der Registerkarte **Start** ein leeres Nachrichtenformular öffnen, sollte die Signatur direkt im Textfeld zu sehen sein. Sie können dann einfach mit dem Text Ihrer Nachricht beginnen.

Schritt 5

Sie können die Signatur aber auch manuell einfügen. Klicken Sie dazu auf der Registerkarte **Einfügen** auf die Schaltfläche **Signatur**, und wählen Sie die passende Signatur aus dem Menü aus, falls Sie verschiedene Signaturen angelegt haben.

Schritt 6

Über den Menüeintrag **Signaturen** ❺ können Sie das Dialogfenster **Signaturen und Briefpapier** auch direkt öffnen und Ihre Signatur weiter bearbeiten. Markieren Sie die Signatur, und ergänzen Sie z.B. Informationen, oder stellen Sie eine andere Schriftfarbe ein.

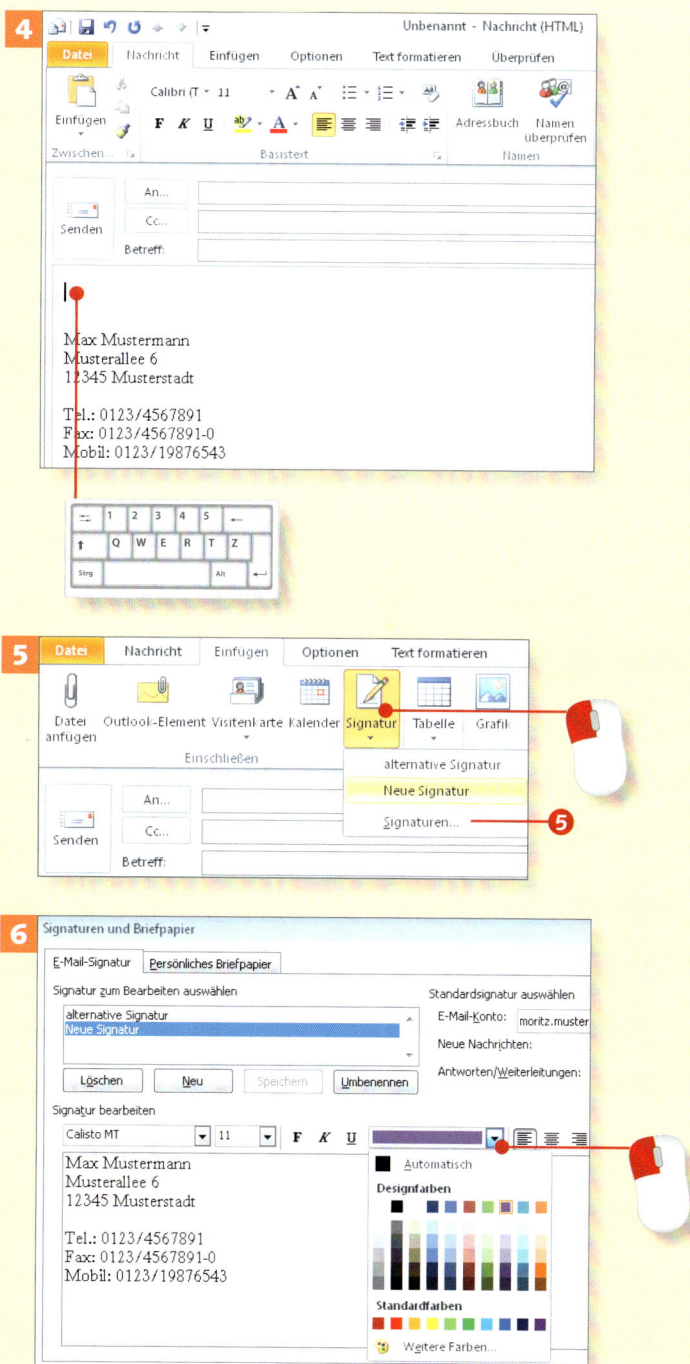

Kapitel 3
E-Mails empfangen und lesen

Weil Sie E-Mails sicher nicht nur schreiben und selbst versenden, sondern auch empfangen, lesen und beantworten, lernen Sie in diesem Kapitel die dafür wesentlichen Aspekte Schritt für Schritt kennen. Zudem erfahren Sie, wie Sie E-Mail-Anhänge aus Outlook heraus direkt in einen Ordner auf Ihrem Computer speichern.

Die richtige Ansicht für empfangene E-Mails wählen

Je nachdem, wie viel Übersicht Sie brauchen oder wie viele Informationen zu einer E-Mail Sie auf den ersten Blick sehen möchten, können Sie in Outlook auf der Registerkarte **Ansicht** ❶ verschiedene Varianten der Anzeige einstellen.

Eine E-Mail weiterleiten

Das Weiterleiten einer E-Mail funktioniert im Prinzip wie das Versenden einer E-Mail: Sie sind der Absender und wählen den oder die Empfänger aus Ihrem Adressbuch aus bzw. geben deren E-Mail-Adressen von Hand ein. Im Betreff ❷ steht dann das Kürzel **WG:** für *Weitergeleitet*.

Anhänge in Dateiordnern speichern

Wenn Sie viele E-Mails mit Anhängen bekommen, z.B. mit Fotos oder PDFs, speichern ❸ Sie diese Dateien am besten in einem Ordner auf Ihrem Rechner, damit Sie auch ohne die E-Mail Zugriff darauf haben.

Stellen Sie auf der Registerkarte
Ansicht einfach ein, wie die E-Mail
1 in Outlook angezeigt werden soll.

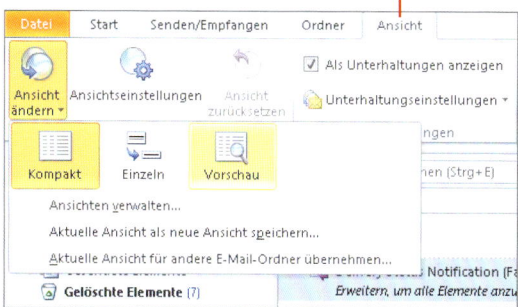

Eine E-Mail,
die Sie erhalten
haben, können
Sie einfach an
andere Empfän-
ger weiterleiten
und dabei z.B.
2 kommentieren.

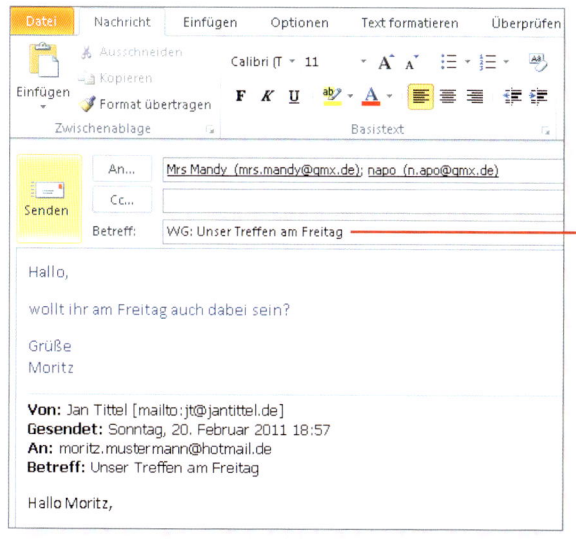

Mithilfe der Befehle auf der Registerkarte
Anlagentools können Sie Anhänge ganz
3 einfach speichern.

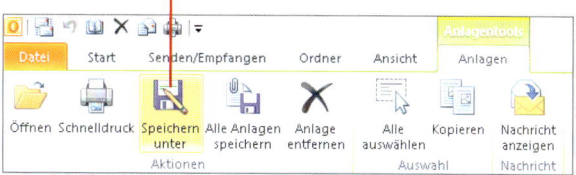

Der Posteingang: E-Mails empfangen und lesen

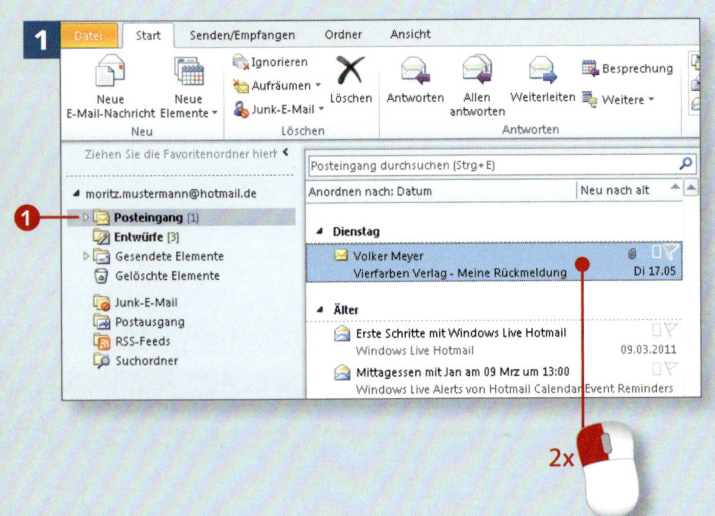

Das Senden und Speichern von E-Mails haben Sie gelernt, nun geht es darum, Outlook so einzustellen, dass Sie eingehende E-Mails richtig empfangen und möglichst komfortabel lesen können.

Schritt 1

Starten Sie Outlook. Der Posteingang ❶ öffnet sich. Dort ist die zuletzt empfangene E-Mail hellblau hinterlegt. Ihren Inhalt sehen Sie im Vorschaubereich. Doppelklicken Sie auf diese E-Mail, um sie in einem separaten Fenster zu lesen.

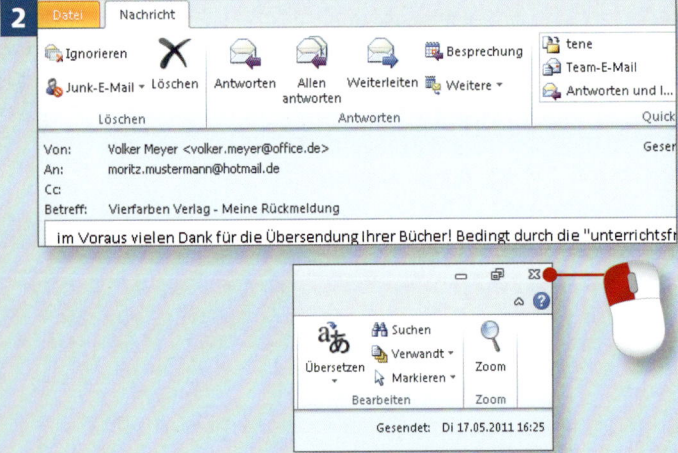

Schritt 2

Im Nachrichtenformular ist der Text nun groß und ohne viel Drumherum dargestellt. Sie können sich also voll und ganz auf die Nachricht konzentrieren. Nach dem Lesen der E-Mail schließen Sie das Fenster mit einem Klick auf das Kreuz ganz oben rechts.

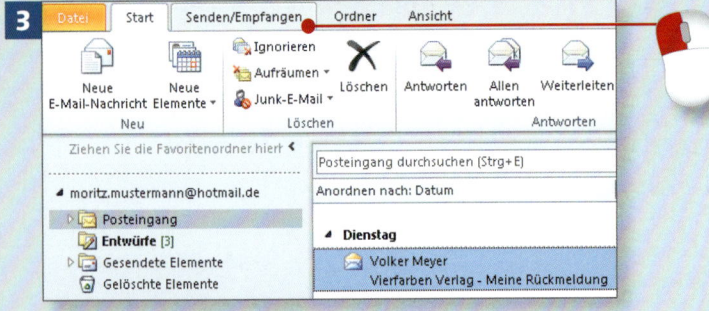

Schritt 3

Sie befinden sich wieder im Posteingang auf der Registerkarte **Start**. Klicken Sie auf die Registerkarte **Senden/Empfangen**.

Schritt 4

Klicken Sie in der Befehlsgruppe **Senden und Empfangen** auf die Schaltfläche **Senden-Empfangen-Gruppen**. Ein Aufklappmenü öffnet sich. Wählen Sie daraus den Befehl **Senden-Empfangen-Gruppen definieren**.

Schritt 5

Das Dialogfenster **Senden-Empfangen-Gruppen** öffnet sich. Hier stellen Sie ein, in welchem zeitlichen Rhythmus ❷ Outlook Ihre E-Mails automatisch vom Server »abholt«, d.h., wann Sie diese empfangen. Belassen Sie es bei den Standardeinstellungen (wie im Bild), und schließen Sie das Fenster.

Schritt 6

Zurück im Posteingang kontrollieren Sie, ob es neue E-Mails gibt. Öffnen Sie sicherheitshalber auch den Ordner **Junk-E-Mail**. Manchmal werden dort, wo eigentlich Werbung und Spam landen sollten, auch ganz normale E-Mails abgelegt. Im Beispiel ist dieser Ordner jedoch leer.

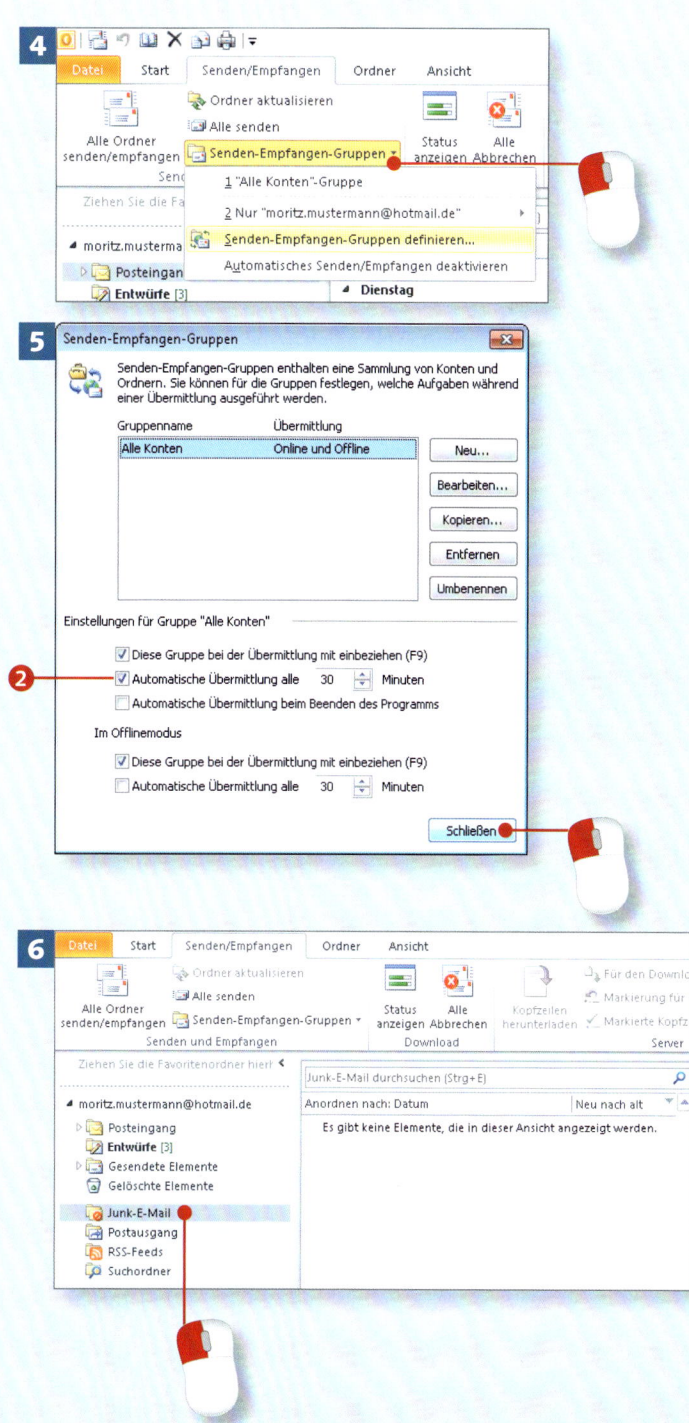

E-Mails beantworten oder weiterleiten

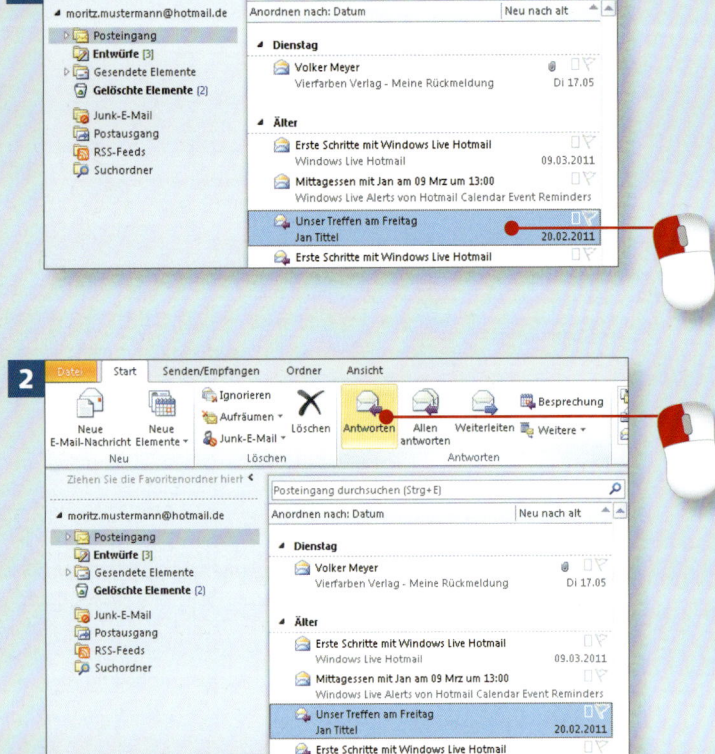

In diesem Abschnitt geht es darum, auf welche Weise Sie mit Outlook auf Nachrichten antworten und wie Sie sie an andere Empfänger weiterleiten können.

Schritt 1

Starten Sie Outlook. Im Posteingang klicken Sie nicht auf die zuletzt eingegangene E-Mail, sondern auf eine weiter zurückliegende, auf die Sie antworten möchten.

Schritt 2

Die angeklickte E-Mail ist nun hellblau hinterlegt. Im Menüband klicken Sie in der Befehlsgruppe **Antworten** auf die Schaltfläche **Antworten**.

Schritt 3

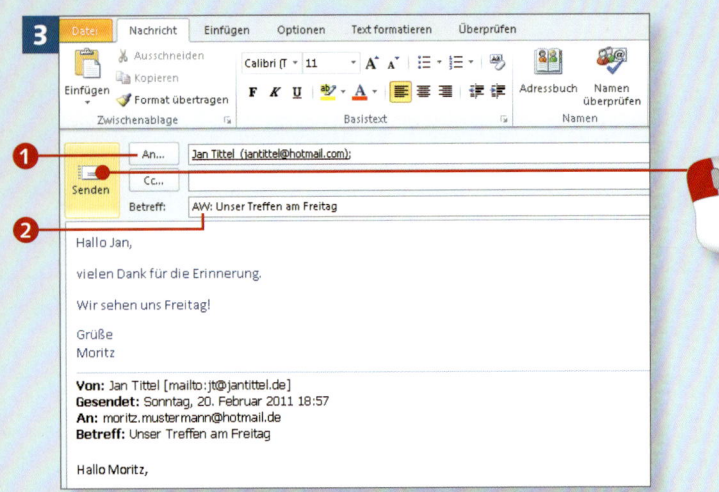

Es öffnet sich das Nachrichtenformular mit dem Text der eingegangenen E-Mail. Im Feld **An** ❶ ist die Empfängeradresse automatisch eingefügt, und der Betreff ist um das Kürzel **AW:** ❷ (für »Antwort«) erweitert worden. Schreiben Sie Ihren Antworttext, und klicken Sie danach auf **Senden**.

Schritt 4

Sie landen wieder im Posteingang. Ihre Antwort-Mail liegt übrigens im Postausgang, so wie wir es im Abschnitt »Die E-Mail versenden« ab Seite 46 eingestellt haben. Klicken Sie nun auf die Schaltfläche **Weiterleiten** in der Befehlsgruppe **Antworten**.

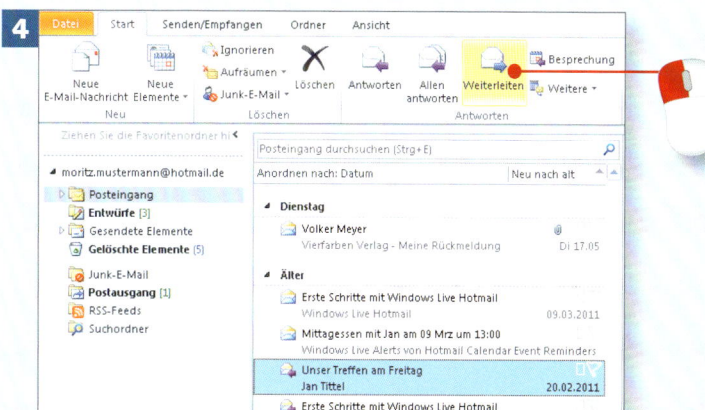

Schritt 5

Der Betreff ❸ wurde automatisch aus der ursprünglichen Mail übernommen und mit dem Kürzel **WG:** (für »Weitergeleitet«) versehen. Klicken Sie also auf das Feld **An**, um eine Empfängeradresse anzugeben.

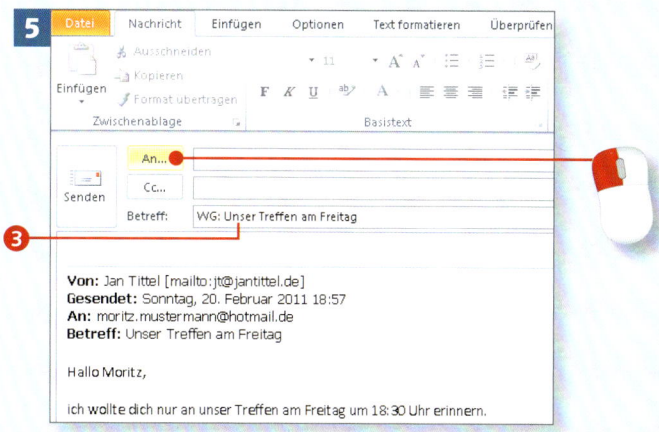

Schritt 6

Das Dialogfenster **Namen auswählen** öffnet sich. Klicken Sie auf den Namen des Empfängers. Outlook übernimmt seine E-Mail-Adresse automatisch ins Feld **An** ❹.

Eine praktische Funktion

Die Funktion **Weiterleiten** ist deshalb praktisch, weil Sie den Text der Ursprungs-Mail nicht noch einmal zusammenfassen müssen. Passen Sie aber auf, dass Sie nicht aus Versehen vertrauliche Informationen weitergeben!

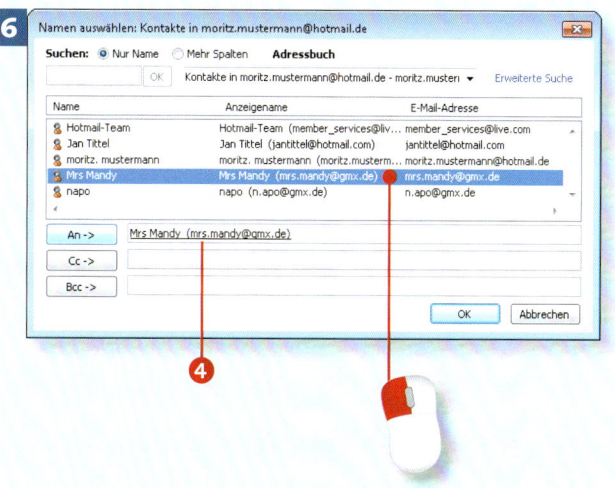

E-Mails beantworten oder weiterleiten (Forts.)

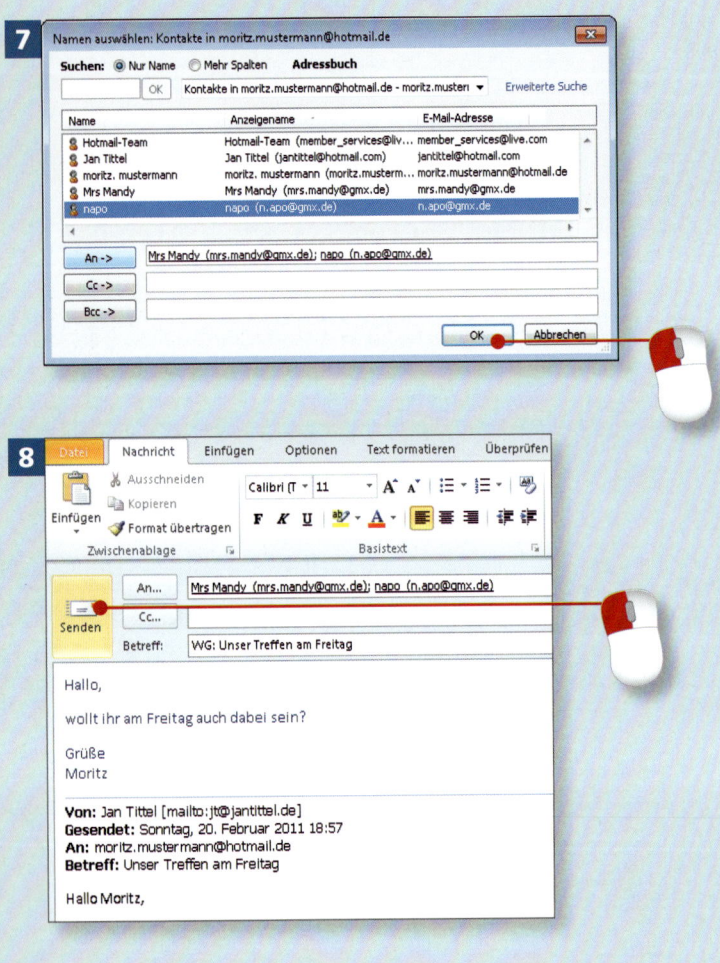

Schritt 7

Wählen Sie einen weiteren Namen im Fenster **Namen auswählen** aus, und klicken Sie auf die Schaltfläche **An**, wenn Sie einen zweiten Empfänger angeben wollen. Danach schließen Sie das Fenster mit einem Klick auf **OK**.

Schritt 8

Im Nachrichtenformular stehen nun die beiden ausgewählten E-Mail-Adressen. Schreiben Sie abschließend Ihren Nachrichtentext, und leiten Sie die E-Mail an die beiden Empfänger weiter, indem Sie auf **Senden** klicken.

Schritt 9

Daraufhin gelangen Sie automatisch wieder in den Posteingang. Natürlich müssen Sie die E-Mail noch endgültig aus dem Postausgang verschicken (siehe dazu den Abschnitt »Die E-Mail versenden« ab Seite 46). Klicken Sie nun auf eine andere E-Mail, z.B. wieder auf die zuletzt eingegangene Nachricht, um sie für die Bearbeitung zu markieren.

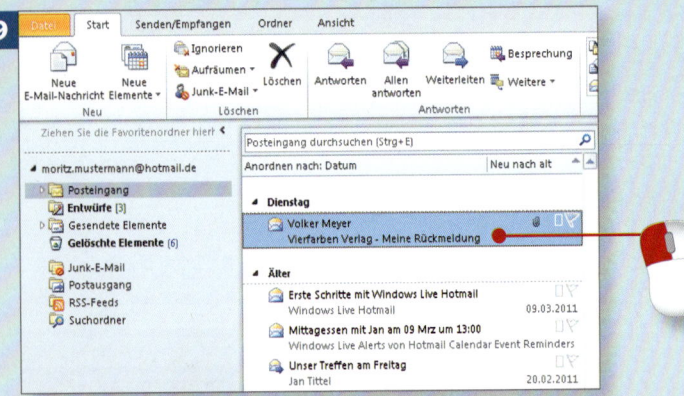

Schritt 10

Die ausgewählte E-Mail wird hellblau hinterlegt. Klicken Sie dann in
der Befehlsgruppe **Antworten** auf
die Schaltfläche **Allen antworten**.
Auf diese Weise können Sie Ihre
Antwort gleich an alle Empfänger
schicken, die auch die ursprüngliche
Mail bekommen haben (die, auf die
Sie jetzt antworten).

Schritt 11

Outlook ruft das Nachrichtenformular zur Beantwortung einer E-Mail
auf. Die Adressaten werden unter
An und **Cc** automatisch eingefügt
(ebenso wie sie in der Ursprungs-
Mail angegeben waren). Auch der
alte Betreff ❶ wird übernommen,
allerdings mit dem Vorsatz **AW:** (für
»Antwort«). Formulieren Sie einen
Nachrichtentext, und klicken Sie auf
Senden.

Schritt 12

Die E-Mail liegt nun im Ordner
Postausgang ❷ für Sie zum end-
gültigen Versand bereit (siehe den
Abschnitt »Die E-Mail versenden« ab
Seite 46).

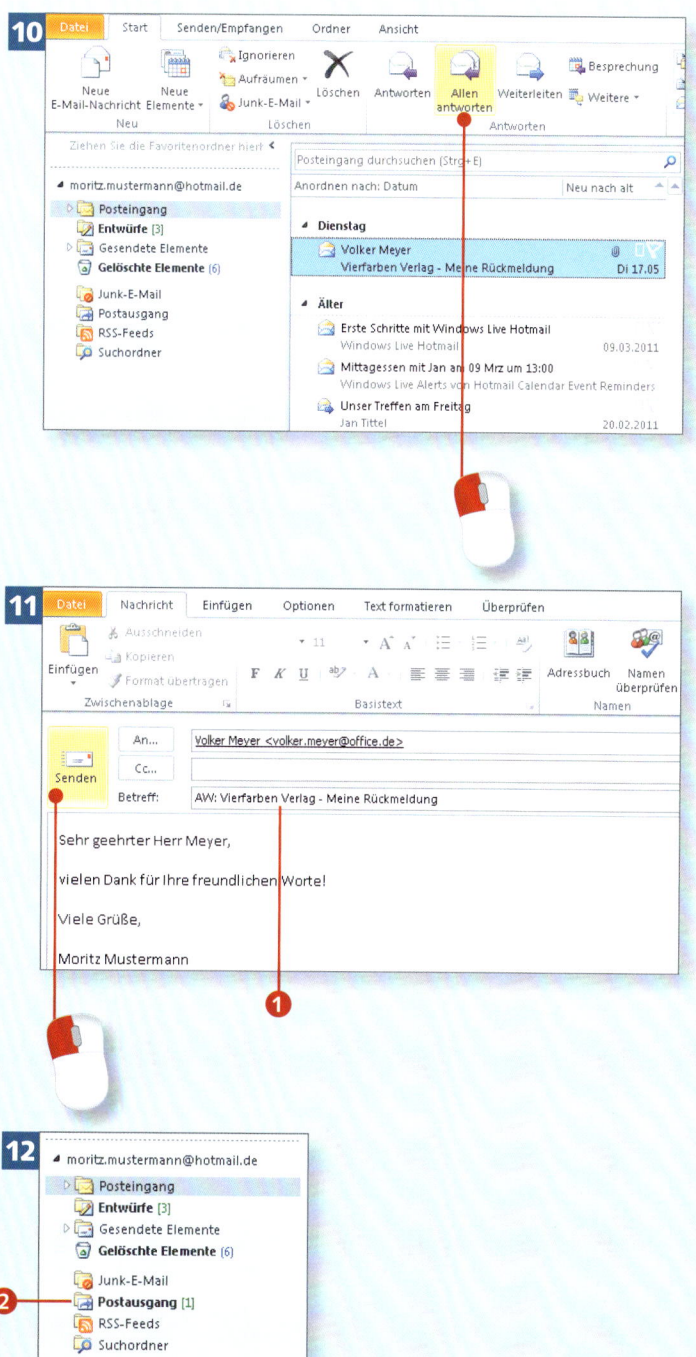

Dateianhänge öffnen und speichern

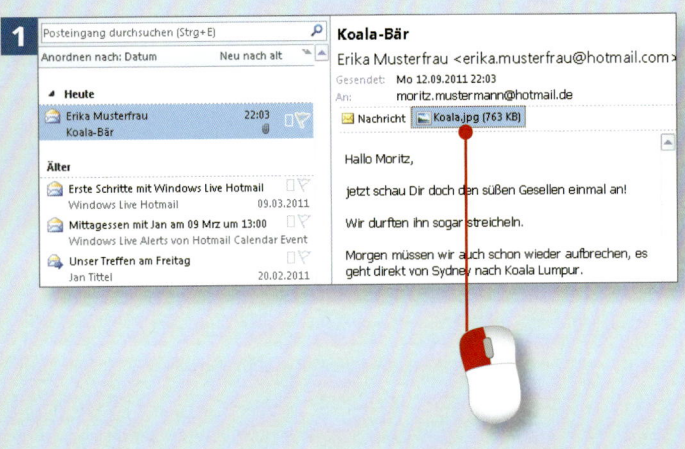

Manche E-Mails enthalten Anhänge, z.B. Fotos oder Textdateien. Diese lassen sich auf unterschiedliche Weise speichern.

Schritt 1

Im Posteingang sind alle E-Mails aufgelistet, die Sie bekommen haben. Rechts daneben sehen Sie im Vorschaubereich den Inhalt der hellblau markierten E-Mail. Klicken Sie auf die Datei im E-Mail-Anhang. Es ist ein Bild im *.jpg*-Format.

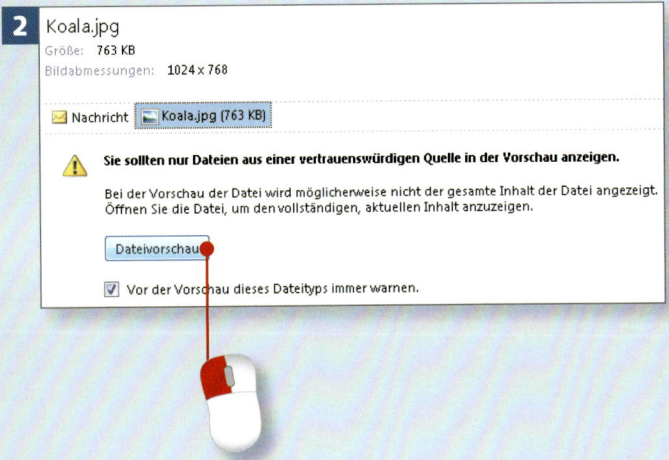

Schritt 2

Outlook warnt Sie davor, Dateien von unbekannten Absendern zu öffnen. Sie sollten dies ernst nehmen, denn Dateianhänge sind Einfallstore für Computerviren. Klicken Sie also nur auf **Dateivorschau**, wenn Sie sicher sind.

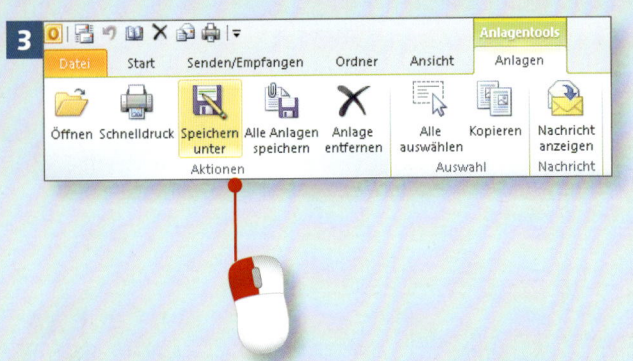

Schritt 3

Nun können Sie den Inhalt der Datei sehen. Um diese Datei zu speichern, klicken Sie im Menüband auf der speziell eingeblendeten Registerkarte **Anlagentools** in der Gruppe **Aktionen** auf die Schaltfläche **Speichern unter**.

Schritt 4

Das Fenster **Anlage speichern** öffnet sich. Wählen Sie einen passenden Ordner ❶ aus, und klicken Sie auf **Speichern**. Die Textdatei wird im Beispiel in den Ordner **Gemeinsame Dokumente** gespeichert.

Schritt 5

Zurück in der Vorschau der Bilddatei klicken Sie auf das Briefumschlag-symbol **Nachricht** links neben der Datei *Koala.jpg*. So gelangen Sie von der Vorschau des Anhangs wieder zur Vorschau der zugehörigen E-Mail. Statt der Registerkarte **Anlagentools** wird nun auch wieder die Registerkarte **Start** angezeigt.

Schritt 6

Sie befinden sich entsprechend wieder im Posteingang mit dem Vorschaubereich rechts. Wir zeigen Ihnen nun einen anderen Weg zur Speicherung des Dateianhangs. Doppelklicken Sie dazu auf die E-Mail im Posteingang.

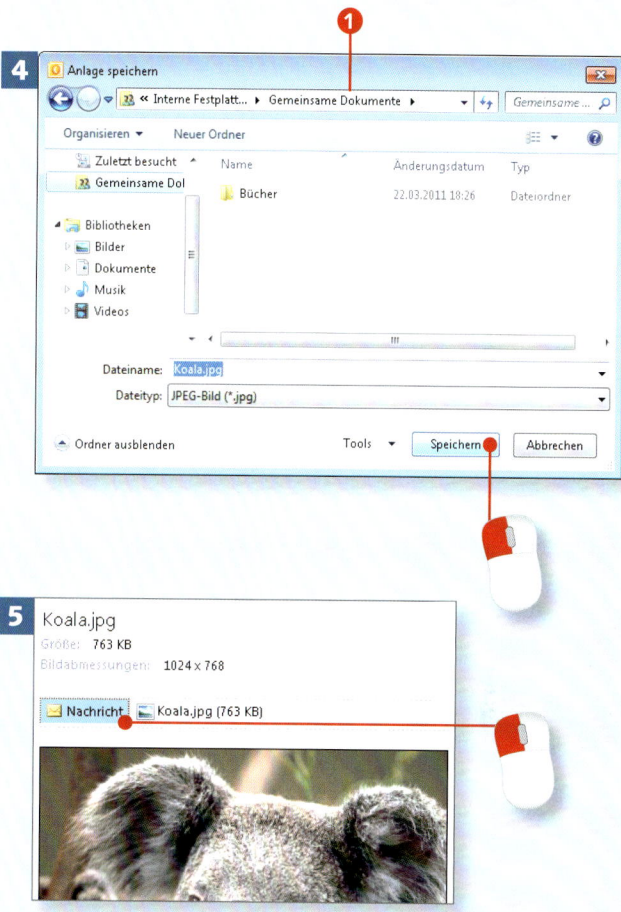

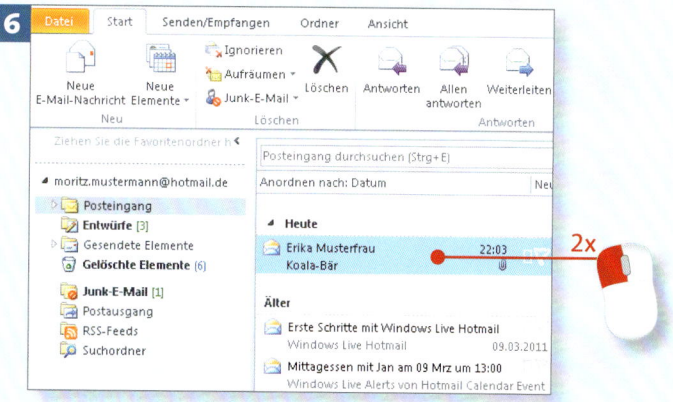

Dateianhänge öffnen und speichern (Forts.)

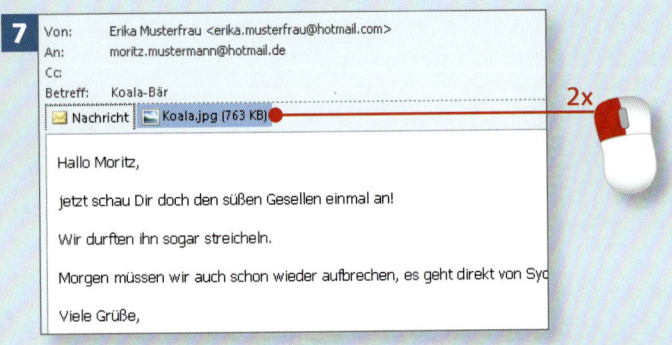

Schritt 7

Outlook zeigt Ihnen das Nachrichtenformular fast so an, wie es der Absender verfasst hat. Doppelklicken Sie auf das Symbol für die angehängte Bilddatei.

Schritt 8

Auf diesem Weg öffnet sich das Bild in einem separaten Fenster, der **Windows-Fotoanzeige**. Klicken Sie in diesem Fenster auf die Schaltfläche **Datei** ganz links.

Schritt 9

Daraufhin öffnet sich ein Aufklappmenü mit verschiedenen Befehlen. Klicken Sie hier auf den Eintrag **Kopie erstellen**.

❚ Sicherheit

Virenschutz ist eine Selbstverständlichkeit, daher sollten Sie unbedingt einen Virenscanner installieren! Trotzdem gilt auch die Empfehlung: Öffnen Sie Anhänge nur aus vertrauter Quelle! Mehr zum Thema Sicherheit finden Sie in Kapitel 5 »Schutz vor Viren und Werbung«, ab Seite 110.

Schritt 10

Sie sehen das Fenster **Kopie erstellen**, das dem Ihnen schon bekannten Fenster **Speichern unter** ähnelt. Weil Sie das Fenster mit einem Doppelklick auf die Datei geöffnet haben, ist deren Name bereits im Feld **Dateiname** ❶ eingetragen. Wenn Ihnen der Ordner **Bilder** ❷ als Speicherort recht ist, klicken Sie auf **Speichern**.

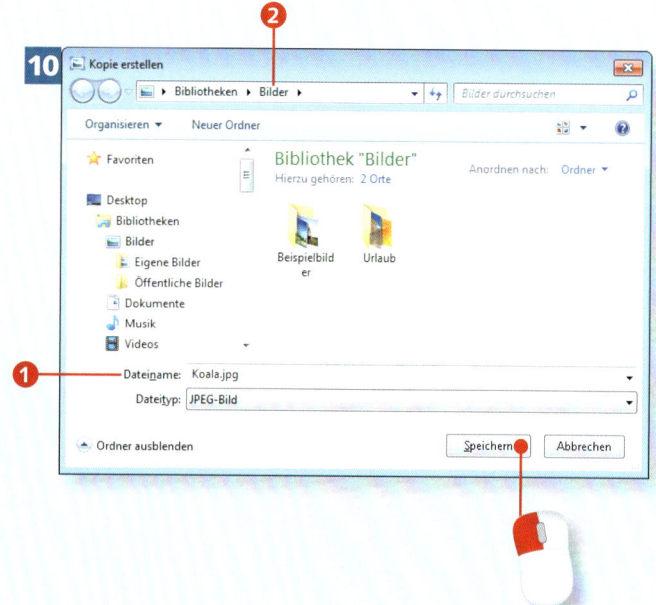

Schritt 11

Schließen Sie das Fenster **Windows-Fotoanzeige**, indem Sie auf das rote Schließkreuz oben rechts klicken.

Schritt 12

Nun befinden Sie sich wieder im Posteingang und damit am Ausgangspunkt unserer Übung zum Thema »Anhänge öffnen und speichern«.

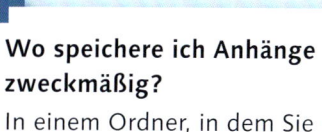

Wo speichere ich Anhänge zweckmäßig?

In einem Ordner, in dem Sie den gespeicherten Anhang mit hoher Wahrscheinlichkeit auch suchen würden.

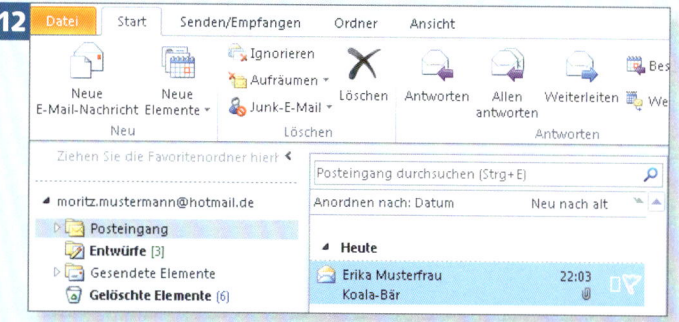

Lese- und Übermittlungsbestätigungen verwenden

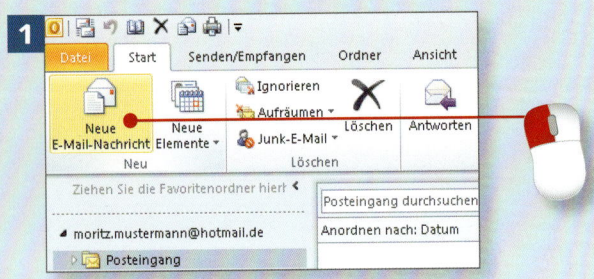

Die Bestätigung, dass Ihre E-Mail übermittelt oder gelesen wurde, ist manchmal nützlich. Allerdings sollten Sie dieses Mittel sparsam einsetzen. Stellen Sie sich vor, Sie müssten jede E-Mail erst bestätigen, bevor Sie sie dann noch richtig beantworten.

Schritt 1

Zur Erstellung einer neuen E-Mail klicken Sie auf der Registerkarte **Start** ganz links auf **Neue E-Mail-Nachricht**.

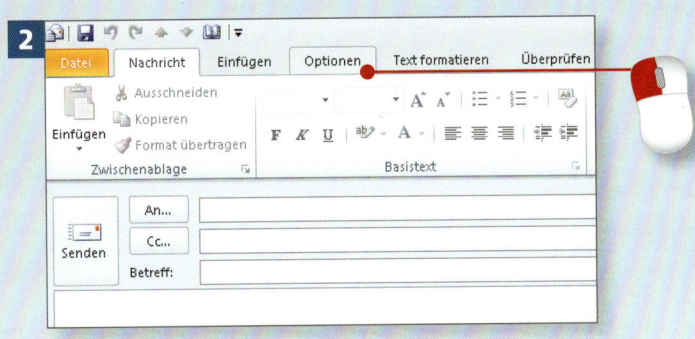

Schritt 2

Das Nachrichtenformular öffnet sich. Um die verschiedenen Bestätigungen aktivieren zu können, klicken Sie auf die Registerkarte **Optionen**.

Schritt 3

In der Befehlsgruppe **Verlauf** setzen Sie mit einem Mausklick ein Häkchen vor den Befehl **Lesebest. anfordern**.

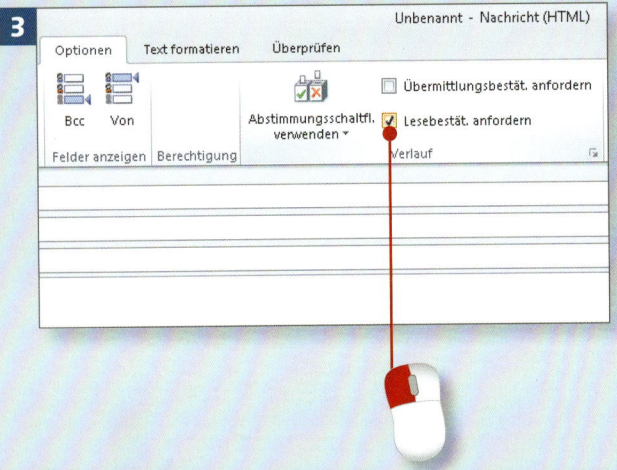

Sollten Sie standardmäßig eine Lesebestätigung anfordern?

Nein, denn mit solchen Aufgaben können Sie den Empfänger auch nerven. Im persönlichen Gespräch fragen Sie ja auch nicht immer, ob Ihre Ausführungen angekommen sind.

Schritt 4

Setzen Sie zusätzlich ein Häkchen vor **Übermittlungsbest. anfordern**. Sie werden nun sowohl über die ordnungsgemäße Übermittlung Ihrer E-Mail als auch darüber informiert, ob Ihre E-Mail gelesen wurde (wenn der Empfänger bestätigt, dass er sie gelesen hat).

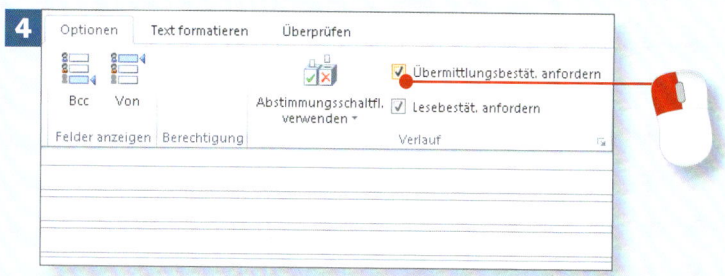

Schritt 5

Klicken Sie nun auf den Pfeil unten rechts an der Gruppe **Verlauf**. Mit dieser Schaltfläche, die fast alle Gruppen haben, öffnen Sie ein Menü, das weitere passende Befehle enthält und in dem Sie alle Einstellungen zum Thema vornehmen können.

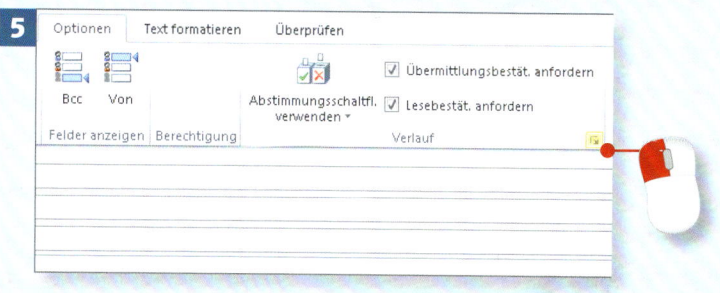

Schritt 6

Hier öffnet sich das Dialogfenster **Eigenschaften**, in dem Sie auch die Optionen **Die Übermittlung dieser Nachricht bestätigen** ❶ und **Das Lesen dieser Nachricht bestäti-gen** ❷ finden. Sie können auch die Wichtigkeit der E-Mail oder ihre Vertraulichkeitsstufe angeben. Mit einem Klick auf **Schließen** werden die Einstellungen übernommen.

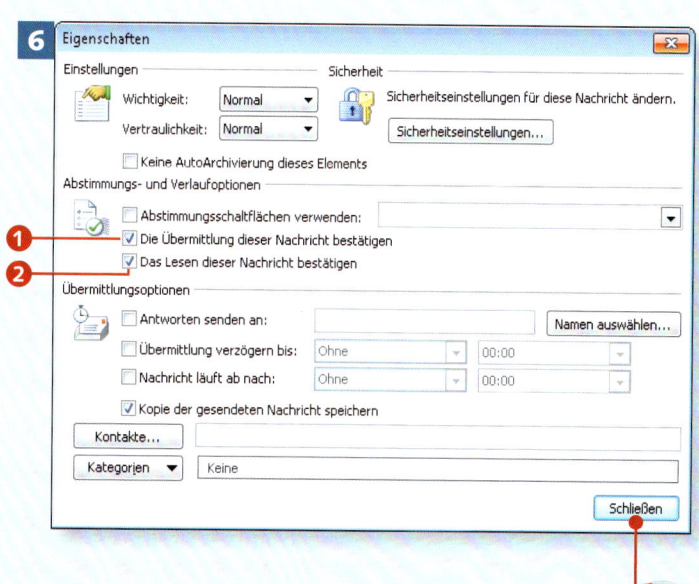

Anzeigeoptionen: Lesebereich und Ansichten

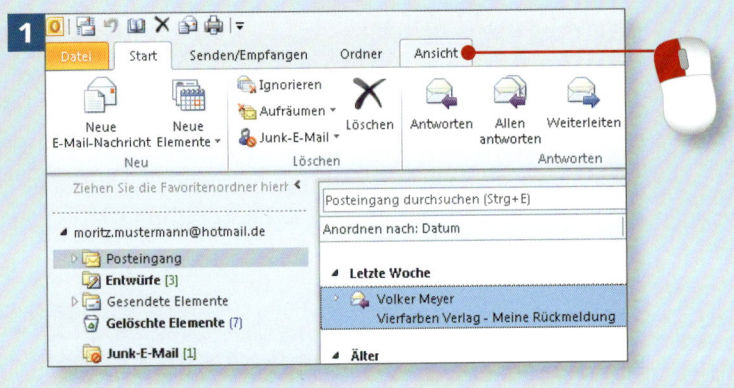

Die vielen unterschiedlichen Informationsfenster von Outlook sind ganz nach Ihren Vorstellungen darstellbar. Es gibt dazu einige Muster, die im Folgenden vorgestellt werden.

Schritt 1

Ausgangspunkt ist wieder der Posteingang von Outlook. Sie sehen die Ihnen schon sehr vertraute Standardeinstellung. Um diese nun zu verändern, klicken Sie auf die Registerkarte **Ansicht**.

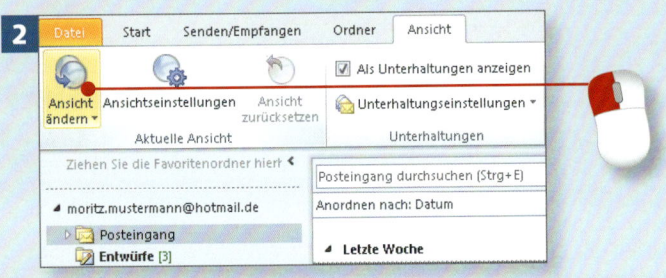

Schritt 2

Auf der Registerkarte **Ansicht** klicken Sie in der Befehlsgruppe **Aktuelle Ansicht** auf die Schaltfläche **Ansicht ändern**.

Schritt 3

Ein Aufklappmenü öffnet sich. Im Moment ist die Standardeinstellung **Kompakt** eingestellt. Wechseln Sie zur Ansicht **Vorschau**, indem Sie auf die gleichnamige Schaltfläche klicken.

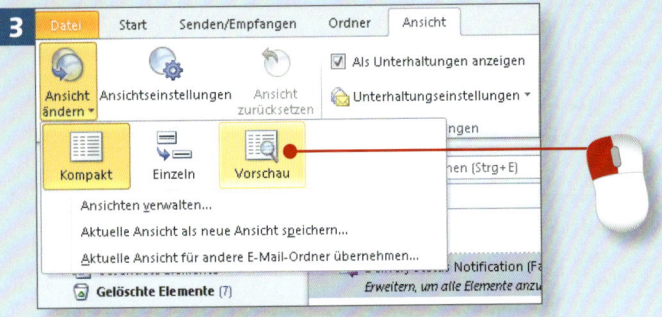

Schritt 4

Beachten Sie die neue Darstellung im Posteingang. Der Vorschaubereich ist verschwunden, und für jede eingegangene E-Mail gibt es nur noch eine Informationszeile. Klicken Sie dann über **Ansicht ändern** wieder auf **Kompakt**.

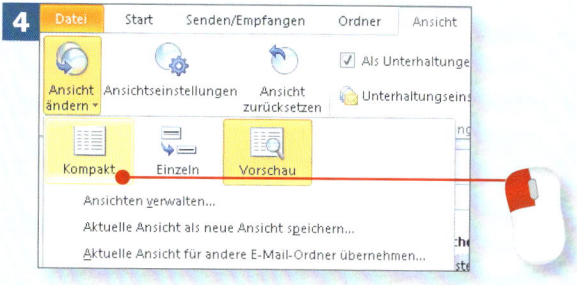

Schritt 5

Der Posteingang wird nun wieder in der Ihnen vertrauten Ansicht dargestellt. Klicken Sie dann im Menü der Schaltfläche **Ansicht ändern** auf **Einzeln**.

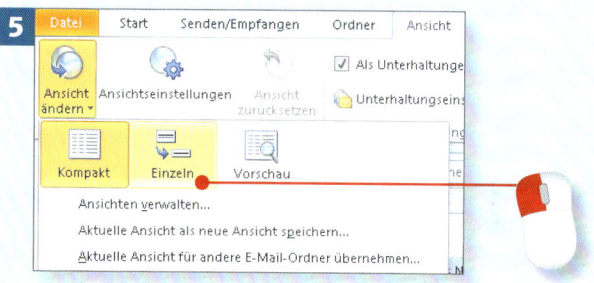

Schritt 6

Die Informationen zu den E-Mails sind jetzt umfangreicher und stehen unter nebeneinander angeordneten Überschriften wie z.B. **Betreff**. Klicken Sie dann im Menü der Schaltfläche **Ansicht ändern** auf den Befehl **Aktuelle Ansicht für andere E-Mail-Ordner übernehmen**.

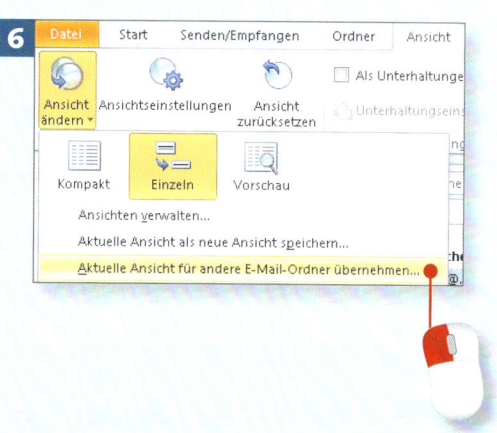

Anzeigeoptionen: Lesebereich und Ansichten (Forts.)

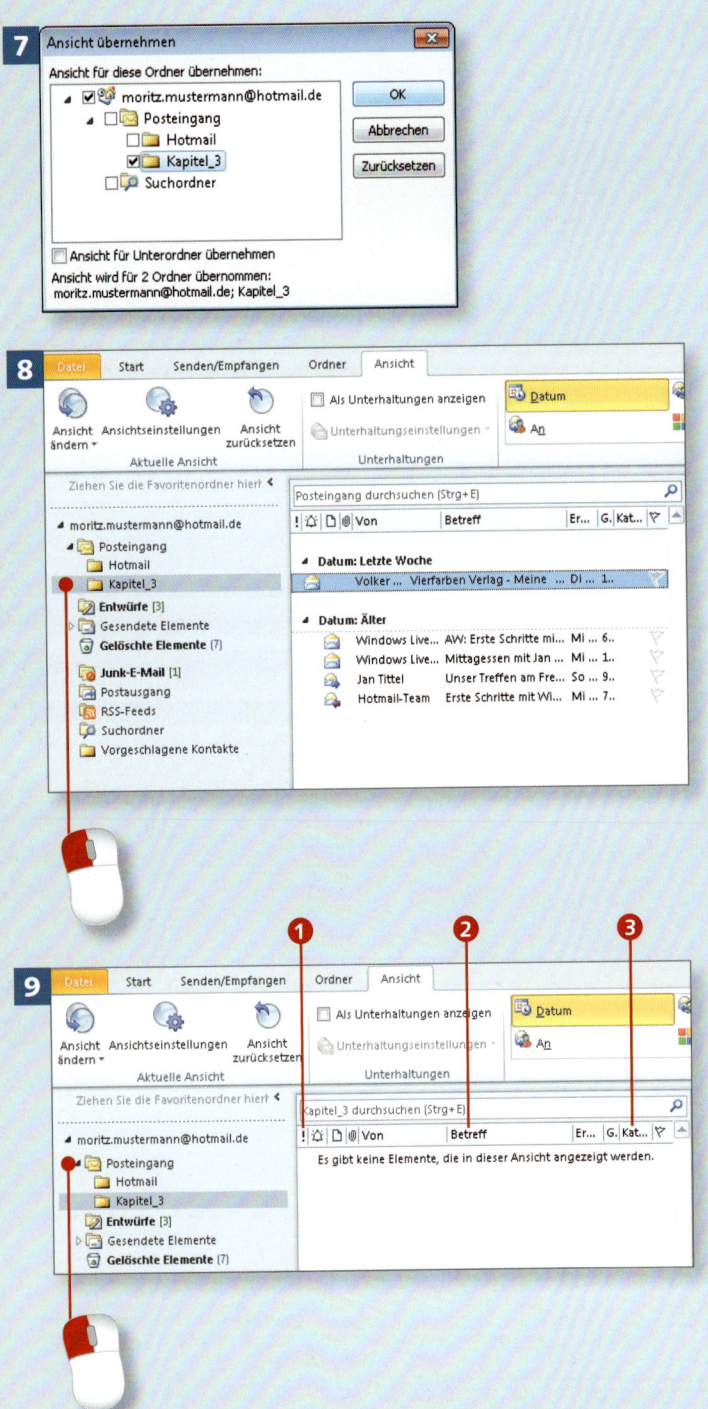

Schritt 7

Das Fenster **Ansicht übernehmen** öffnet sich. Öffnen Sie dort den Ordner **Posteingang**. Setzen Sie mit einem Mausklick auf das Kontrollkästchen ein Häkchen vor einen der Unterordner, z.B. **Kapitel_3**, und schließen Sie das Fenster, indem Sie auf **OK** klicken.

Schritt 8

Die von Ihnen gewählten Einstellungen für die Darstellung im Posteingang werden für den Unterordner übernommen. Klicken Sie zur Überprüfung der Veränderung auf den Ordner **Kapitel_3**.

Schritt 9

Wie Sie sehen, finden sich auch im ausgewählten Ordner **Kapitel_3** die Überschriften für die gelisteten E-Mail-Eingänge: von **Sortieren nach Wichtigkeit** ❶ (gekennzeichnet durch ein Ausrufezeichen) über den **Betreff** ❷ bis hin zu **Kategorie** ❸ (symbolisiert durch ein Fähnchen). Klicken Sie dann wieder auf den Ordner **Posteingang**.

Schritt 10

Im Ordner **Posteingang** – immer noch auf der Registerkarte **Ansicht** – klicken Sie in der Befehlsgruppe **Layout** auf die Schaltfläche **Lesebereich** und in deren Menü auf den Eintrag **Aus**.

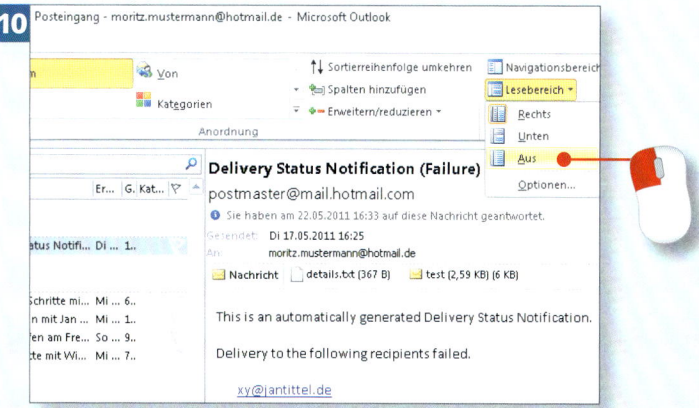

Schritt 11

Wie Sie sehen, hat sich die Darstellung der E-Mails im Posteingang erneut verändert: Der Vorschaubereich ist verschwunden und Sie sehen nur noch die Liste der im Posteingang befindlichen E-Mails. Klicken Sie nun in der Befehlsgruppe **Layout** wieder auf die Schaltfläche **Lesebereich**, aber in deren Menü diesmal auf **Unten**.

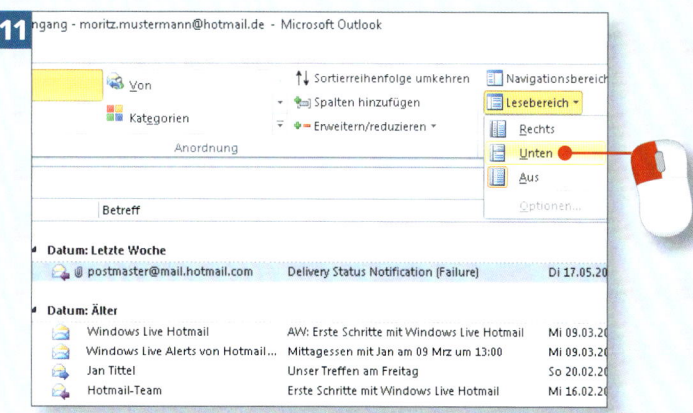

Schritt 12

Der Vorschaubereich erscheint jetzt unter der E-Mail-Liste im Posteingang. Wenn Sie abschließend im Menü der Schaltfläche **Lesebereich** auf **Rechts** klicken, gelangen Sie wieder in die gewohnte Ansichtseinstellung, in der die Vorschau auf die jeweils markierte E-Mail rechts von der Liste steht.

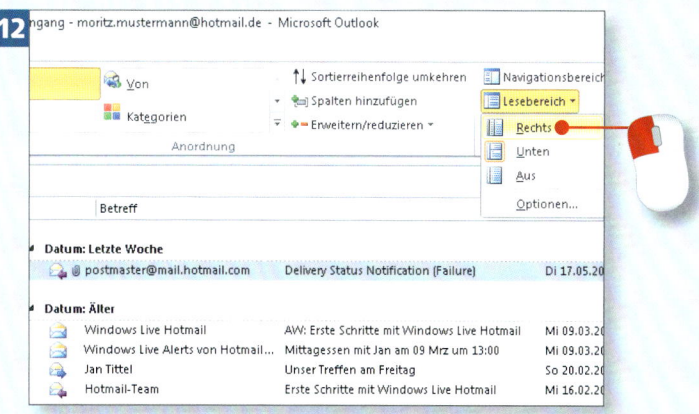

Kapitel 4
Ordnung in die E-Mails bringen

E-Mails sollten nicht für immer und ewig im Posteingang bleiben. Irgendwann, wenn die Zahl der Mails zu groß wird, verlieren Sie die Übersicht. Ein System von Ordnern zur E-Mail-Ablage hilft hier weiter. Unser Tipp: Halten Sie die Ordneranzahl möglichst klein, und nutzen Sie Outlook-Funktionen wie **Unterhaltungen aufräumen**. Wenn Sie doch einmal den Überblick verlieren, hilft die Suche.

Unterordner zu den Hauptordnern anlegen

Das Anlegen verschiedener Unterordner ❶ in den Outlook-Hauptordnern ist nicht schwierig und verleitet leicht dazu, eine Vielzahl weiterer Unter- oder sogar Unterunter-Ordner zu erstellen. Mit den Outlook-Querschnittfunktionen vermeiden Sie eine unübersichtliche Verschachtelung von Ordnern.

Den Posteingang entlasten

Regelmäßige E-Mail-Eingänge von bekannten Absendern können Sie mit *Regeln* versehen ❷, die sie automatisch in die für sie angelegten Unterordner verschieben, damit Sie im Posteingangsordner den Überblick behalten. Solche Regeln erstellen Sie mit dem *Regelassistenten*.

Ordner aufräumen

Um die Textmenge in E-Mails zu reduzieren, bietet Outlook ein Instrument ❸, mit dem Sie überflüssige doppelte Inhalte in E-Mails aus einem Ordner herauslöschen können. Das ist eine wirklich hilfreiche Funktion, mit der Sie ganz leicht in einer langen E-Mail-Korrespondenz, in der eine Antwort auf die nächste folgt, nur noch den aktuellen Stand erhalten.

Mit dem Befehl **Neuer Ordner** erstellen Sie eine übersichtliche Struktur in Ihrem Posteingang.

1

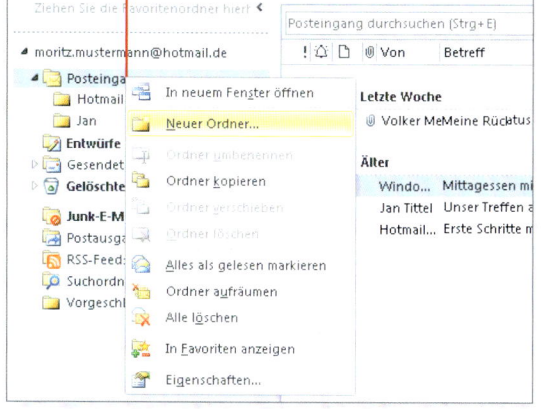

Mit dem Regelassistenten können Sie u. a. festlegen, welche Mails direkt beim Eingang automatisch in welchen Ordner verschoben werden.

2

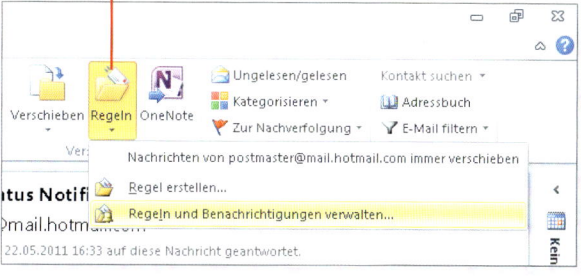

Über die Schaltfläche **Ordner aufräumen** bringen Sie ganz leicht wieder Struktur in Ihre E-Mail-Korrespondenz.

3

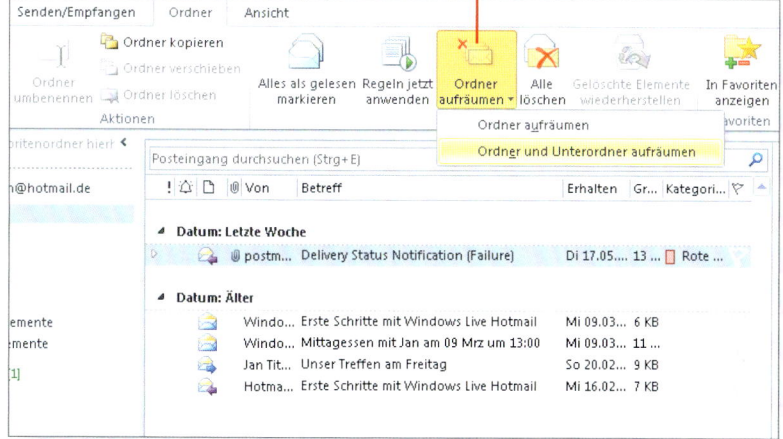

Ordner erstellen, verschieben und löschen

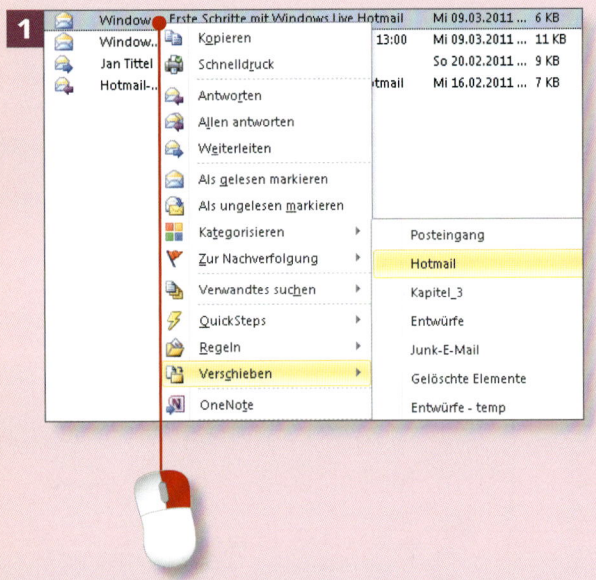

Empfangene E-Mails werden standardmäßig im Posteingang gespeichert. Für mehr Übersicht können Sie neue Ordner anlegen, in die Sie Ihre E-Mails verschieben.

Schritt 1

Klicken Sie mit der rechten Maustaste auf eine E-Mail im Posteingang. Im Kontextmenü klicken Sie auf **Verschieben**. Ein weiteres Menü wird ausgeklappt. Hier klicken Sie auf den Ordner, in den das Element verschoben werden soll.

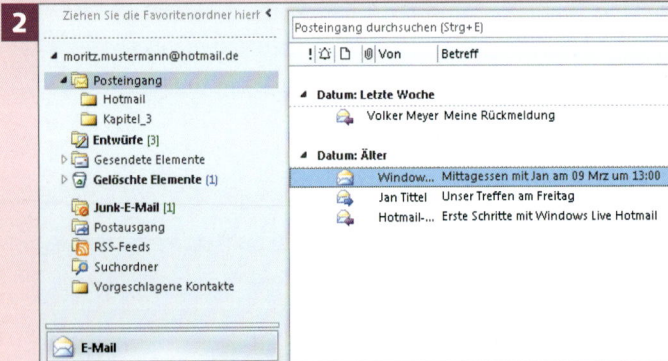

Schritt 2

Wie Sie sehen, ist die Mail nun in den ausgewählten Ordner verschoben worden und aus dem Posteingang verschwunden.

Schritt 3

Um einen neuen Unterordner im Posteingang anzulegen, klicken Sie mit der rechten Maustaste auf den Ordner **Posteingang** und wählen im Kontextmenü den Befehl **Neuer Ordner**.

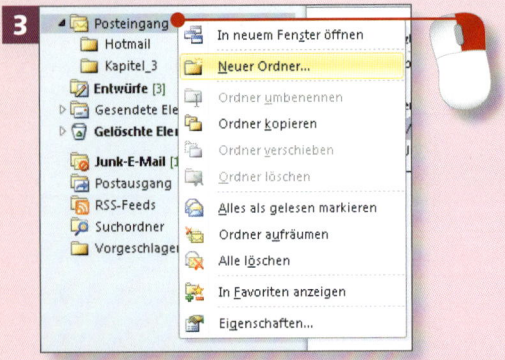

Schritt 4

Bevor Outlook diesen neuen Ordner anlegt, öffnet sich das Dialogfenster **Neuen Ordner erstellen**. Geben Sie hier im Feld **Name** einen Namen für Ihren neuen Ordner an (hier »Jan«), und klicken Sie dann auf **OK**.

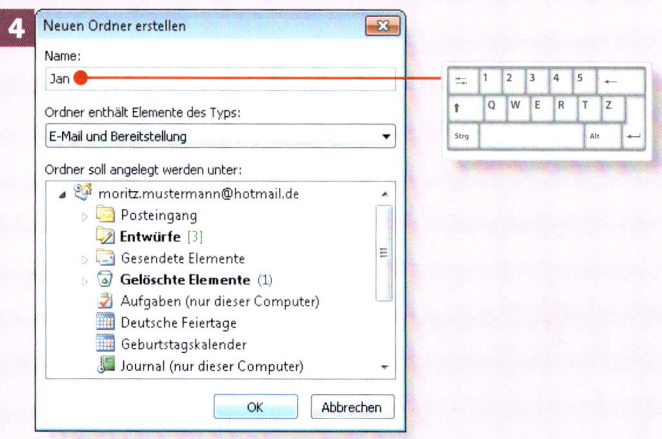

Schritt 5

Im Posteingang sehen Sie Ihren neuen Ordner **Jan** ➊. Um einen überflüssig gewordenen Ordner zu löschen, klicken Sie ihn mit der rechten Maustaste an. Im Kontextmenü wählen Sie **Ordner löschen**.

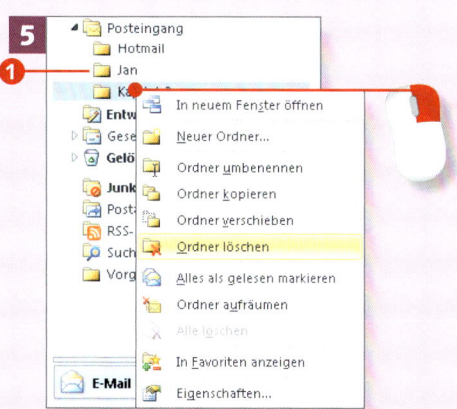

Schritt 6

Daraufhin werden Sie von Outlook gefragt, ob Sie den ausgewählten Ordner wirklich löschen wollen. Sind Sie sich wirklich sicher? Dann klicken Sie auf **Ja**.

Haben Sie einen Ordner aus Versehen gelöscht?

Keine Sorge, der Ordner landet zunächst im Ordner **Gelöschte Elemente**. Dort können Sie ihn ganz einfach wieder »herausholen«, indem Sie ihn wieder zurück an seinen Platz verschieben.

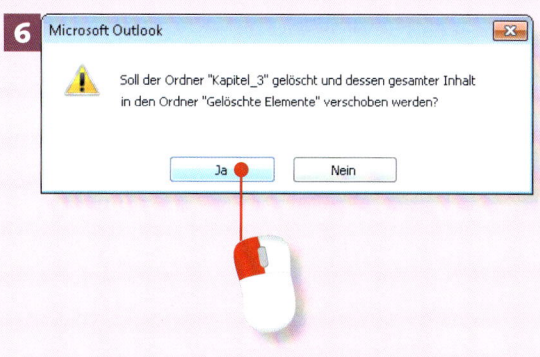

Ordner erstellen, verschieben und löschen (Forts.)

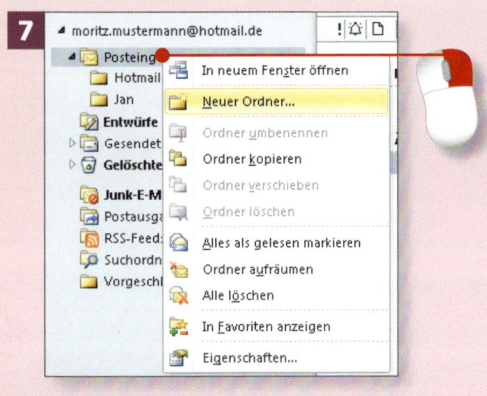

Schritt 7

Danach werden Sie standardmäßig wieder in den Posteingang geleitet. Dort sehen Sie, dass der von Ihnen gelöschte Ordner verschwunden ist. Klicken Sie nun mit der rechten Maustaste auf den Ordner **Posteingang**, und klicken Sie im Kontextmenü erneut auf **Neuer Ordner**.

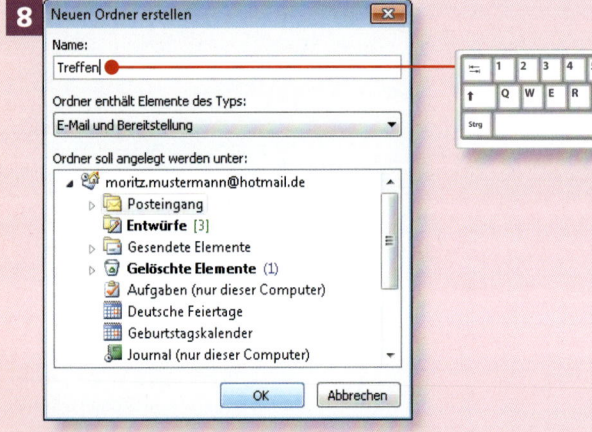

Schritt 8

Das Fenster **Neuen Ordner erstellen** erscheint. Dort geben Sie einen Namen für den neuen Ordner ein. In unserem Beispiel haben wir den Ordner »Treffen« genannt. Bestätigen Sie die Eingabe durch einen Klick auf **OK**.

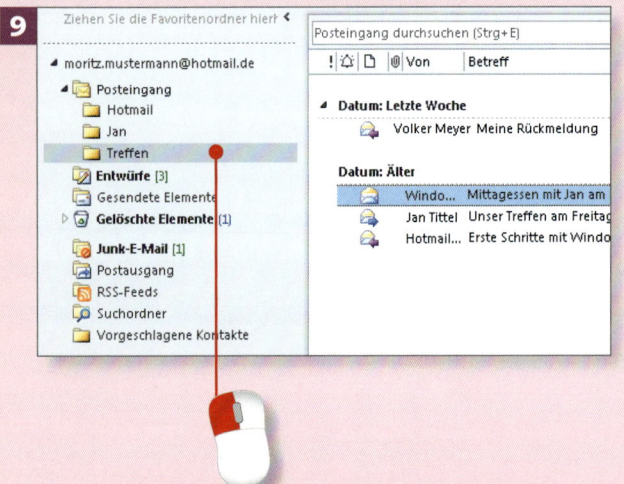

Schritt 9

Wieder werden Sie standardmäßig in den Posteingang geleitet. Dort finden Sie Ihren neuen Ordner auf der ersten Ebene unter dem Hauptordner **Posteingang**. Klicken Sie nun zunächst mit der linken Maustaste auf Ihren neuen Ordner.

Lassen sich bei Ihnen keine Unterordner anlegen?

Dann liegt die Ursache möglicherweise bei Ihrem Provider, der dies nicht zulässt, wie etwa Hotmail im Bereich **Kontakte**.

Schritt 10

Klicken Sie diesen Ordner danach noch einmal an, diesmal jedoch mit der rechten Maustaste, um das Kontextmenü des Ordners zu öffnen. Hier klicken Sie auf **Ordner verschieben**.

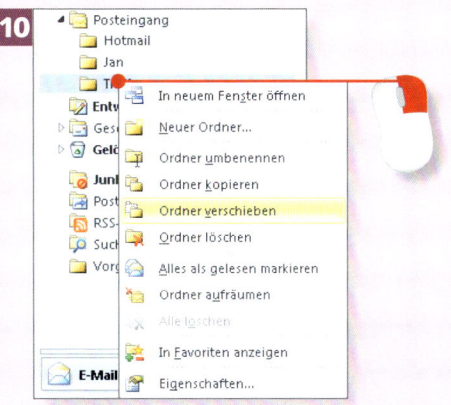

Schritt 11

Im nun angezeigten Dialogfenster **Ordner verschieben** klicken Sie auf den Ordner, in den Ihr zuletzt angelegter Ordner verschoben werden soll. Wir wollen hier also den Ordner **Treffen** in den Ordner **Jan** verschieben. Bestätigen Sie Ihre Eingabe anschließend mit **OK**.

Schritt 12

Outlook leitet Sie daraufhin automatisch in den Posteingang. Ihr verschobener Ordner wird in der zweiten Ebene unter dem gewählten Ordner angezeigt. Falls er doch überflüssig ist, klicken Sie mit der rechten Maustaste auf diesen Unterordner. Im Kontextmenü klicken Sie auf **Ordner löschen**.

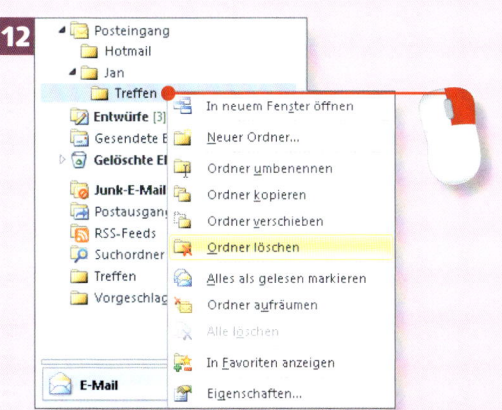

Unterhaltungen aufräumen

Vorgänge mit demselben Betreff zeigt Outlook unter dem Stichwort »Unterhaltungen« an. Mit Outlook können Sie redundante Daten ganz einfach aus einer E-Mail-Korrespondenz löschen.

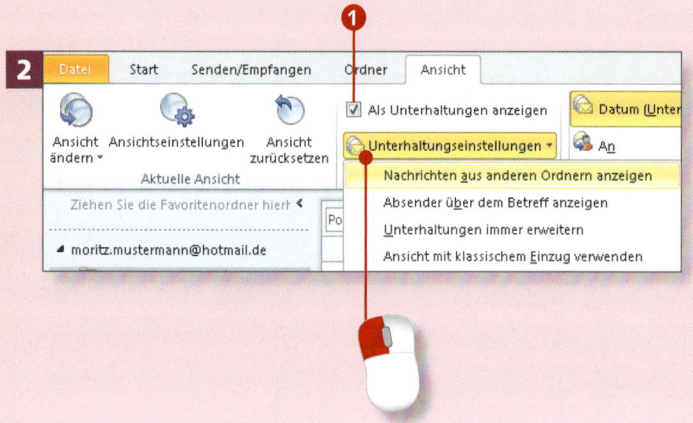

Schritt 1

Im Ordner **Posteingang** wechseln Sie von der nach dem Start von Outlook immer aktivierten Registerkarte **Start** zur Registerkarte **Ansicht**.

Schritt 2

Dort setzen Sie ein Häkchen vor **Als Unterhaltungen anzeigen** ❶ und klicken dann auf **Unterhaltungseinstellungen** und im zugehörigen Menü auf den Eintrag **Nachrichten aus anderen Ordnern anzeigen**.

Schritt 3

Outlook zeigt Ihnen die Unterhaltung zu der von Ihnen markierten E-Mail an. Klicken Sie auf den Pfeil, der links neben der Überschrift aller aufgelisteten Nachrichten steht.

Schritt 4

Outlook hat die Unterhaltung nun geschlossen (»eingeklappt«). Zum Aufräumen einer Unterhaltung öffnen Sie die Registerkarte **Ordner**.

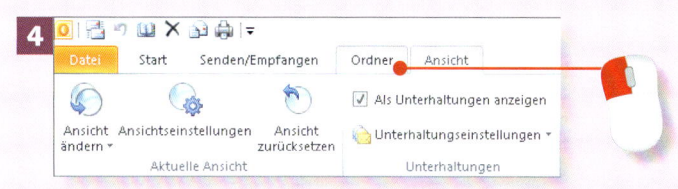

Schritt 5

Klicken Sie in der Befehlsgruppe **Aufräumen** auf die Schaltfläche **Ordner aufräumen** und im Menü auf **Ordner und Unterordner aufräumen**.

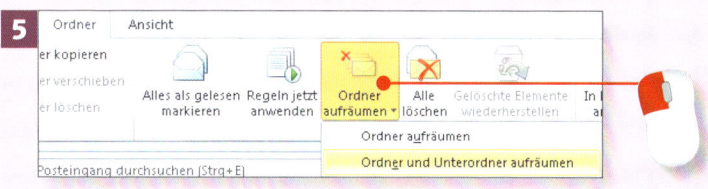

Schritt 6

Im Fenster **Ordner aufräumen** klicken Sie auf **Ordner aufräumen**. Outlook löscht alle überflüssigen Textdaten. Wenn es keine gibt, öffnet sich das Fenster **Unterhaltung aufräumen** mit dem Hinweis, dass keine Nachrichten aufgeräumt wurden. Klicken Sie auf **OK** ❷.

Überflüssige Datenmengen

Wenn Sie auf eine E-Mail antworten, kopiert Outlook den Inhalt dieser Mail mit in Ihre Mail. Antwortet Ihr Adressat dann und Sie wiederum reagieren auf seine Antwort usw., wird derselbe Text immer wieder in die Mails aufgenommen. So entstehen schnell große Mengen an Text.

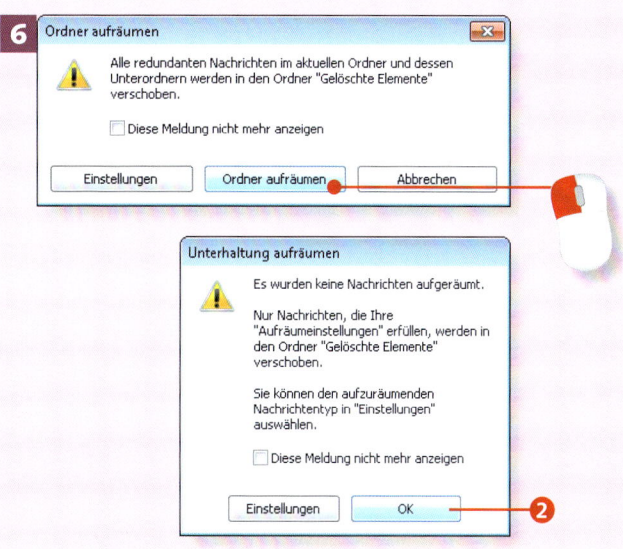

E-Mails automatisch verschieben

Neue Nachrichten müssen nicht zwangsläufig im Posteingang eingehen. Sie können festlegen, welche E-Mails beim Eingang in welchen Ordner verschoben werden. Outlook bietet für diesen Zweck »Regeln« an.

Schritt 1

Klicken Sie im Posteingang auf der Registerkarte **Start** in der Befehlsgruppe **Verschieben** auf die Schaltfläche **Regeln**. Im Aufklappmenü wählen Sie dann den Befehl **Regeln und Benachrichtigungen verwalten**.

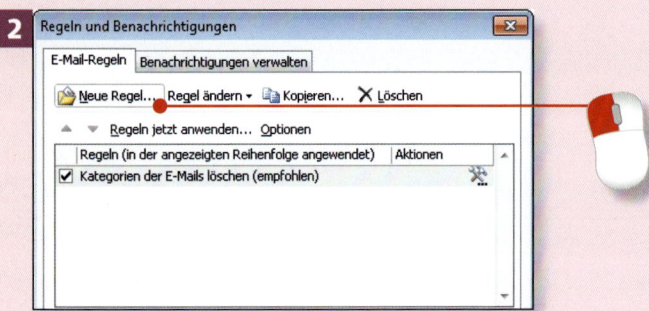

Schritt 2

Das Fenster **Regeln und Benachrichtigungen** öffnet sich. Klicken Sie hier auf die Schaltfläche **Neue Regel**.

Schritt 3

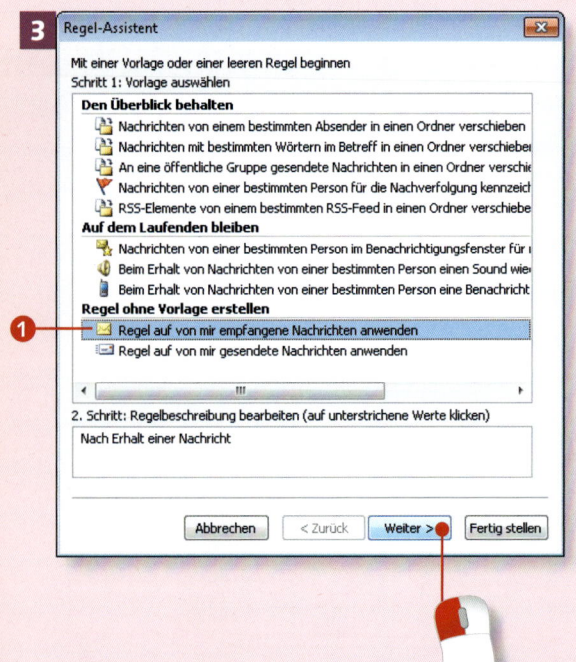

Sie sehen das Fenster **Regel-Assistent**. Klicken Sie in der Liste auf den Befehl **Regel auf von mir empfangene Nachrichten anwenden** ❶, und klicken Sie anschließend auf **Weiter**.

Schritt 4

Wieder öffnet sich ein Fenster mit dem Namen **Regel-Assistent**. Dort setzen Sie ein Häkchen vor **mit bestimmten Wörtern im Betreff ❷**. Nun sehen Sie, dass unten im Fenster unter **2. Schritt: Regelbeschreibung bearbeiten** der Ausdruck **bestimmten Wörtern** unterstrichen ist. Klicken Sie darauf.

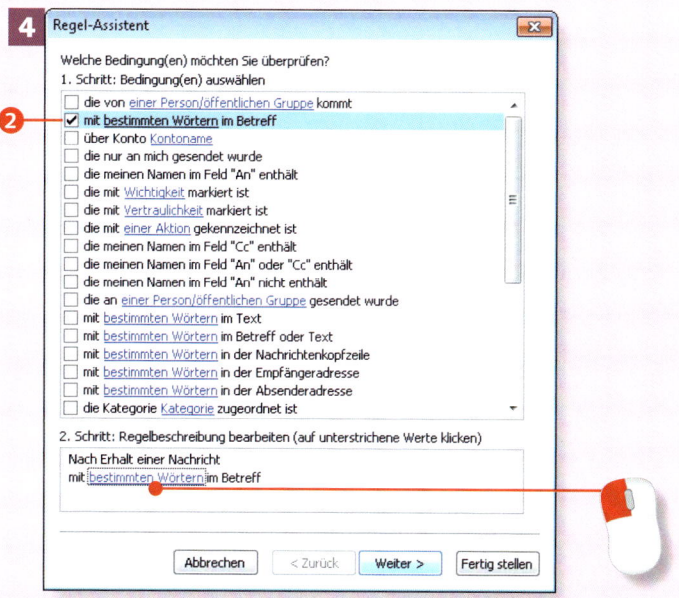

Schritt 5

Das Fenster **Text suchen** öffnet sich. Tragen Sie in das oberste Feld ein Wort ein. Wir haben uns hier für »Uhren« ❸ entschieden; wir verschieben also alle Mails, die den Begriff **Uhren** enthalten. Klicken Sie anschließend auf **Hinzufügen**.

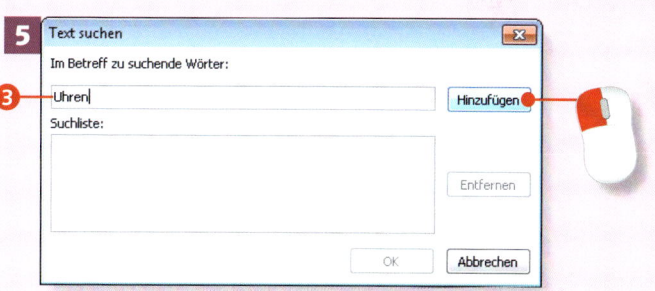

Schritt 6

Ihr Suchwort wurde im zweiten Fenster unter **Suchliste** eingetragen. Um das Suchwort in Ihre Regel zu übernehmen, klicken Sie auf **OK**.

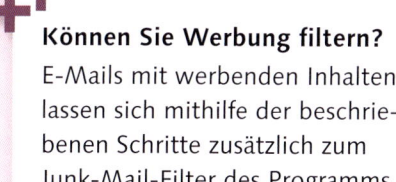

Können Sie Werbung filtern?

E-Mails mit werbenden Inhalten lassen sich mithilfe der beschriebenen Schritte zusätzlich zum Junk-Mail-Filter des Programms herausfiltern.

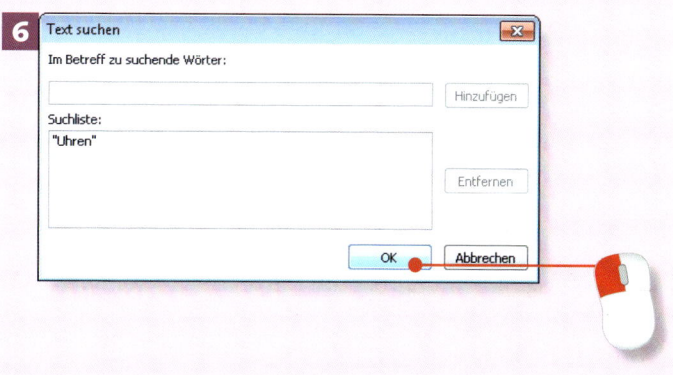

E-Mails automatisch verschieben (Forts.)

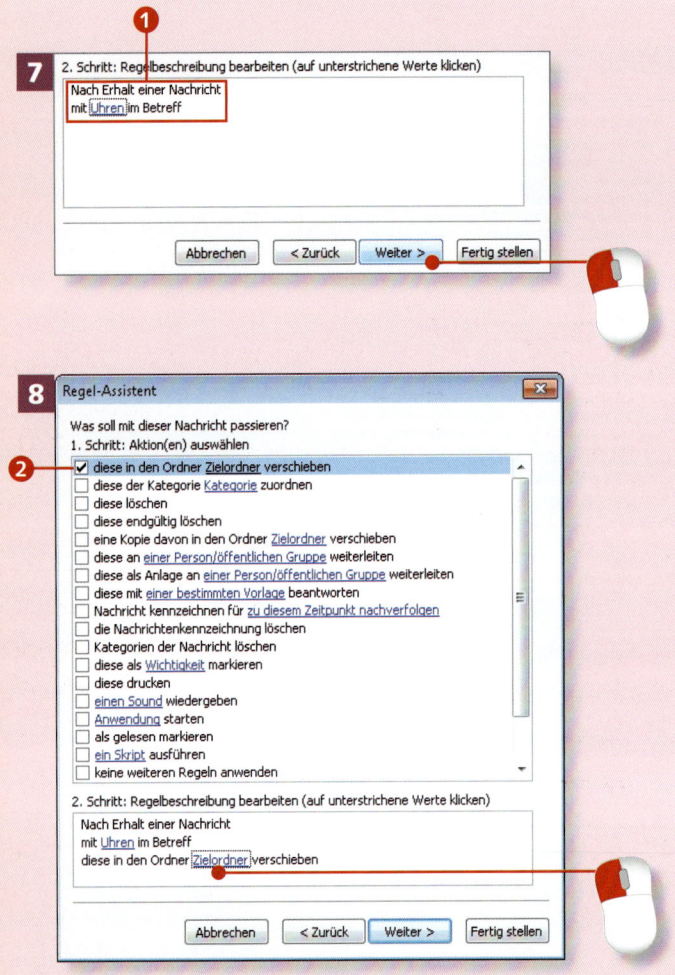

Schritt 7

Sie befinden sich nun wieder im Fenster **Regel-Assistent**. Wie Sie sehen, ist unterhalb von **2. Schritt: Regelbeschreibung bearbeiten** der erste Teil Ihrer Regel bereits formuliert ❶. Für den weiteren Vorgang klicken Sie auf **Weiter**.

Schritt 8

Markieren Sie nun im ersten Fenster **Regel-Assistent** den Eintrag **diese in den Ordner Zielordner verschieben** ❷. Im unteren Bereich erscheint dieser Eintrag daraufhin ebenfalls. Klicken Sie auf **Zielordner**.

Schritt 9

Im Fenster **Regeln und Benachrichtigungen** können Sie einen Ordner auswählen, in den Sie die Nachrichten automatisch verschieben möchten. Wir möchten einen neuen Ordner anlegen, der bisher noch nicht existiert. Klicken Sie daher hier auf die Schaltfläche **Neu**.

Ordner wurde bereits erstellt
Haben Sie bereits einen passenden Ordner erstellt, können Sie ihn hier auch auswählen und direkt zu Schritt 11 springen.

Schritt 10

Das Fenster **Neuen Ordner erstellen** öffnet sich. Geben Sie einen Namen für den Zielordner ein. Wir nennen ihn »Geschenk«. Klicken Sie anschließend auf **OK**.

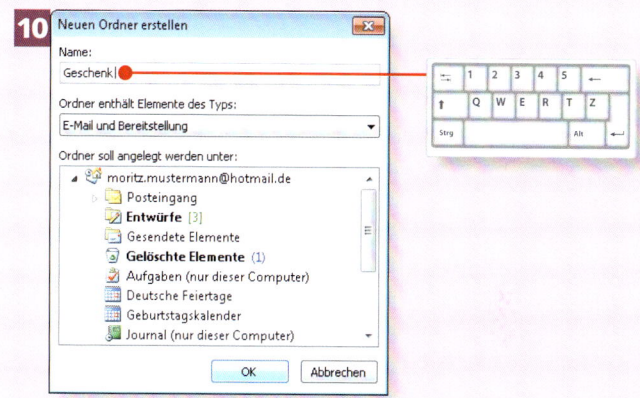

Schritt 11

Im Fenster **Regeln und Benachrichtigungen** erscheint nun der Name des neuen Ordners unter dem Hauptordner. Er ist automatisch markiert und ausgewählt. Klicken Sie auf **OK**.

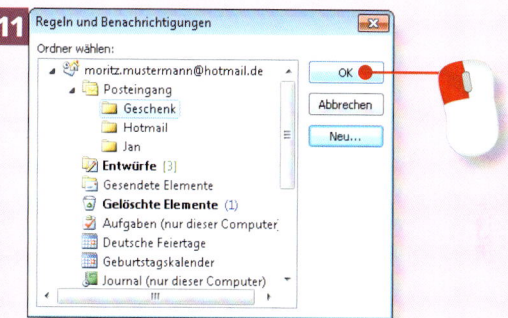

Schritt 12

Das Ihnen bereits vertraute Fenster **Regel-Assistent** fasst Ihre Eingaben im Textfeld **2. Schritt** ❸ noch einmal zusammen. Hier haben Sie nun Gelegenheit, die Regel zu prüfen. Sind alle Angaben korrekt? Dann klicken Sie auf **Weiter**.

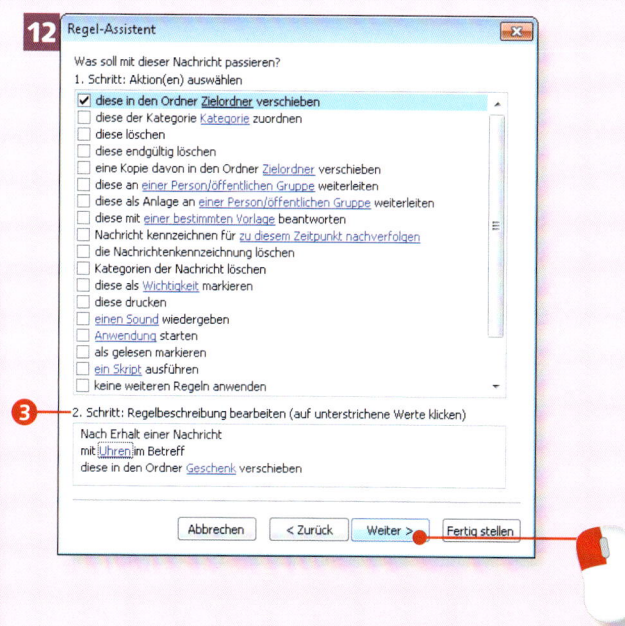

Regeln nachträglich ändern

Sie können jede Regel mit dem Regel-Assistenten natürlich auch nachträglich noch anpassen. So können Sie z.B. später auch einen anderen Ordner auswählen, in den die Mails verschoben werden sollen.

E-Mails automatisch verschieben (Forts.)

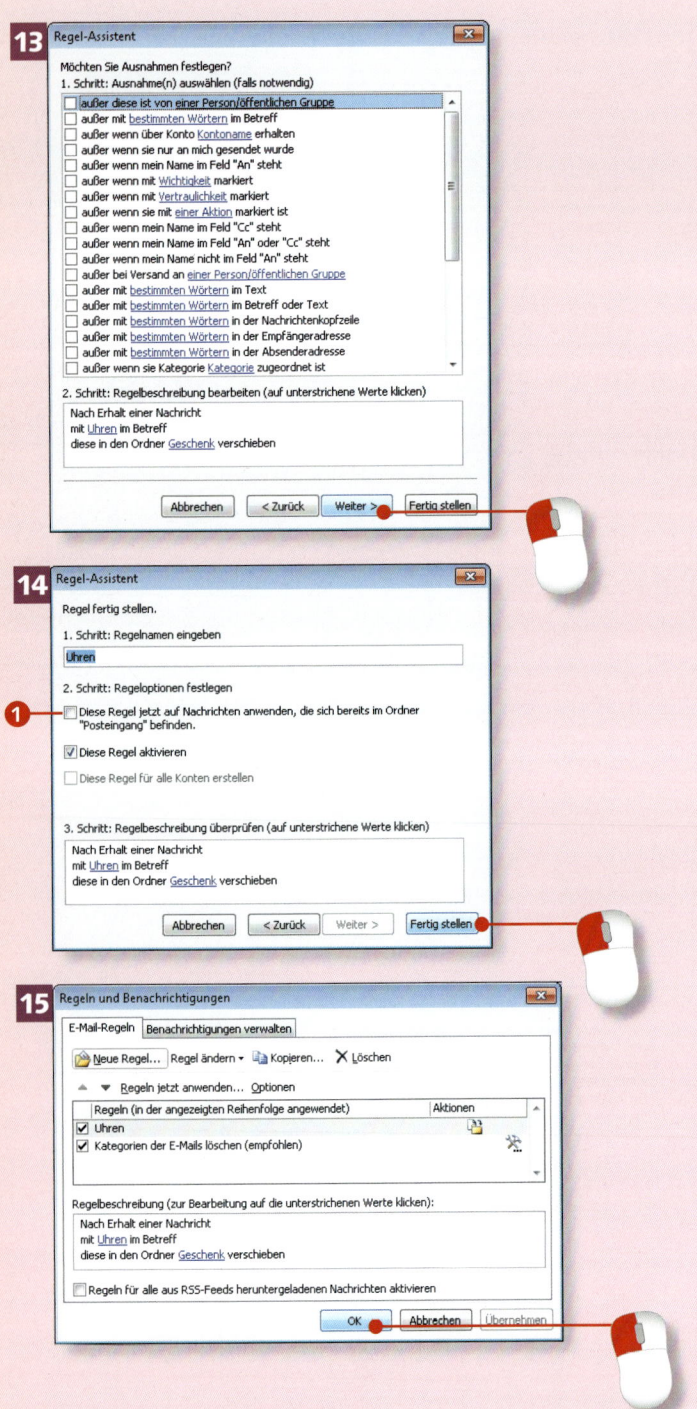

Schritt 13

Im nächsten Fenster des Regel-Assistenten – mittlerweile ist es bereits das vierte – können Sie noch Ausnahmen ergänzen. Klicken Sie hier einfach auf **Weiter**, wenn Sie keine Ausnahmen definieren wollen.

Schritt 14

Im fünften Fenster **Regel-Assistent** sehen Sie alle Ihre Eingaben für eine eigene Regel, die eingehende E-Mails direkt in einen bestimmten Ordner lenken soll, in der Übersicht. Klicken Sie auf **Fertig stellen**.

Schritt 15

Das noch immer geöffnete Fenster **Regeln und Benachrichtigungen** zeigt jetzt Ihre Regeln als eingetragen und aktiv wirksam an. Klicken Sie auf **OK**.

✚✚ Regel auf den Posteingang anwenden

Gibt es in Ihrem Posteingang bereits Mails, die Sie mit der Regel in den von Ihnen gewählten Ordner verschieben möchten? Dann setzen Sie in Schritt 14 neben **Diese Regel jetzt auf Nachrichten anwenden [...]** ❶ ein Häkchen.

Schritt 16

Sie befinden sich nun wieder im Posteingang mit der geöffneten Registerkarte **Start**. Klicken Sie in der Überschriftenzeile des Nachrichtenbereichs auf die Spaltenüberschrift **Erhalten**.

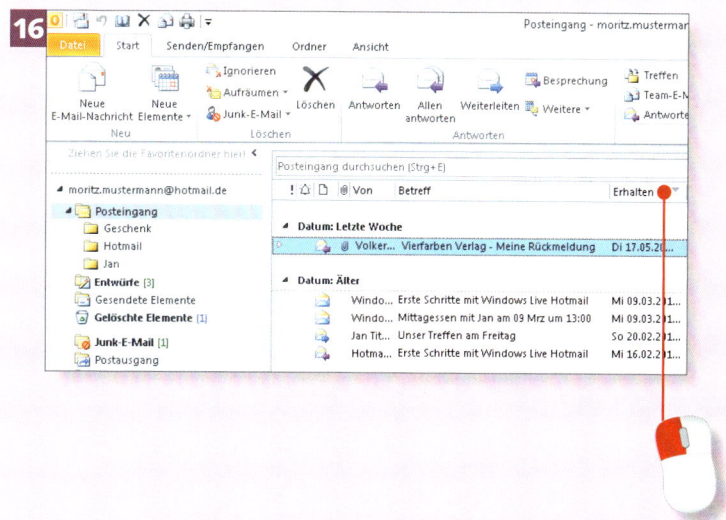

Schritt 17

Outlook sortiert die im Posteingang befindlichen Elemente nun zeitlich aufsteigend, also vom ältesten Element ganz oben zum neuesten ganz unten in der Liste. Klicken Sie zur Rückkehr in die Ihnen bekannte Ausgangseinstellung des Posteingangs einfach erneut auf **Erhalten**.

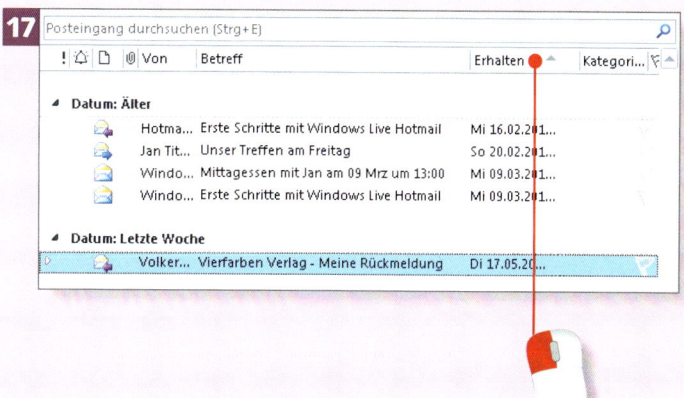

E-Mails suchen

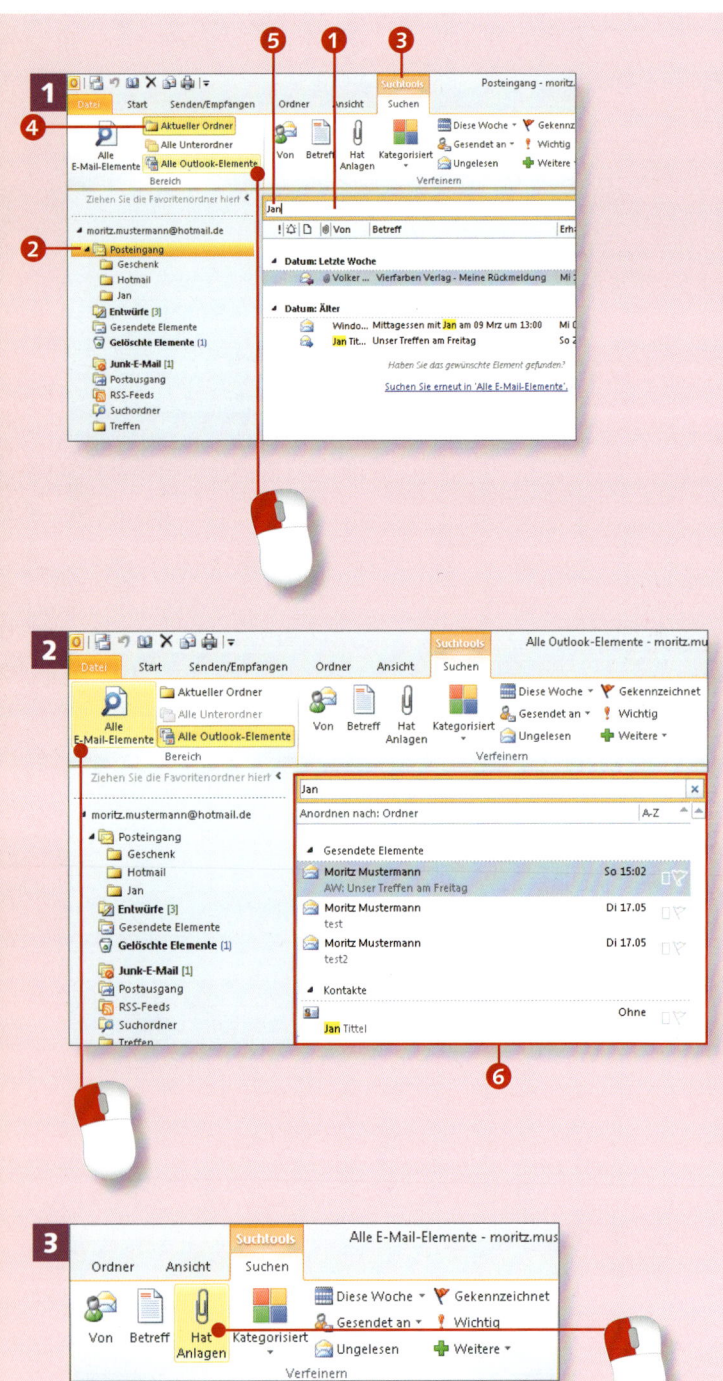

Sicher haben Sie auch schon einmal eine ganz bestimmte E-Mail vermisst und sie einfach nicht wiederfinden können. Mit Outlook finden Sie leicht, was Sie suchen.

Schritt 1

Klicken Sie auf das Feld **Suchen** ❶. Es wird gelb umrandet. Der aktuelle Ordner ist ebenfalls markiert ❷, und die Registerkarte **Suchtools** ❸ wird eingeblendet. In der Gruppe **Bereich** ist **Aktueller Ordner** aktiviert ❹. Tragen Sie das Suchwort ❺ ein, z.B. »Jan«. Das Suchergebnis erscheint im selben Fenster. Klicken Sie nun auf **Alle Outlook-Elemente**.

Schritt 2

Das Ergebnis der Suche in **Alle Outlook-Elemente** wird angezeigt ❻. Klicken Sie danach auf **Alle E-Mail-Elemente**.

Schritt 3

Outlook zeigt Ihnen nun alle E-Mail-Elemente an, die das gesuchte Wort enthalten. Es sind vermutlich deutlich weniger Elemente als noch bei der Suche **Alle Outlook-Elemente**. Grenzen Sie Ihre Suche erneut ein, indem Sie auf **Hat Anlagen** klicken.

Schritt 4

So werden nur E-Mails mit Datei-anhängen gesucht. Und wie Sie sehen, hat sich das Suchergebnis in unserem Beispiel tatsächlich auf nur ein Element reduziert. Klicken Sie anschließend auf den Ordner **Post-eingang**.

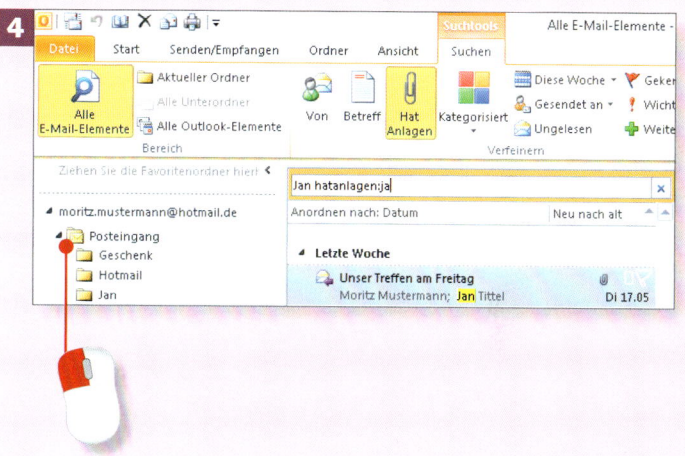

Schritt 5

Starten Sie jetzt im Posteingang die Suche erneut. Diesmal allerdings wollen wir nach Nachrichten mit einer bestimmten Größe suchen. Klicken Sie deshalb in der Befehls-gruppe **Verfeinern** auf die Schalt-fläche **Weitere** und im Menü auf **Nachrichtengröße**.

Schritt 6

Unter dem Feld **Suche** erscheint das Eingabefeld **Nachrichtengröße**. Klicken Sie in dieses Feld, um es eingabebereit zu machen.

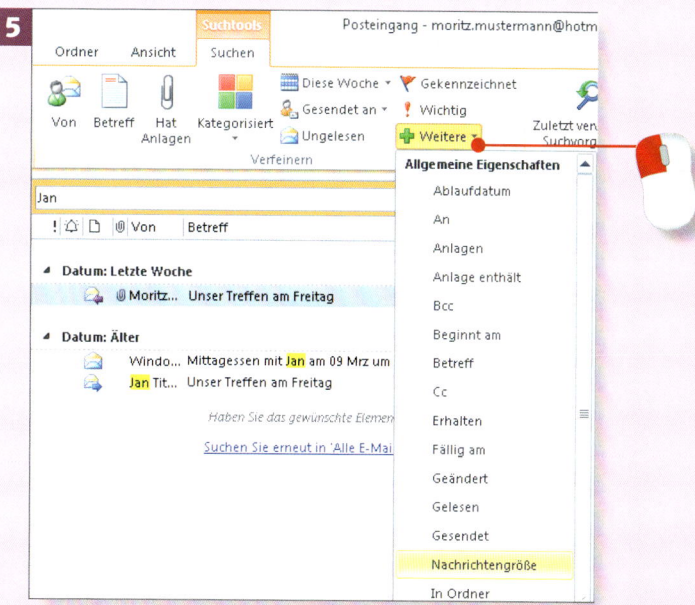

Suchergebnisse

Wenn Sie nach »Elementen« su-chen, werden Ihnen im Ergebnis nicht nur E-Mails, sondern auch Termine, Notizen etc. angezeigt.

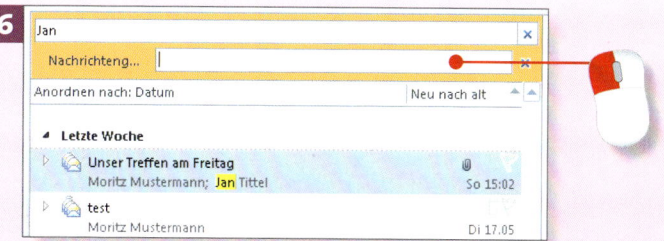

E-Mails suchen (Forts.)

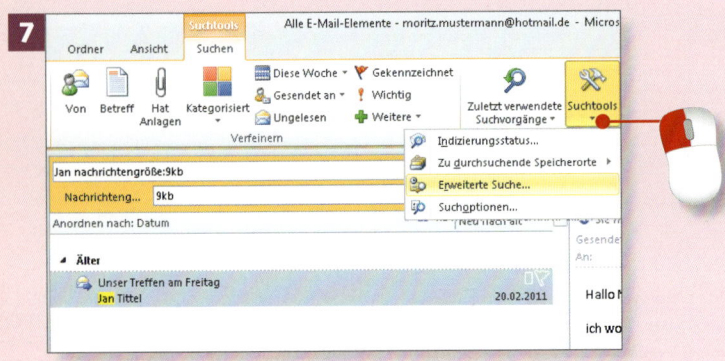

Schritt 7

Geben Sie eine Größe ein (mit der Einheit KB oder MB). Die Suche startet sofort nach der Eingabe. Das Ergebnis zeigt in unserem Beispiel ein Element an, das der gesuchten Dateigröße entspricht. Um noch genauer zu suchen, klicken Sie im Menü der Schaltfläche **Suchtools** auf **Erweiterte Suche**.

Schritt 8

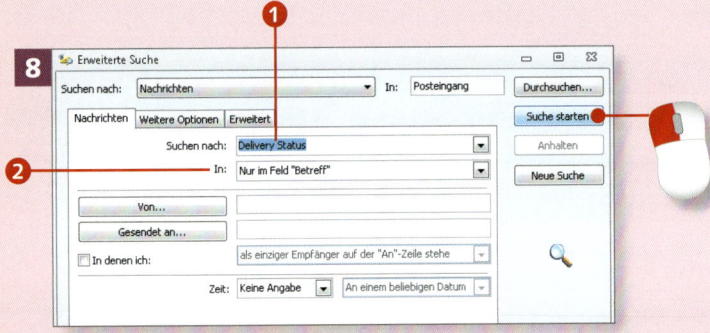

Im Fenster **Erweiterte Suche** geben Sie in das Feld **Suchen nach** z.B. gezielt einen Begriff ❶ an, der sich im Betreff ❷ befindet. Klicken Sie dann auf die Schaltfläche **Suche starten**.

Schritt 9

Das Suchergebnis wird im neuen Fenster **Nachrichten: Mit Inhalt Delivery Status – Erweiterte Suche** angezeigt. Wenn Sie die gesuchte E-Mail gefunden haben, schließen Sie das Fenster über das Schließkreuz.

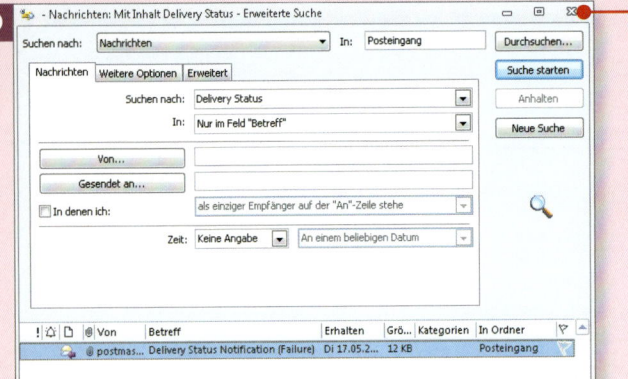

i

Wie groß ist eine E-Mail?

E-Mails, die nur Text und keine Anlagen enthalten, sind meist zwischen 5 und 100 KB groß, je nachdem, wie viel Text die Mail beinhaltet.

Die Suchoptionen anpassen

In Outlook können Sie für die Suche von E-Mails bestimmte Optionen einstellen, die recht nützlich sind.

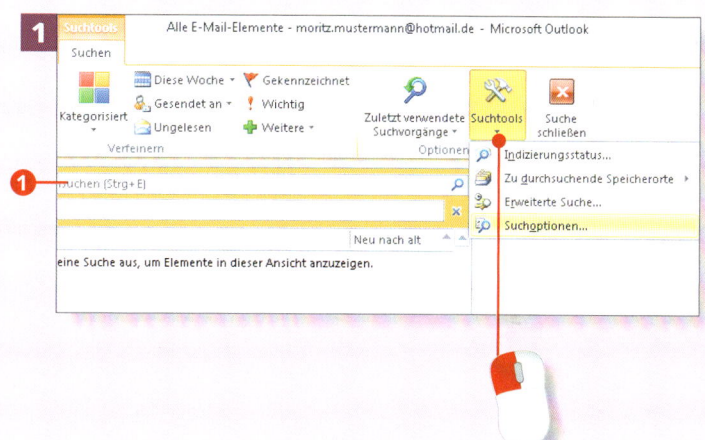

Schritt 1

Nachdem Sie in das Suchfeld ❶ geklickt haben, klicken Sie in der Befehlsgruppe **Optionen** auf die Schaltfläche **Suchtools** und im Menü auf **Suchoptionen**.

Schritt 2

Das Fenster **Outlook-Optionen** öffnet sich. Setzen Sie hier die passenden Häkchen – auch vor **Gesuchte Begriffe in den Ergebnissen hervorheben** ❷. Klicken Sie dann auf **Indizierungsoptionen**.

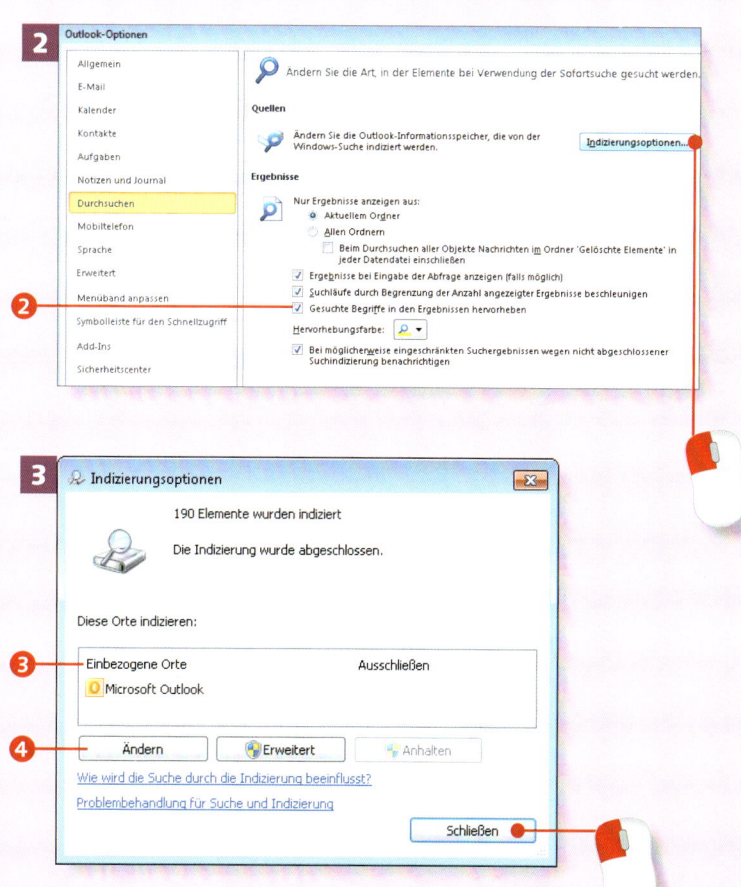

Schritt 3

Im gleichnamigen Fenster steht »Microsoft Outlook« unter **Einbezogene Orte** ❸. Das heißt, Sie können nach Outlook-Elementen auch über die Windows-Suche unter **Start** suchen. Möchten Sie diese Funktion nicht nutzen, klicken Sie auf **Ändern** ❹ und entfernen daraufhin das Häkchen vor **Microsoft Outlook**. Klicken Sie dann auf **Schließen**.

Mit Suchordnern arbeiten

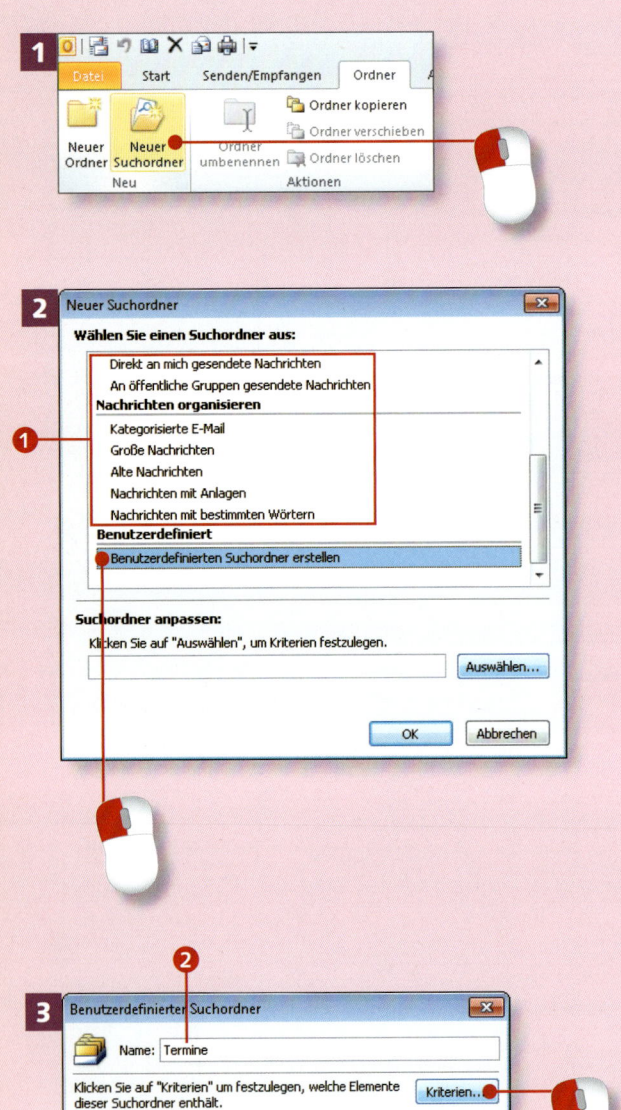

Vielleicht wollen Sie eine Suche nach Elementen in Outlook häufiger als nur einmal ausführen. Sie müssen dann die Suche nicht jedes Mal neu starten.

Schritt 1

Klicken Sie im Posteingang auf der Registerkarte **Ordner** in der Befehlsgruppe **Neu** auf **Neuer Suchordner**.

Schritt 2

Das Fenster **Neuer Suchordner** öffnet sich. Dort finden Sie bereits vorhandene Suchordner ❶. Wir wollen aber einen ganz neuen Suchordner erstellen. Klicken Sie unter der Überschrift **Benutzerdefiniert** auf **Benutzerdefinierten Suchordner erstellen** und dann auf **OK**.

Schritt 3

Sie werden gebeten, einen Namen für Ihren Suchordner einzugeben. Tragen Sie also im Fenster **Benutzerdefinierte Suchordner** in das Feld **Name** ❷ den Namen Ihres Suchordners ein. Wir nennen den Ordner in unserem Beispiel »Termine«. Klicken Sie danach auf **Kriterien**.

Schritt 4

Tragen Sie das gesuchte Wort in das Feld **Suchen nach** im Fenster **Suchordnerkriterien** ein (hier: »Treffen«). Im Suchordner werden später die gefundenen Elemente gespeichert. Klicken Sie auf **OK** (auch bei den drei folgenden Dialogen).

Schritt 5

Unter **Suchordner** sehen Sie nun den neuen Unterordner ❸. Die Ergebnisse Ihrer Suche ❹ werden in der Mitte angezeigt. Klicken Sie auf den schwarzen Pfeil vor **Suchordner**, um den Ordner zu schließen.

Schritt 6

Der Suchordner ist geschlossen und nicht mehr sichtbar. Durch Anklicken des nun weißen Pfeils vor **Suchordner** können Sie aber jederzeit wieder auf ihn zugreifen.

ℹ Suchordner löschen?

Sie können die Suchordner per Rechtsklick und Klick auf **Ordner löschen** auch wieder entfernen. Dadurch werden die Mails selbst nicht gelöscht, nur die Suchergebnisse. Löschen Sie aber nie eine E-Mail im Suchordner, denn diese wird dann automatisch auch in ihrem Ursprungsordner gelöscht.

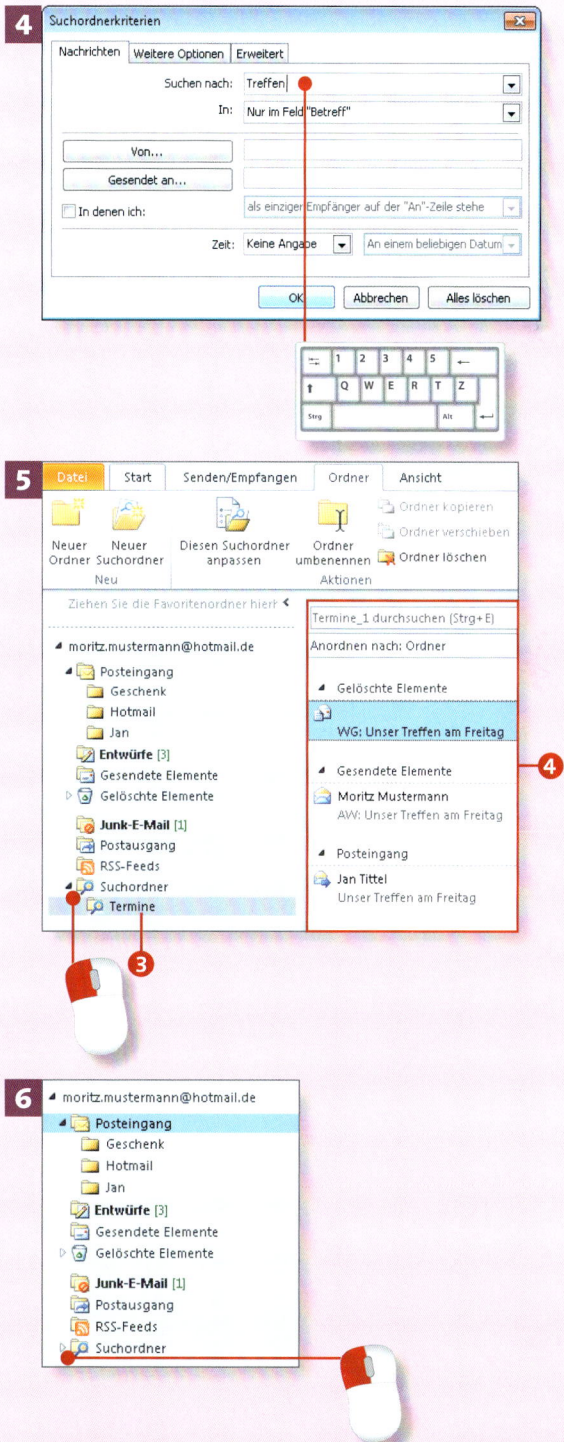

E-Mails und Elemente in Kategorien einteilen

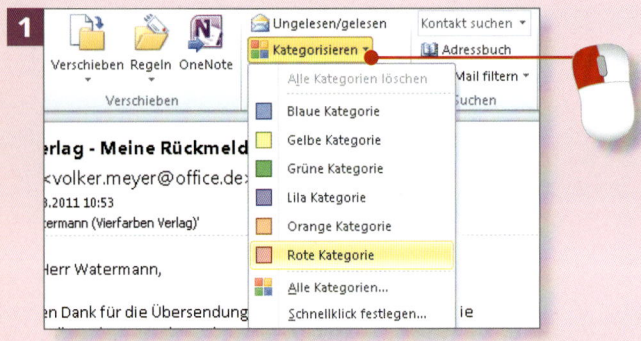

Über Kategorien können Nachrichten, Kalendereinträge und Aufgaben mit einer Farbe und einem Schlüsselwort versehen werden. Das hilft bei der Übersicht und auch bei der Suche nach Elementen.

Schritt 1

Starten Sie wieder auf der Registerkarte **Start**. Markieren Sie eine Mail im Posteingang, und klicken Sie in der Befehlsgruppe **Kategorien** auf **Kategorisieren** und im Ausklappmenü dann auf **Rote Kategorie**.

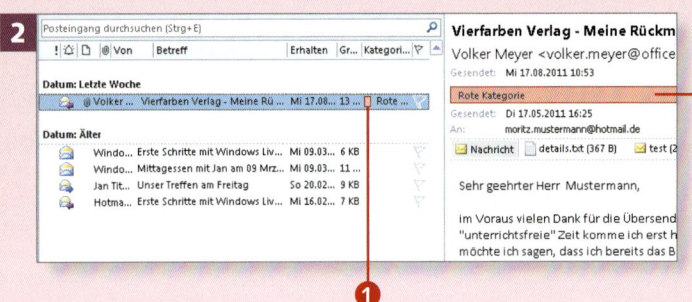

Schritt 2

Outlook zeigt Ihnen nun den Posteingang. Im Nachrichtenbereich sehen Sie, dass die kategorisierte E-Mail jetzt mit einer roten Karte ❶ markiert ist. Auch in der E-Mail selbst wird die Farbe Rot ❷ zur Kategorisierung eingesetzt.

Schritt 3

Sie können auch mehr als eine Kategorie vergeben. Wiederholen Sie dazu Schritt 1. Klicken Sie im Menü diesmal aber auf **Grüne Kategorie**.

Schritt 4

Im Nachrichtenbereich ❸ und in der E-Mail selbst ❹ sind nun zwei Farben gesetzt. **Rote Kategorie** und **Grüne Kategorie** sind Schlüsselwörter, die Outlook standardmäßig anbietet. Sie können natürlich auch durch andere Namen ersetzt werden, sodass Sie Rot z.B. mit dem Schlüsselwort **Dringend** versehen könnten.

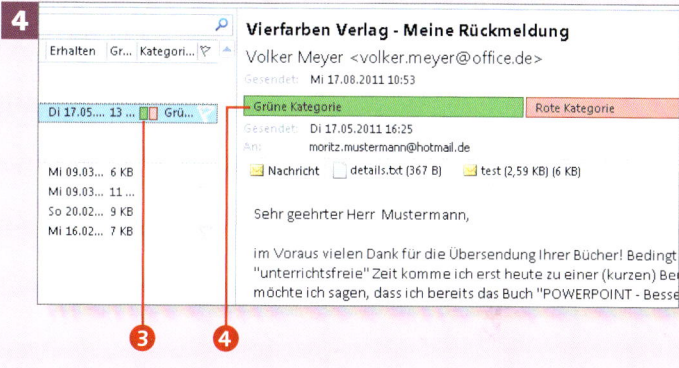

Schritt 5

Wenn Sie eine Kategorie wieder entfernen möchten, klicken Sie mit der rechten Maustaste auf die Markierung der Kategorie und im Kontextmenü auf die Kategorie, die Sie wieder entfernen möchten, hier ist es die **Grüne Kategorie**.

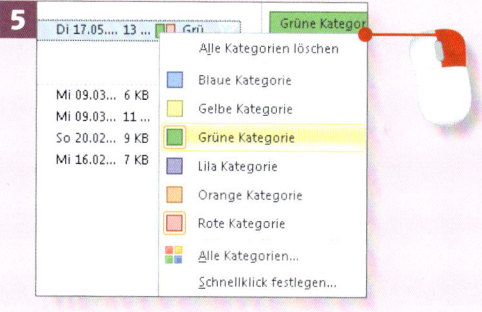

Schritt 6

Im Posteingang sehen Sie am Ende der markierten E-Mail, dass die Kategorisierung mit grüner Farbe und dem Schlüsselwort **Grüne Kategorie** gelöscht wurde.

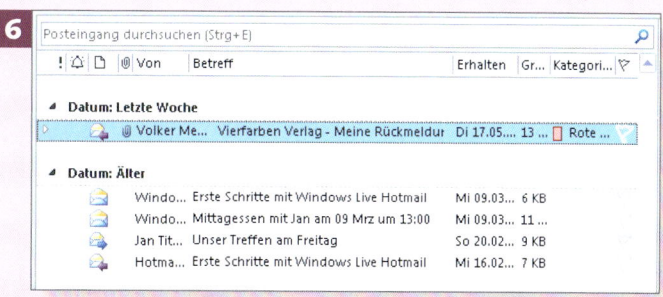

Eigene Kategorien vergeben

Sie können natürlich eigene Kategorien mit eigenen Namen vergeben. Klicken Sie dazu in der Übersicht der Kategorien auf **Alle Kategorien**.

Ordner aufräumen und alte E-Mails löschen

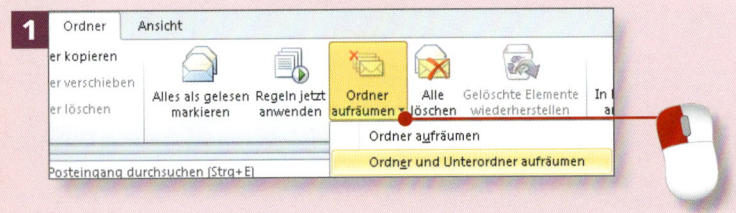

Um in Ihren Posteingangsordnern den Überblick zu behalten, empfiehlt es sich, E-Mails zu löschen, die Sie nicht mehr benötigen. Das ist leichter, wenn Sie zunächst aufräumen.

Schritt 1

Wechseln Sie in den Ordner, den Sie aufräumen möchten. Klicken Sie auf der Registerkarte **Ordner** auf die Schaltfläche **Ordner aufräumen** und im zugehörigen Aufklappmenü auf den Eintrag **Ordner und Unterordner aufräumen**.

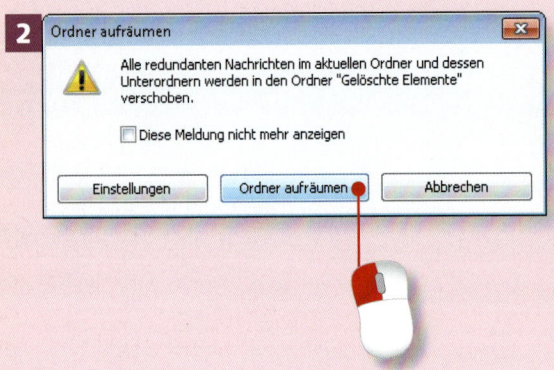

Schritt 2

Es öffnet sich das Dialogfenster **Ordner aufräumen**. Klicken Sie hier auf die Schaltfläche **Ordner aufräumen**. Sie dazu auch den Abschnitt »Unterhaltungen aufräumen« auf Seite 88.

Schritt 3

Outlook verschiebt jetzt alle redundanten Nachrichten in den Ordner **Gelöschte Elemente**. Falls keine Daten verschoben wurden, informiert Sie Outlook darüber im Fenster **Unterhaltung aufräumen**. Klicken Sie auf **OK**.

Schritt 4

Danach landen Sie wieder in dem Ordner, von dem aus Sie den Befehl **Ordner aufräumen** gestartet haben. In den nun folgenden Schritten erfahren Sie, wie Sie Ihre Ordner anhand genauer Einstellungsdaten bereinigen oder archivieren können. Klicken Sie dazu zunächst auf die Registerkarte **Datei**.

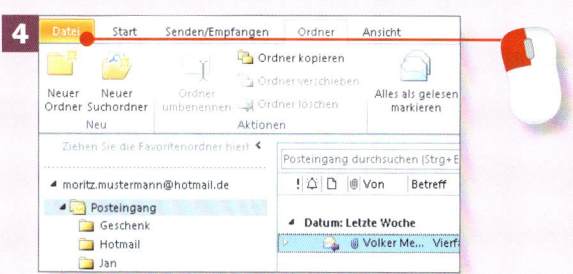

Schritt 5

In der Kategorie **Informationen** ❶ klicken Sie auf die Schaltfläche **Tools zum Aufräumen** und im zugehörigen Aufklappmenü auf **Postfach bereinigen**.

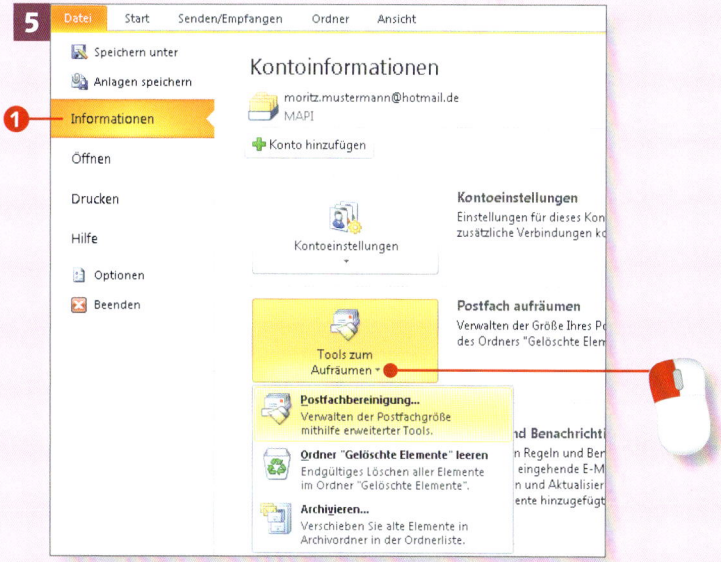

Schritt 6

Zunächst können Sie sich im Fenster **Postfach aufräumen** darüber informieren, welche Datenmengen Ihre einzelnen Ordner aufweisen. Klicken Sie dazu auf **Postfachgröße anzeigen**.

✚ Die Aufräumeinstellungen

Sie können Outlook mitteilen, welche E-Mails gleich beim Aufräumen gelöscht werden sollen. Klicken Sie dazu auf die im Bild zu Schritt 3 sichtbare Schaltfläche **Einstellungen**.

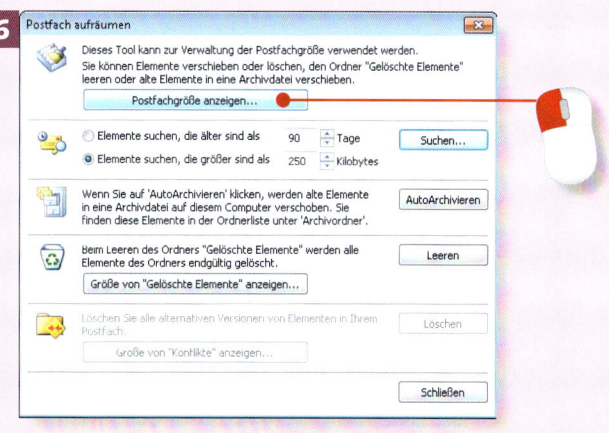

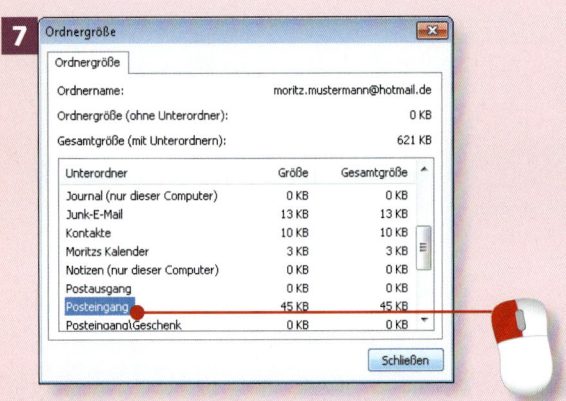

Schritt 7

Im Fenster **Ordnergröße** wählen Sie z.B. den Ordner mit der größten Datenmenge aus. Vielleicht fangen Sie bei ihm mit dem Aufräumen und Löschen Ihrer E-Mail-Nachrichten an. In unserem Beispiel ist das der Ordner **Posteingang**. Schließen Sie nun das Fenster wieder.

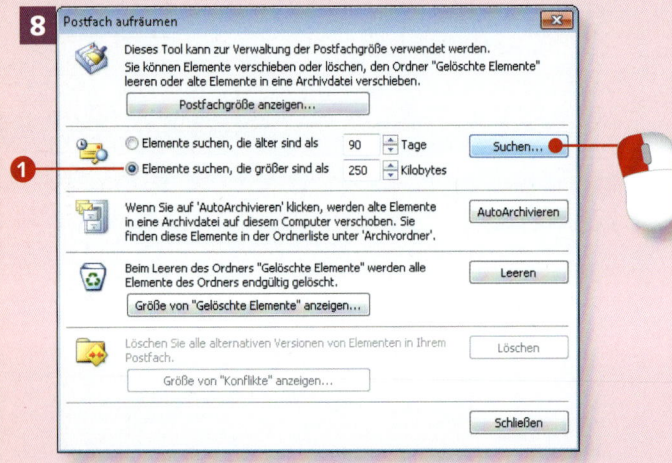

Schritt 8

Wieder im Fenster **Postfach aufräumen** setzen Sie ein Häkchen vor **Elemente, die größer sind als** (tragen Sie eine Zahl ein) **Kilobytes** ❶. Klicken Sie dann auf **Suchen**.

Schritt 9

Outlook zeigt Ihnen die Ordner ab der von Ihnen bestimmten Datenmenge im unteren Feld ❷ des sich öffnenden Fensters **Nachrichten: Erweitert – Erweiterte Suche** an.

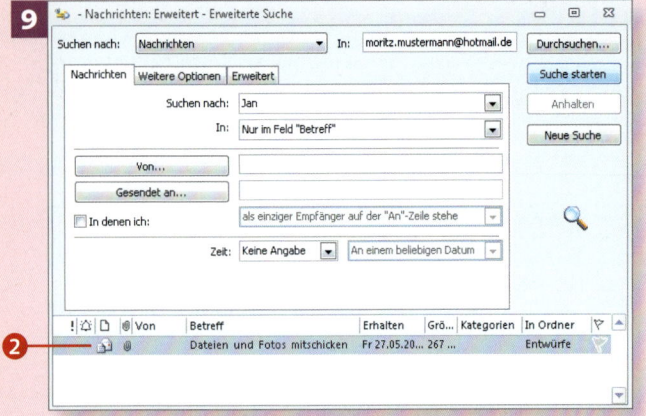

Die Größe der E-Mails

Sie können in Schritt 8 auch die Standardvorgabe von 250 Kilobytes stehen lassen. So eine Größe haben in aller Regel nur Mails mit größeren Anhängen. Das heißt, mit dieser Größenangabe werden Sie schnell alle Mails finden, die Anhänge besitzen.

Schritt 10

Sie können nun die Suche nach Ordnern, die Sie aufräumen möchten, noch genauer festlegen. Füllen Sie dazu die Felder **Suchen nach** ❸ und **In** ❹ mit Daten. Hier suchen wir z.B. nach dem Begriff »Jan« im Betreff von Mails. Klicken Sie dann auf **Suche starten**.

Schritt 11

Im unteren Feld des Fensters wird Ihnen das Ergebnis ❺ angezeigt. Mit diesen Informationen versorgt, schließen Sie das Fenster mit einem Klick auf das Schließkreuz.

Schritt 12

Sie befinden sich nun wieder in der Kategorie **Informationen** auf der Registerkarte **Datei**. Klicken Sie jetzt auf die Schaltfläche **Tools zum Aufräumen** und im Menü auf **Archivieren**.

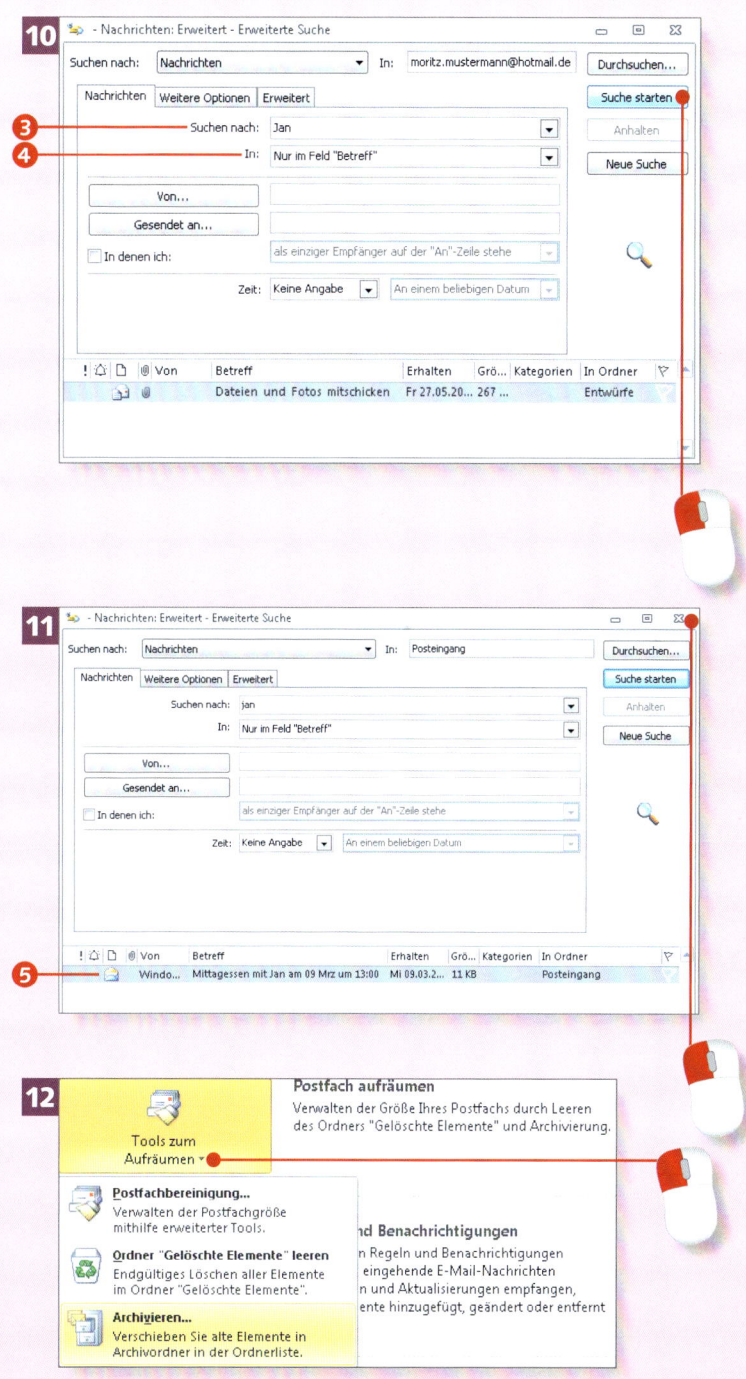

Ordner aufräumen und alte E-Mails löschen (Forts.)

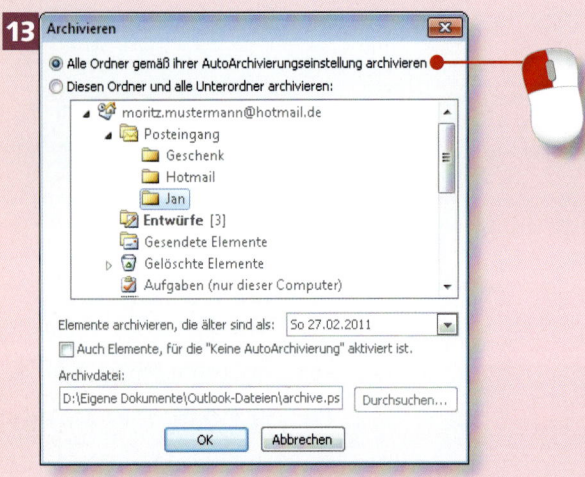

Schritt 13

Im Fenster **Archivieren** können Sie veranlassen, dass alle Ordner mit den Vorgaben archiviert werden, die Sie für sie eingestellt haben. Dazu aktivieren Sie die Option **Alle Ordner gemäß ihrer AutoArchivierungseinstellung archivieren**.

Schritt 14

Wenn Sie die Archivierung auf bestimmte Ordner begrenzen möchten, wählen Sie die Option **Diesen Ordner und alle Unterordner archivieren**. Wir haben die Archivierung z.B. auf den Ordner **Jan** ❶ begrenzt. Klicken Sie anschließend auf **OK**.

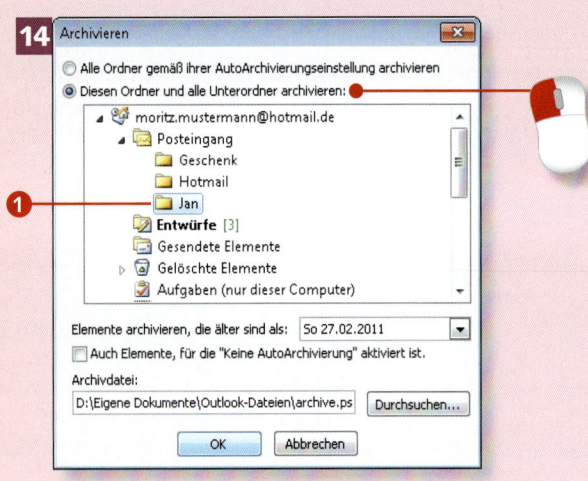

Schritt 15

Sie befinden sich wieder im Ordner **Posteingang**. Klicken Sie nun auf einen Ordner, in dem Sie eine Nachricht löschen wollen, z.B. **Entwürfe**.

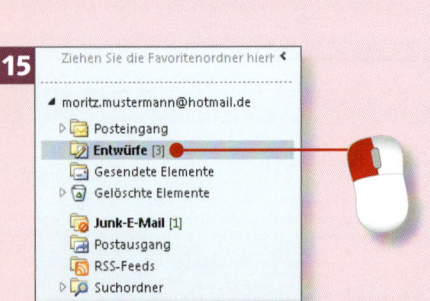

i

E-Mails archivieren

Outlook kann E-Mails archivieren. E-Mails, die Sie aussortieren möchten, werden dann in ein Archiv verschoben. Das spart Platz in Ihrem eigentlichen Postfach.

Schritt 16

Markieren Sie mit einem Klick die Mail, die Sie löschen möchten, im Nachrichtenbereich.

Schritt 17

Dann klicken Sie sie mit der rechten Maustaste an. Im Kontextmenü wählen Sie den Eintrag **Löschen**. Das ausgewählte Outlook-Element ist gelöscht und wird nicht mehr im Nachrichtenbereich des aktuellen Ordners angezeigt.

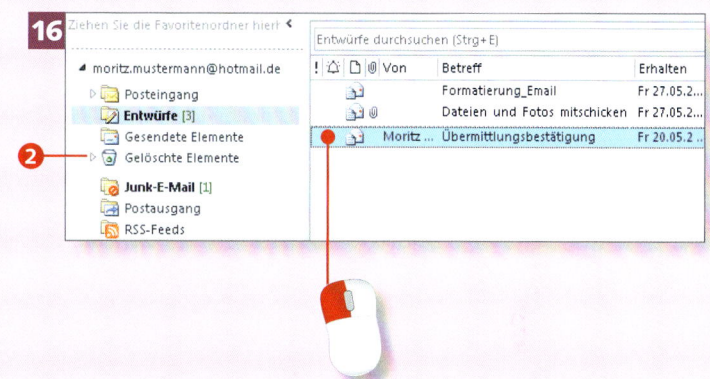

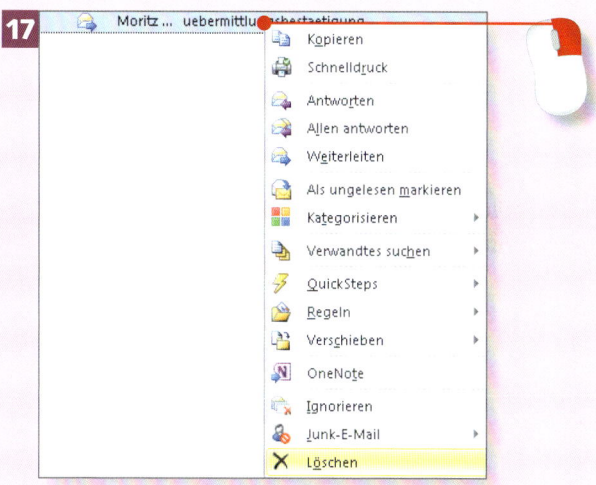

Gelöschte Elemente

Jedes Element, das Sie in Outlook löschen, landet zunächst im Ordner **Gelöschte Elemente** ❷. Sie können es danach wiederherstellen. Haben Sie z.B. eine Mail aus Versehen gelöscht, klicken Sie auf den Ordner **Gelöschte Elemente** und verschieben die E-Mail wieder in ihren ursprünglichen Ordner.

Kapitel 5
Schutz vor Viren und Werbung

Es ist wichtig, dass Sie Ihren Rechner vor Viren und Spyware schützen. Die Gefahr, den Rechner mit Schadsoftware zu infizieren oder ausspioniert zu werden, ist groß. Sie sollten deshalb immer eine Firewall aktiviert haben und ein Antivirenprogramm nutzen. In Outlook können Sie überdies dafür sorgen, dass Sie potenziell gefährliche Absender und Inhalte sperren. Wir zeigen Ihnen, wie Sie das anstellen.

Ist Ihr Computerschutz aktiviert?

Haben Sie bereits ein Antiviren- und Antispyware-Programm heruntergeladen und installiert? Das bedeutet allerdings nicht immer automatisch, dass die Schutzsoftware auch aktiviert wurde. Überzeugen Sie sich deshalb stets selbst vom ordnungsgemäßen Betrieb des Programms **1**.

Die richtigen Schutzeinstellungen wählen

Auch wenn alles läuft: Vertrauen ist gut, Kontrolle ist besser. Prüfen Sie die Programmeinstellungen **2**, aktivieren Sie die für Sie richtigen Leistungen des Programms, und schauen Sie ruhig regelmäßig nach, ob Sie die von Ihnen definierten Einstellungen nicht anpassen müssen.

Unerwünschte Absender sperren

Viren und Spyware gelangen meist über unbekannte E-Mail-Absender und insbesondere über die Anhänge dieser Mails auf Ihren Computer. E-Mails unbekannter Herkunft mit charakteristischen Begriffen im Betreff oder gar mit einer wiederkehrenden Absenderadresse sollten Sie daher gar nicht erst auf Ihren Computer lassen **3**.

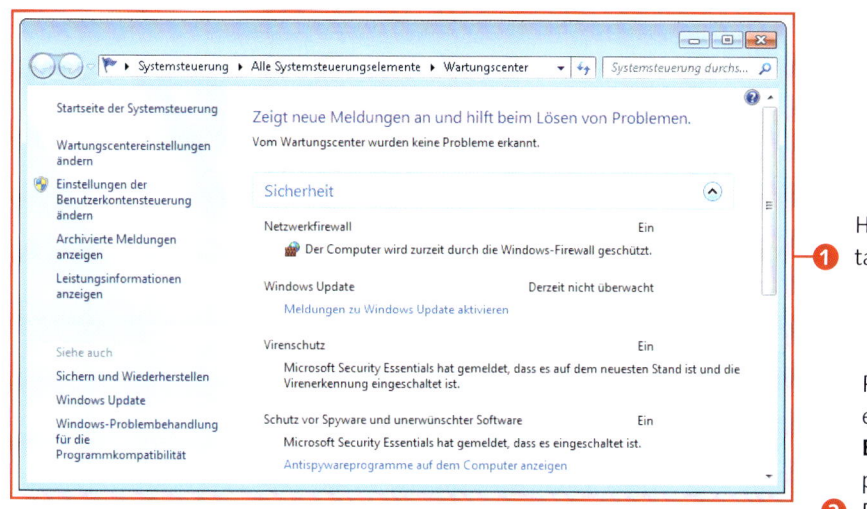

Hier sehen Sie, ob Ihr Schutz
tatsächlich aktiviert wurde.

Prüfen Sie die Standard-
einstellungen im Bereich
Echtzeitschutz des Antivirenprogramms Microsoft Security
Essentials.

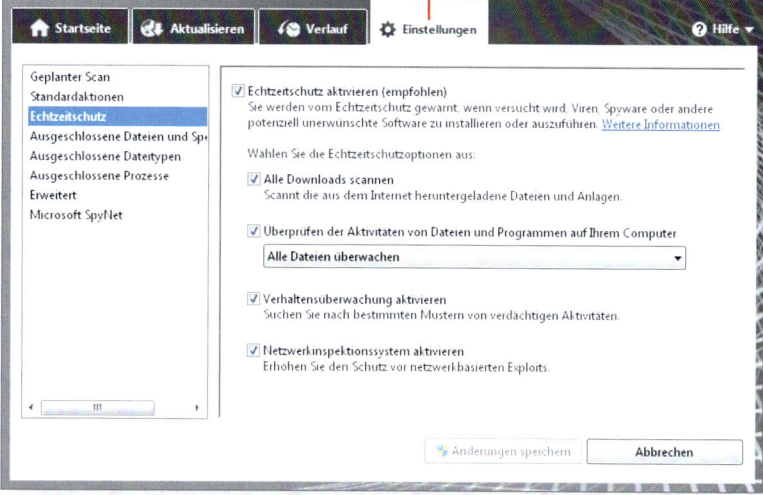

Absender können Sie über
die Schaltfläche **Junk-E-Mail**
auf der Registerkarte **Start** im
Posteingang sperren.

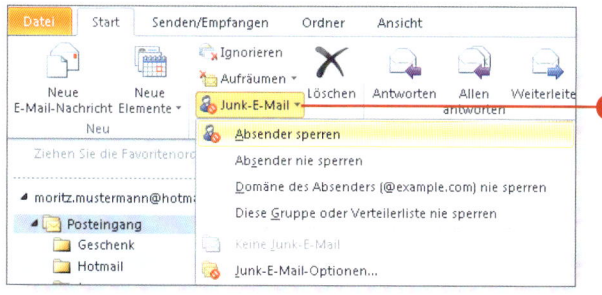

Ein Antivirenprogramm installieren

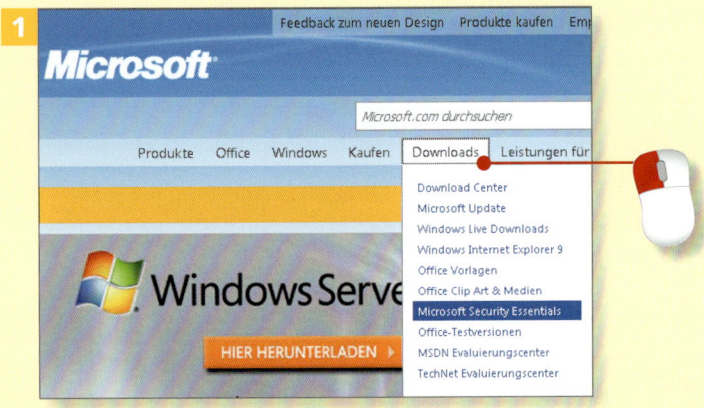

Sie sollten unbedingt ein Antiviren-programm installiert haben, denn die Gefahr, Ihren Rechner zu verseuchen, ist sonst groß.

Schritt 1

Microsoft Security Essentials ist ein kostenloses Antivirenprogramm. Zum Herunterladen gehen Sie mit Ihrem Browser auf die Internet-seite *www.microsoft.de*. Klicken Sie im Hauptmenü auf **Downloads** und dann auf **Microsoft Security Essentials**.

Schritt 2

Klicken Sie danach auf den Link zum **Herunterladen** der Software.

Schritt 3

Starten Sie den Download über den entsprechenden Link. Wenn Sie mit Windows 7 arbeiten, wird Ihnen an dieser Stelle ein Informationsfenster eingeblendet. Klicken Sie hier auf **Speichern**.

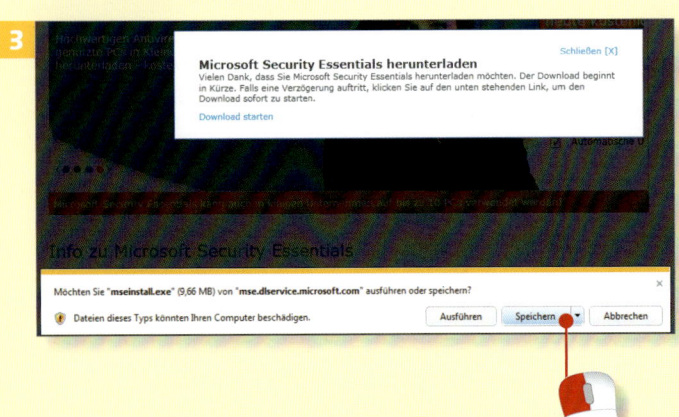

Schritt 4

Nachdem Sie den Befehl zum Speichern des Antivirenprogramms gegeben haben, öffnet sich das Fenster **Benutzerkontensteuerung** und fragt Sie sinngemäß, ob Sie den Download wirklich zulassen wollen. Klicken Sie auf **Ja**.

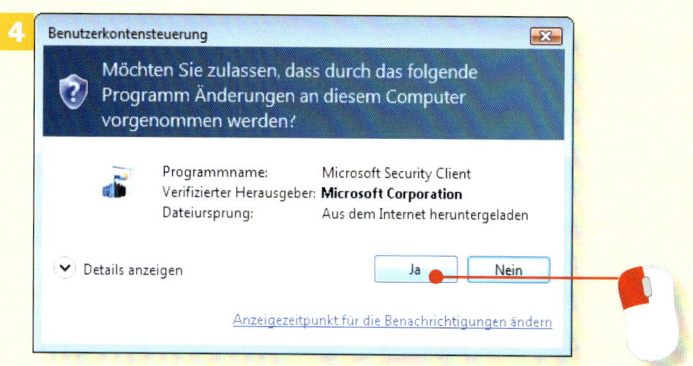

Schritt 5

Öffnen Sie nun über die Windows-Schaltfläche **Start ▸ Computer** den Ordner **Downloads** ❶. Dort sehen Sie die Datei *mseinstall.exe*. Das ist der Name der soeben gespeicherten Installationsdatei. Klicken Sie doppelt darauf.

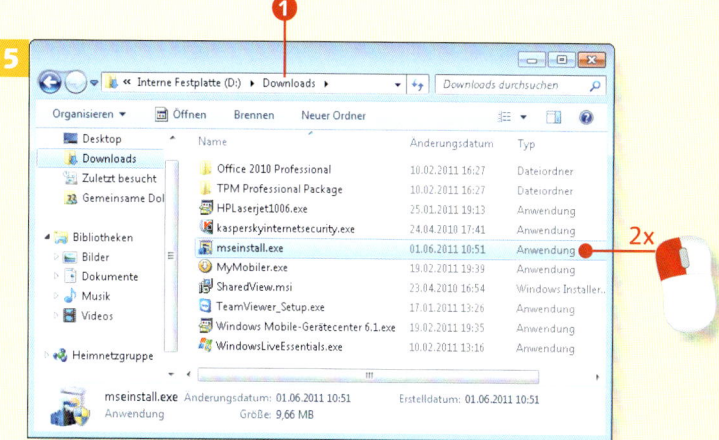

Schritt 6

Zur Vorbereitung der Installation des gespeicherten Antivirenprogramms öffnet sich jetzt das Begrüßungsfenster **Microsoft Security Essentials**. Lesen Sie den Text, und klicken Sie auf **Weiter**.

Andere Antivirenprogramme

Es gibt viele Antivirenprogramme, kostenpflichtige und kostenlose. Wir können Ihnen an dieser Stelle nicht alle vorstellen. Möchten Sie eine andere Software nutzen, lassen Sie sich am besten von Ihrem Händler beraten oder suchen im Internet nach Informationen.

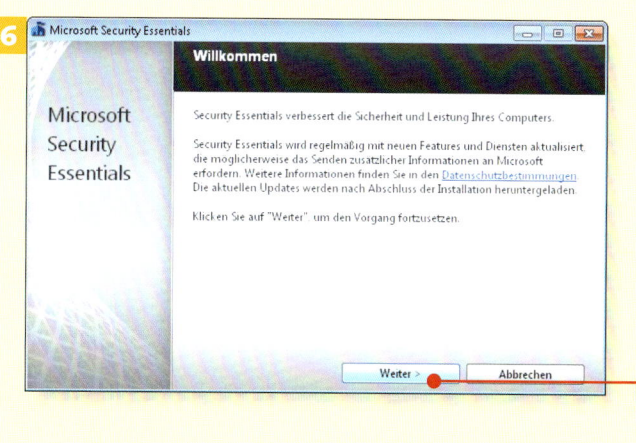

Ein Antivirenprogramm installieren (Forts.)

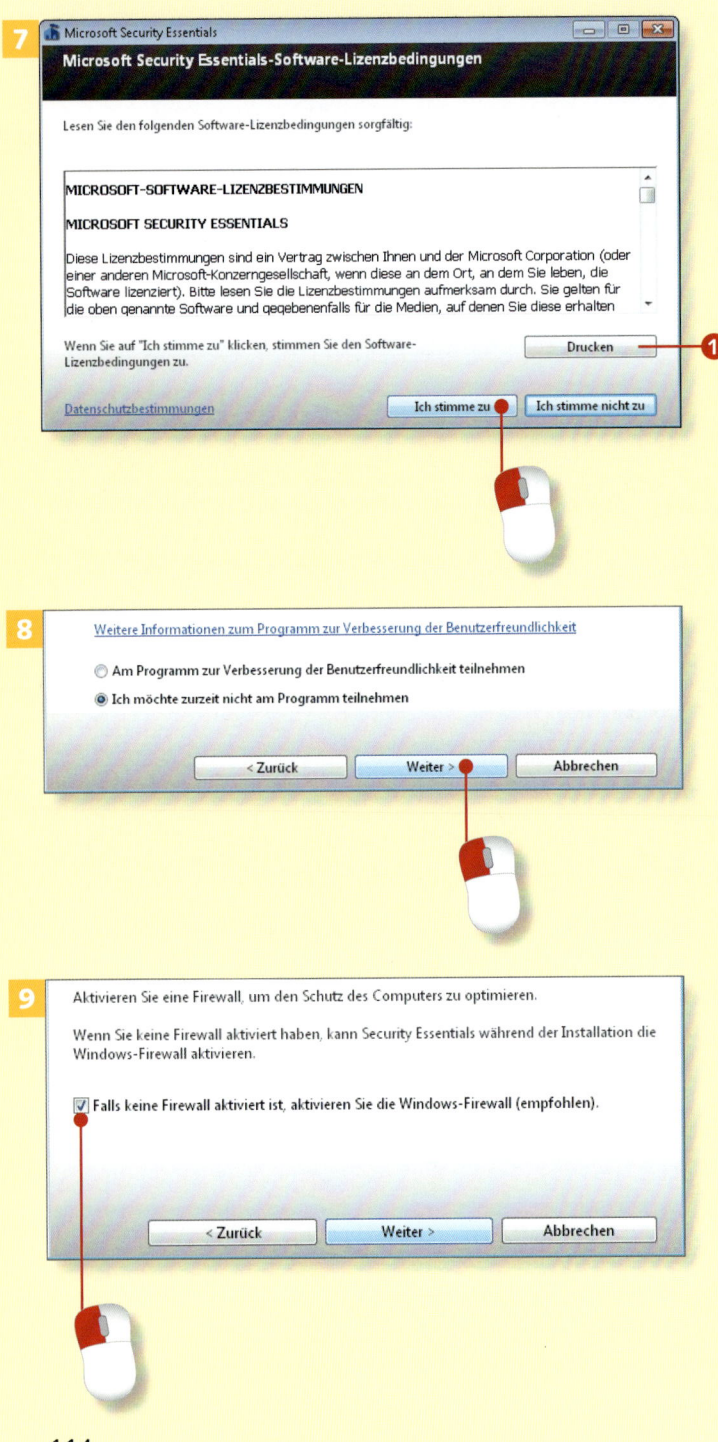

Schritt 7

Lesen Sie sich die Microsoft-Lizenz-bestimmungen durch, drucken Sie sich diese ggf. auch aus ❶, und klicken Sie dann auf **Ich stimme zu**.

Schritt 8

Der nächste Schritt zur Vorbereitung des Installationsprozesses im Fenster **Microsoft Security Essentials** fragt Sie, ob Sie am Programm zur Produktverbesserung teilnehmen möchten. Natürlich hat Ihre Entscheidung keinerlei Auswirkung auf das Programm. Treffen Sie Ihre Wahl, und klicken Sie auf **Weiter**.

Schritt 9

Im nächsten Fenster sollten Sie ein Häkchen vor **Falls keine Firewall aktiviert ist, aktivieren Sie die Windows-Firewall (empfohlen)** setzen. Klicken Sie danach auf **Weiter**.

Was ist eine Firewall?

Eine Firewall ist eine Software, die den Datenverkehr zwischen Ihrem Rechner und dem Internet oder einem Netzwerk kontrolliert. Vor allem soll sie unberechtigte Zugriffe auf Ihren Rechner verhindern. Sie sollten daher neben Ihrem Antivirenprogramm auch immer eine Firewall nutzen.

Schritt 10

Im nächsten Fenster werden Sie gefragt, ob Sie bereits andere Antivirenprogramme installiert haben. Ist das nicht der Fall, klicken Sie auf **Installieren**. (Andernfalls folgen Sie den Anweisungen zur Deinstallation ❷.) Bevor sich das nächste Fenster öffnet (siehe Schritt 11), werden Sie in einem Extrafenster durch einen grünen Laufbalken über den Fortschritt des Installationsprozesses informiert.

Schritt 11

Im nächsten Fenster setzen Sie ein Häkchen vor **Neueste Updates abrufen und Computer nach potenziellen Bedrohungen scannen**. Dann klicken Sie auf **Fertig stellen**. Der Fortschritt des Prozesses wird dabei wieder durch einen grünen Balken angezeigt.

Schritt 12

Am Ende des Scanvorgangs wird ein Ergebnisfenster angezeigt. Über die Registerkarten können Sie verschiedene Einstellungen vornehmen und Funktionen von Microsoft Security Essentials ausführen.

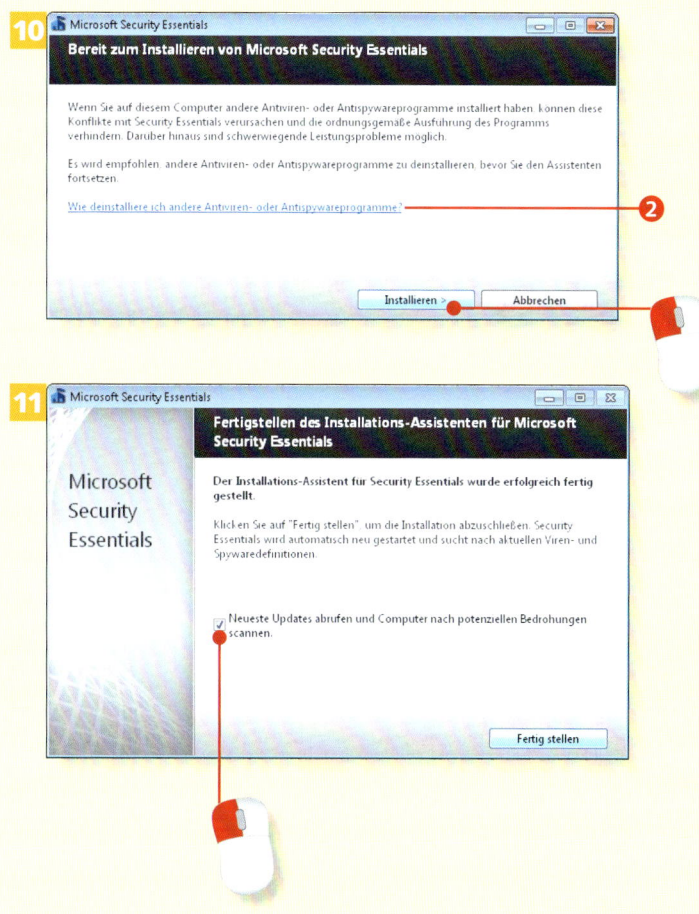

Den Computer nach Viren durchsuchen

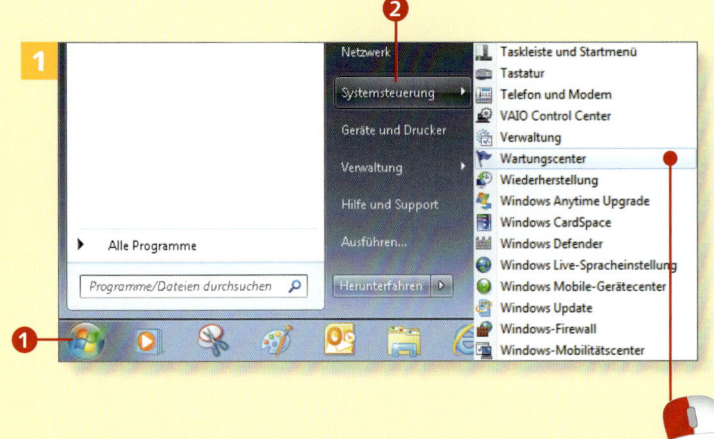

Auch wenn Sie ein Antivirenprogramm haben, sollten Sie Ihre Daten immer wieder einmal »scannen«, d.h. auf Viren untersuchen lassen.

Schritt 1

Sie sollten überprüfen, ob alle wichtigen Funktionen aktiviert sind und die Antiviren-Software auf dem neuesten Stand ist. Klicken Sie auf **Start** ❶ und dann über **Systemsteuerung** ❷ auf **Wartungscenter**.

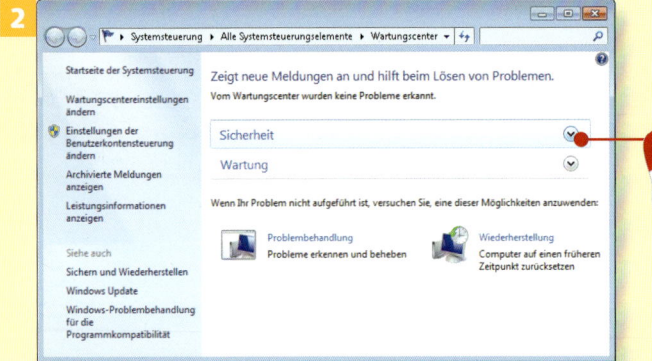

Schritt 2

Die für Sie interessanten Informationen befinden sich im Bereich **Sicherheit** des Wartungscenters. Klicken Sie auf den nach unten gerichteten Pfeil rechts daneben.

Schritt 3

Unter den Überschriften **Virenschutz** ❸ und **Schutz vor Spyware und unerwünschter Software** ❹ ist Microsoft Security Essentials eingetragen, und die Aktivierung beider Funktionen wurde an das Betriebssystem gemeldet. Schließen Sie das Fenster.

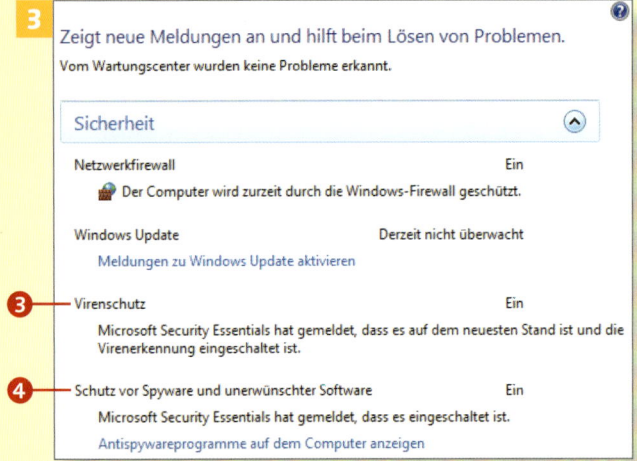

Schritt 4

Sie sehen nun wieder den Desktop. Rechts unten in der Taskleiste steht neben der Länderkennung **DE** ein Fähnchen **5**, über das Sie das Wartungscenter übrigens auch öffnen können. Klicken Sie aber zunächst auf den weißen Pfeil daneben und im Aufklappmenü auf den Link **Anpassen**.

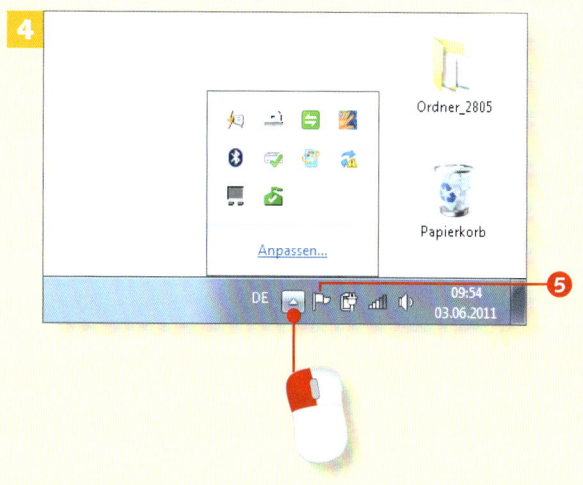

Schritt 5

Das Fenster **Infobereichsymbole** öffnet sich. Aus der Liste neben **Microsoft Security Client User Interface** wählen Sie den Eintrag **Symbol und Benachrichtigungen anzeigen**. Klicken Sie einfach auf den Pfeil am Feld, um die Auswahlliste zu öffnen. Schließen Sie dann das Fenster.

Schritt 6

Unten rechts in der Taskleiste sehen Sie nun das Symbol für die Microsoft Security Essentials zwischen dem weißen Pfeil und dem Fähnchen. Doppelklicken Sie auf dieses neue Symbol.

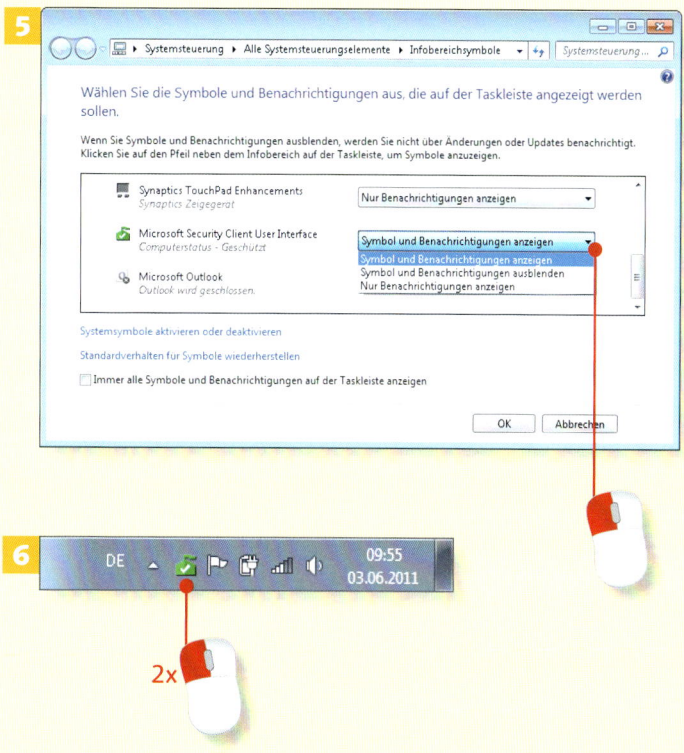

Den Computer nach Viren durchsuchen (Forts.)

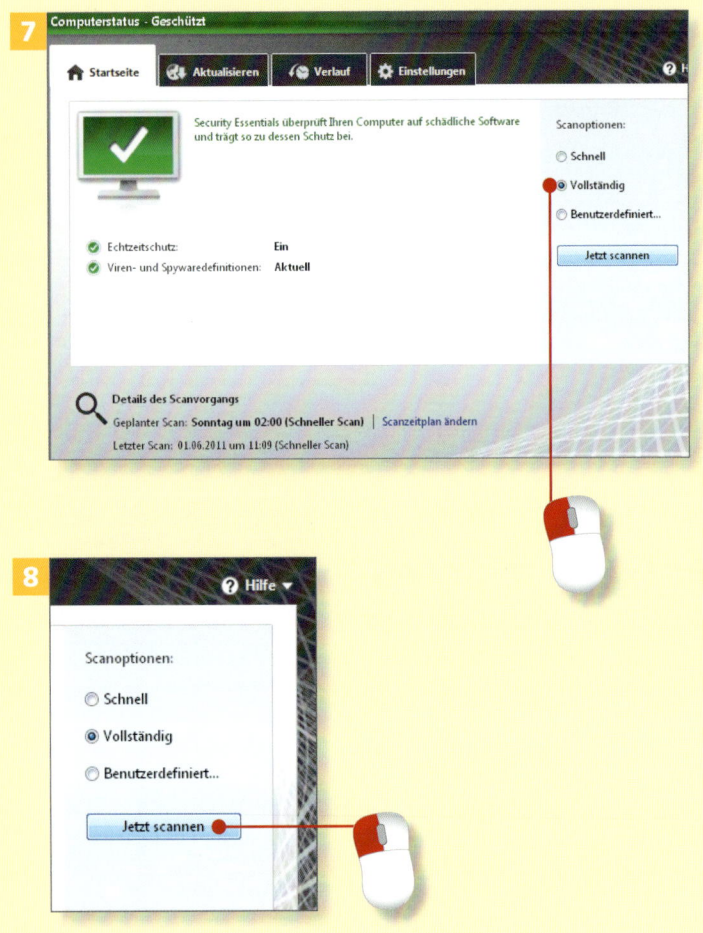

Schritt 7

Das Fenster **Microsoft Security Essentials** öffnet sich wieder. Rechts im Fenster sehen Sie die Scanoptionen **Schnell**, **Vollständig** und **Benutzerdefiniert**. Aktivieren Sie die Option **Vollständig**.

Schritt 8

Danach lösen Sie den Vorgang über **Jetzt scannen** aus. Das Antivirenprogramm überprüft nun alle auf Ihrem Computer befindlichen Daten in Bezug auf die im Wartungscenter aufgeführten Kriterien. Dieser Vorgang kann bis zu einigen Stunden dauern.

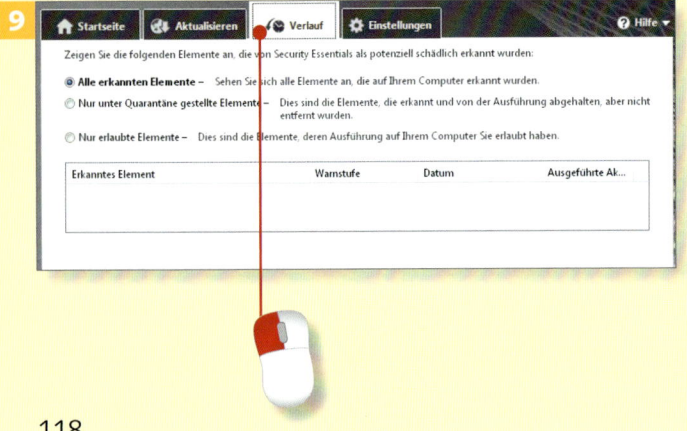

Schritt 9

Ist dieser Scanvorgang abgeschlossen, gibt das Programm eine kurze Ergebnismeldung. Zur detaillierten Darstellung des Ergebnisses klicken Sie auf die Registerkarte **Verlauf**.

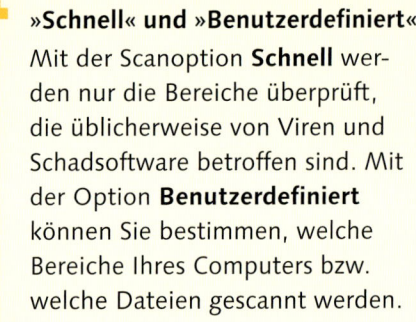

»Schnell« und »Benutzerdefiniert«
Mit der Scanoption **Schnell** werden nur die Bereiche überprüft, die üblicherweise von Viren und Schadsoftware betroffen sind. Mit der Option **Benutzerdefiniert** können Sie bestimmen, welche Bereiche Ihres Computers bzw. welche Dateien gescannt werden.

Schritt 10

Um die richtige Konfiguration des Antivirenprogramms zu überprüfen, klicken Sie auf die Registerkarte **Einstellungen**. Dort sehen Sie in der Kategorie **Echtzeitschutz** ❶, welche Datenbereiche gescannt werden.

Schritt 11

In der Kategorie **Standardaktionen** lesen Sie, was passiert, wenn Microsoft Security Essentials im Störfall aktiv wird.

Schritt 12

Abschließend klicken Sie auf die Registerkarte **Aktualisieren** und hier auf die Schaltfläche **Aktualisieren**. Das Antivirenprogramm lädt nun die neuesten Updates zur Virenbekämpfung herunter. Diesen Vorgang sollten Sie unter **Einstellungen** automatisieren.

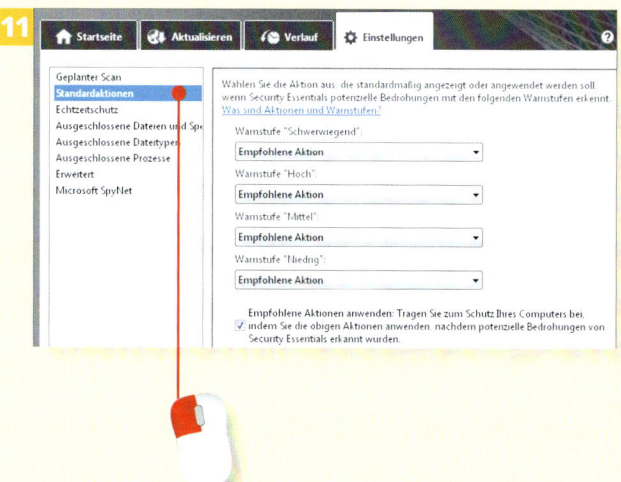

Programmhinweise beachten

Wenn das Symbol von Microsoft Security Essentials auf der Taskleiste gelb wird, sollten Sie das Programm dringend aktualisieren! Führen Sie dann auch immer einen vollständigen Scan durch.

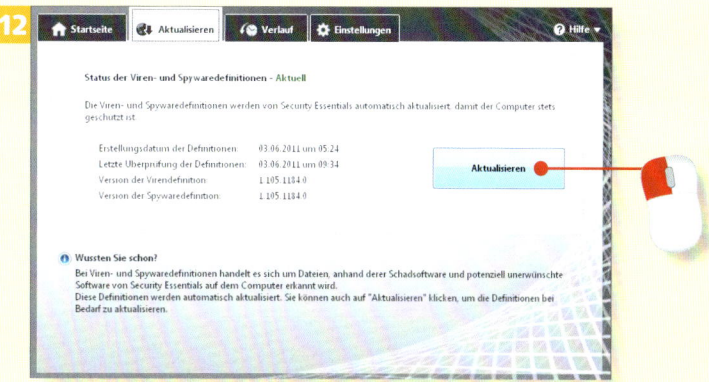

Spam- und Junk-Mails blockieren

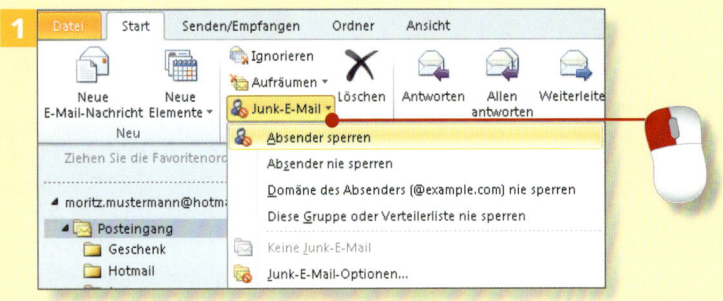

Mit den richtigen Einstellungen können Sie lästige Werbe-Mails weitgehend abwehren.

Schritt 1

Markieren Sie die E-Mail, von dessen Absender Sie keine Nachricht mehr erhalten möchten. Klicken Sie dann auf der Registerkarte **Start** in der Befehlsgruppe **Löschen** auf die Schaltfläche **Junk-E-Mail** und im Aufklappmenü auf **Absender sperren**.

Schritt 2

Die lästige Werbung wurde aus dem Posteingang entfernt. In einem Hinweisfenster zeigt Ihnen Outlook den ausgeführten Befehl noch einmal im genauen Wortlaut an und fordert eine Bestätigung. Klicken Sie zur Kenntnisnahme auf **OK**.

Schritt 3

Wenn Sie diese Meldung zukünftig nicht jedes Mal mit **OK** bestätigen möchten, setzen Sie ein Häkchen bei **Diese Meldung nicht mehr anzeigen** und klicken dann auf **OK**.

Schritt 4

Um zu prüfen, ob der Befehl und
der damit verbundene Eintrag in die
Liste der zu blockierenden Absender
funktioniert haben, klicken Sie nun
auf der Registerkarte **Start** auf die
Schaltfläche **Junk-E-Mail** und im
Menü auf **Junk-E-Mail-Optionen**.

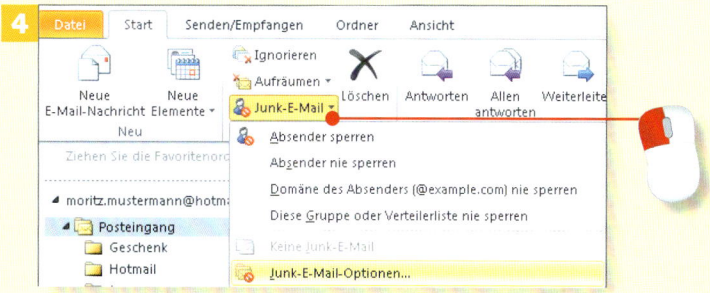

Schritt 5

Das Fenster **Junk-E-Mail-Optionen**
öffnet sich. Kontrollieren Sie, ob Ihre
Einstellungen mit den hier angezeigten Standardwerten übereinstim-
men. Der Junk-E-Mail-Schutz sollte
Hoch ❶ und die letzten beiden
Kästchen ❷ aktiviert sein. Wir empfehlen Ihnen, diese Einstellungen
genauso beizubehalten.

Schritt 6

Nun wollen wir sehen, ob die
Adresse korrekt in die Liste blockier-
ter Absender übernommen wurde.
Klicken Sie auf die Registerkarte
Blockierte Absender im Fenster
Junk-E-Mail-Optionen.

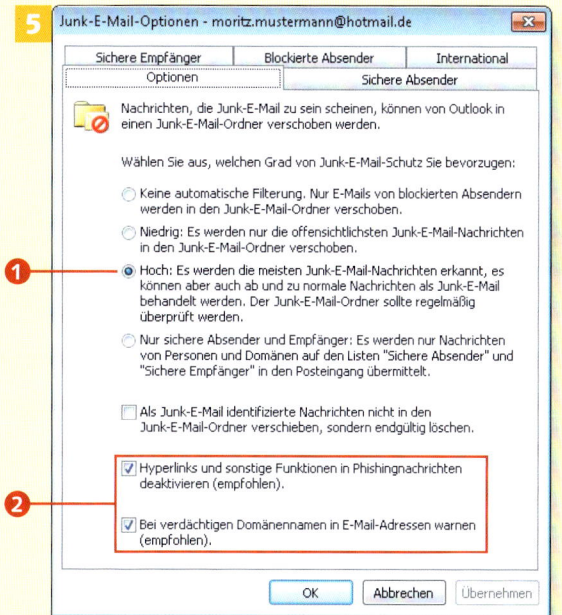

Spam- und Junk-Mails blockieren (Forts.)

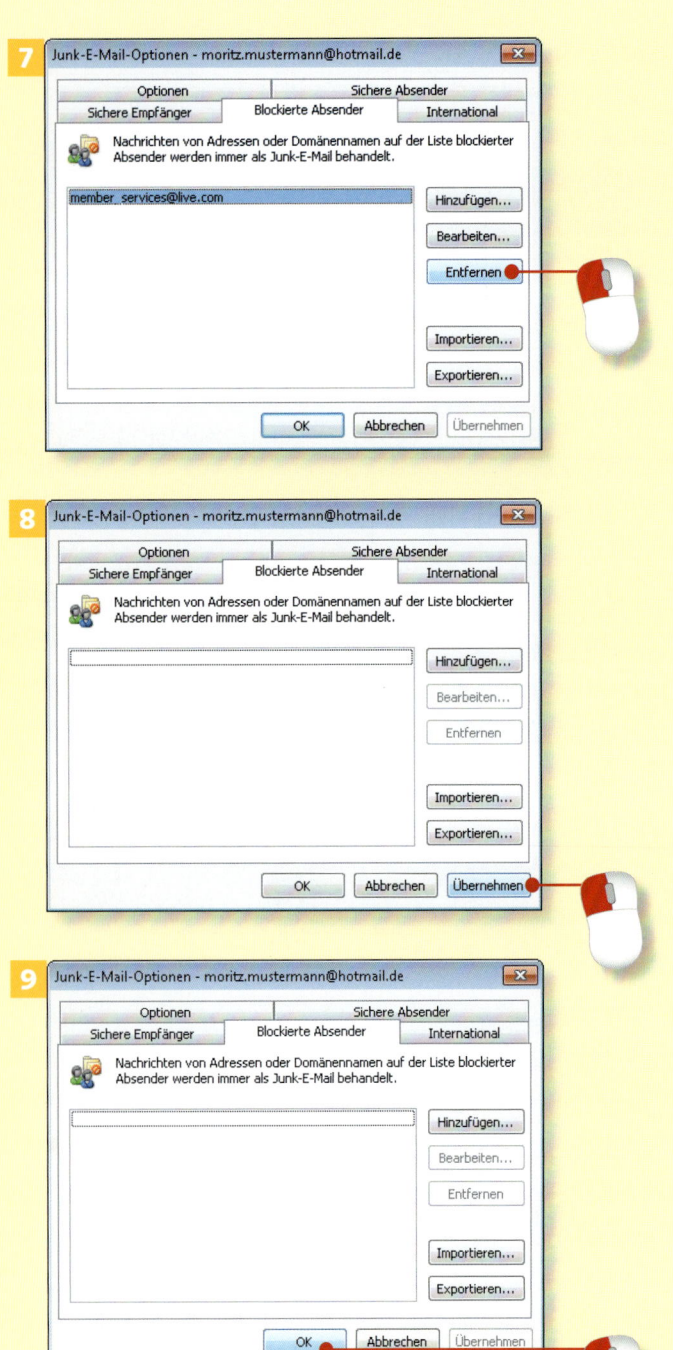

Schritt 7

Die Absenderadresse, die Sie eben markiert haben, sollte im Fenster **Junk-E-Mail-Optionen** angezeigt werden. Jetzt wollen wir die Adresse wieder aus der Liste der blockierten Absender entfernen. Markieren Sie sie, und klicken Sie anschließend auf die Schaltfläche **Entfernen**.

Schritt 8

Sie sehen, die blockierte Absenderadresse wurde wieder aus der Liste entfernt. Klicken Sie auf die Schaltfläche **Übernehmen**, um diese Änderung zu bestätigen.

Schritt 9

Im Anschluss klicken Sie auf **OK**. Alle E-Mails dieses Absenders gehen jetzt wieder ganz normal in Ihren Posteingang ein und werden nicht als Junk-E-Mails gebrandmarkt.

Blockierte Mails wieder verfügbar machen

Manchmal landen leider auch Mails im Junk-E-Mail-Ordner, die dort eigentlich gar nicht hingehören. Wir zeigen Ihnen, wie Sie das rückgängig machen.

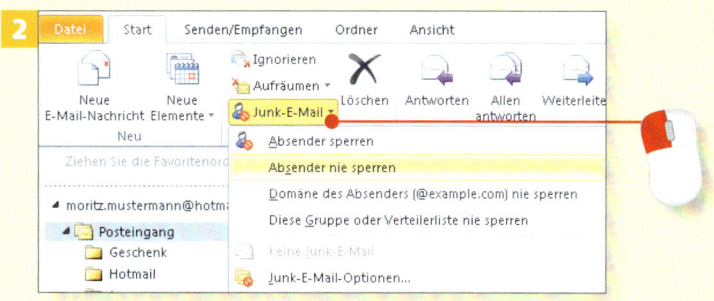

Schritt 1

Klicken Sie auf den Ordner **Junk-E-Mail**. Eine Nachricht, die dort fälschlicherweise gelandet ist, schieben Sie ganz einfach wieder zurück in den Posteingang (siehe den Abschnitt »Ordner erstellen, verschieben und löschen« auf Seite 84).

Schritt 2

Die Mail liegt nun wieder im Posteingang. Markieren Sie sie, und klicken Sie in der Gruppe **Löschen** auf **Junk-E-Mail ▸ Absender nie sperren**.

Schritt 3

Die markierte und nun nie gesperrte Absenderadresse wird im Posteingang weiter angezeigt, und der Befehl wurde ausgeführt. Outlook fordert die Kenntnisnahme dieser Ausführung ein. Klicken Sie auf **OK**.

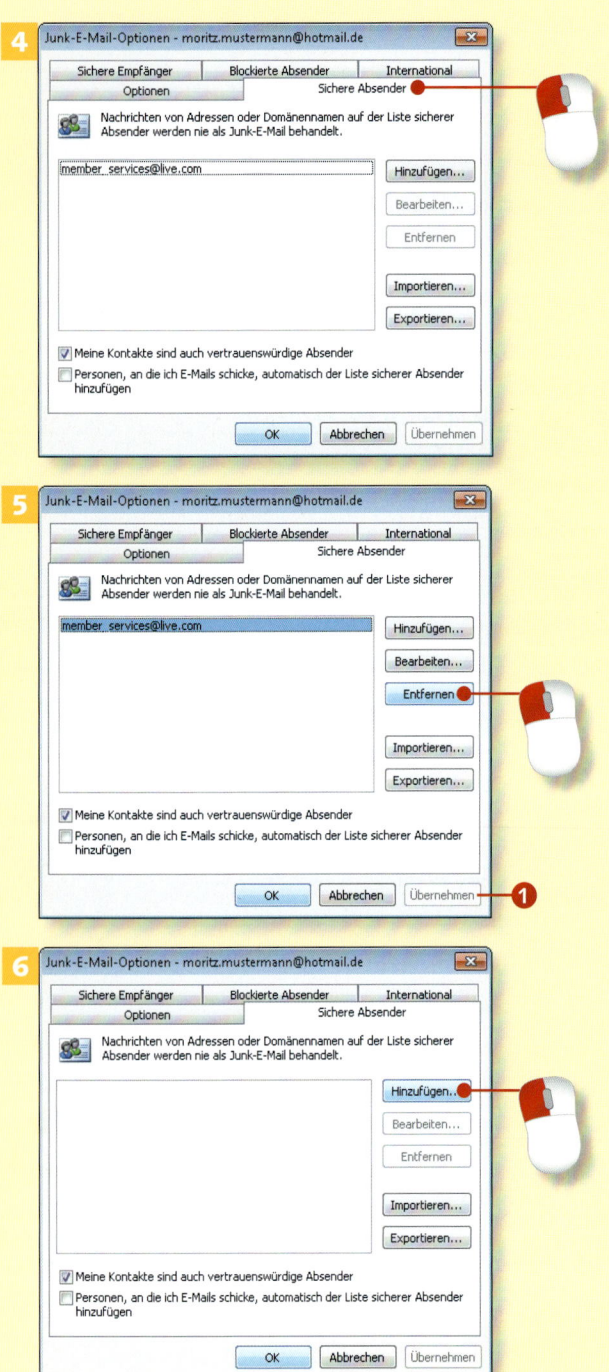

Schritt 4

Outlook öffnet das Fenster **Junk-E-Mail-Optionen**. Das erste Fenster kennen Sie aus Schritt 5 im Abschnitt »Spam- und Junk-Mails blockieren« auf Seite 121. Klicken Sie auf die Registerkarte **Sichere Absender**. Die nie zu sperrende Absenderadresse ist eingetragen.

Schritt 5

Markieren Sie den Eintrag, und entfernen Sie ihn wieder, wie in den Schritten 7 und 8 auf Seite 122 beschrieben, indem Sie erst auf **Entfernen** und dann auf **Übernehmen** ❶ klicken.

Schritt 6

Wie Sie sehen, ist der Eintrag nun gelöscht. In diesem Dialog können Sie nun auch andere Absender hinzufügen, denen Sie vertrauen und deren Mails Sie immer empfangen möchten. Fügen Sie dazu eine Absenderadresse hinzu, indem Sie auf **Hinzufügen** klicken.

Schritt 7

Es öffnet sich das Fenster **Adresse oder Domäne hinzufügen**. Tragen Sie die Daten einer Absenderadresse ein, die Sie zur Liste der sicheren Absender hinzufügen möchten. Bestätigen Sie diesen Eintrag mit **OK**.

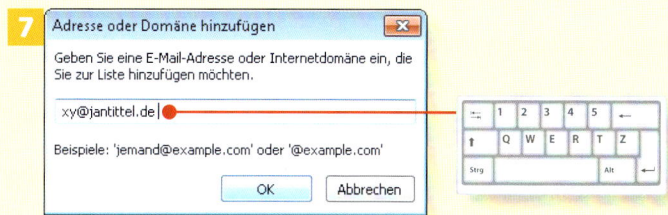

Schritt 8

Die Liste der sicheren Absender zeigt Ihnen nun die soeben eingetragene Absenderadresse im Fenster **Junk-E-Mail-Optionen** an. Lassen Sie diesen Eintrag stehen, und klicken Sie auf **OK**.

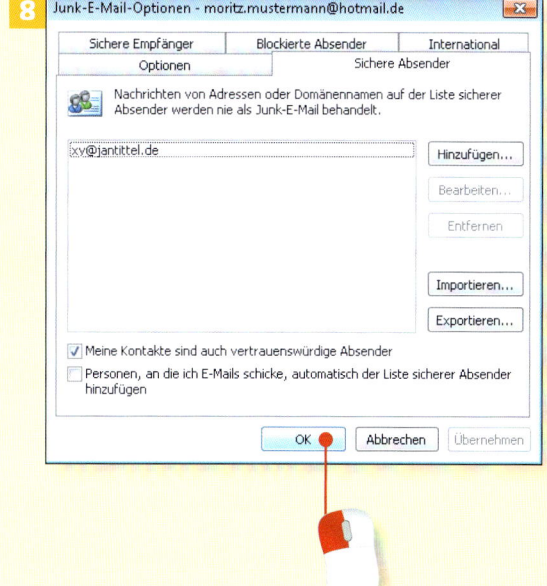

Prüfen Sie Ihren Junk-E-Mail-Ordner genau

Es empfiehlt sich, von Zeit zu Zeit einen Blick in den Junk-E-Mail-Ordner zu werfen. Es kann immer wieder vorkommen, dass dort E-Mails landen, die dort eigentlich gar nicht hingehören. Und wenn Sie bei manchen Absendern auf Nummer sicher gehen möchten, gehen Sie vor, wie in dieser Anleitung beschrieben, und fügen Sie sie der Liste der sicheren Absender hinzu.

Einstellungen im Sicherheitscenter anpassen

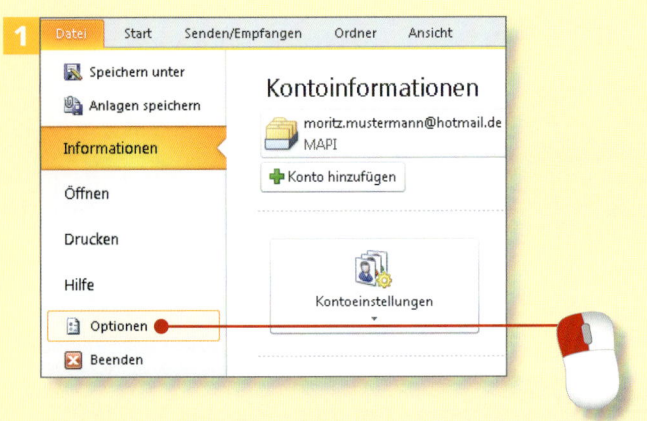

Neben den Sicherheitseinstellungen von Windows 7, die im Abschnitt »Ein Antivirenprogramm installieren: Microsoft Security Essentials« ab Seite 112 vorgestellt werden, können Sie auch in Outlook selbst für Sicherheit sorgen.

Schritt 1

Im geöffneten E-Mail-Programm Outlook klicken Sie auf die Registerkarte **Datei** und anschließend auf **Optionen**.

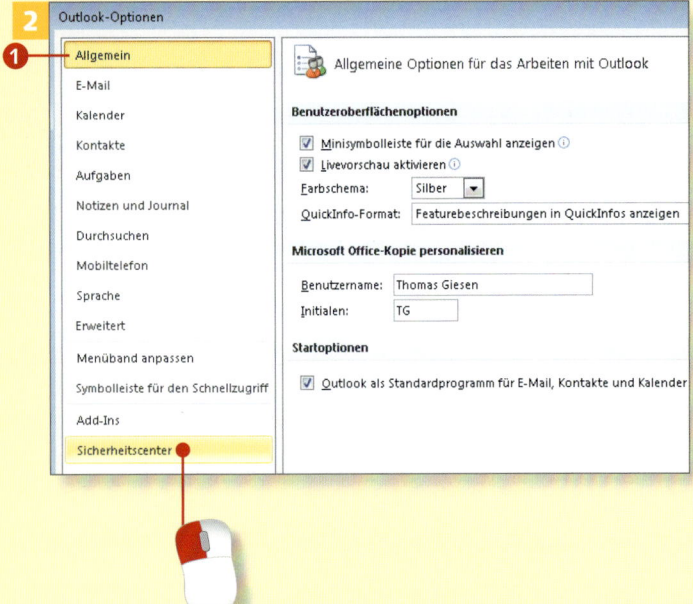

Schritt 2

Es öffnet sich das Fenster **Outlook-Optionen**. Sie befinden sich zunächst im Bereich **Allgemein** ❶. Klicken Sie unten links auf **Sicherheitscenter**.

Schritt 3

Das erste Fenster im **Sicherheitscenter** zeigt Ihnen neben verschiedenen Links mit allgemeinen Microsoft-Informationen zum Thema Sicherheit ganz unten die Schaltfläche **Einstellungen für das Sicherheitscenter**. Klicken Sie darauf.

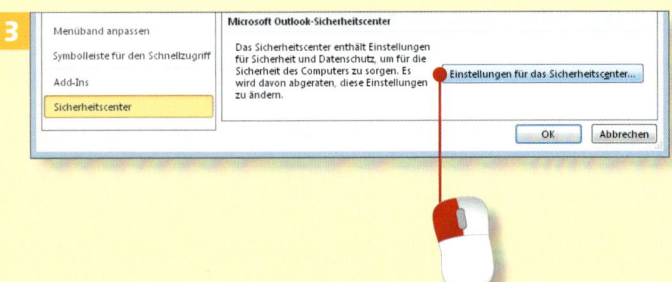

Schritt 4

Zuerst sehen Sie die Einstellungen zum Thema **Automatischer Download** ❷. Überprüfen Sie, ob die Einstellungen bei Ihnen genauso gewählt sind wie in unserem Beispiel. Nehmen Sie Änderungen nur dann vor, wenn Sie ausschließlich vertrauenswürdige E-Mails bekommen (also wohl nie).

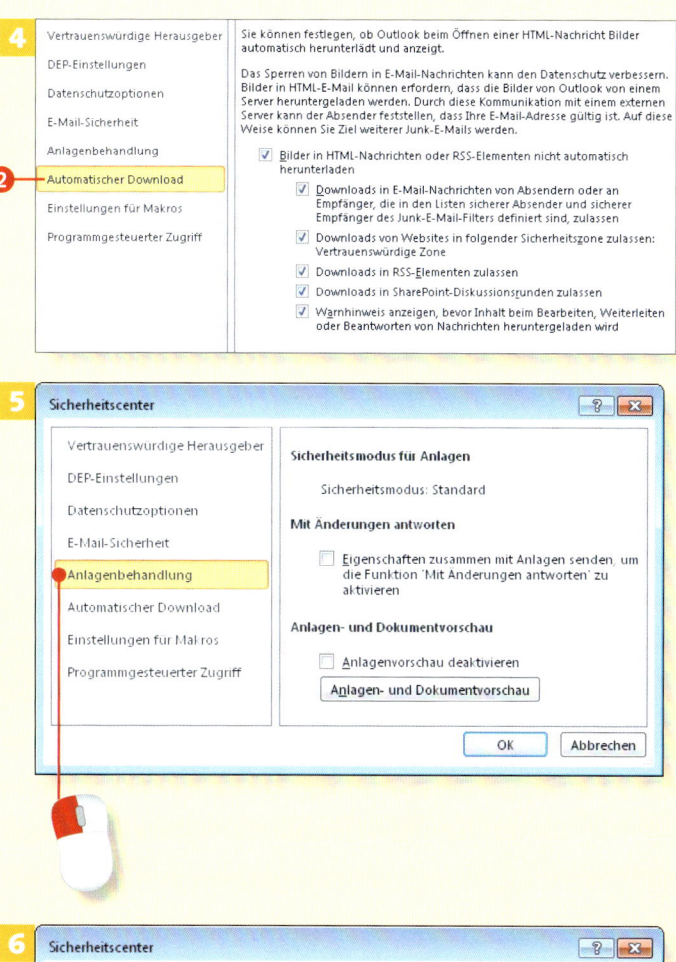

Schritt 5

Klicken Sie dann auf **Anlagenbehandlung**. Sie können die Einstellungen einfach so belassen, wie sie sind (kein Kästchen ist aktiviert).

Schritt 6

Klicken Sie dann auf die Schaltfläche **Anlagen- und Dokumentvorschau** unter der gleichlautenden Bereichsüberschrift.

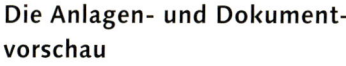

Die Anlagen- und Dokumentvorschau

In der Vorschau können Sie Dateianhänge, z.B. Office-Dokumente, Fotos oder PDF-Dateien, bereits vor dem eigentlichen Öffnen des Anhangs sehen. Manche können aber Viren enthalten, daher sollten Sie gefährliche Dateitypen aus der Vorschau ausschließen.

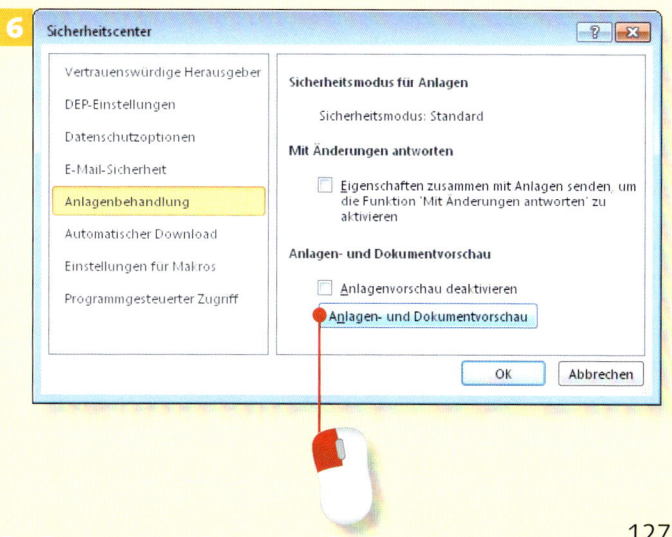

Schritt 7

Es öffnet sich das Fenster **Dateivor-schauoptionen**. Entfernen Sie z.B. das Häkchen vor den Eintrag **Micro-soft PowerPoint-Vorschau**, wenn Sie oft PowerPoint-Anlagen (z.B. in Kettenmails) erhalten, die Viren enthalten könnten und die Sie daher für unsicher halten. Klicken Sie auf **OK**.

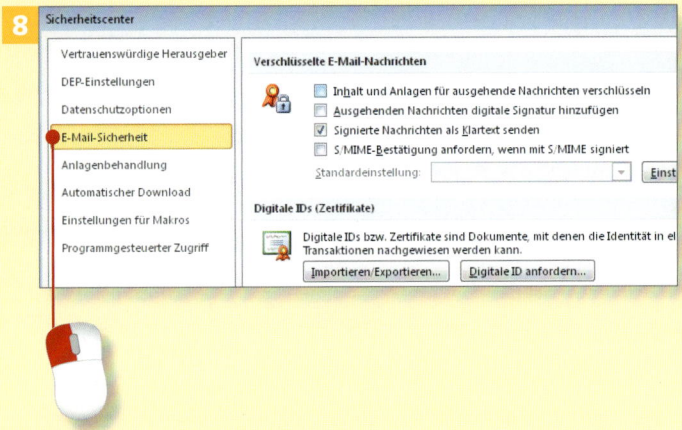

Schritt 8

Aktivieren Sie dann den Bereich **E-Mail-Sicherheit**. Hier empfehlen wir Ihnen, die Einstellungen so zu belassen, wie sie standardmäßig aktiviert sind: nur ein Häkchen bei **Signierte Nachrichten als Klartext senden**.

Schritt 9

Klicken Sie nun auf die Kategorie **Datenschutzoptionen**. In diesem Bereich entscheiden Sie sich durch das Setzen von Häkchen für die automatische Einbeziehung von Informationen aus dem Internet. Wenn Sie mit dem Mauszeiger über die Punkte fahren, hinter denen **i** (für »Info«) steht, verraten kleine Infokästen Ihnen, was jeweils dahintersteckt.

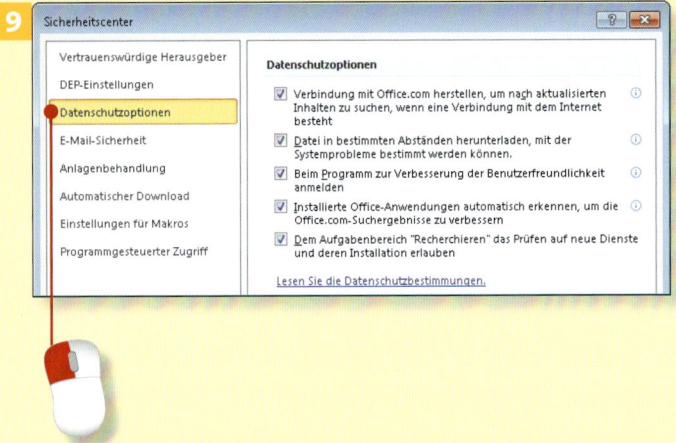

Schritt 10

Klicken Sie danach auf **DEP-Ein-
stellungen**. Standardmäßig ist die
Option **Datenausführungsverhinde-
rungs-Modus aktivieren** aktiviert.
Falls nicht, klicken Sie darauf, damit
Outlook die Ausführung gefährlicher
Anwendungen verhindert.

Schritt 11

Klicken Sie im Anschluss auf die
Kategorie **Vertrauenswürdiger
Herausgeber**. Nehmen Sie hier aber
keine Änderungen vor, bevor Sie
nicht einen Fachmann konsultiert
haben.

Schritt 12

Klicken Sie auf **Einstellungen für
Makros**. Hier sollten Sie sicherstel-
len, dass nur digital signierte Makros
nach Benachrichtigung ausgeführt
werden. Wenn jetzt ein Makro gestartet wird, werden Sie vorher um
Erlaubnis gebeten.

i

Was sind Makros?

Ein Makro führt bestimmte Anwendungen in einem Programm
automatisch aus. Makros sind
meist sinnvoll, können aber auch
mit böser Absicht eingesetzt
werden, um auf Ihrem Rechner
Schaden anzurichten.

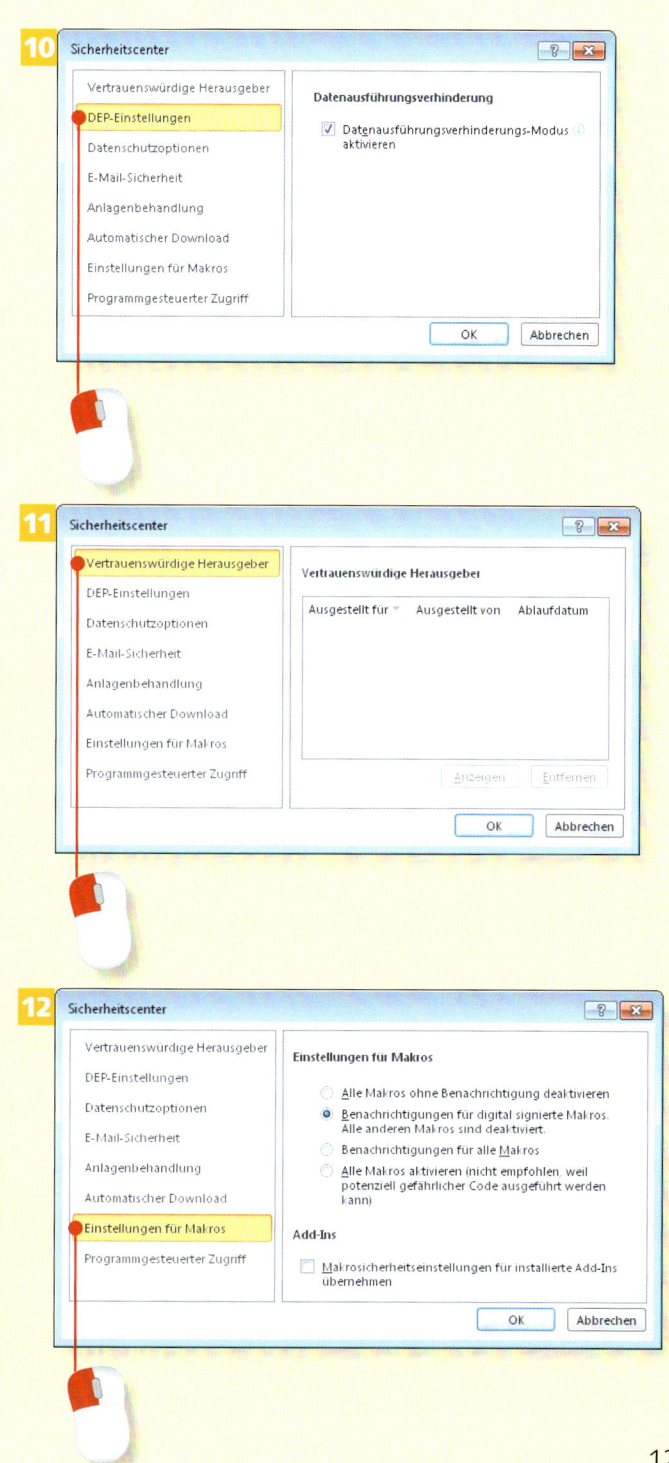

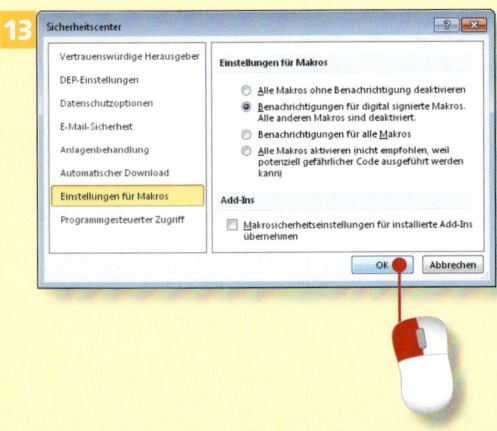

Schritt 13

Schließen Sie nun das Fenster **Sicherheitscenter**, indem Sie auf die Schaltfläche **OK** klicken.

Schritt 14

Sie befinden sich wieder im Dialogfenster **Outlook-Optionen**. Klicken Sie hier auf **Add-Ins**.

Schritt 15

Im Fenster **Add-Ins** finden Sie die Auflistung aller Programme, die Outlook zulässt und die innerhalb dieses E-Mail-Programms laufen. Klicken Sie dann links wieder auf **Sicherheitscenter** ❶.

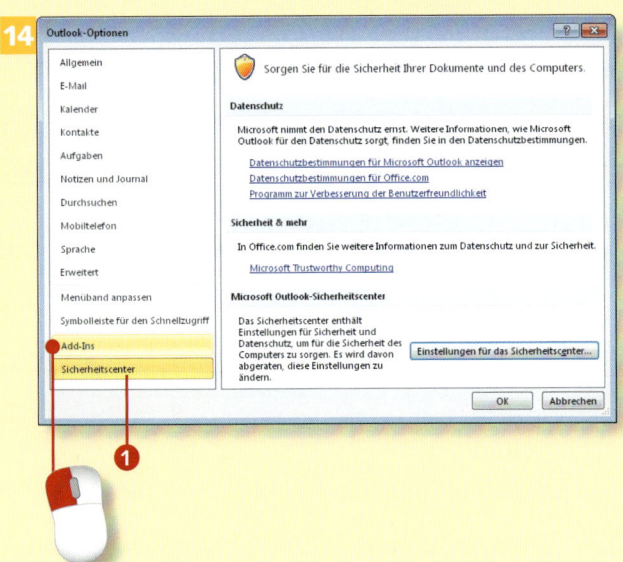

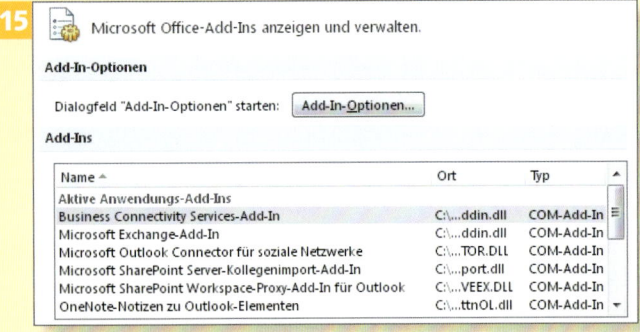

Was sind Add-Ins?

Add-Ins sind Zusatzprogramme, die die Grundfunktionen eines Programms erweitern. Für Outlook gibt es eine Menge Add-Ins, einige sind bereits vorinstalliert, andere können Sie nachträglich installieren. (Sie finden diese Add-Ins auf der Registerkarte **Add-Ins**). Über die Schaltfläche **Gehe zu** im Bereich **Add-Ins** der Outlook-Optionen können Sie hier bestimmte Add-Ins deaktivieren, wenn Sie sie nicht mehr benötigen.

Schritt 16

Dann klicken Sie auf die Schaltfläche **Einstellungen für Sicherheitscenter**, um erneut das Dialogfenster **Sicherheitscenter** zu öffnen.

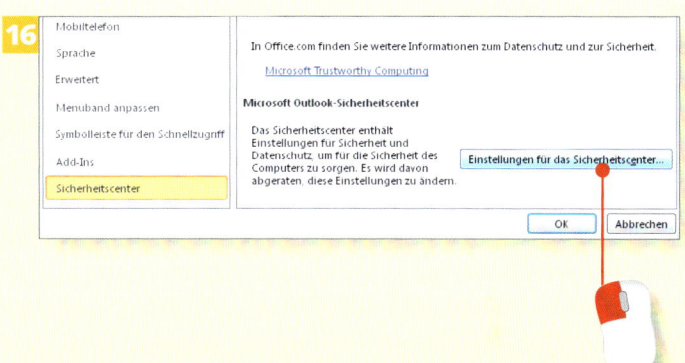

Schritt 17

Im Dialogfenster **Sicherheitscenter** wählen Sie den Bereich **Programmgesteuerter Zugriff**. Kontrollieren Sie auch hier wieder die Übereinstimmung der Standardeinstellung mit Ihren Einstellungen. Wichtig ist v. a. der Hinweis **Antivirusstatus: Gültig ❷**, der bedeutet, dass Ihr Viren- und Spyware-Schutz aktiviert ist.

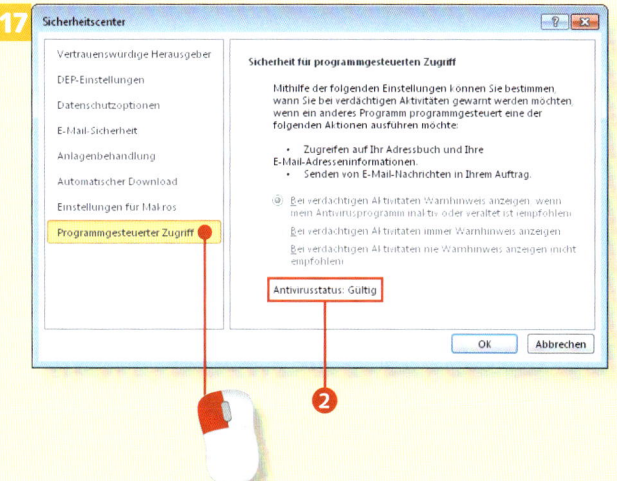

Schritt 18

Schließen Sie dieses Fenster und das Fenster **Outlook-Optionen** mit einem Klick auf **OK**, um Ihre Einstellungen zu übernehmen und wieder auf die Registerkarte **Datei** zurückzukehren. Mit **Abbrechen** (oder einem Klick auf das **Schließkreuz**) werden Ihre Änderungen verworfen.

Schutz auf dem neuesten Stand
Damit Antivirenprogramme auch aktuelle Schadsoftware erkennen, müssen Sie sie regelmäßig mit einem Update versehen (siehe dazu den Abschnitt »Den Computer nach Viren durchsuchen« ab Seite 116).

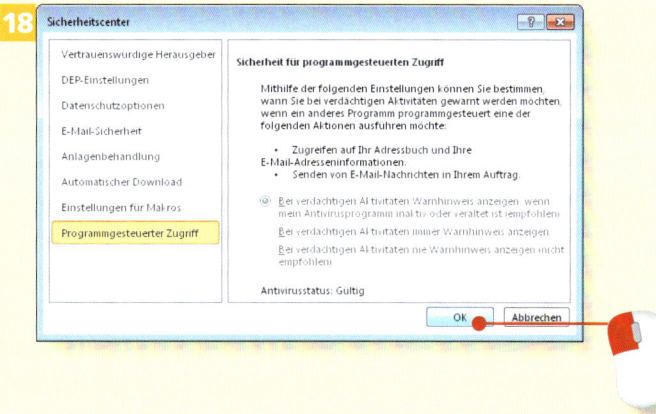

Kapitel 6
Fortgeschrittene E-Mail-Funktionen

Outlook bietet eine Reihe praktischer Funktionen. So können Sie E-Mails über alle Ordner hinweg nach individuell bestimmbaren Kriterien darstellen und ordnen lassen. Sie können mit QuickSteps arbeiten, die Ihnen Arbeitsschritte abnehmen. Sogar RSS-Feeds lassen sich mit Outlook abonnieren. Sie werden in diesem Kapitel sehen, dass die nötigen Einstellungen mit ein paar Handgriffen vorgenommen sind.

E-Mails filtern und sortieren
Die Filter- und Sortierfunktionen ❶ von Outlook helfen Ihnen ungemein dabei, Ordnung und Übersicht zu behalten. Sie beschränken sich allerdings stets auf E-Mails bzw. Outlook-Elemente im jeweils geöffneten Ordner. Die erheblich erweiterte Befehlsgruppe **Suchen** hingegen ist ebenso flexibel über alle Ordner einsetzbar. Siehe hierzu auch Kapitel 4, »Ordnung in die E-Mails bringen«, ab Seite 82.

Mit QuickSteps arbeiten
Ein weiteres Beispiel für eine flexible Handhabung von Outlook-Befehlen sind die sogenannten QuickSteps ❷. Bei ihnen handelt es sich um individuell definierte Bündelungen von Befehlen, die Sie mit einem Klick anwenden können.

RSS-Feeds
Nutzen Sie bereits RSS-Feeds? Falls nicht, dann tun Sie das doch ab jetzt mit Outlook, denn so haben Sie E-Mails und Feeds immer gleichzeitig im Blick ❸. Falls Sie RSS-Feeds noch nicht kennen, lernen Sie hier, wie Sie diesen praktischen Service nutzen.

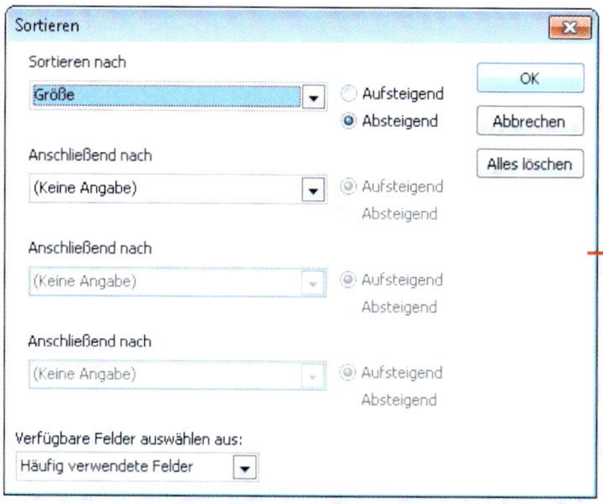

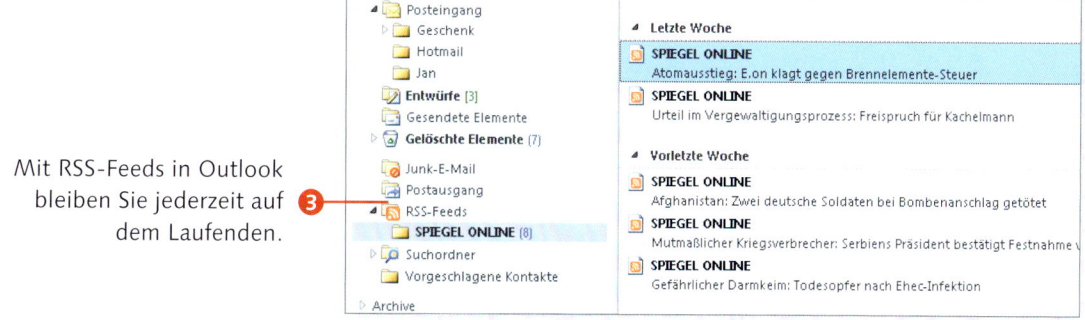

Die Sortierfunktion von Outlook hilft Ihnen dabei, Ordnung in Ihre E-Mails zu bringen. ➊

Sie können QuickSteps selbst definieren und dann ➋ beliebig einsetzen.

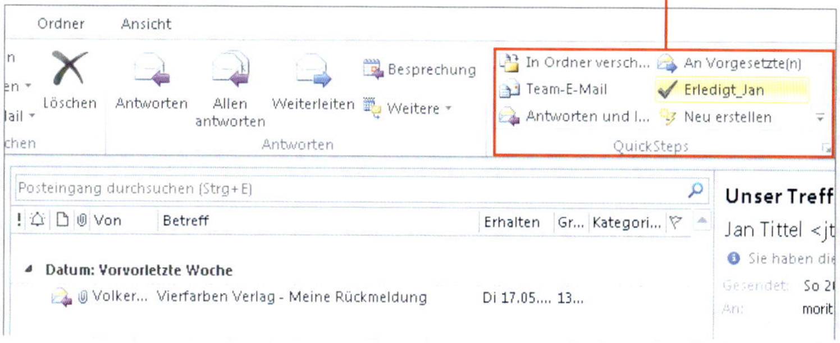

Mit RSS-Feeds in Outlook bleiben Sie jederzeit auf ➌ dem Laufenden.

E-Mails filtern und sortieren

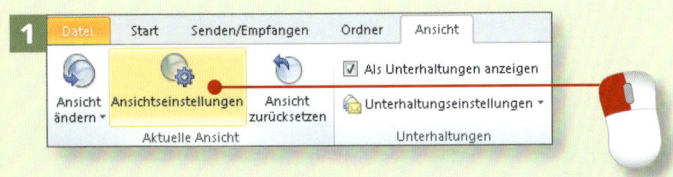

Wenn Sie Outlook nutzen, haben Sie es schnell mit immer mehr Daten, E-Mails, Feeds etc. zu tun. Damit Sie den Überblick behalten, sollten Sie den Regel-Assistenten und ein sinnvolles Ordnersystem einsetzen.

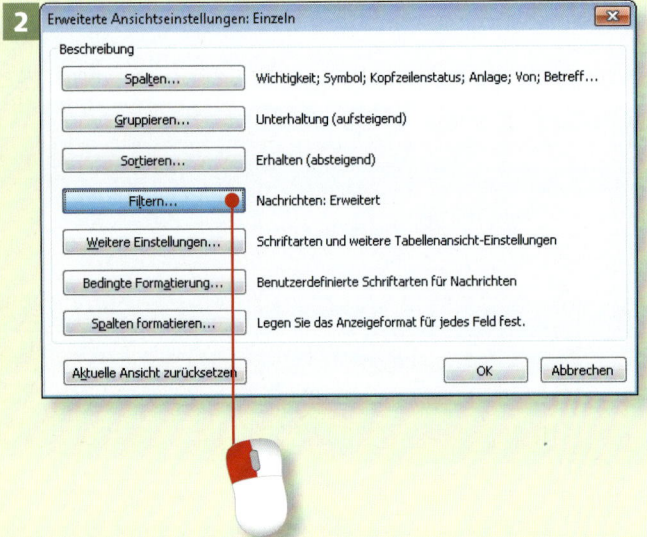

Schritt 1

Klicken Sie auf der Registerkarte **Ansicht** in der Befehlsgruppe **Aktuelle Ansicht** auf die Schaltfläche **Ansichtseinstellungen**.

Schritt 2

Es öffnet sich das Fenster **Erweiterte Ansichtseinstellungen: Einzeln**. In diesem Fenster klicken Sie auf die Schaltfläche **Filtern**.

Schritt 3

Sie sehen das Fenster **Filtern**. Tragen Sie dort in das Feld **Suchen nach** einen Begriff ein. Wir suchen in unserem Beispiel nach »Jan«. Klicken Sie danach auf **OK**.

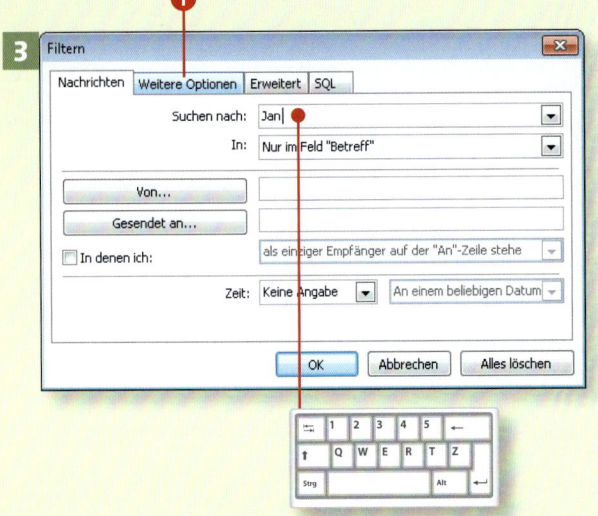

Weitere Suchoptionen

Sie können den Filterungsprozess in Schritt 3 auch um weitere Angaben ergänzen. Auf der Registerkarte **Weitere Optionen** ❶ finden Sie zudem weitere Filtermöglichkeiten.

Schritt 4

Sie befinden sich nun wieder im Fenster **Erweiterte Ansichtseinstellungen: Einzeln**. Beachten Sie die neue Befehlsanzeige neben **Filtern** ❷. Dort erscheint nun unser Filterkriterium **Nachrichten: Mit Inhalt Jan**. Klicken Sie auf **OK**.

Schritt 5

Sie sehen nun sofort das Ergebnis der Filterung im Ordner **Posteingang**. Es wird nur noch eine Mail ❸ angezeigt, nämlich die, die unseren Kriterien entspricht und das gesuchte Wort »Jan« enthält. Bevor wir nun sortieren, löschen wir die Filterkriterien. Um erneut in das Fenster **Filtern** zu gelangen, klicken Sie auf der Registerkarte **Ansicht** auf die Schaltfläche **Ansichtseinstellungen**.

Schritt 6

Wieder im Fenster **Erweiterte Ansichtseinstellungen: Einzeln** klicken Sie auf die Schaltfläche **Filtern**.

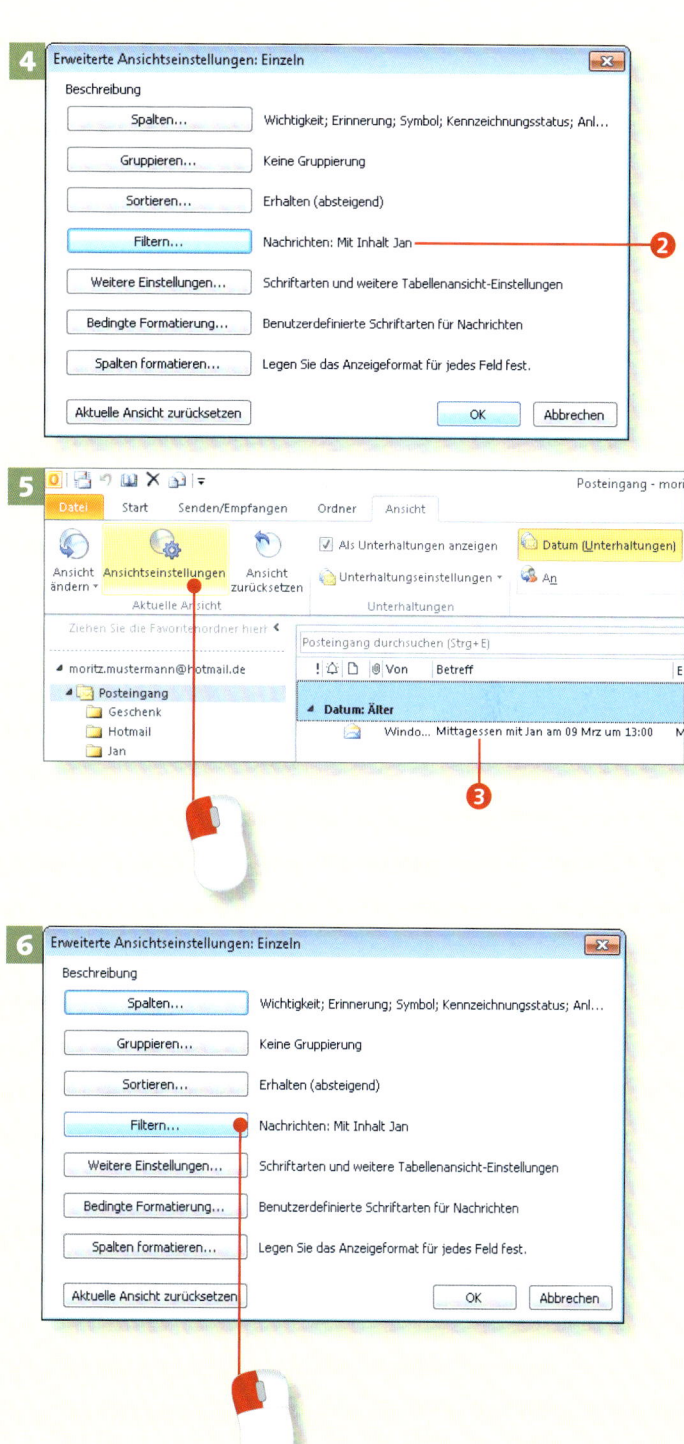

E-Mails filtern und sortieren (Forts.)

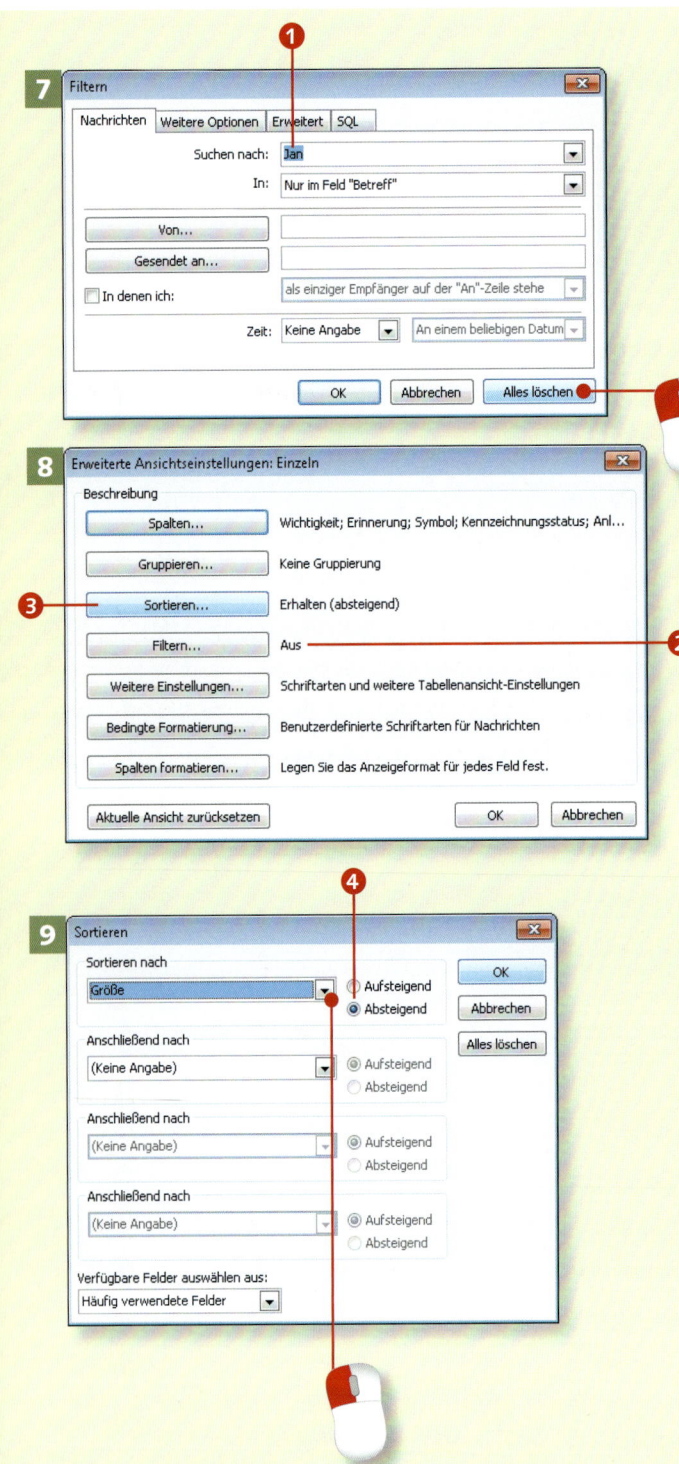

Schritt 7

Es öffnet sich das Fenster **Filtern**. Das Suchwort ist markiert ❶. Klicken Sie auf die Schaltfläche **Alles löschen**. Die Sucheinträge werden daraufhin gelöscht. Dabei werden auch alle anderen Suchkriterien auf die Grundeinstellung zurückgesetzt. Bestätigen Sie Ihre Änderungen mit **OK** und im nächsten Fenster noch einmal mit **OK**.

Schritt 8

Sie befinden sich nun wieder im Posteingang. Alle Mails sind sichtbar, da keine Filter mehr wirksam sind ❷. Wie in Schritt 1 klicken Sie nun auf der Registerkarte **Ansicht** in der Befehlsgruppe **Aktuelle Ansicht** auf die Schaltfläche **Ansichtseinstellungen** und im Fenster **Erweiterte Ansichtseinstellungen: Einzeln** auf **Sortieren** ❸.

Schritt 9

Im Fenster **Sortieren** wählen Sie im Bereich **Sortieren nach** die Sortierkriterien **Größe** und **Absteigend** ❹. Klicken Sie anschließend auf **OK**.

Schritt 10

Im Fenster **Erweiterte Ansichts-einstellungen: Einzeln** ist neben der Schaltfläche **Sortieren** der neue Sortierbefehl gesetzt: **Größe (absteigend)** ❺. Lösen Sie die Sortierung aus, indem Sie auf **OK** klicken.

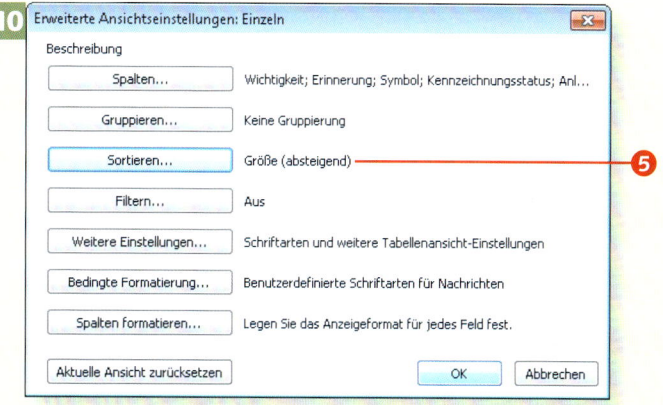

Schritt 11

Im Ordner **Posteingang** sind im Nachrichtenbereich jetzt alle einge-gangenen E-Mails nach der **Größe** ❻ ihrer Daten (und nicht mehr nach der Spalte **Erhalten**) sortiert. Klicken Sie dann auf die Schaltfläche **Erhalten** im Spaltenkopf.

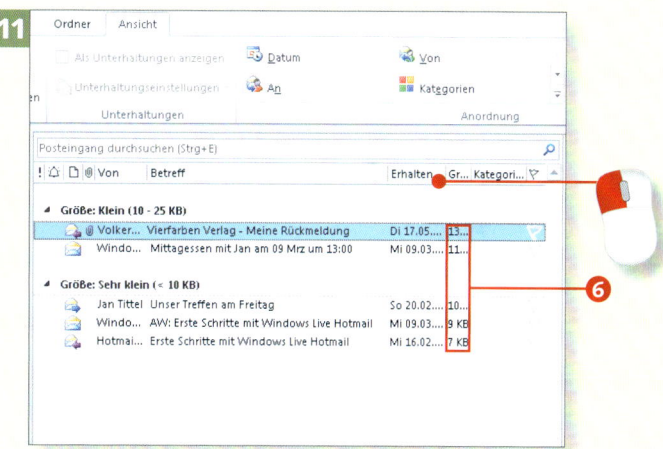

Schritt 12

Sie sehen die Darstellung der E-Mails nun wieder sortiert nach Datum, allerdings in umgekehr-ter Reihenfolge (die älteste E-Mail zuerst). Klicken Sie erneut auf die Schaltfläche **Erhalten**, um die Mails wieder absteigend nach Datum zu sortieren.

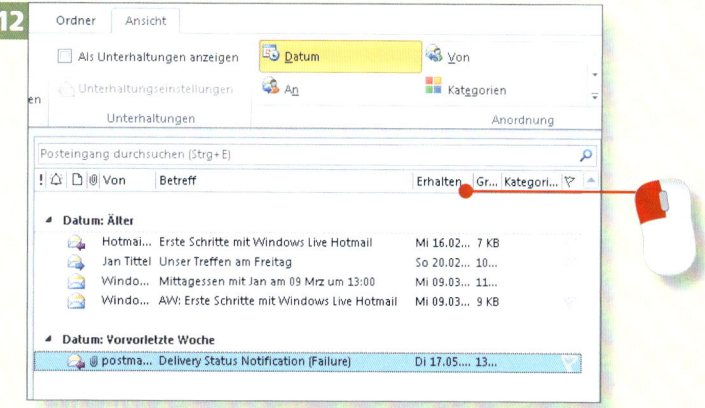

Nachrichten mit QuickSteps organisieren

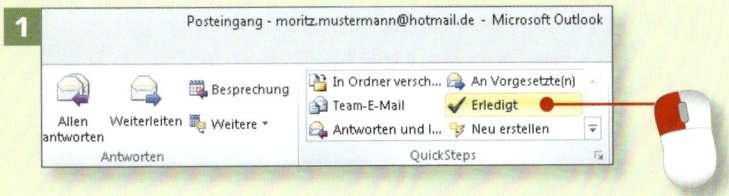

QuickSteps lösen mit nur einem Klick eine Folge von mehreren Befehlen aus. Sie sparen auf diese Weise einige Klicks, wenn Sie Befehle bündeln, die Sie in der gleichen Abfolge häufig benutzen.

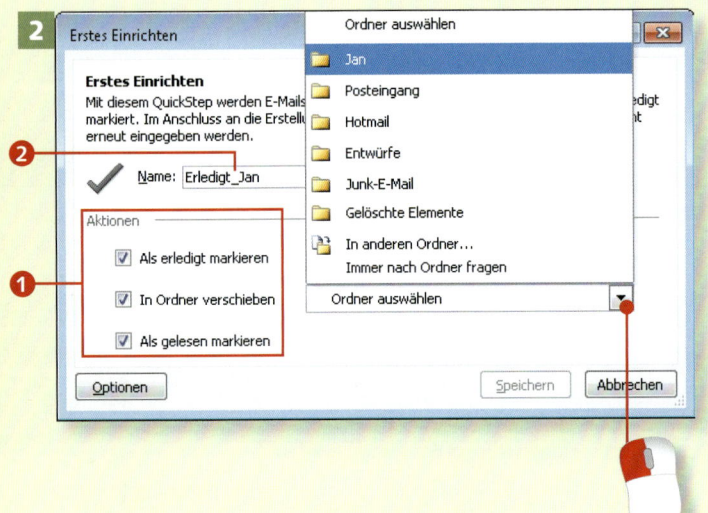

Schritt 1

Wir wollen nun Ihren ersten Quick-Step einrichten. Klicken Sie auf die Registerkarte **Start** und in der Befehlsgruppe **QuickSteps** beispielsweise auf **Erledigt**.

Schritt 2

Es öffnet sich das Fenster **Erstes Einrichten**. Setzen Sie die Häkchen wie im Beispiel ❶. Ergänzen Sie den QuickStep-Namen **Erledigt** ❷, damit er immer eindeutig zuzuordnen ist, z.B. um »_Jan«. Weisen Sie der Option **In Ordner verschieben** einen Ihrer Ordner aus dem dargestellten Verzeichnis zu.

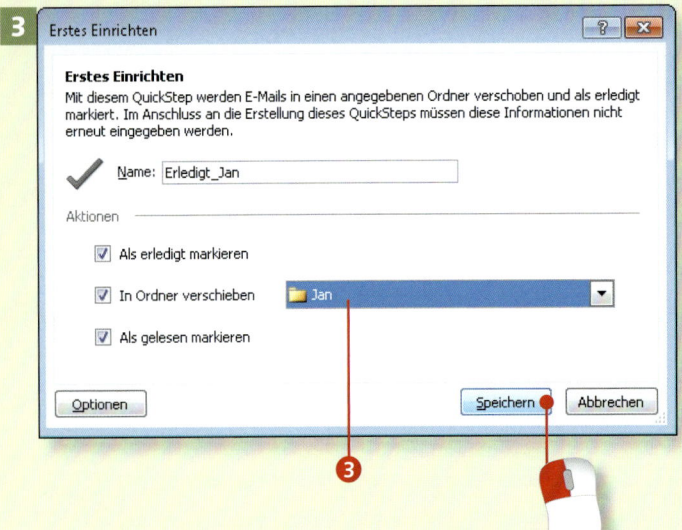

Schritt 3

Neben der Option **In Ordner verschieben** erscheint daraufhin der Name des von Ihnen gewählten Zielordners ❸. Klicken Sie nun auf **Speichern**.

Schritt 4

Im Menüband auf der Registerkarte **Start** in der Befehlsgruppe **Quick-Steps** wird jetzt Ihr QuickStep angezeigt (in unserem Beispiel **Erledigt_Jan**). Markieren Sie eine E-Mail, und klicken Sie danach auf Ihren QuickStep. Die E-Mail verschiebt sich in den in Schritt 2 ausgewählten Ordner.

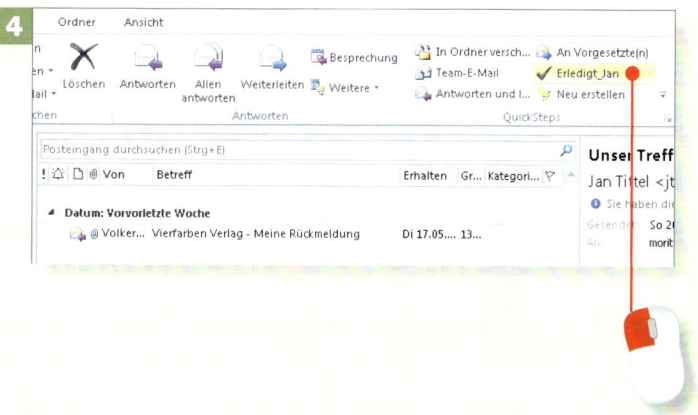

Schritt 5

Es gibt aber noch eine zweite Möglichkeit, den QuickStep zu nutzen: Klicken Sie mit der rechten Maustaste auf eine Mail, auf die Sie Ihren QuickStep anwenden möchten. Im Kontextmenü wählen Sie **QuickSteps** und in der zugehörigen Liste Ihren neuen QuickStep.

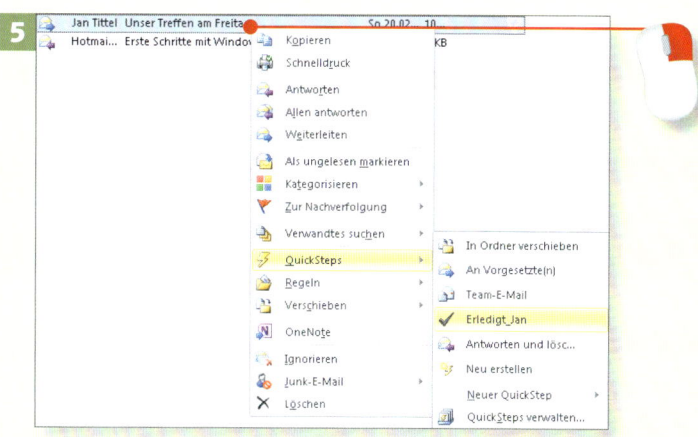

Schritt 6

Die E-Mail wird in den von Ihnen gewählten Zielordner verschoben. Klicken Sie auf die Registerkarte **Start**.

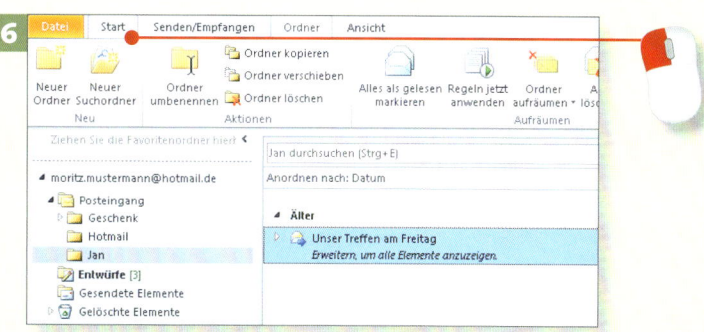

QuickSteps im Kontextmenü

Wie Sie sehen, lassen sich Quick-Steps auch über das Kontextmenü aufrufen. Oft ist das die bequemste und vor allem eine immer zugängliche Methode.

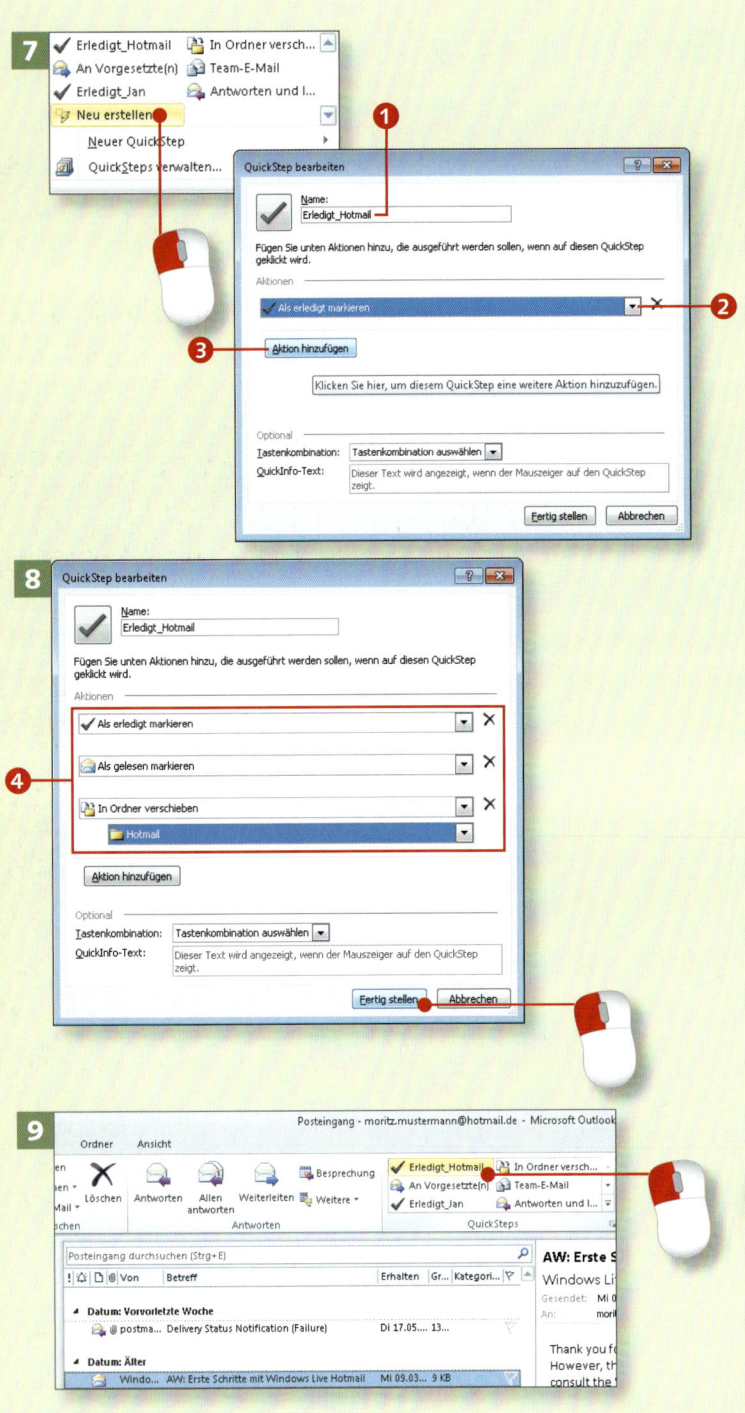

Schritt 7

Nun wollen wir einen zweiten QuickStep erzeugen. Klicken Sie in der Gruppe **QuickSteps** auf **Neu erstellen**. Im Fenster **QuickStep bearbeiten** geben Sie einen Namen an ❶ und definieren die erste Aktion, **Als erledigt markieren** ❷. Im Anschluss klicken Sie auf **Aktion hinzufügen** ❸.

Schritt 8

Bestimmen Sie nun die Befehlsfolge ❹ so wie bei Ihrem ersten QuickStep (siehe Schritt 2), und klicken Sie danach auf die Schaltfläche **Fertig stellen**.

Schritt 9

Im Menüband unter **Start** in der Befehlsgruppe **QuickSteps** finden Sie nun auch den zweiten QuickStep, mit dem Sie die in Schritt 8 festgelegten Aktionen veranlassen können. Markieren Sie eine Mail, und klicken Sie danach auf den neuen Befehl im Menüband.

i

QuickSteps löschen
Über den Pfeil unten rechts an der Gruppe **QuickSteps** öffnen Sie das Dialogfenster **QuickSteps verwalten**. Hier können Sie die QuickSteps auch wieder löschen.

Schritt 10

Die markierte E-Mail ist nun nicht mehr im Posteingang enthalten und wurde in den entsprechenden Ordner verschoben. Klicken Sie nun auf den kleinen Pfeil rechts unten an der Befehlsgruppe **QuickSteps**.

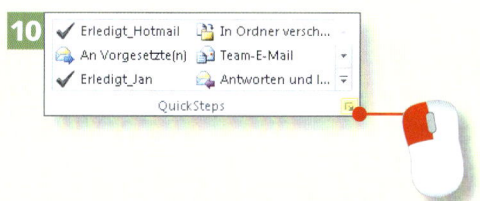

Schritt 11

Es öffnet sich das Fenster **Quick-Steps verwalten**. Neben dem jeweils gelb markierten QuickStep-Befehl ❺ ist im rechten Feld die mit ihm verbundene Befehls-folge dokumentiert ❻. Klicken Sie über die Schaltfläche **Neu** auf **Benutzerdefiniert**.

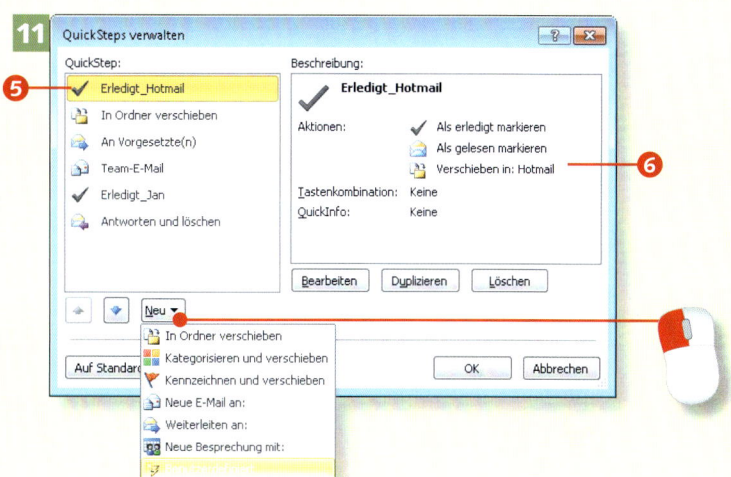

Schritt 12

Im Fenster **QuickStep bearbeiten** wählen Sie über das Aufklappmenü den Befehl **Weiterleiten** (das zuge-hörige Symbol ersetzt den Blitz ❼). Weisen Sie dem Befehl einen Namen und einen Zielordner zu. Klicken Sie dann auf **Fertig stellen**. Wie in den zuvor bearbeiteten Schritten wird auch dieser neue QuickStep (**Weiterleiten**) im Menüband unter **Start** angezeigt.

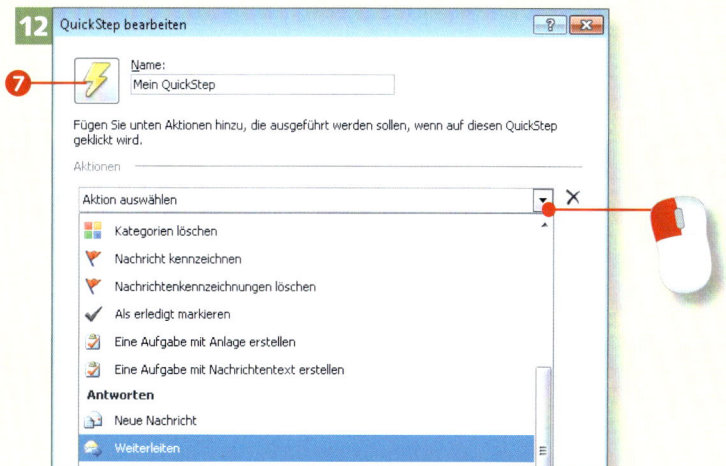

RSS-Feeds: einen Nachrichtenticker abonnieren

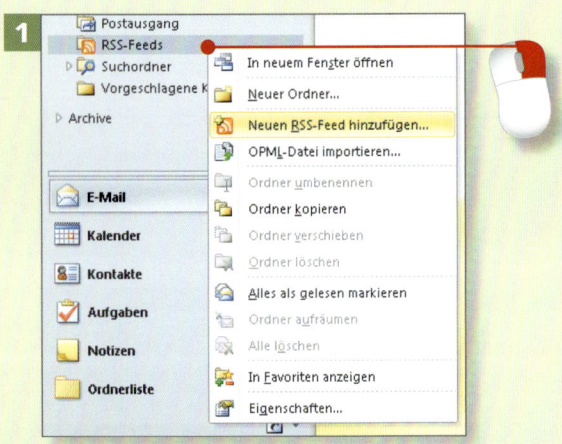

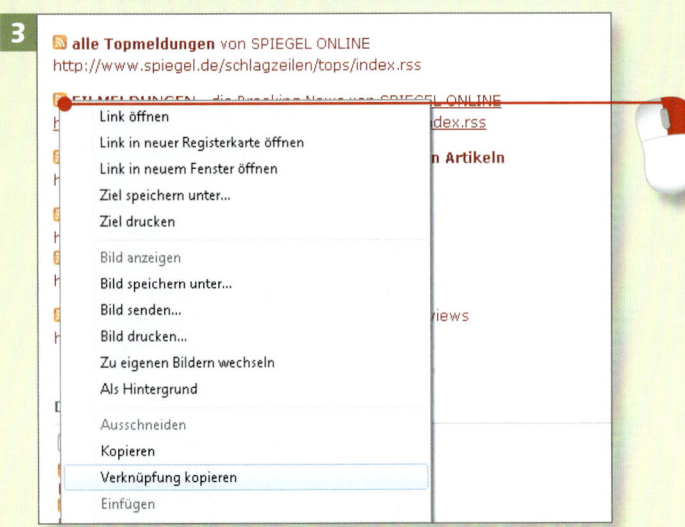

Kennen Sie RSS-Feeds bereits? Das sind Meldungen, die regelmäßig von Websites, vor allem Nachrichtendiensten wie z.B. spiegel.de, angeboten werden. Sie können sie in Outlook »abonnieren«.

Schritt 1

Klicken Sie im Posteingang mit der rechten Maustaste auf den Ordner **RSS-Feeds** und im Kontextmenü auf **Neuen RSS-Feed hinzufügen**.

Schritt 2

Es öffnet sich das Fenster **Neuer RSS-Feed**. Lassen Sie dieses Fenster geöffnet, und gehen Sie über Ihren Browser auf die Website des RSS-Feed-Anbieters, von dem Sie einen Nachrichtenticker abonnieren wollen, z.B. *www.spiegel.de*.

Schritt 3

Dort suchen Sie zunächst den RSS-Service. Klicken Sie mit der rechten Maustaste auf das markante orange Symbol, und wählen Sie **Verknüpfung kopieren** (bzw. **Link-Adresse kopieren** o.Ä.), um den Hyperlink zu kopieren. Wechseln Sie nun wieder ins noch geöffnete Fenster **Neuer RSS-Feed**.

Schritt 4

Im Fenster **Neuer RSS-Feed** klicken Sie in das Eingabefeld und fügen den zuvor kopierten Hyperlink ein. Danach klicken Sie auf die Schaltfläche **Hinzufügen**.

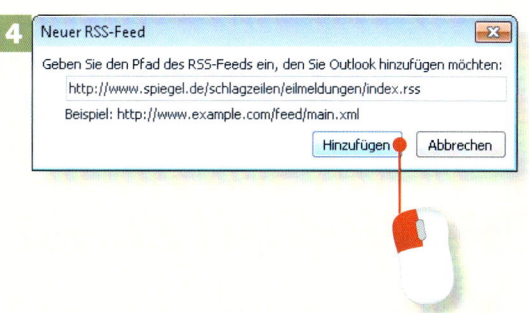

Schritt 5

Bevor Sie die Nachrichtenüberschriften des Anbieters in Outlook lesen können, müssen Sie noch in einem weiteren Fenster bestätigen, dass Sie den Feed wirklich hinzufügen wollen. Klicken Sie hier also auf **Ja**.

Schritt 6

Outlook öffnet nun einen RSS-Feed-Ordner ❶ mit dem Namen des Anbieters. Sie können den Nachrichtenticker lesen und aus den Feeds heraus die weiteren Informationen aufrufen.

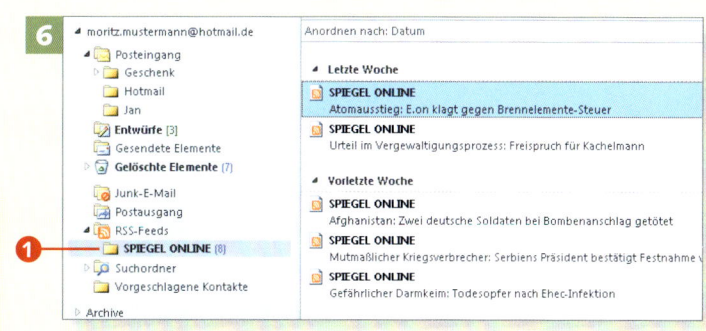

ℹ️ **Wofür steht »RSS-Feed«?**

RSS steht für »*Really Simple Syndication*«. Es ist ein Format, in dem in Kurzform alle nötigen Informationen enthalten sind, nicht mehr und nicht weniger. *Feed* (engl. »füttern«) heißt es, weil hier ja jemand oder etwas (bei uns z.B. Outlook) mit Daten »gefüttert« wird.

Kapitel 7
Ein Adressbuch einrichten und pflegen

Das Adressbuch ist eigentlich nicht mehr als die Zusammenführung aller Kontakte in Outlook. Die Kontaktdaten werden folglich auch im Outlook-Bereich **Kontakte** angelegt und gepflegt. Einen Kontakt zu löschen bedeutet deshalb umgekehrt auch, den Adressbucheintrag dieser Kontaktperson zu verlieren.

Kontakte pflegen
Wenn Sie einen neuen Kontakt anlegen, liegt es an Ihnen, sowohl im Bereich **Allgemein** ❶ als auch im Bereich **Details** alle Daten einzutragen, die für ihn bedeutsam sind. Aktualisieren Sie den Kontakt, wann immer dies nötig ist.

Mit Visitenkarten arbeiten
Verschaffen Sie Ihren Kontakten über die Visitenkarte ❷ – mit den dort gegebenen Mitteln – ein Gesicht. So machen Sie Ihre Kontakte anschaulich und können sie sich auch besser merken. Eine Visitenkarte können Sie auch selbst erstellen, wenn Sie diese noch nicht aus dem Anhang einer E-Mail übernommen haben.

Kontakte über Excel-Listen anlegen
Arbeiten Sie mit einer großen Anzahl von Kontakten, kann es manchmal recht nützlich sein, Teile oder auch ganze Kontaktordner aus dem Outlook-Bereich **Kontakte** in Excel-Listen zu exportieren und zu importieren ❸.

Ein Kontaktdatenformular mit Einträgen im
Bereich **Allgemein** – noch ohne Notizen

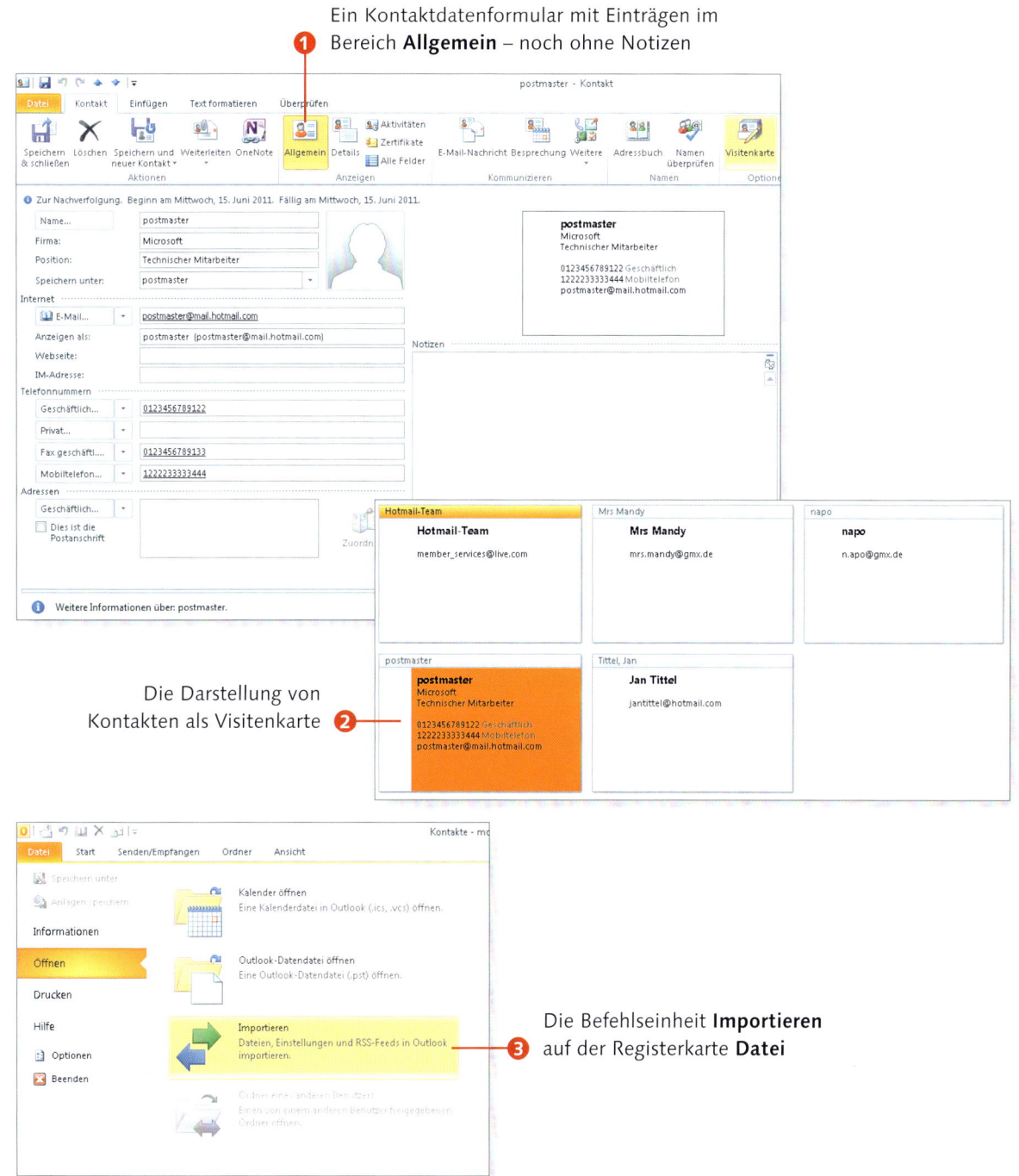

Die Darstellung von
Kontakten als Visitenkarte

Die Befehlseinheit **Importieren**
auf der Registerkarte **Datei**

Einen Kontakt hinzufügen

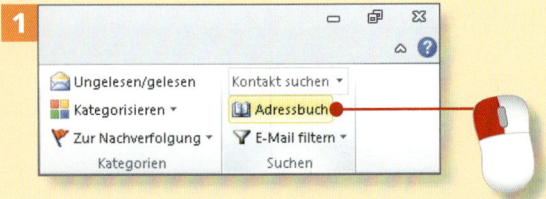

Die Outlook-Kontakte sind eine leistungsstarke Datenbank mit zahlreichen Funktionen. Wie Sie sie erweitern, erfahren Sie in diesem Abschnitt.

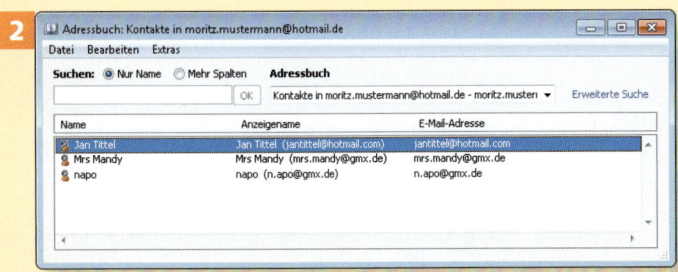

Schritt 1

Um den Absender einer E-Mail neu in Ihr Adressbuch aufzunehmen, klicken Sie auf der Registerkarte **Start** in der Befehlsgruppe **Suchen** auf **Adressbuch**.

Schritt 2

Das Fenster **Adressbuch: Kontakte in moritz.mustermann@hotmail.de** öffnet sich. Die betreffende Adresse wurde dort noch nicht erfasst. Schließen Sie dieses Fenster durch einen Klick auf das Schließkreuz oben rechts im Fenster.

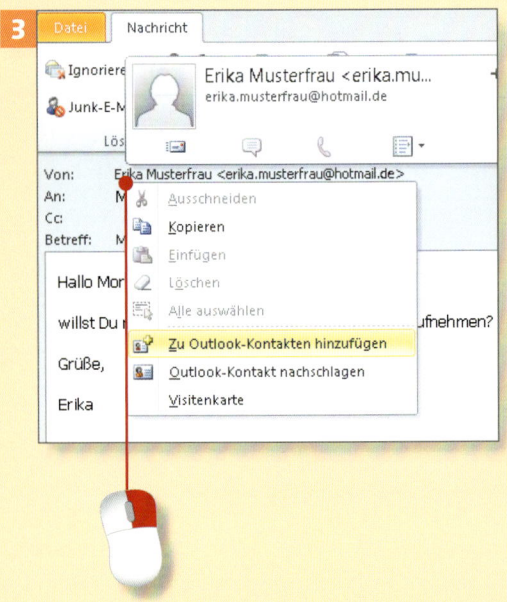

Schritt 3

Doppelklicken Sie auf die Nachricht, deren Absender Sie ins Adressbuch aufnehmen wollen. Im Nachrichtenfenster, das sich daraufhin öffnet, klicken Sie mit der rechten Maustaste auf den Absender und wählen **Zu Outlook-Kontakten hinzufügen**.

Schritt 4

Outlook wechselt aus dem Bereich **E-Mail** in den Bereich **Kontakte** und öffnet ein neues Fenster mit der Registerkarte **Kontakt**. Sie sehen, dass die Daten aus der empfangenen E-Mail bereits in das Formular eingetragen worden sind. Klicken Sie nun auf die Schaltfläche **Details**.

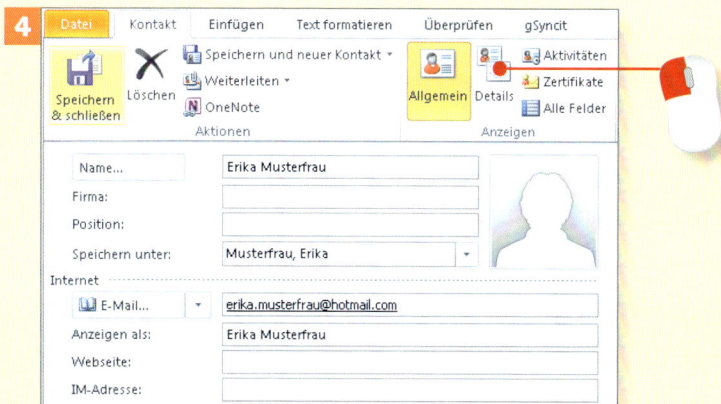

Schritt 5

Sie sehen: In keinem der verzeichneten Detailfelder gibt es einen Eintrag. In der Absenderadresse stecken diese Daten nicht. Dort sind lediglich Vor- und Nachname und natürlich die E-Mail-Adresse gespeichert. Tragen Sie ggf. etwas ein, und klicken Sie dann auf die Schaltfläche **Speichern & schließen**.

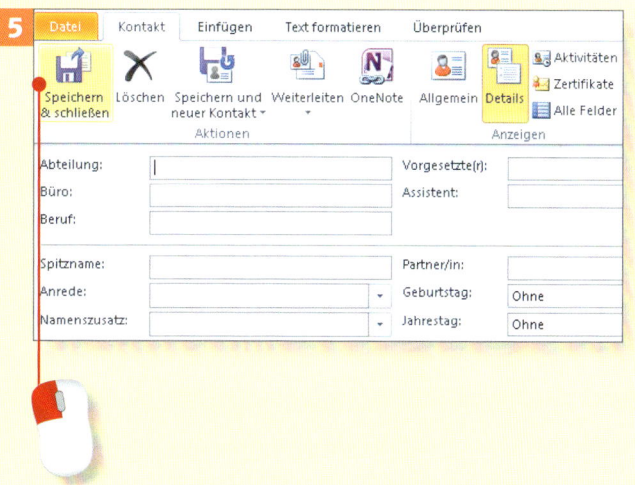

Schritt 6

Sie befinden sich wieder im zuvor aufgerufenen Nachrichtenfenster. Schließen Sie dieses nun mithilfe des Schließkreuzes, und klicken Sie im Posteingang unten links auf die Schaltfläche **Kontakte**.

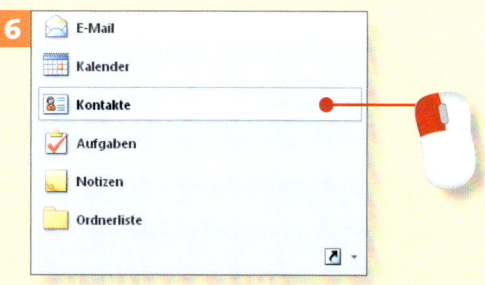

Einen Kontakt hinzufügen (Forts.)

Schritt 7

Sie befinden sich im Bereich **Kontakte** auf der Registerkarte **Start**. Ihr neuer Kontakt ist markiert und wird korrekt angezeigt. Klicken Sie auf die Schaltfläche **Adressbuch**, um auch an dieser Stelle den Kontakteintrag zu überprüfen.

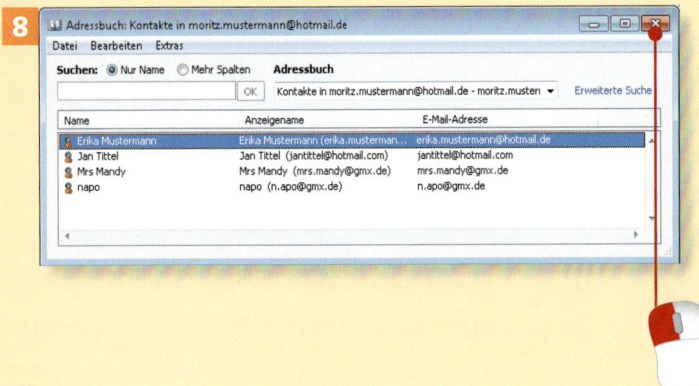

Schritt 8

Das Fenster **Adressbuch: Kontakte in moritz.mustermann@hotmail. de** öffnet sich erneut. Sie sehen, dass der neue Kontakt jetzt auch im Adressbuch eingetragen ist. Schließen Sie das Fenster über das Schließkreuz. Sie könnten jetzt die Adresse als Empfängeradresse in eine neue Nachricht einfügen.

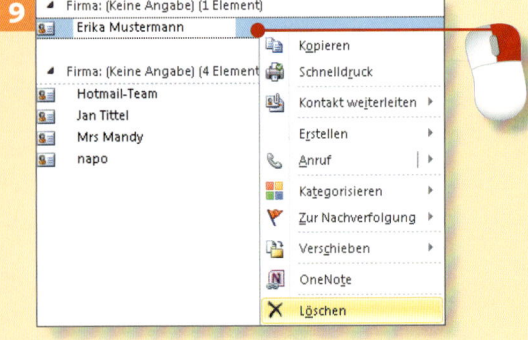

Schritt 9

Dies tun Sie aber nicht. Stattdessen möchten wir den Kontakt wieder löschen. Klicken Sie Ihren neuen, markierten Kontakt mit der rechten Maustaste an. Im Kontextmenü klicken Sie auf **Löschen**. Ihr neuer Kontakteintrag ist nun aus Ihrer Kontaktliste gelöscht.

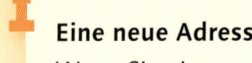

Eine neue Adresse als Empfänger eintragen
Wenn Sie eine neue Mail schreiben, können Sie im Nachrichtenformular auf die Schaltfläche **An** klicken und die Adresse aus dem Adressbuch auswählen.

Einen Kontakt neu anlegen

Natürlich müssen Sie einen neuen Kontakt nicht aus einer E-Mail übernehmen. Sie können ihn auch völlig neu erstellen und die nötigen Datenfelder manuell füllen.

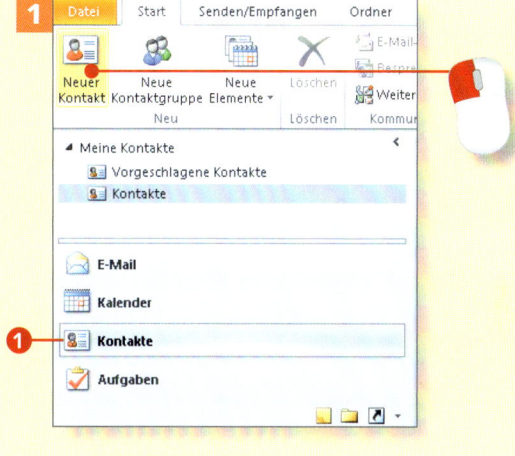

Schritt 1

Klicken Sie zunächst auf **Kontakte** ➊. Sie befinden sich nun im Bereich **Kontakte**. Klicken Sie nun links oben auf der Registerkarte **Start** auf **Neuer Kontakt**.

Schritt 2

Sie sehen das Ihnen schon bekannte Formular mit der Registerkarte **Kontakt**. Zur Erzeugung eines neuen Kontakteintrags müssen Sie die Daten Ihres Kontakts nun selbst, also manuell, eintragen. Nachdem Sie die nötigen Angaben gemacht haben, klicken Sie auf die Schaltfläche **Speichern & schließen**.

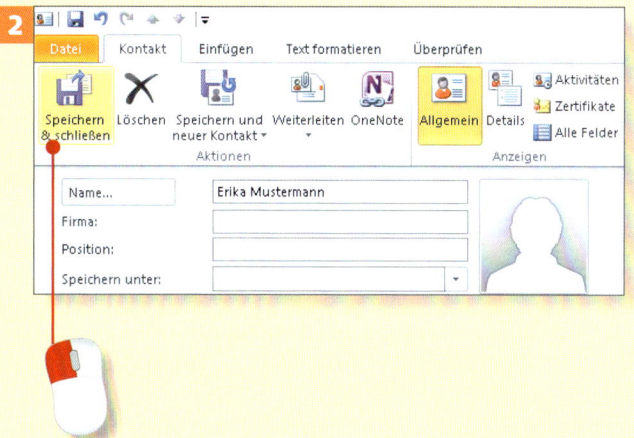

Schritt 3

Sie landen wieder im Bereich **Kontakte**. Dort sehen Sie nun Ihren neuen Kontakteintrag, den das System bereits markiert hat.

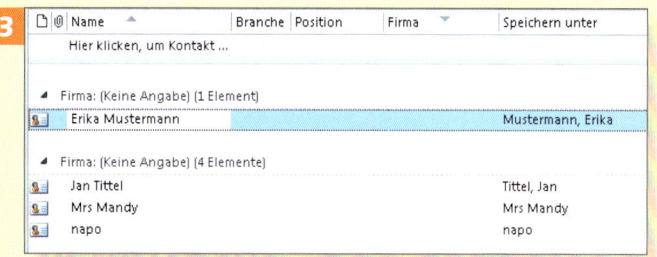

Kontakte bearbeiten

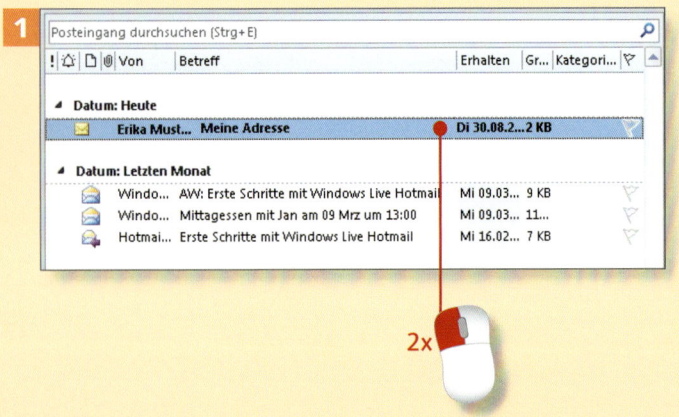

Sie können Ihre in Outlook gespeicherten Kontakte jederzeit aktualisieren, und zwar auf den beiden Ihnen nun schon bekannten Wegen: automatisch oder von Hand.

Schritt 1

Angenommen, Sie erhalten von einer Absenderadresse, die sich bereits in Ihrem Adressbuch befindet, eine E-Mail und wollen die zugehörigen Kontaktdaten auf den neuesten Stand bringen. Doppelklicken Sie dazu auf diese neue Nachricht.

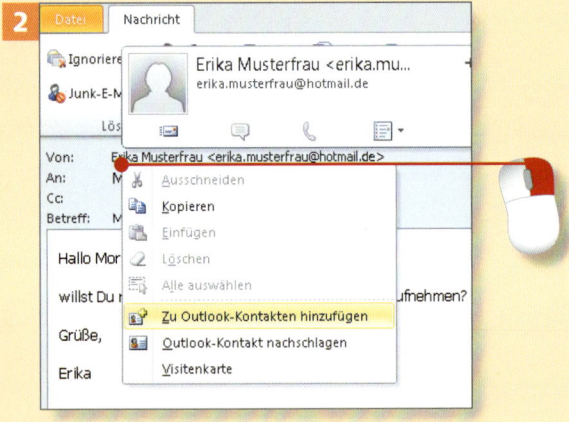

Schritt 2

Klicken Sie mit der linken Maustaste auf den Absender im Feld **Von**, und klicken Sie ihn danach sofort mit der rechten Maustaste an. Das Kontextmenü öffnet sich, in dem Sie auf **Zu Outlook-Kontakten hinzufügen** klicken.

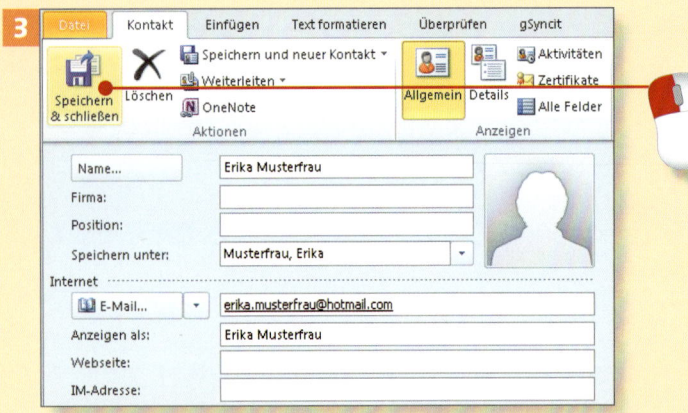

Schritt 3

Outlook zeigt das Ihnen schon bekannte Kontaktdatenformular mit allen über die E-Mail-Adresse eingegangenen Daten an. Klicken Sie auf die Schaltfläche **Speichern & schließen**.

Schritt 4

Im Fenster **Mehrfach vorhandener Kontakt** markieren Sie **Informatio- nen des ausgewählten Kontakts aktualisieren. Eine Sicherungs- kopie wird im Ordner "Gelöschte Elemente" gespeichert** ➊. Verglei- chen Sie die Daten: Sind Sie sicher, dass es derselbe Kontakt ist? Dann klicken Sie auf **Aktualisieren**.

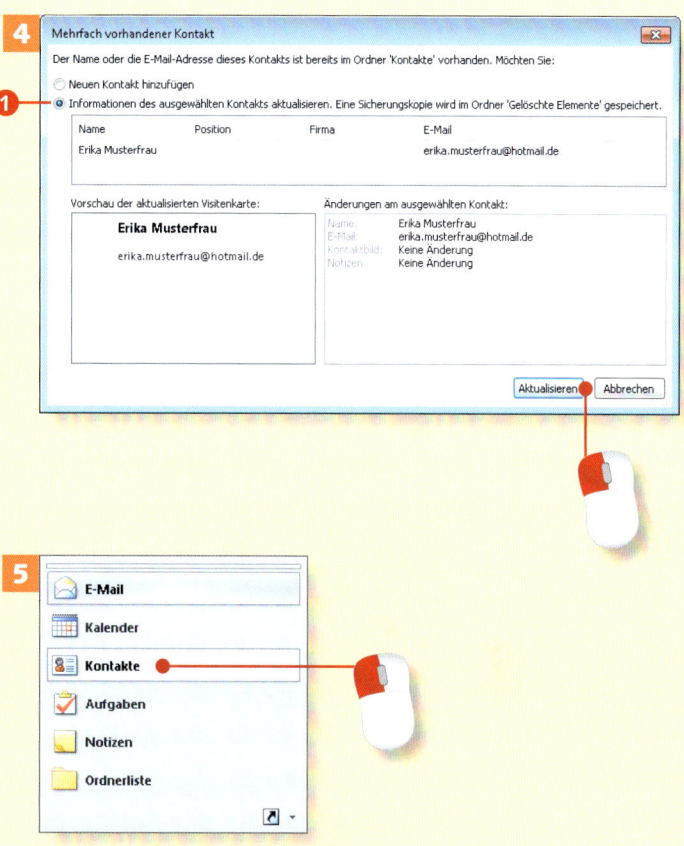

Schritt 5

Schließen Sie nun das Nachrich- tenfenster der letzten E-Mail, und klicken Sie im Posteingang auf den Bereich **Kontakte**.

Schritt 6

Der zuletzt bearbeitete Kontakt- datensatz ist markiert. Wir wollen ihn nun manuell ergänzen. Doppel- klicken Sie auf den hellblau hinter- legten Eintrag.

! Ist es derselbe Kontakt?

Sind Sie sich in bei mehrfach vorhandenen Kontakten einmal unsicher, ob die Kontakte identisch sind, legen Sie im Zweifel lieber einen neuen Kontakt an. Wählen Sie dazu die erste Option in der Abbildung in Schritt 4.

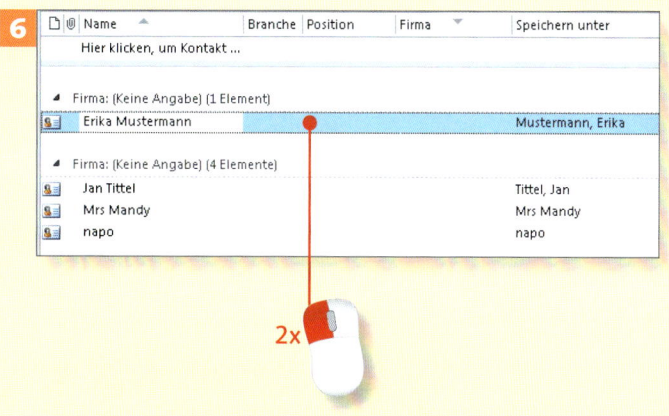

Kontakte bearbeiten (Forts.)

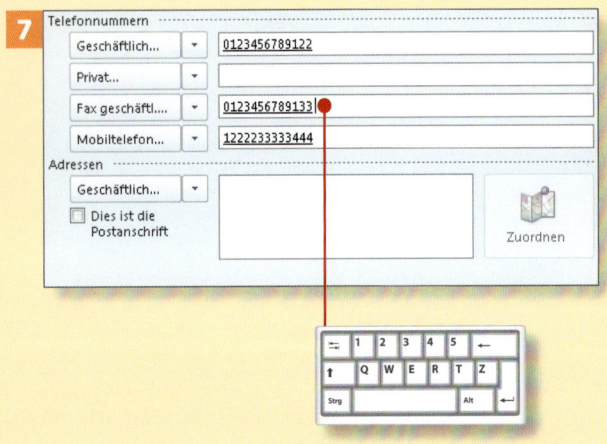

Schritt 7

Das Ihnen nun schon vertraute Kontaktdatenformular öffnet sich. Möchten Sie hier Daten ergänzen, tippen Sie sie einfach in die freien Felder ein. In unserem Beispiel haben wir die Rufnummern des Absenders hinzugefügt.

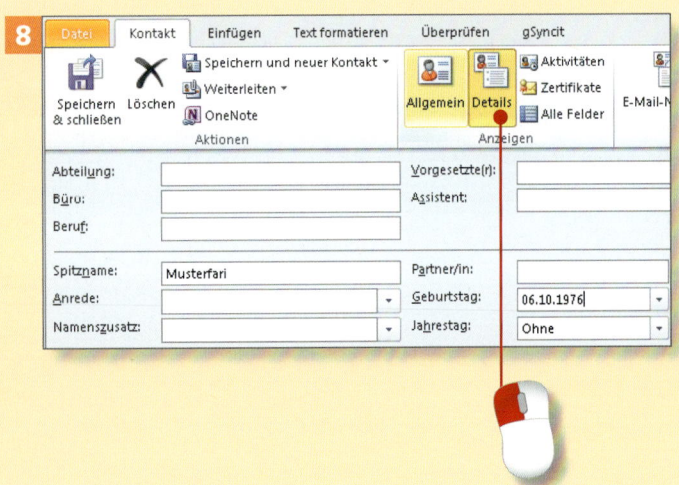

Schritt 8

Danach klicken Sie auf der Registerkarte **Kontakt** auf die Schaltfläche **Details**. In der Ergänzung des Kontaktdatenformulars können Sie weitere Ihnen bekannte Informationen über die Kontaktperson eintragen. In unserem Beispiel haben wir den Geburtstag und einen Spitznamen ergänzt. Klicken Sie danach auf **Allgemein**.

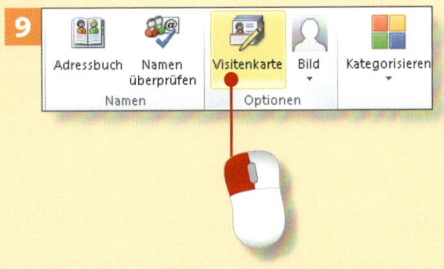

Schritt 9

Wir wollen nun dem Kontakteintrag noch ein besonderes Gesicht in Form einer gestalteten Visitenkarte geben. Visitenkarten sind allerdings nur in einem besonderen Modus zu sehen, in den Sie zunächst wechseln müssen. Im Kontaktdatenformular klicken Sie deshalb zunächst auf die Schaltfläche **Visitenkarte**.

Schritt 10

Es öffnet sich das Fenster **Visiten-karte bearbeiten**. Wir möchten die Farbe der Karte anpassen. Klicken Sie hier auf die Schaltfläche rechts neben **Hintergrund**, und bestätigen Sie den Befehl mit **OK**.

Schritt 11

Im Bereich **Kontakte** klicken Sie auf die Schaltfläche **Ansicht ändern** und im Menü auf **Visitenkarte**. Das ist der oben bereits erwähnte Modus.

Schritt 12

Hier sehen Sie, anders als in der zuvor aktivierten Ansicht **Liste**, auch tatsächlich Visitenkarten. Diese Dar-stellung ist sehr übersichtlich und hilft, bestimmte Kontakte schneller wiederzufinden.

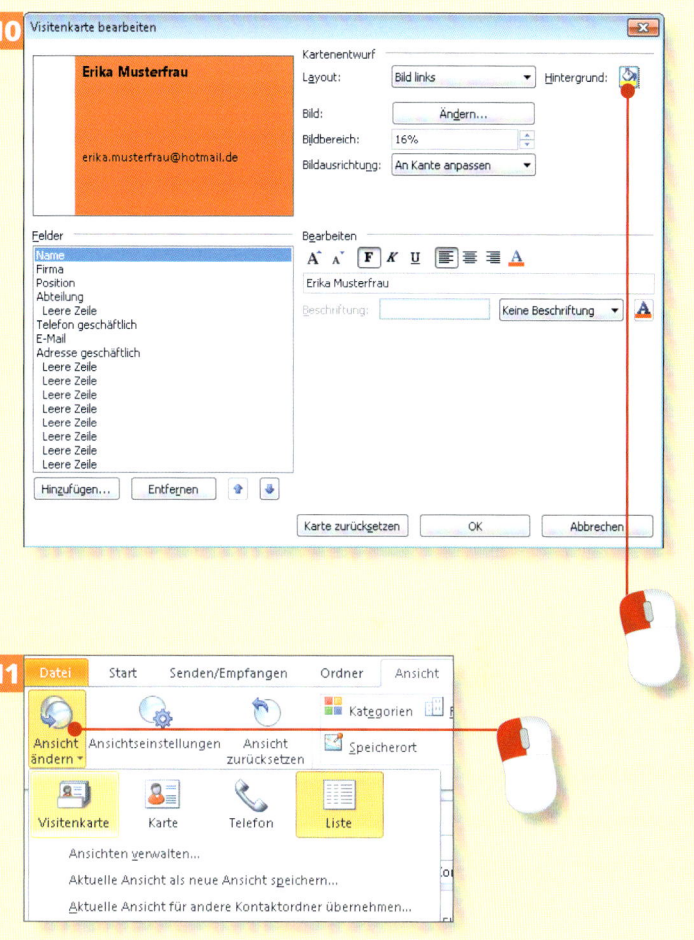

Ein einheitliches Schema

Wenn Sie eine große Zahl an Kon-takten haben und diese vielleicht sogar mit Ihrem Handy abgleichen oder nach Excel exportieren (siehe Seite 166), empfehlen wir Ihnen, ein möglichst einheitliches Schema zu benutzen. Das erleichtert Ihnen die Verwaltung.

Kontaktordner anlegen

Sie können Ihre Kontakte in Outlook komfortabel organisieren. Wie Sie z.B. neue Kontaktordner anlegen, erfahren Sie in dieser Anleitung.

Schritt 1

Klicken Sie im Bereich **Kontakte** auf die Registerkarte **Ordner**.

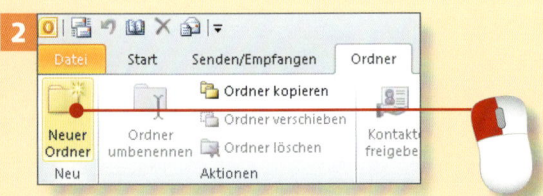

Schritt 2

Auf der Registerkarte **Ordner** klicken Sie nun auf die Schaltfläche **Neuer Ordner**.

Schritt 3

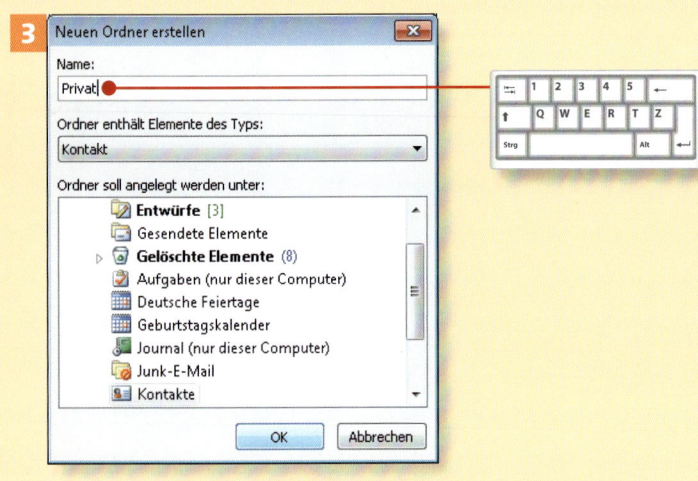

Es öffnet sich das Fenster **Neuen Ordner erstellen**. Tragen Sie einen Namen für den neuen Kontaktordner ein. (Wir entscheiden uns hier für »Privat«.) Bestätigen Sie Ihre Angaben anschließend mit **OK**.

i

Kommt Ihnen das Vorgehen bekannt vor?

Sie haben recht: Das Vorgehen ähnelt den in Kapitel 4, »Ordnung in die E-Mails bringen«, ab Seite 82 beschriebenen Schritten.

Schritt 4

Der neue Kontaktordner wurde angelegt. Sie erkennen ihn im Navigationsbereich links unter dem Ordner **Kontakte**.

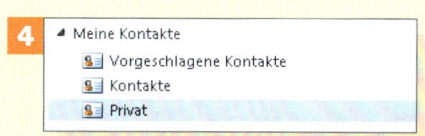

Schritt 5

Es gibt noch eine zweite Möglichkeit, einen Ordner anzulegen. Klicken Sie dazu mit der rechten Maustaste über den bestehenden Kontaktordner im Kontextmenü auf **Neuer Ordner**.

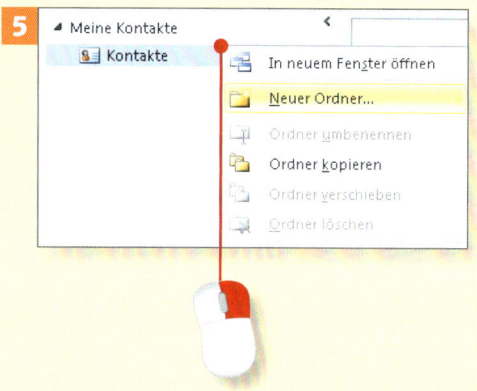

Schritt 6

Auch hier können Sie wie in Schritt 3 einen Namen eingeben, auf **OK** klicken und so einen neuen Ordner erstellen.

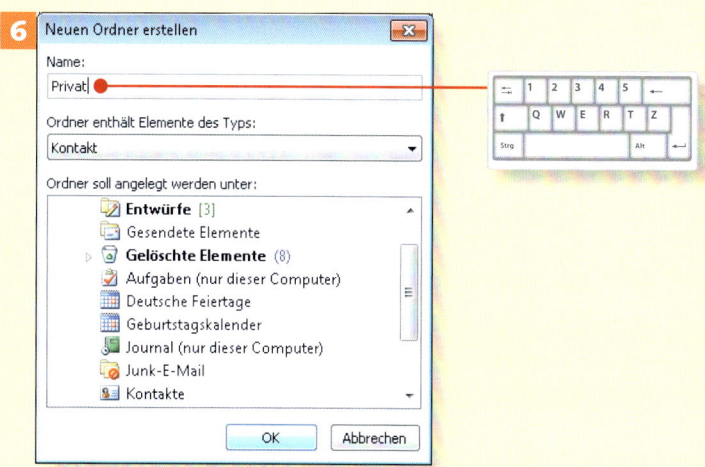

Wieso kann ich keine Ordner erstellen?

Vielleicht werden Sie bei dem Versuch, einen neuen Ordner anzulegen, in einer Nachricht des Systems darüber informiert, dass Sie keine Unterordner anlegen können. Falls Sie wie in unserem Beispiel ein webbasiertes Hotmail-Konto eingerichtet haben, ist diese Funktion leider nicht vorhanden.

Kontakte sortieren und filtern

Sie entscheiden, welche Kontakte und welche Informationen Sie über Ihre Kontakte anzeigen lassen und welche nicht. So bewahren Sie auch bei vielen Kontaktdaten die Übersicht.

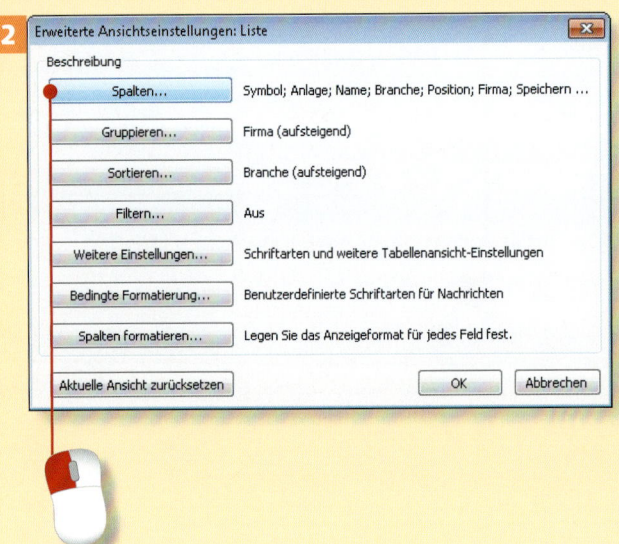

Schritt 1

Klicken Sie im Bereich **Kontakte** auf die Registerkarte **Ansicht** und anschließend auf die Schaltfläche **Ansichtseinstellungen**.

Schritt 2

Im sich anschließend öffnenden Fenster **Erweiterte Ansichtsein-stellungen: Liste** klicken Sie auf die Schaltfläche **Spalten**.

Schritt 3

Im Fenster **Spalten anzeigen** wollen wir nun aus der Liste der angezeigten Spalten eine Rubrik entfernen. Wir wählen die Rubrik **Branche**, die wir in unseren Kontakten meist ohnehin nicht ausgefüllt haben. Markieren Sie **Branche** in der rechts angezeigten Liste ❶, und klicken Sie danach auf die Schaltfläche **Entfernen**.

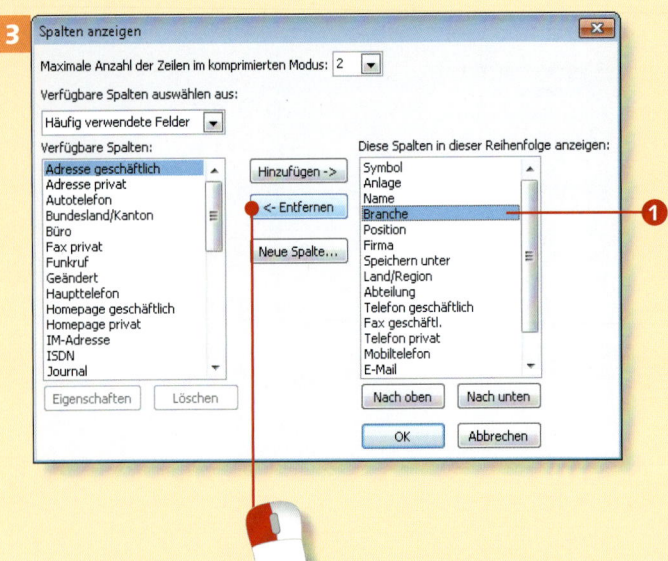

Schritt 4

Die zu entfernende Rubrik **Branche** wird Ihnen nun noch einmal im Feld **Verfügbare Spalten** angezeigt ❷, damit Sie diesen Schritt noch einmal bewusst zur Kenntnis nehmen. Klicken Sie nun zur Umsetzung des Befehls auf **OK**.

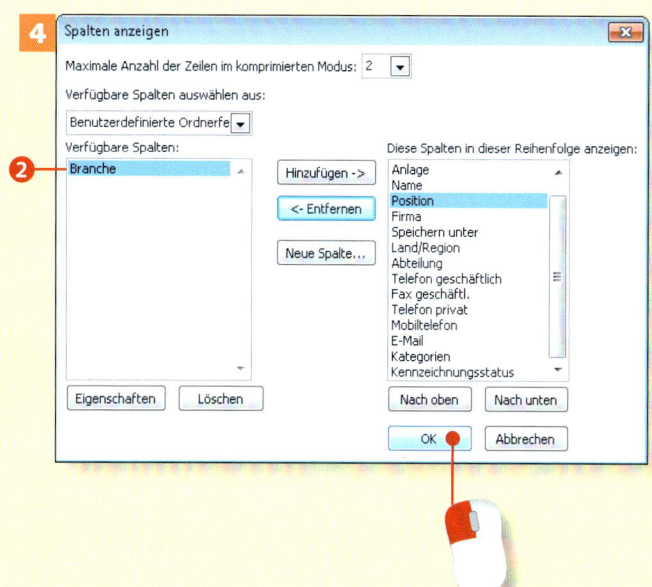

Schritt 5

Outlook zeigt Ihnen wieder das Fenster **Erweiterte Ansichtseinstellungen: Liste**. Klicken Sie auch hier auf **OK**. Ihr Befehl wird daraufhin ausgeführt. Im Kontaktordner ist die Rubrik **Branche** dementsprechend verschwunden.

Schritt 6

Sie wollen nun Ihre Kontakte nach einer Spalte sortieren? Klicken Sie dazu z.B. auf den Spaltenkopf der Rubrik **Name**, und beobachten Sie die veränderte, alphabetisch absteigende Sortierung der Namen (von Z nach A).

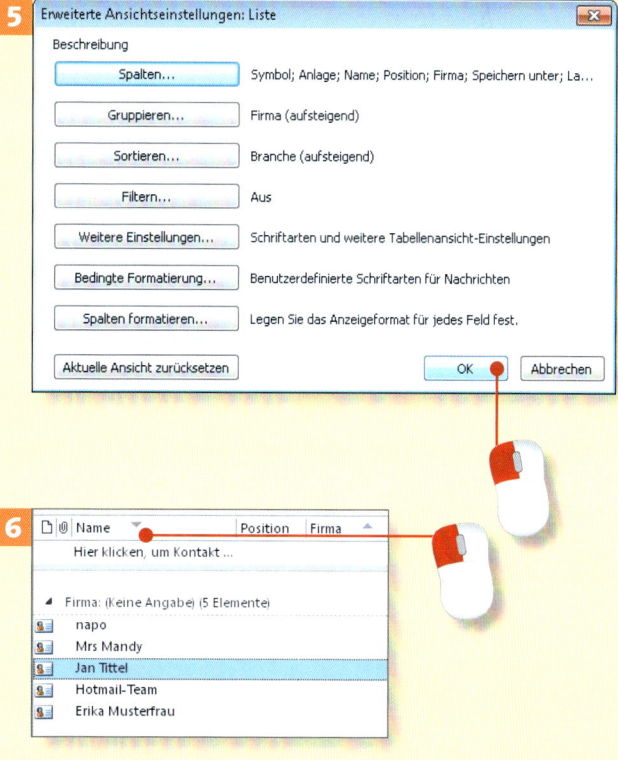

---

i

Einen Kontakt anlegen

Wie Sie dem Adressbuch einen neuen Kontakt hinzufügen, erfahren Sie im gleichnamigen Abschnitt ab Seite 146.

Einem Kontakt Dateien und Notizen hinzufügen

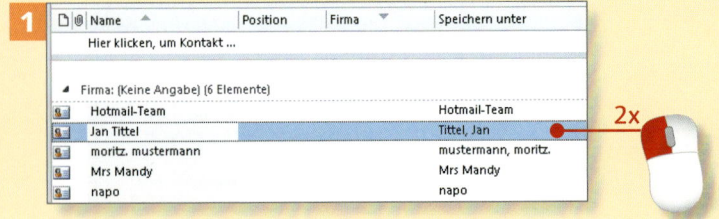

Sie können Ihren Kontakten Notizen und auch Dateien hinzufügen. So speichern Sie zusätzliche Informationen über jemanden dort, wo Sie sie auch wiederfinden. Wie das funktioniert, zeigen wir Ihnen nun.

Schritt 1

Sie befinden sich im Bereich **Kontakte**. Wählen Sie hier einen der gelisteten Kontakte aus, und klicken Sie doppelt darauf.

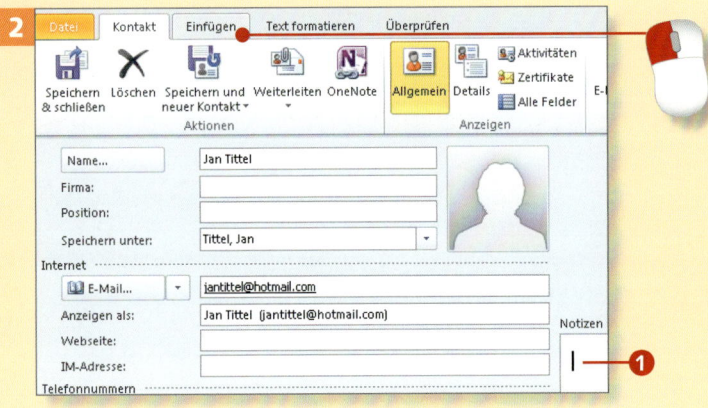

Schritt 2

Das Kontaktdatenformular für den aufgerufenen Kontakt öffnet sich. Setzen Sie dort den Cursor in das Feld **Notizen** ❶, und wechseln Sie dann auf die Registerkarte **Einfügen**.

Schritt 3

Auf der Registerkarte **Einfügen** klicken Sie in der Befehlsgruppe **Einschließen** auf die Schaltfläche **Datei anfügen**.

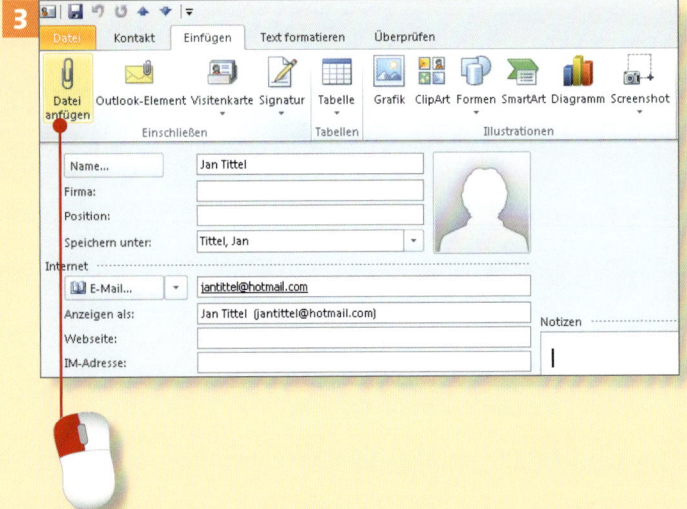

i

Notizen einfügen

Natürlich müssen Sie nicht immer direkt eine Datei hinzufügen. Sie können auch nur Notizen zu einem Kontakt speichern.

Schritt 4

Es öffnet sich das Fenster **Datei einfügen**, über das Sie alle Ihre auf Ihrem Rechner gespeicherten Dateien auswählen können. Wählen Sie eine Datei ❷ durch Anklicken aus, und klicken Sie auf die Schaltfläche **Einfügen**.

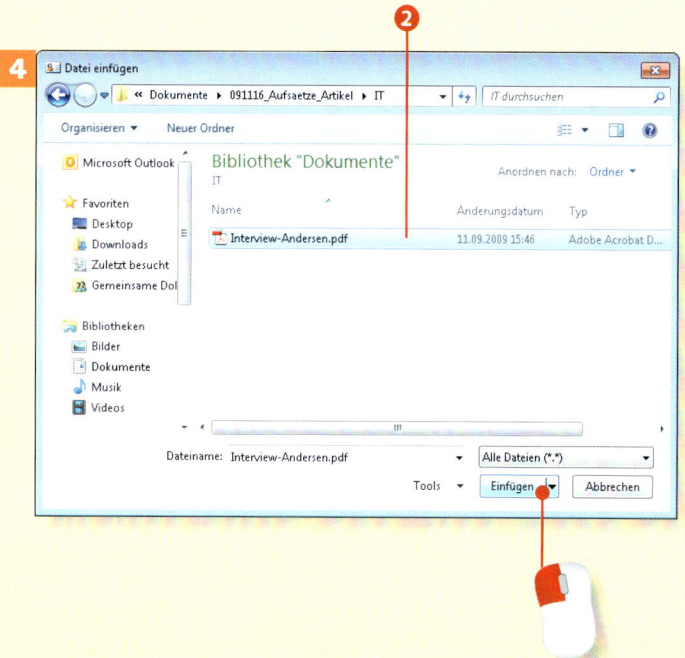

Schritt 5

Outlook hat die ausgewählte Datei in das Feld **Notizen** im Kontaktdatenformular eingefügt. Sie sollten die Datei zusätzlich mit einem Hinweis und ggf. auch mit einem Datum versehen, um sie auch später wieder direkt zuordnen zu können.

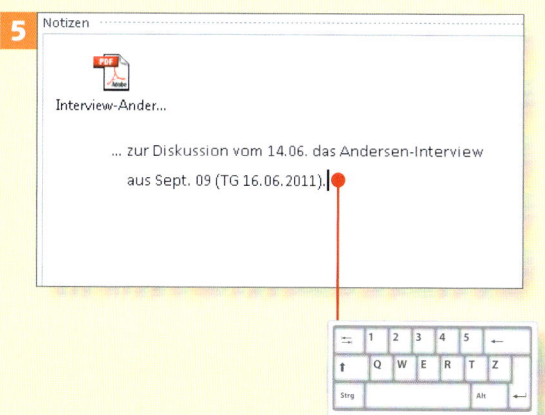

Schritt 6

Nachdem Sie diesen Hinweis in das Kontaktdatenformular eingefügt haben, klicken Sie auf der Registerkarte **Kontakt** in der Befehlsgruppe **Aktionen** auf die Schaltfläche **Speichern & schließen**.

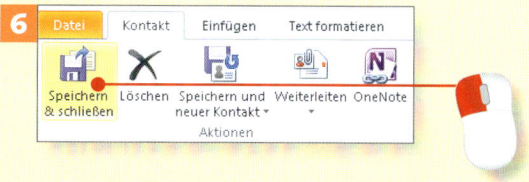

Kontaktgruppen anlegen

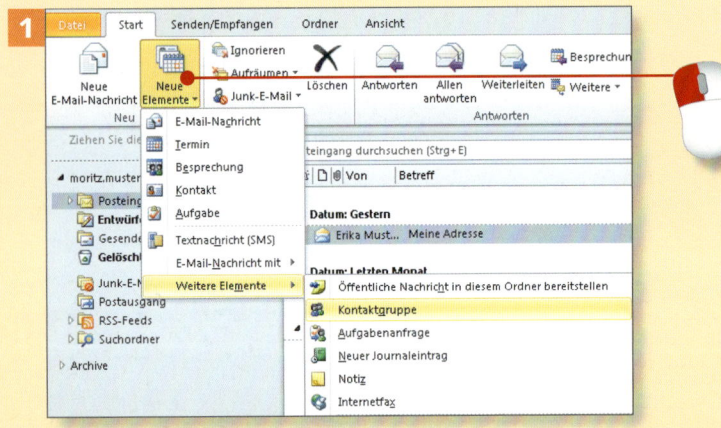

Eine E-Mail an mehrere Empfänger zu versenden kostet Zeit. Kontaktgruppen sind in solchen Fällen eine gute Lösung, wenn Sie bestimmte E-Mails häufig an die gleiche Gruppe von Leuten versenden (z. B. Ihre Familie oder eine Studiengruppe).

Schritt 1

Klicken Sie im Posteingang auf der Registerkarte **Start** auf **Neue Elemente ▸ Weitere Elemente ▸ Kontaktgruppe**.

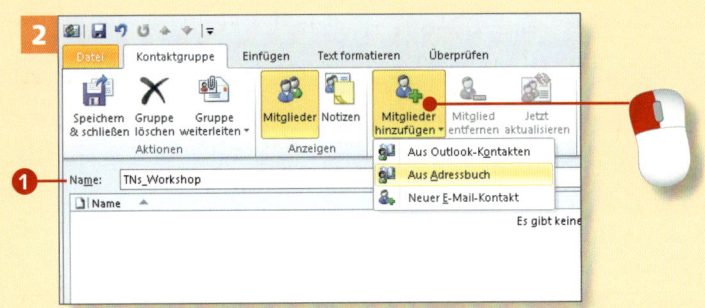

Schritt 2

Im Fenster **Unbekannt – Kontaktgruppe** bestimmen Sie einen Namen für diese Gruppe und tragen ihn in das Feld **Name ❶** ein. Klicken Sie danach auf **Mitglieder hinzufügen ▸ Aus Adressbuch**.

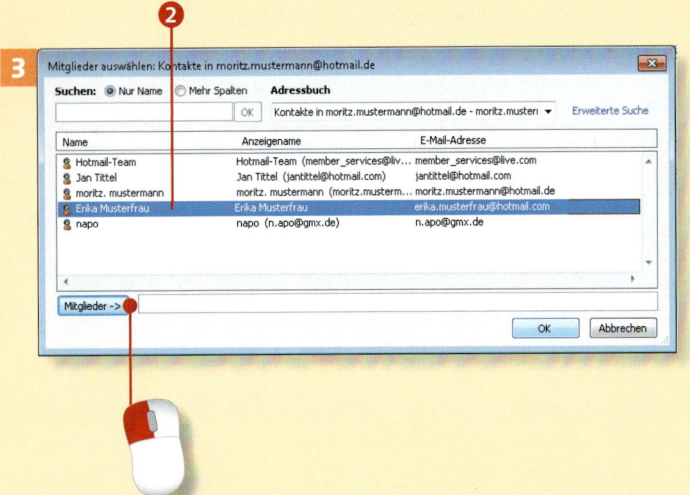

Schritt 3

Im Fenster **Mitglieder auswählen: Kontakte in moritz.mustermann@hotmail.de** klicken Sie auf einen Kontakt ❷, um ihn zu markieren, und klicken danach auf **Mitglieder ->**.

Schritt 4

Outlook hat den ersten ausge-
wählten Kontakt in das Feld neben
Mitglieder -> eingefügt. Wählen
Sie nun einen weiteren Kontakt aus
der Liste, und verfahren Sie wie in
Schritt 3. Dann klicken Sie auf **OK**.

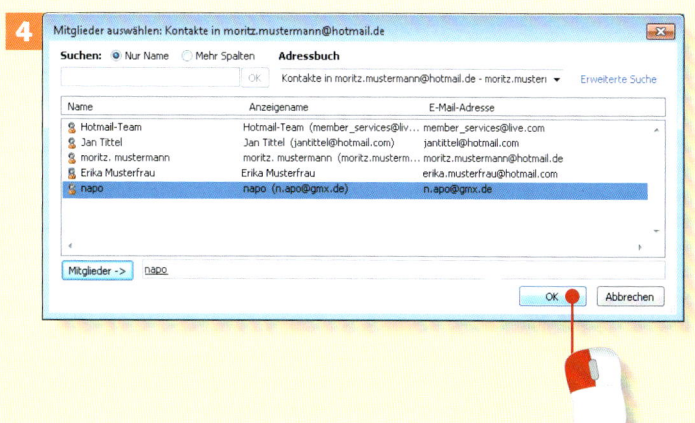

Schritt 5

Im Fenster mit dem Namen der Kontaktgruppe werden nun die beiden
ausgewählten Kontakte untereinan-
der angezeigt. Klicken Sie anschließend auf **Speichern & schließen**.

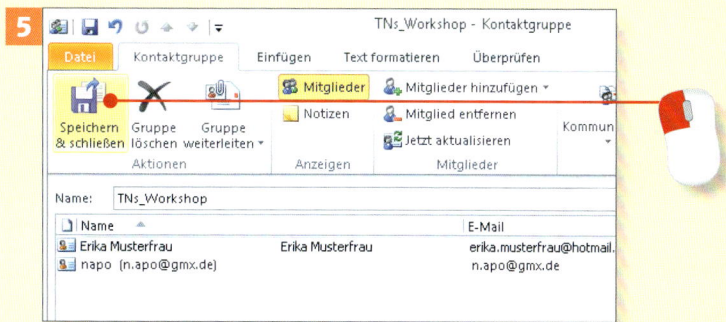

Schritt 6

Um zu kontrollieren, dass die Kontaktgruppe ins Adressbuch aufgenommen wurde, klicken Sie im
Posteingang auf der Registerkarte
Start auf **Adressbuch**. Sie sehen
im Fenster **Adressbuch: Kontakte
in moritz.mustermann@hotmail.
de** den korrekten Eintrag ❸ für die
soeben erzeugte Kontaktgruppe.

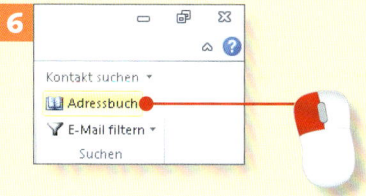

Weitere Kontakte hinzufügen
Natürlich können Sie der Kontaktgruppe jederzeit weitere Kontakte
hinzufügen oder auch bestehende
löschen.

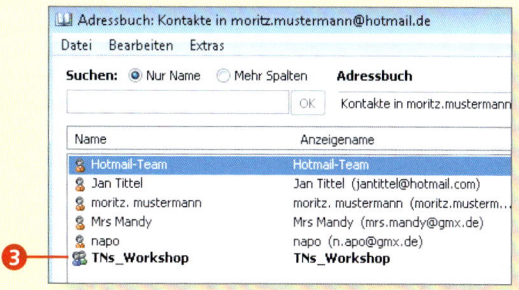

Kontakte aus Excel importieren

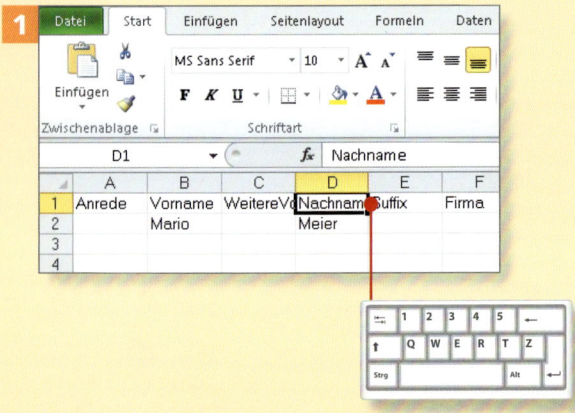

Sie müssen Outlook-Kontakte nicht unbedingt von Hand eingeben oder aus E-Mails übernehmen, wie in den vorangegangenen Anleitungen gezeigt. Sie können sie auch aus einer Excel-Liste importieren.

Schritt 1

Erstellen Sie eine Excel-Datei. Die Spaltenüberschriften Ihrer Excel-Datei müssen dieselben Überschriften haben wie die Rubriken im Ordner **Kontakte**. Sie sollten zumindest den Vor- und den Nachnamen angeben.

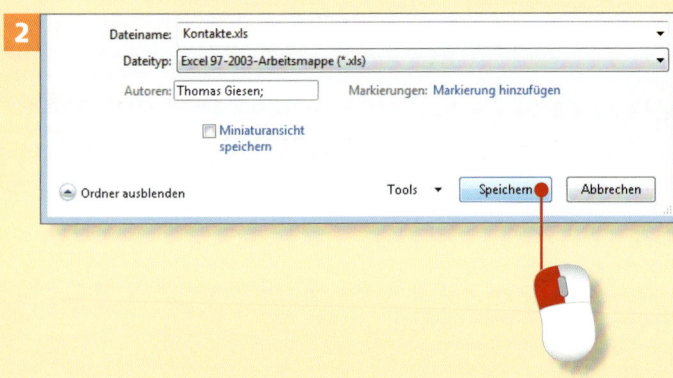

Schritt 2

Speichern Sie diese Datei, wie hier zu sehen, im Format **Excel-97-2003-Arbeitsmappe** mit der Dateiendung *.xls* auf Ihrem Desktop ab. Nennen Sie die Datei *Kontakte.xls*.

Schritt 3

Werfen Sie zuvor noch einmal einen Blick auf die bestehenden Kontakteinträge, und kontrollieren Sie, ob die Spaltenüberschriften richtig vergeben sind. Ist alles in Ordnung, schließen Sie nun die Datei in Excel.

Schritt 4

Nun wollen wir mit dem Import beginnen. Klicken Sie auf der Registerkarte **Datei** auf die Kategorie **Öffnen** und anschließend auf die Schaltfläche **Importieren**.

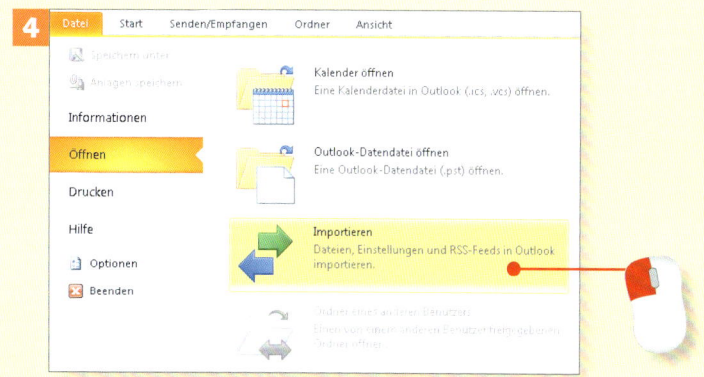

Schritt 5

Im Fenster **Datei importieren** wählen Sie den zu importierenden Dateityp aus. Für Excel ist nur das Format **Microsoft Excel 97-2003** möglich. Falls Sie mit der neuesten Excel-Version arbeiten, speichern Sie Ihre Daten dennoch im alten Format ab. Klicken Sie auf **Weiter**.

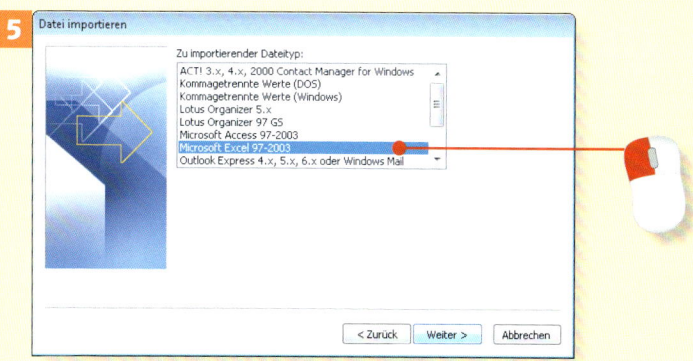

Schritt 6

Im Fenster **Import/Export-Assistent** wählen Sie **Aus anderen Programmen oder Dateien importieren**. Klicken Sie danach auf **Weiter**.

Fangen Sie klein an

Wenn Sie das erste Mal eine Datei in Outlook importieren, empfehlen wir Ihnen, mit einem kleinen Datensatz zu beginnen – vielleicht verwenden Sie sogar wie wir eine Excel-Datei mit nur einem Eintrag. Erst wenn Sie etwas Erfahrung gesammelt haben, sollten Sie größere Datenmengen importieren.

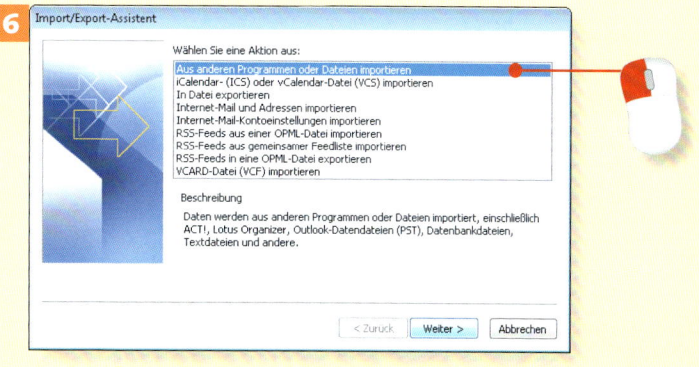

Kontakte aus Excel importieren (Forts.)

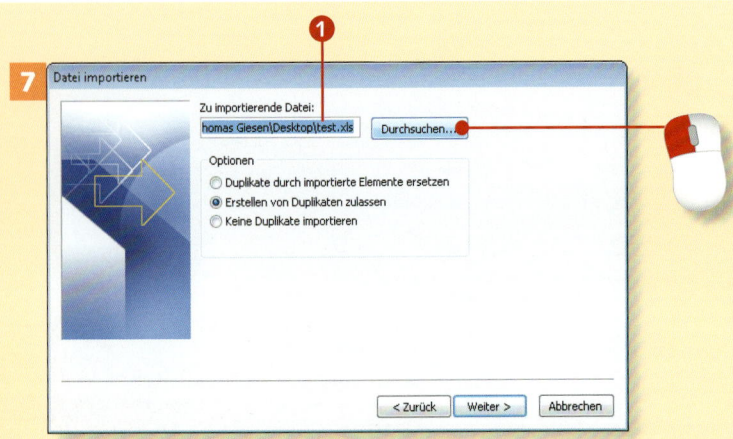

Schritt 7

Das Fenster **Datei importieren** öffnet sich. In das Feld unter **Zu importierende Datei** ➊ könnte bereits ein Dateivorschlag von Outlook gesetzt sein, wenn Sie vorher bereits einmal eine Datei importiert haben. Um die richtige Datei auszuwählen, klicken Sie auf die Schaltfläche **Durchsuchen**.

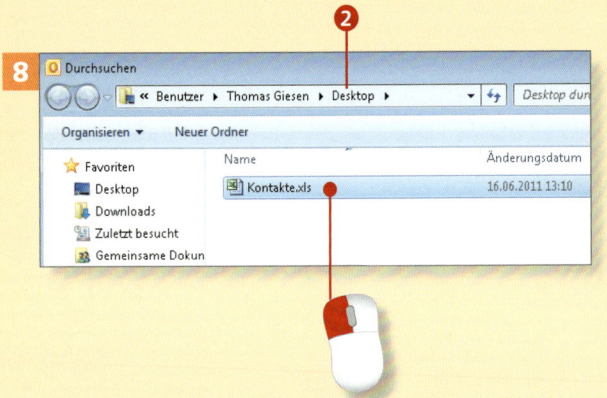

Schritt 8

Im Fenster **Durchsuchen** können Sie die Datei auf der Festplatte suchen. Steuern Sie nun den Desktop ➋ an, wo unsere Excel-Datei liegt, wählen Sie *Kontakte.xls*, und klicken Sie anschließend auf **OK**.

Schritt 9

Zurück im Fenster **Datei importieren** aktivieren Sie mit einem Mausklick die Option **Erstellen von Duplikaten zulassen** ➌ und klicken dann auf **Weiter**.

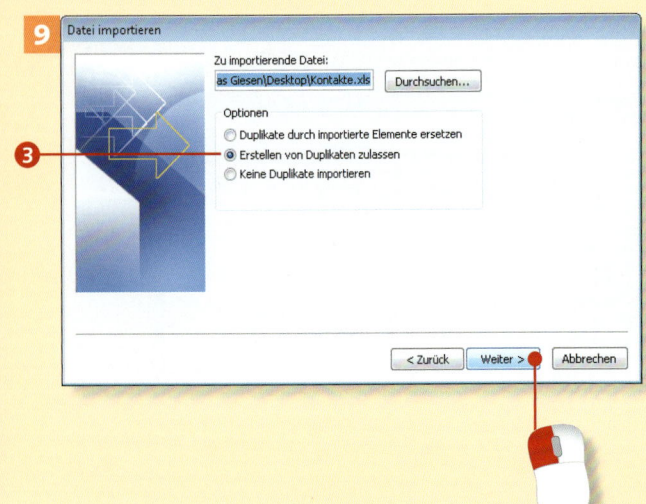

Schritt 10

Im folgenden Fenster bestätigen Sie
die von Ihnen ausgewählte Aktion
durch das Anklicken der Schaltfläche
Fertig stellen.

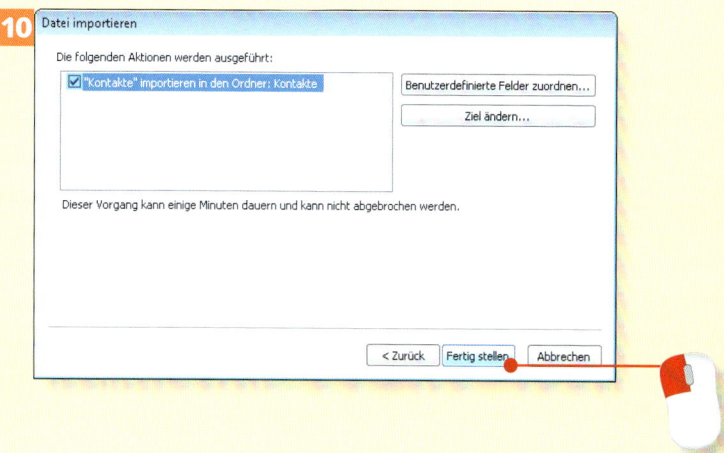

Schritt 11

Im letzten der drei Fenster von
Datei importieren werden Sie nun
nach dem Zielordner gefragt. Wäh-
len Sie diesen aus, indem Sie ihn mit
einem Klick markieren. Da wir einen
Kontakt importieren, ist der Ordner
Kontakte die richtige Wahl. Klicken
Sie abschließend auf **Weiter**.

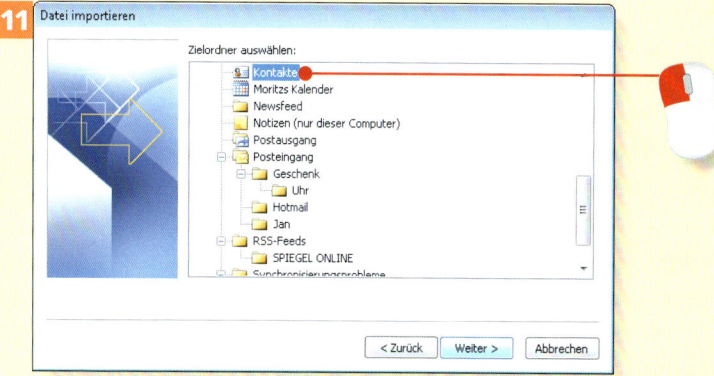

Schritt 12

Im Ordner **Kontakte** des Outlook-
Bereichs **Kontakte** ist nun der
Datensatz ❹ aus der Excel-Datei des
Desktop-Beispiels enthalten.

Soll ich Duplikate zulassen?

Im Zweifel ist die in Schritt 9
beschriebene Einstellung immer
zu bevorzugen. Doppelte Einträge
können Sie später noch löschen.
Wenn Sie gleiche Einträge überschreiben, könnten im schlimms-
ten Fall Daten verloren gehen.

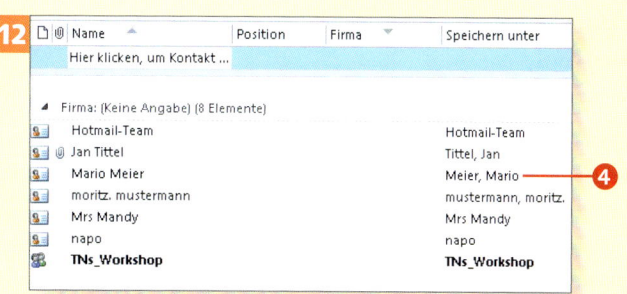

Kontakte in eine Excel-Datei exportieren

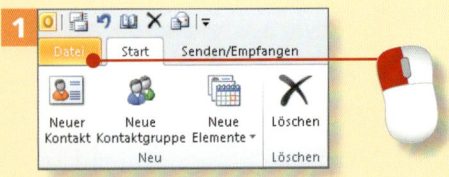

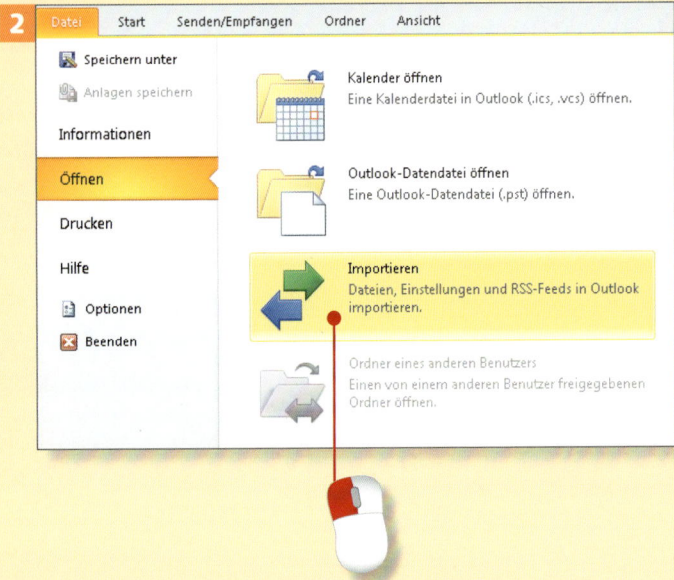

Auch der umgekehrte Weg ist möglich. Sie können Ihre Kontakte in eine Excel-Datei exportieren. Dieser Vorgang läuft seltsamerweise ebenfalls über den Befehl »Importieren« – lassen Sie sich also nicht irritieren.

Schritt 1

Sie beginnen im Outlook-Bereich **Kontakte** auf der Registerkarte **Start**, und klicken dann auf die Registerkarte **Datei**.

Schritt 2

Auf der Registerkarte **Datei** klicken Sie in der Kategorie **Öffnen** auf die Schaltfläche **Importieren** mit den beiden Pfeilen in Grün und Blau.

Schritt 3

Es öffnet sich das schon aus dem vorhergehenden Abschnitt bekannte Fenster **Import/Export-Assistent**. Wählen Sie die Aktion **In Datei exportieren** aus, und klicken Sie auf **Weiter**.

Schritt 4

Im Fenster **In eine Datei exportie-ren** bestimmen Sie das Format der Datei, in die die Daten aus Ihrem Ordner **Kontakte** hineinfließen sollen. Wir entscheiden uns für eine Excel-Datei. Klicken Sie auf **Weiter**.

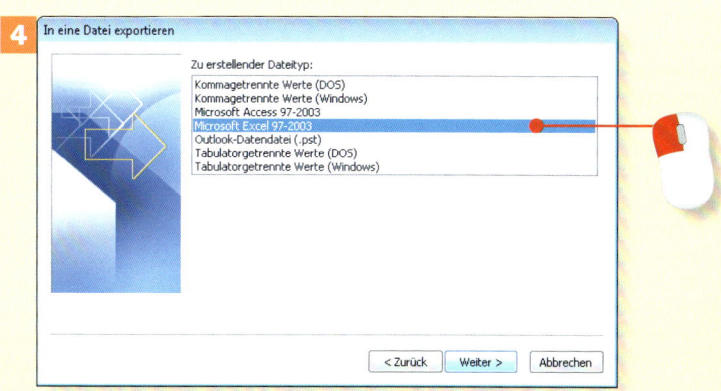

Schritt 5

Im zweiten Fenster **In eine Datei exportieren** bestimmen Sie durch Anklicken den Ordner, aus dem die Daten exportiert werden sollen. Klicken Sie danach auf **Weiter**.

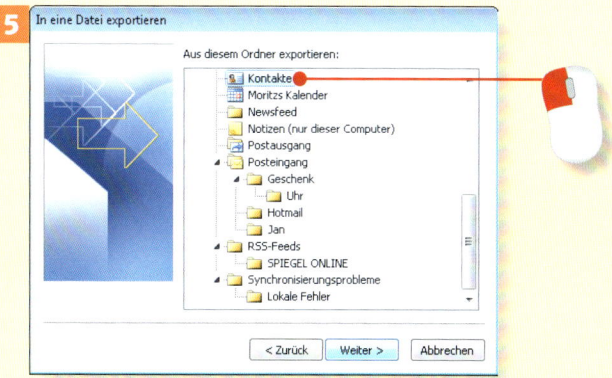

Schritt 6

Im dritten Fenster **In eine Datei exportieren** bestimmen Sie die Zieldatei. Outlook macht Ihnen einen Vorschlag. Bestätigen Sie ihn mit **Weiter**, oder beginnen Sie mit der Suche nach einer anderen Datei, indem Sie auf **Durchsuchen** klicken. Die Datei muss vorher aber nicht zwangsläufig schon existieren.

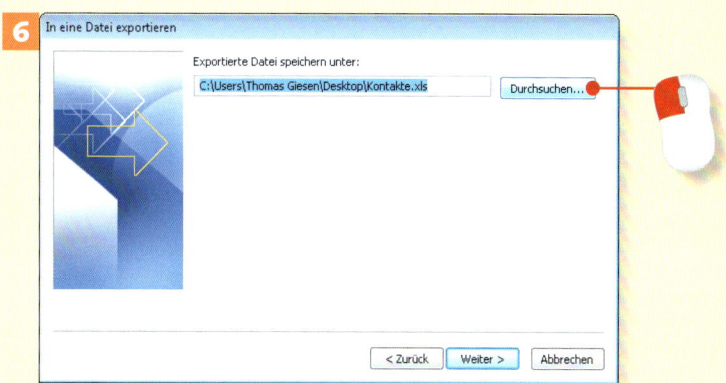

Export anderer Daten

Die hier beschriebenen Möglich-keiten zum Import und Export lassen sich auch für andere Out-look-Daten, z.B. Kalendereinträge, nutzen. Nur die Auswahl des Ord-ners ist entsprechend eine andere.

Kontakte in eine Excel-Datei exportieren (Forts.)

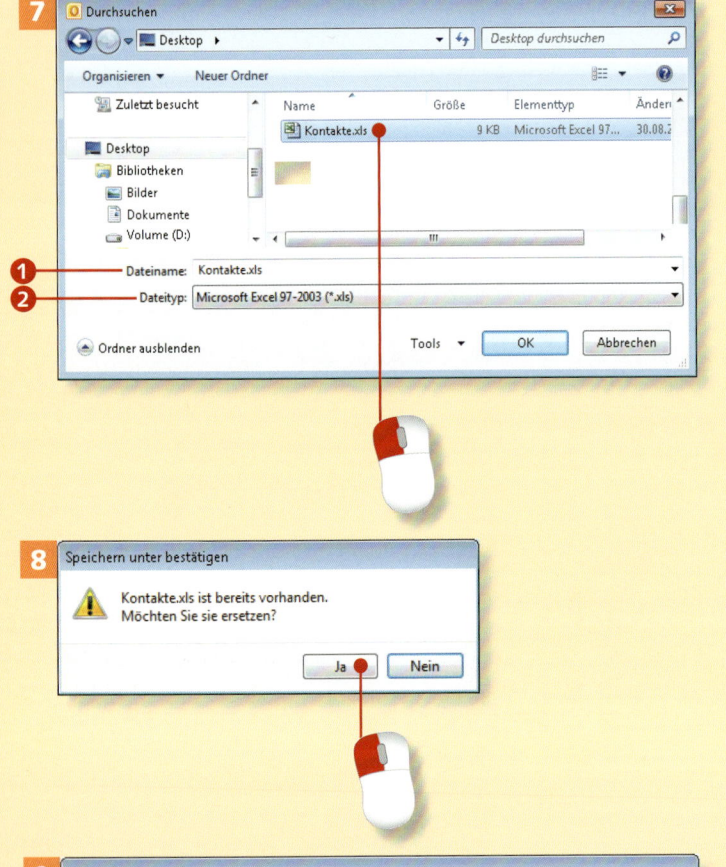

Schritt 7

Wählen Sie die richtige Zieldatei aus. Sie können auch den Namen einer neuen Datei in das Feld **Dateiname** ❶ tippen. Achten Sie dann aber auf die richtige Endung ❷, für Excel eben *.xls*. Wir entscheiden uns aber für unsere Datei *Kontakte.xls* aus der vorherigen Anleitung. Bestätigen Sie Ihre Wahl mit **OK**.

Schritt 8

In unserem Beispiel macht das Programm Sie im Fenster **Speichern unter bestätigen** darauf aufmerksam, dass die gewählte Datei bereits vorhanden ist und überschrieben wird. Wenn Sie sich sicher sind, dass Sie die Datei ersetzen möchten, klicken Sie auf **Ja**.

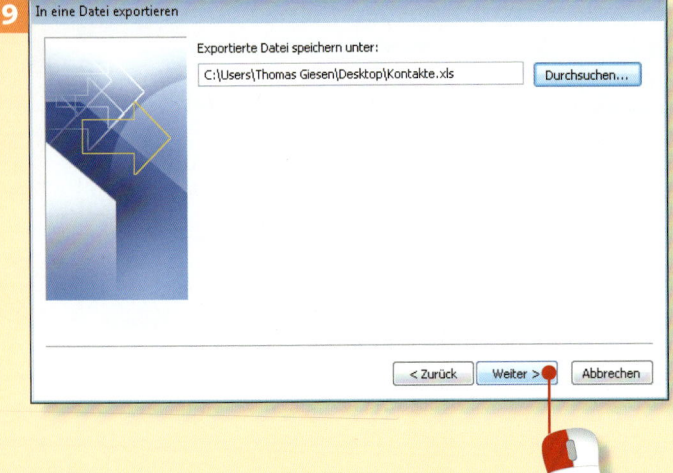

Schritt 9

Outlook zeigt Ihnen erneut das Fenster **In eine Datei exportieren** mit dem angegebenen Speicherpfad an. Klicken Sie jetzt auf die Schaltfläche **Weiter**.

Warum exportieren?

Der Export von Kontakten ist eine praktische Sache, um Daten zu sichern, aber manchmal ist es auch schlicht einfacher, Kontakte in einer Excel-Datei zu editieren als in Outlook.

Schritt 10

Im letzten Fenster **In eine Datei exportieren** werden Sie gefragt, ob Sie die gewählte Aktion auch wirklich ausführen wollen. Klicken Sie auf **Fertig stellen**. Outlook führt die Aktion aus.

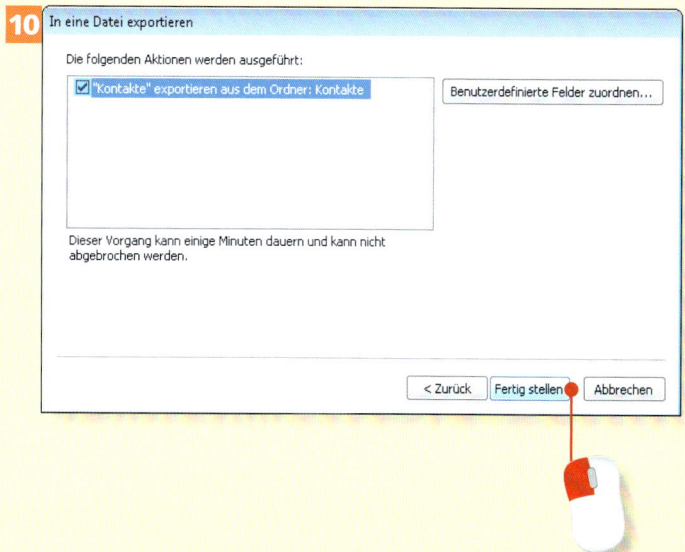

Schritt 11

Öffnen Sie zur Überprüfung des Datenexports die ausgewählte Zieldatei (durch einen Doppelklick).

Schritt 12

Sie sehen den neuen, veränderten Inhalt der Zieldatei. Alle Einträge Ihres Outlook-Ordners **Kontakte** wurden in die Excel-Datei exportiert.

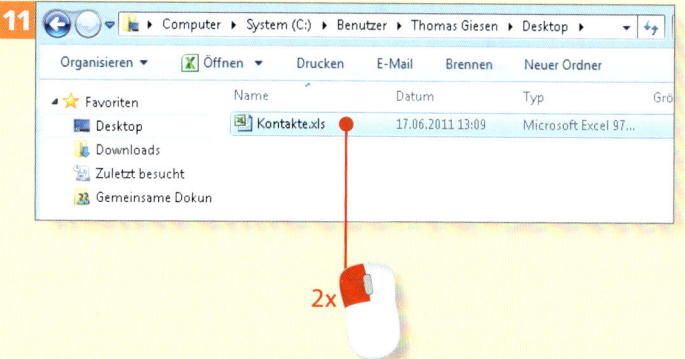

Dateien werden beim Export überschrieben

Der Export überschreibt die Datei, die Sie als Ziel in Schritt 7 angeben. Sie sollten sich also wirklich sicher sein, dass keine Daten verloren gehen können.

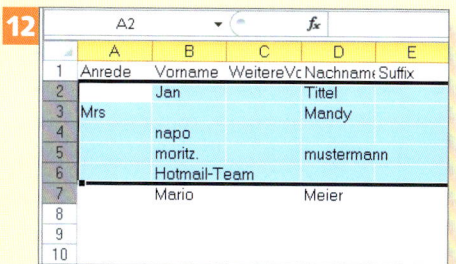

Kapitel 8
Das Adressbuch für E-Mails verwenden

Wenn Sie ein digitales Adressbuch nutzen, möchten Sie natürlich keine Empfängeradresse mehr manuell in eine E-Mail eintragen. Das Gleiche gilt selbstverständlich auch für mehrere Empfänger von E-Mails oder anderen Elementen, wie z.B. Kalender oder Aufgaben. In Outlook ist das alles komfortabel möglich.

Eine E-Mail an eine Kontaktgruppe senden

Wenn Sie E-Mails oft an einen immer gleichen Empfängerkreis senden, dann haben Sie, wie bereits in Kapitel 7, »Ein Adressbuch einrichten und pflegen«, ab Seite 144 beschrieben, vermutlich bereits eine Kontaktgruppe als Kontakt in Ihrem Kontaktordner angelegt und können diesen Eintrag nun aus dem Adressbuch heraus nutzen ❶, um ihn als Empfänger anstelle vieler Einzeleinträge einzusetzen.

Kontaktdatendateien abspeichern

Mit einer Visitenkarte in einer eingegangenen E-Mail wird immer eine angefügte Kontaktdatendatei ❷ versendet. Mit ihrer Hilfe können Sie Kontakte direkt in Ihrem Kontaktordner abspeichern. Umgekehrt lässt sich eine Kontaktdatendatei aber ohne Visitenkarte verschicken. Das ist zwar nicht so hübsch, erfüllt aber den Zweck der Information.

Eine Kontaktdatendatei weiterleiten

Über eine Kontaktdatendatei können Sie einen Kontakt nicht nur speichern, sondern ihn nach der Speicherung auch aus dem Kontaktdatensatz heraus versenden, und zwar sehr einfach über zwei Aufklappmenüs und das Adressbuch. Auf diese Weise können Sie Adressdaten schnell an Freunde oder Bekannte weitergeben ❸.

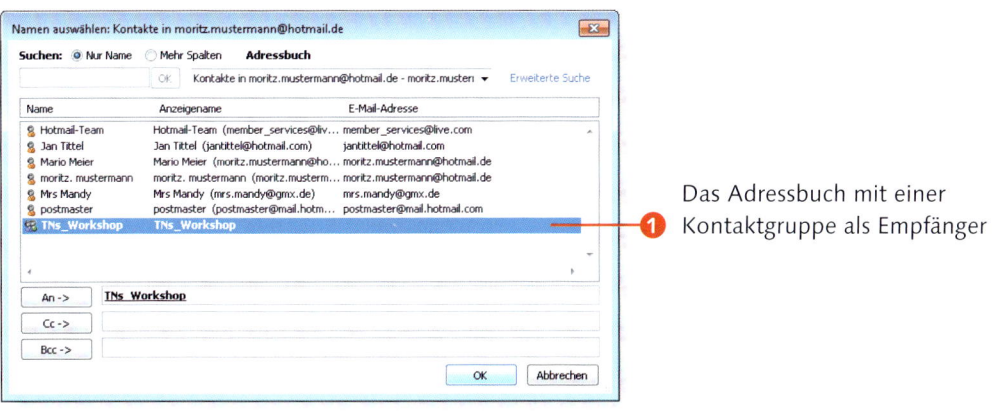

Das Adressbuch mit einer
Kontaktgruppe als Empfänger ❶

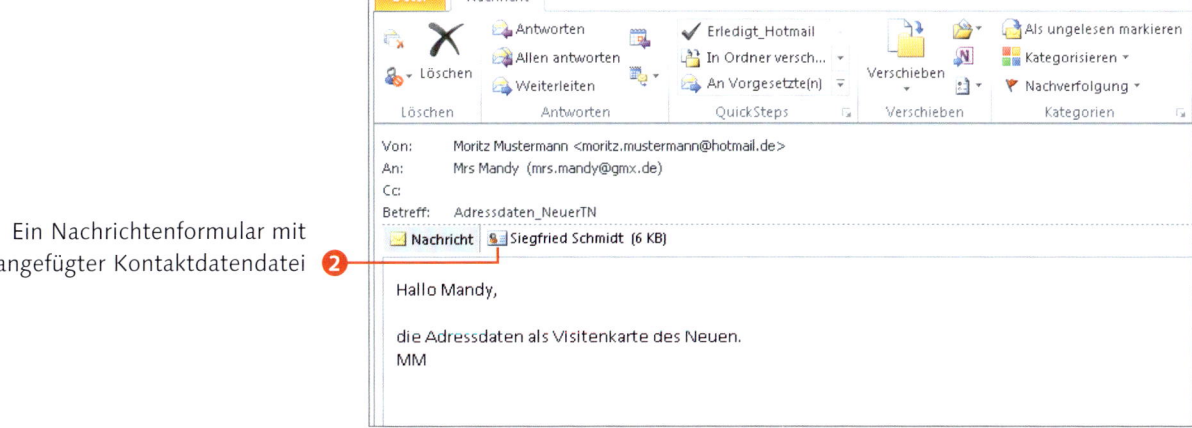

Ein Nachrichtenformular mit
angefügter Kontaktdatendatei ❷

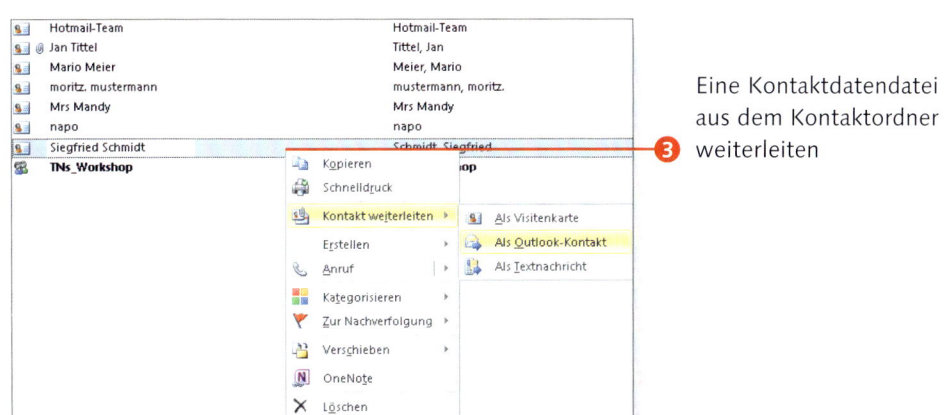

Eine Kontaktdatendatei
aus dem Kontaktordner
weiterleiten ❸

Eine Adresse als Empfänger verwenden

Sie müssen Adressen nicht manuell in den Kopf einer E-Mail eintragen, wenn Sie in Ihrem Adressbuch gespeichert sind.

Schritt 1

Öffnen Sie den Ordner **Posteingang** auf der Registerkarte **Start**, und klicken Sie im Menüband auf die Schaltfläche **Neue E-Mail-Nachricht**.

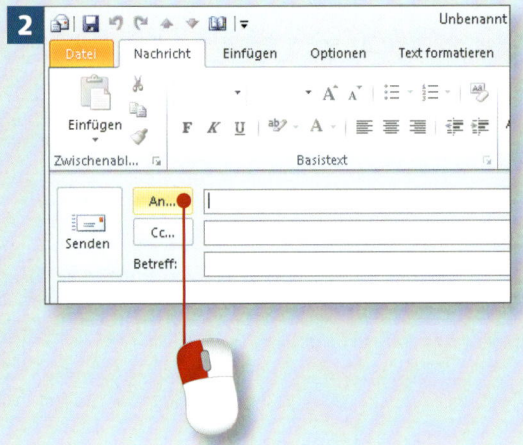

Schritt 2

Das Ihnen bereits bekannte E-Mail-Fenster mit den ebenfalls bekannten Feldern öffnet sich. Tippen Sie die Adresse nicht von Hand ein, sondern klicken Sie auf die Schaltfläche **An**.

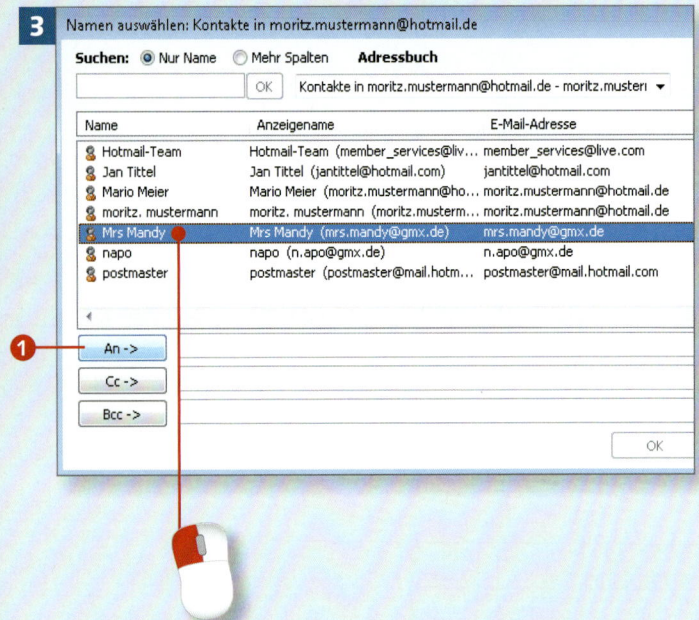

Schritt 3

Das Fenster **Name auswählen: Kontakte in moritz.mustermann@ hotmail.de** öffnet sich. Es zeigt Ihnen die Einträge Ihres Adressbuchs. Wählen Sie hier eine Adresse aus, indem Sie sie anklicken, und klicken Sie anschließend auf die Schaltfläche **An** ❶.

Schritt 4

Der Name und die E-Mail-Adresse des Empfängers erscheinen im Feld rechts neben der Schaltfläche **An**. Klicken Sie auf **OK**.

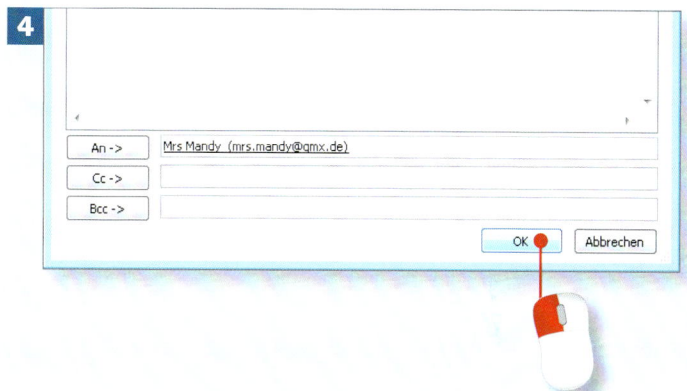

Schritt 5

Im Kopf Ihrer E-Mail sind nun der Name und die Adresse des Empfängers eingetragen. Formulieren Sie noch einen Betreff und einen kurzen Nachrichtentext. Klicken Sie anschließend auf die Schaltfläche **Senden**.

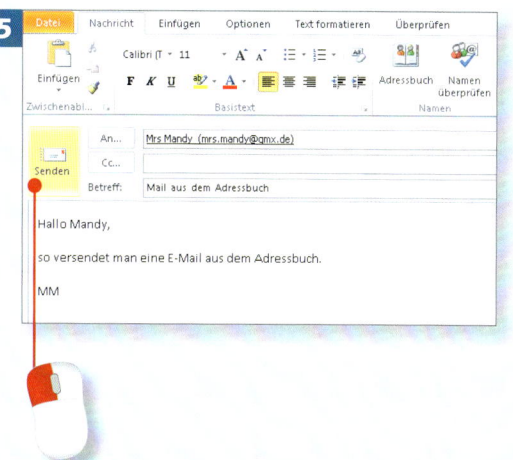

Schritt 6

Ihre E-Mail mit der Empfängeradresse aus dem Adressbuch liegt nun im Postausgang. Über den Befehl **Alle Ordner senden/empfangen** in der Symbolleiste für den Schnellzugriff versenden Sie Ihre E-Mail.

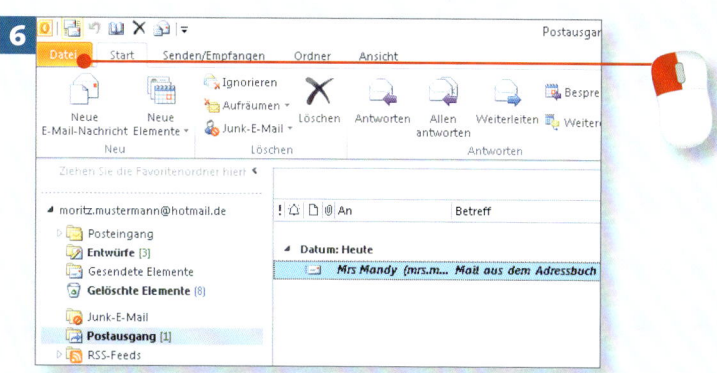

Adressen per Doppelklick einfügen

Sie können die Adresse, die Sie in Schritt 3 aus Ihrem Adressbuch übernehmen, auch per Doppelklick einfügen, anstatt auf die Schaltfläche **An** zu klicken.

Eine E-Mail an eine Kontaktgruppe versenden

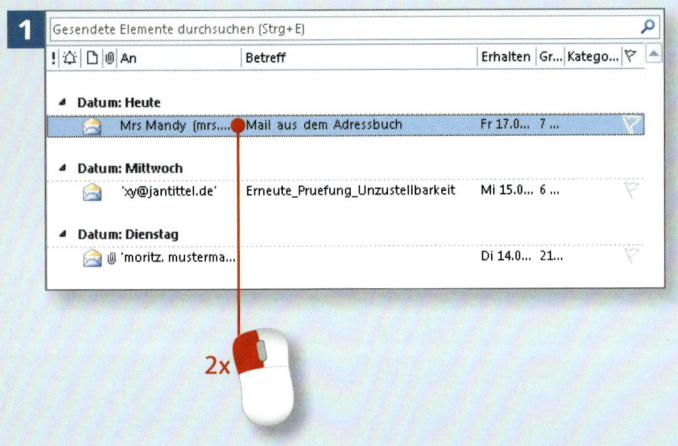

Soll Ihre E-Mail nicht nur eine Person erreichen, sondern gleichzeitig an viele Empfänger verschickt werden, dann versenden Sie eine E-Mail an eine Kontaktgruppe.

Schritt 1

Stellen Sie sich vor, Sie wollen die gerade versendete E-Mail an weitere Empfänger zur Kenntnisnahme versenden. Öffnen Sie den Ordner **Gesendete Elemente**, und doppelklicken Sie auf die E-Mail.

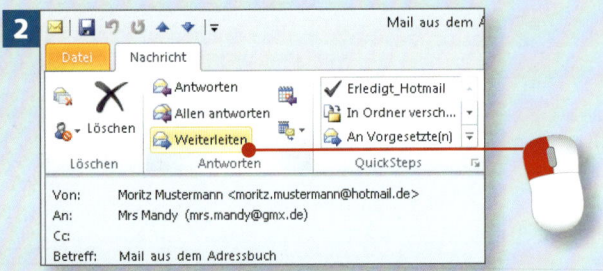

Schritt 2

Es öffnet sich das Nachrichtenfenster. Klicken Sie im Menüband in der Befehlsgruppe **Antworten** auf **Weiterleiten**.

Schritt 3

Im geöffneten Nachrichtenformular formulieren Sie den Nachrichtentext einschließlich eines Betreffs. Klicken Sie anschließend auf die Schaltfläche **An**.

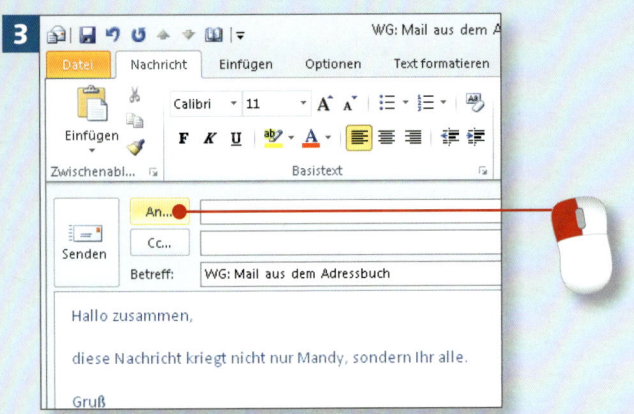

Neue E-Mail mit mehreren Empfängern

Natürlich funktioniert diese Anleitung auch bei neuen E-Mails. Nachdem Sie eine neue E-Mail begonnen haben, fahren Sie einfach mit Schritt 3 fort.

Schritt 4

Sie sehen wieder die Auflistung Ihrer Kontakte im Adressbuch. Wählen Sie durch Anklicken die Kontaktgruppe. Die Kontaktgruppen erkennen Sie daran, dass sie fett dargestellt werden, so wie hier im Beispiel **TNs_Workshop** zu sehen. Klicken Sie danach auf die Schaltfläche **An ❶**.

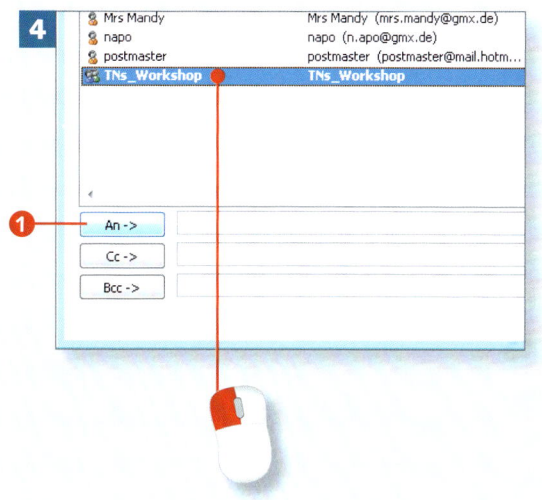

Schritt 5

Der Name der Kontaktgruppe, hinter der sich die Adressen der verschiedenen Mitglieder der Gruppe verbergen, wird angezeigt. Bestätigen Sie das Ganze mit **OK**.

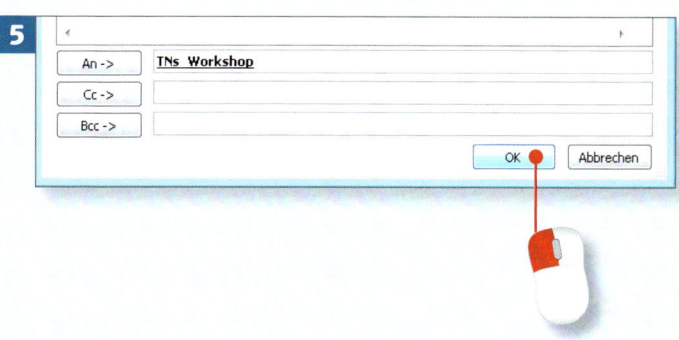

Schritt 6

Im Kopf der weiterzuleitenden E-Mail steht nun neben **An** der Name der Kontaktgruppe. Wenn Sie auf das Pluszeichen davor klicken, wird dieser Name durch die zur Gruppe gehörenden E-Mail-Adressen ersetzt. Klicken Sie abschließend auf die Schaltfläche **Senden**.

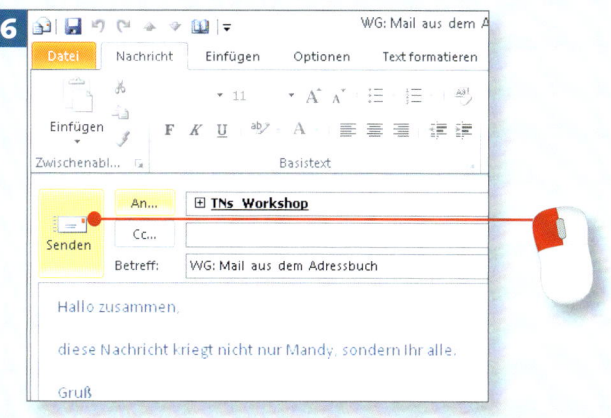

ℹ Kontaktgruppen erstellen

Wie Sie eine Kontaktgruppe erstellen, erfahren Sie im Abschnitt »Kontaktgruppen anlegen« auf Seite 160.

Eine Visitenkarte aus einer E-Mail abspeichern

Das Adressbuch lässt sich manuell, über die Absenderkennung sowie sehr komfortabel über die Speicherung einer Visitenkarte füllen. Wir empfehlen Ihnen, E-Mails nur noch mit Visitenkarte zu versenden.

Schritt 1

Starten Sie wieder im Outlook-Bereich **Kontakte**, und wechseln Sie durch Anklicken der Schaltfläche **E-Mail** in den Posteingang.

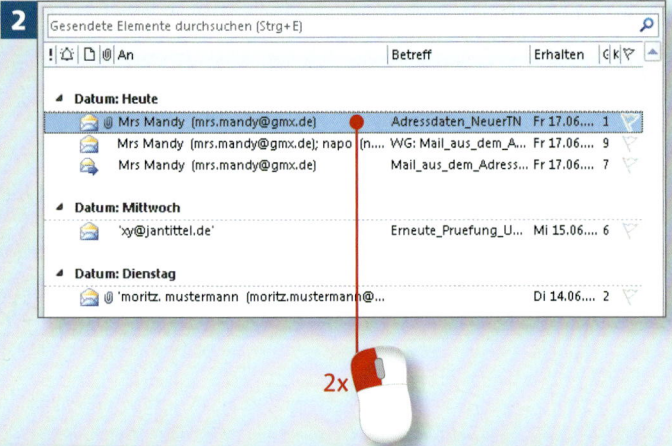

Schritt 2

Öffnen Sie den Ordner **Gesendete Elemente**. Dort doppelklicken Sie auf eine E-Mail, die im Anhang eine Visitenkarte enthält. (Wie Sie eine solche Mail verschicken, erfahren Sie im nächsten Abschnitt.)

Schritt 3

Im sich öffnenden Nachrichtenfenster doppelklicken Sie auf den Anhang der E-Mail, die Visitenkarte.

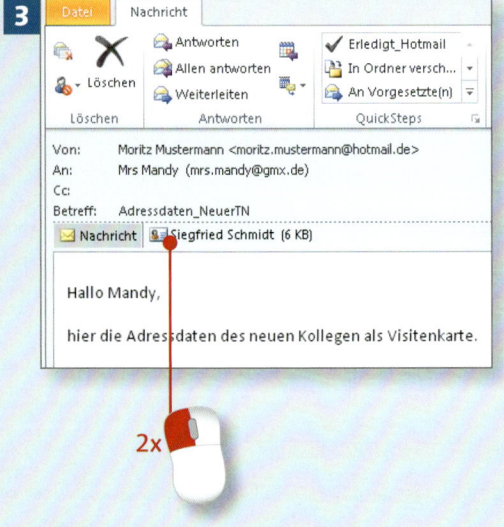

Mehr über Visitenkarten

Wie Sie Visitenkarten erstellen, lesen Sie im Abschnitt »Kontakte bearbeiten« ab Seite 152.

Schritt 4

Das Kontaktdatenformular aus dem Outlook-Bereich **Kontakte** öffnet sich. Prüfen Sie die Richtigkeit der Daten, und speichern Sie den Datensatz, indem Sie im Menüband auf **Speichern & schließen** klicken.

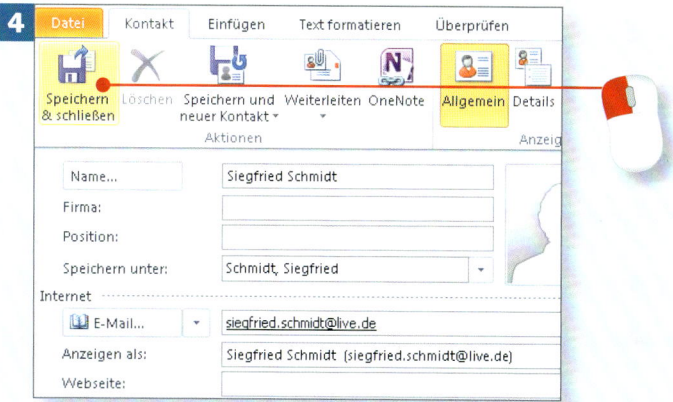

Schritt 5

Outlook zeigt Ihnen anschließend automatisch den veränderten Inhalt des Ordners **Kontakte**. Der Datensatz aus der Visitenkarte ist komplett enthalten ❶.

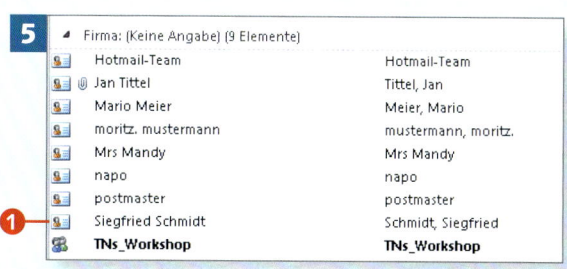

Einen Kontakt als Visitenkarte weitergeben

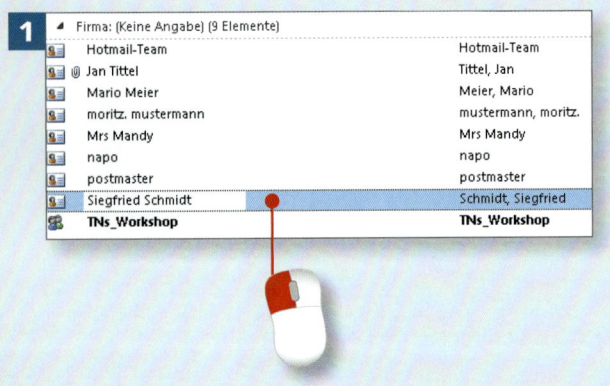

Sie können Ihre eigene Visitenkarte und natürlich auch die Visitenkarten anderer, z.B. die eines neuen Mitglieds Ihrer Kontaktgruppe, an den Rest der Gruppe weitergeben.

Schritt 1

Um im Beispiel zu bleiben, klicken Sie auf der Registerkarte **Start** im Bereich **Kontakte** den Kontaktdatensatz an, den Sie per E-Mail weitergeben wollen. Der Kontakt wird, wie rechts zu sehen, blau markiert.

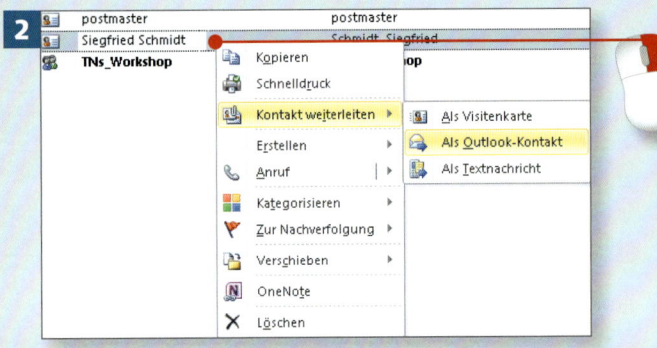

Schritt 2

Danach klicken Sie mit der rechten Maustaste auf den Kontakt und im Kontextmenü auf **Kontakt weiterleiten** und dann auf **Als Outlook-Kontakt**.

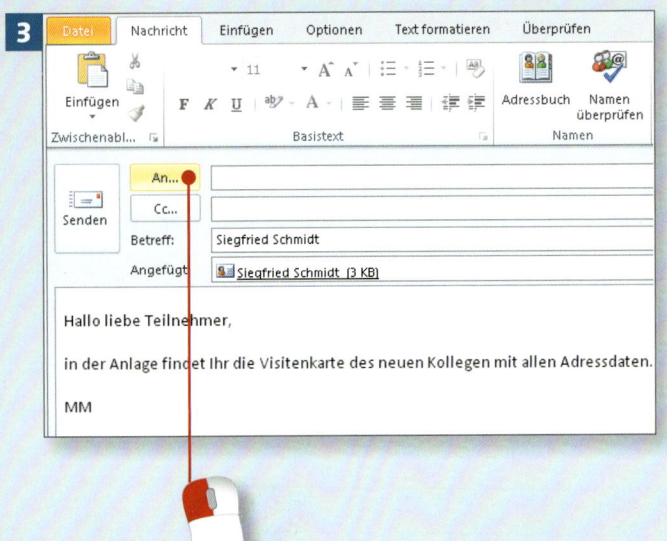

Schritt 3

Schon erscheint der markierte Datensatz in Form einer Visitenkarte als Anhang einer zu versendenden E-Mail. Klicken Sie nun auf **An**, um den Empfänger der Mail einzutragen.

Schritt 4

Wählen Sie nun einen Empfänger aus dem Adressbuch aus. Wir entscheiden uns hier für unsere Kontaktgruppe. Klicken Sie anschließend auf die Schaltfläche **Senden**.

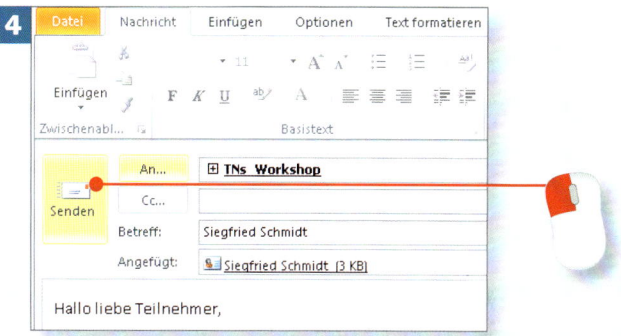

Schritt 5

Outlook führt Sie automatisch zurück in die Ausgangssituation, d.h. in den Ordner **Kontakte**, aus dem heraus Sie gestartet sind.

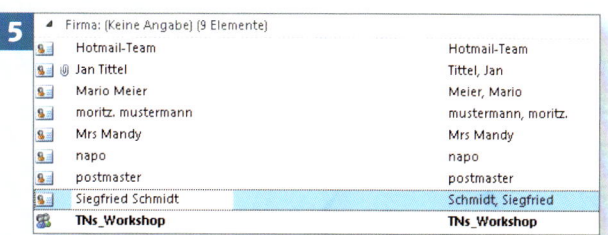

Schritt 6

Die Mail liegt jetzt natürlich noch im Ordner **Postausgang** ❶ (siehe dazu den Abschnitt »Die E-Mail versenden« ab Seite 46). Um sie endgültig zu verschicken, klicken Sie auf den Befehl **Alle Ordner senden/empfangen** in der Symbolleiste für den Schnellzugriff.

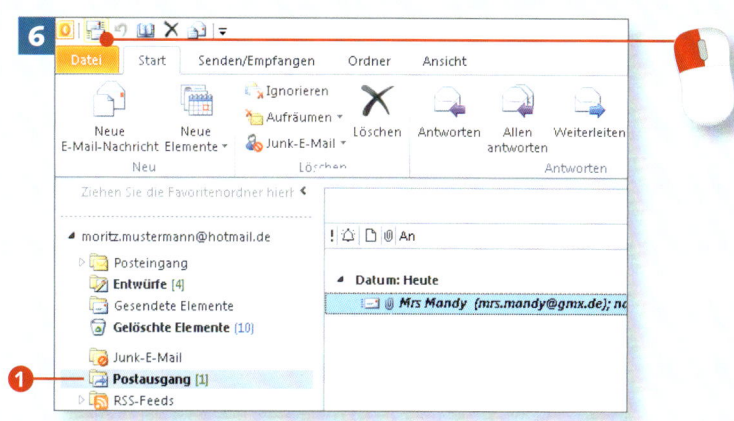

Kapitel 9
Termine planen

Mit Outlook können Sie E-Mails schreiben und Adressen organisieren, Sie können im Kalender auch leicht und übersichtlich Ihre Termine verwalten. Und über die Funktion **Besprechung planen** können Sie sogar gemeinsame Termine mit anderen Teilnehmern wunderbar koordinieren.

Termine anlegen und verwalten
Termine sind in Outlook schnell eingetragen. Sie werden im Kalender übersichtlich darge- stellt ❶. Zusätzlich können Sie alle Termine organisieren und verwalten und sich sogar an sie erinnern lassen.

Feiertage und wiederkehrende Termine
Auch das ist möglich: Sie können Feiertage automatisch in Ihren Kalender übernehmen oder wiederkehrende Termine wie z.B. Geburtstage oder wöchentliche Treffen als Serien- termine ❷ anlegen.

Besprechungen planen
Wollen Sie eine Verabredung planen? Auch das ist mit Outlook kein Problem. Und das Einladen ❸ geht sehr viel leichter und schneller als übers Telefon.

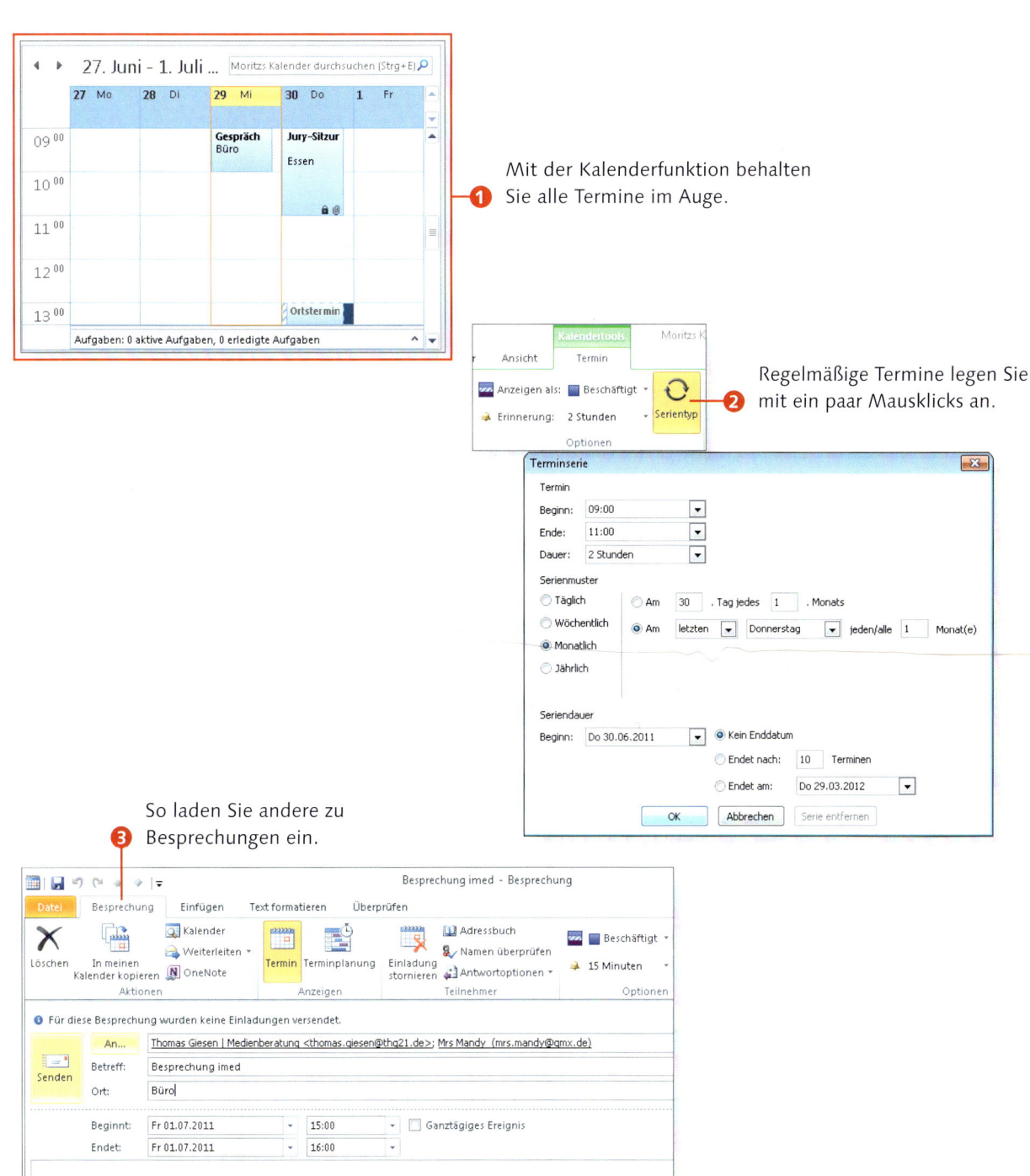

Mit der Kalenderfunktion behalten
1 Sie alle Termine im Auge.

Regelmäßige Termine legen Sie
2 mit ein paar Mausklicks an.

So laden Sie andere zu
3 Besprechungen ein.

Einen Termin eintragen und bearbeiten

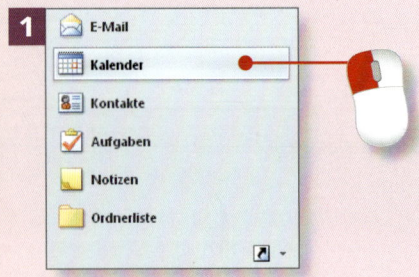

In Outlook können Sie zeitlich begrenzte und ganztägige Termine, sogenannte »Ereignisse«, eintragen.

Schritt 1

Wechseln Sie in die Kalenderansicht, indem Sie links unten auf die Schaltfläche **Kalender** klicken.

Schritt 2

Sie sehen die Kalenderansicht **Arbeitswoche** ❶, in der es noch keinen Eintrag gibt. Klicken Sie in das Feld dieser Kalenderansicht, in dem Sie den Termin eintragen wollen (hier: Mittwoch um 9:00 Uhr) ❷ und danach auf die Schaltfläche **Neuer Termin** ganz links auf der Registerkarte **Start** in der Befehlsgruppe **Neu**.

Schritt 3

Das Terminformular öffnet sich. Tragen Sie einen **Betreff** ❸ und einen **Ort** ❹ ein und verlängern Sie den Termin auf eine Stunde, indem Sie auf das Auswahlfeld neben **Endet** klicken und die neue Uhrzeit auswählen.

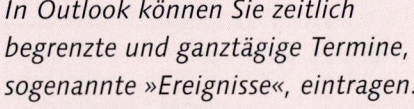

Schritt 4

Wenn die Verlängerung des Termins korrekt angezeigt wird, fügen Sie noch einen Kommentar ins Notizfeld **5** ein. Klicken Sie dann auf **Speichern & schließen**.

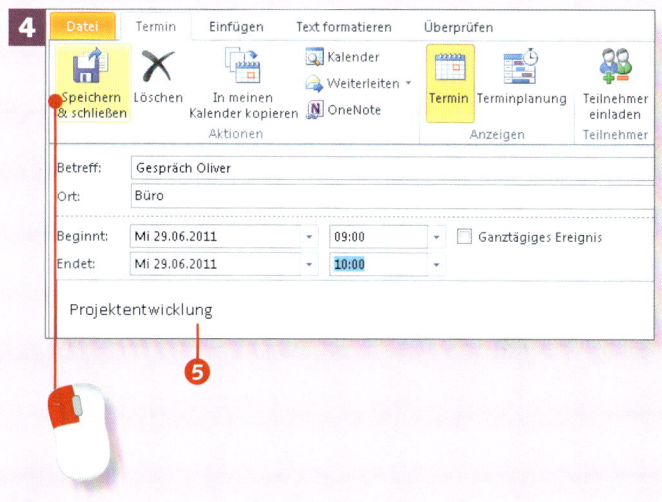

Schritt 5

Sie befinden sich wieder in der Ansicht **Arbeitswoche**. Hier sehen Sie den gerade eingetragenen Termin. Jetzt probieren wir eine alternative Möglichkeit aus: Halten Sie den Mauszeiger über ein Feld der Kalenderansicht. Warten Sie, bis sich die Fläche hellblau zeigt. Klicken Sie jetzt auf diese hellblaue Fläche.

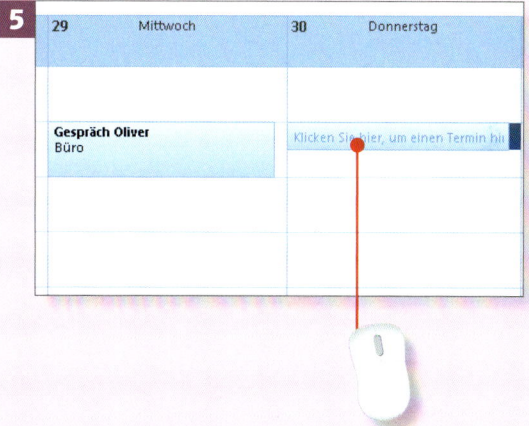

Schritt 6

Sie sehen ein leeres Feld und einen blinkenden Cursor. Tragen Sie hier jetzt den Namen Ihres Termins mit einer einprägsamen, kurzen Bezeichnung direkt in das markierte Feld ein.

Muss ich alle Felder im Terminformular ausfüllen?

Nein, allein das Datum würde ausreichen, damit Sie den Termin im Kalender sehen können. Ein Betreff ist natürlich immer nützlich.

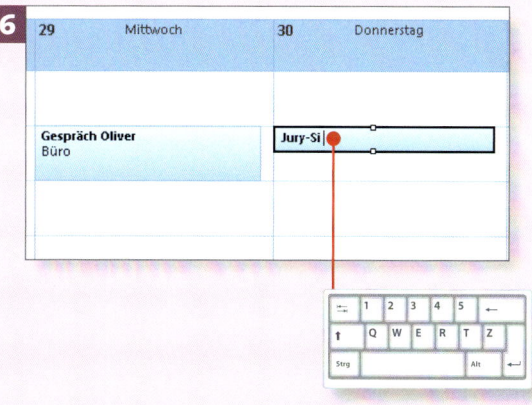

Einen Termin eintragen und bearbeiten (Forts.)

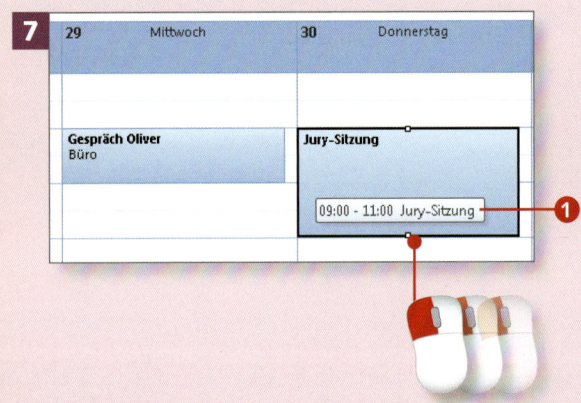

Schritt 7

Nun ziehen Sie das Feld am unteren Markierungspunkt nach unten hin größer. So verändern Sie die Zeitangabe für das Ende des Termins. Sie wird während des Vorgangs eingeblendet ❶.

Schritt 8

Der Termin ist nun bereits eingetragen. Falls Sie noch weitere Details hinzufügen möchten, klicken Sie doppelt auf das markierte Kalenderfeld. Zur weiteren Bearbeitung öffnet sich das Terminformular. Geben Sie zur näheren Bestimmung einen Ort ❷ für Ihren Termin an. Klicken Sie anschließend zur Bestätigung der Eingabe auf **Speichern & schließen**.

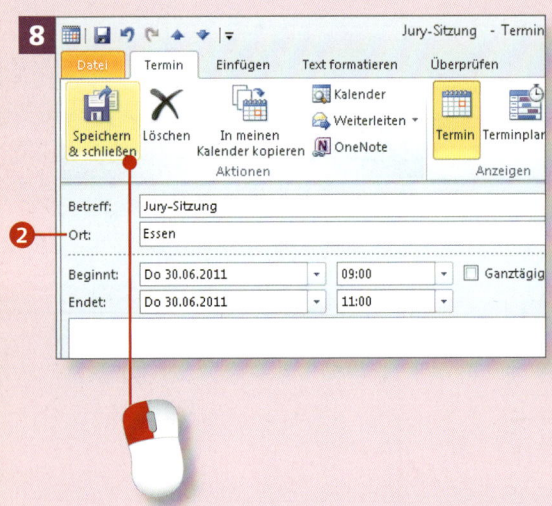

Schritt 9

In der Kalenderansicht wird der Termin jetzt mit dem Ortszusatz geführt. Klicken Sie nun auf die Registerkarte **Ansicht**.

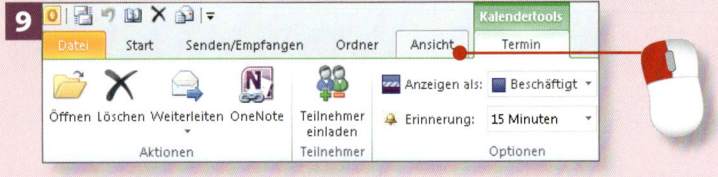

> **Die verschiedenen Ansichten**
> Testen Sie neben der Ansicht **Woche** auch die anderen Möglichkeiten, die Tagesansicht und die Monatsansicht. Letztere ist für eine langfristige Übersicht natürlich besser geeignet.

Schritt 10

Sie können sich Ihre neuen Termine nun sogar noch übersichtlicher zusammenfassen lassen. Im Menüband klicken Sie dazu auf die Registerkarte **Ansicht**, anschließend auf **Aufgabenleiste** und im Aufklappmenü auf **Normal**.

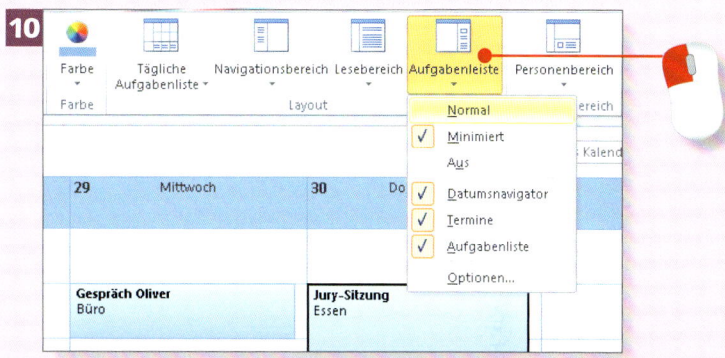

Schritt 11

Sie sehen die Kalenderansicht **Arbeitswoche** mit dem Kalendernavigator ❸, der Auflistung zeitnaher Termine ❹.

Schritt 12

So einfach ist es, Termine in Outlook einzutragen. Noch ein Hinweis zum Schluss: Private Termine sollten Sie unbedingt durch die Option **Privat** ❺ in der Befehlsgruppe **Kategorien** schützen. (Andernfalls würden sie im Falle eines Falles mit veröffentlicht; siehe dazu den Abschnitt »Kalenderdaten weitergeben« ab Seite 204.) Schließen Sie das aktuelle Fenster nach dem Speichern.

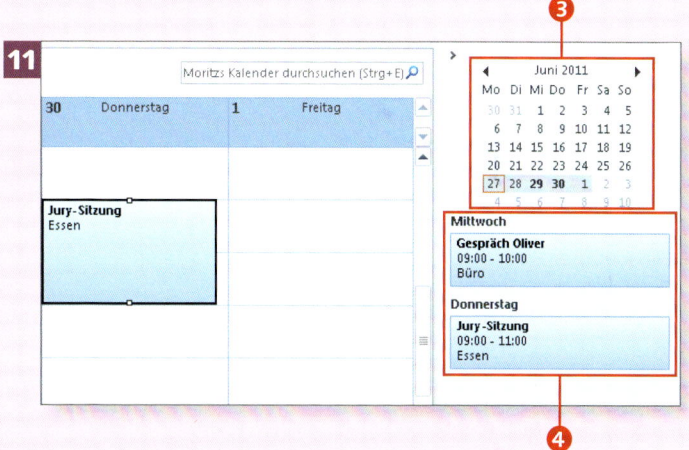

Die Erinnerungsfunktion: keinen Termin versäumen

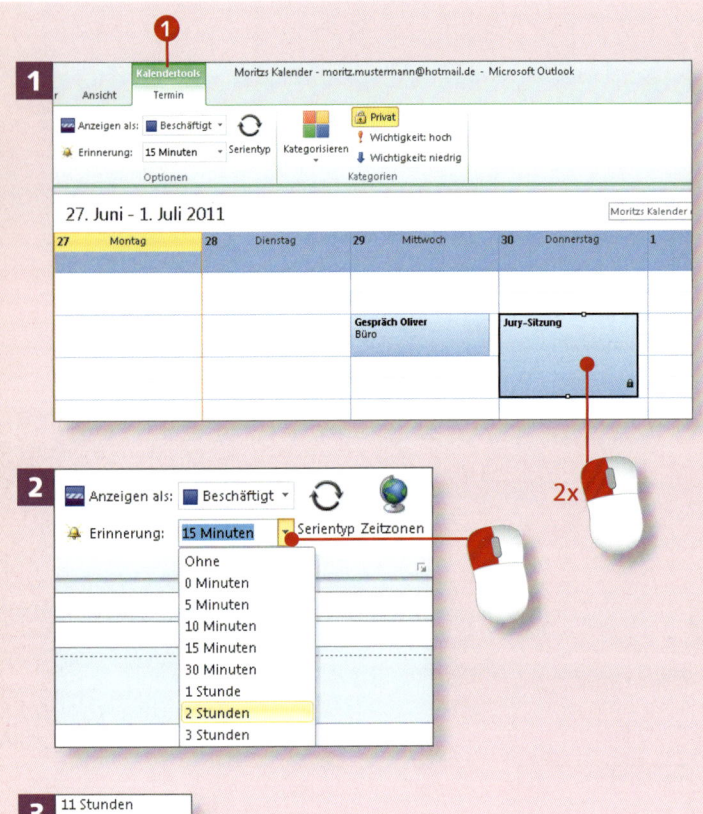

Nicht richtig vorbereitet in einen Termin zu gehen oder ihn sogar zu verpassen ist mindestens ärgerlich. Das passiert Ihnen nicht mehr, denn Outlook wird Sie in Zukunft rechtzeitig erinnern – wenn Sie möchten, sogar mit einem Geräusch.

Schritt 1

In der Kalenderansicht **Arbeitswoche** klicken Sie auf einen eingetragenen Termin. Die Registerkarte **Kalendertools** ❶ erscheint. Klicken Sie den Termin danach erneut an, dieses Mal allerdings doppelt.

Schritt 2

Im Terminformular klicken Sie in der Befehlsgruppe **Optionen** auf das Auswahlmenü neben **Erinnerung** und wählen **2 Stunden**. Sie werden jetzt zwei Stunden vor dem Termin durch ein sich öffnendes Fenster an den Termin erinnert.

Schritt 3

Wollen Sie mit einem Geräusch erinnert werden? Dann öffnen Sie das Aufklappmenü neben **Erinnerung** noch einmal, und klicken Sie ganz unten auf den Eintrag **Sound**.

✚✚ Wählen Sie Erinnerungen mit Bedacht

Belegen Sie nicht jeden Termin mit einer Erinnerung. Wählen Sie nur die Termine, für die diese Funktion auch wirklich sinnvoll ist. Denken Sie daran, dass Sie jedes Mal – vielleicht sogar mit einem Geräusch – auf den anstehenden Termin aufmerksam gemacht werden. Das kann auch stören.

Schritt 4

Im geöffneten Fenster **Erinnerungs-sound** setzen Sie ein Häkchen vor **Diesen Sound wiedergeben**. Die Datei *reminder.wav* ist vorausge-wählt. Es ist ein kurzes, auffälliges Geräusch, das sich gut als Erinnerung eignet. Bestätigen Sie die Auswahl dieses Sounds mit **OK**.

Schritt 5

Wenn Sie möchten, können Sie durch Klicken auf **Durchsuchen** ❷ auch einen anderen Sound auswäh-len. Wählen Sie dazu eine Datei im Format WAV ❸ von Ihrer Festplatte, und klicken Sie auf **Öffnen**. Bestäti-gen Sie anschließend den von Ihnen ausgewählten Sound wie in Schritt 4 mit **OK**.

Schritt 6

Im noch geöffneten Terminfor-mular klicken Sie auf **Speichern & schließen**, um die Einstellungen mit diesem Termin zu verbinden. Sie werden nun zwei Stunden vor Beginn des Termins erinnert.

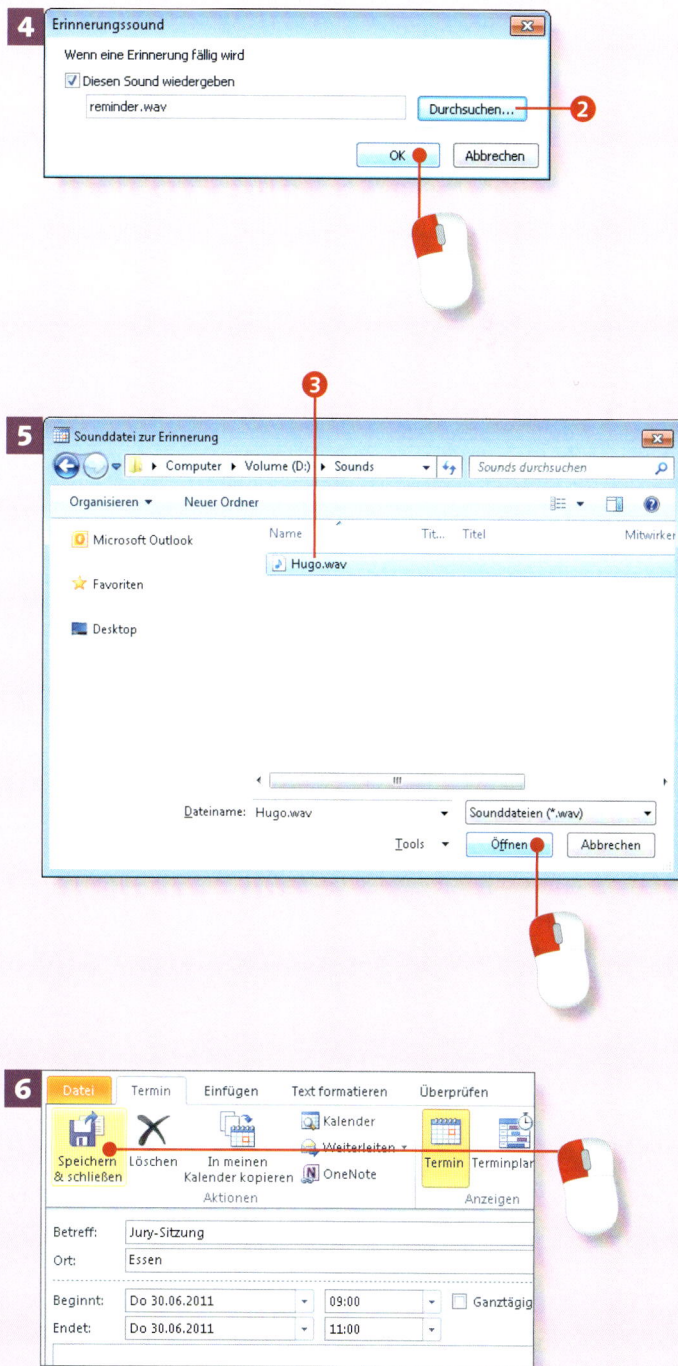

Regelmäßige Termine als Serie festlegen

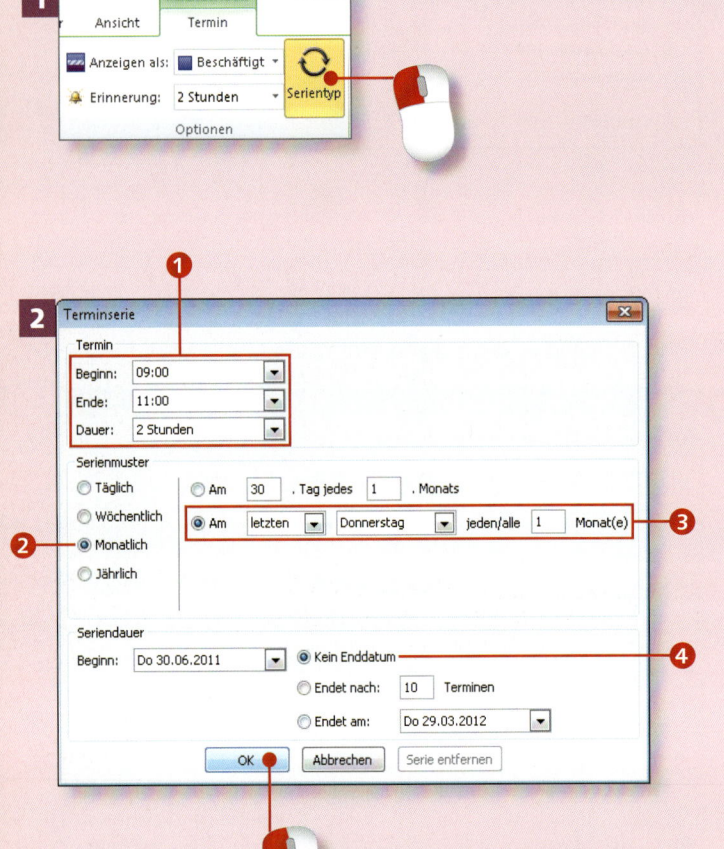

*Termine für regelmäßig wiederkeh-
rende Veranstaltungen müssen Sie
nicht jedes Mal neu manuell festlegen. Solche »Serientermine« sind
leicht eingerichtet.*

Schritt 1

In der Ansicht **Arbeitswoche** wählen
Sie einen Eintrag im Kalender aus
und klicken auf der Registerkarte
Kalendertools in der Gruppe **Optionen** auf **Serientyp**.

Schritt 2

Im Fenster **Terminserie** können Sie
Beginn und Ende des Termins verändern ❶, aber auch ein **Serienmuster**
festlegen. Unser Termin wiederholt
sich monatlich ❷ an jedem letzten
Donnerstag im Monat ❸. Ein Ende
der Serie legen wir nicht fest ❹.
Klicken Sie dann auf **OK**.

Schritt 3

In Ihrem Kalender taucht der Termin
nun regelmäßig auf. Zusätzlich ist
er als Serientermin gekennzeichnet.
Um die Wiederholung wieder zu
entfernen, klicken Sie doppelt auf
dieses Symbol.

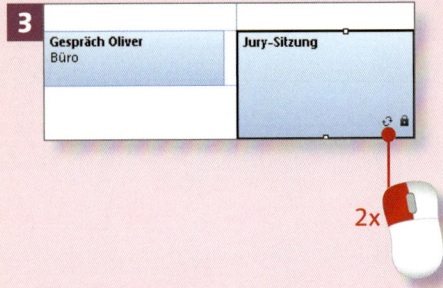

Schritt 4

Das Fenster **Terminserie öffnen** erscheint. Hier wählen Sie, ob Sie nur diesen einzelnen Termin bearbeiten wollen oder die ganze Serie. Da wir die ganze Serie bearbeiten wollen, setzen wir den Punkt vor **Die Serie öffnen** und klicken dann auf die Schaltfläche **OK**.

Schritt 5

Gehen Sie vor, wie in Schritt 1 beschrieben, und klicken Sie auf **Serientyp**. Im Fenster **Terminserie** klicken Sie auf die Schaltfläche **Serie entfernen**.

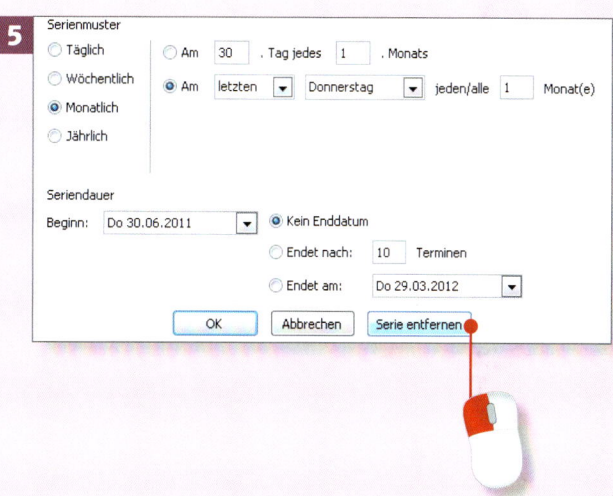

Schritt 6

Im Terminformular klicken Sie anschließend auf **Speichern & schließen**, um diese veränderte Definition des Termins festzulegen.

Einen einzelnen Termin bearbeiten

Wenn Sie einmal nicht alle Termine der Serie bearbeiten möchten, setzen Sie in Schritt 4 den Punkt vor **Dieses Serienelement öffnen**. Alles, was Sie dann ändern, wirkt sich nur auf diesen einzelnen Termin aus.

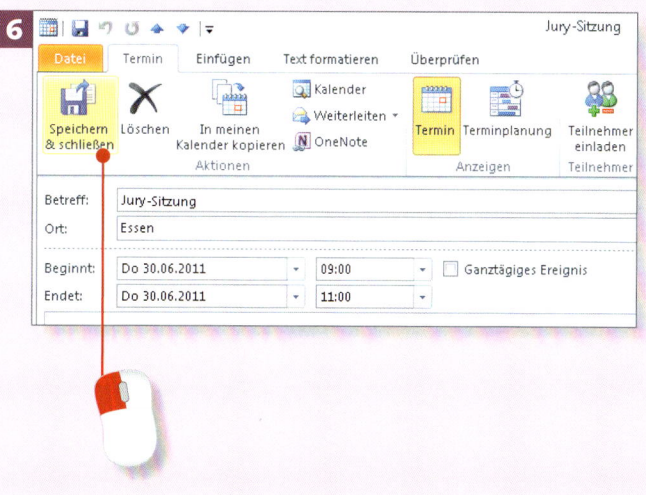

Einem Termin Dateien hinzufügen

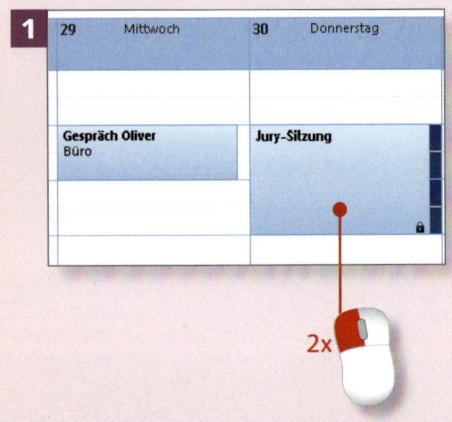

2x

Zuweilen ist es von Vorteil, ein Dokument direkt über den Kalendereintrag aufrufen zu können. Nehmen wir an, Sie wollen die Agenda zu einem Treffen mit dem Termineintrag verknüpfen, um schnell darauf zugreifen zu können. Auch das ist mit Outlook möglich.

Schritt 1

Klicken Sie im Outlook-Bereich **Kalender** in die Ansicht **Arbeitswoche** (siehe den vorangegangenen Abschnitt »Regelmäßige Termine als Serie festlegen«). Klicken Sie dann doppelt auf einen Termin, dem Sie ein Dokument hinzufügen wollen.

Schritt 2

Um dem Termin nun ein Dokument hinzuzufügen, klicken Sie im geöffneten Terminformular auf die Registerkarte **Einfügen**.

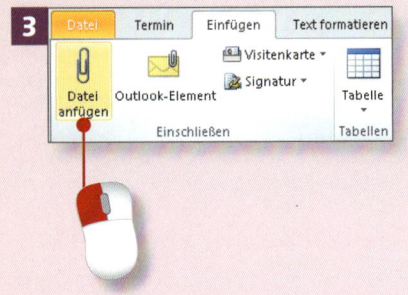

Schritt 3

Im Menüband der Registerkarte **Einfügen** klicken Sie dann in der Befehlsgruppe **Einschließen** auf die Schaltfläche **Datei anfügen**.

Schritt 4

Es öffnet sich das Fenster **Datei einfügen**. Wählen Sie nun das für den Termin wichtige Dokument ❶ aus Ihrem Ordnerverzeichnis aus, und fügen Sie es in das Terminformular ein, indem Sie auf **Einfügen** klicken.

Schritt 5

Sie sehen nun das ins Terminformular eingefügte Dokument. Setzen Sie ein Stichwort oder eine Kurzinformation als Notiz ins sogenannte Notizfeld ❷, und klicken Sie dann auf die Registerkarte **Termin**.

Schritt 6

Auf der Registerkarte **Termin** klicken Sie auf die Schaltfläche **Speichern & schließen**. Das Dokument können Sie nun jederzeit zusammen mit Ihrem Kalendereintrag aufrufen.

! Datenmenge beachten

Sie können einem Termin alle Arten von Dateien hinzufügen. Sie sollten sich aber darüber im Klaren sein, dass damit auch die Datenmenge wächst, die Outlook auf Ihrer Festplatte und auf dem Server beansprucht.

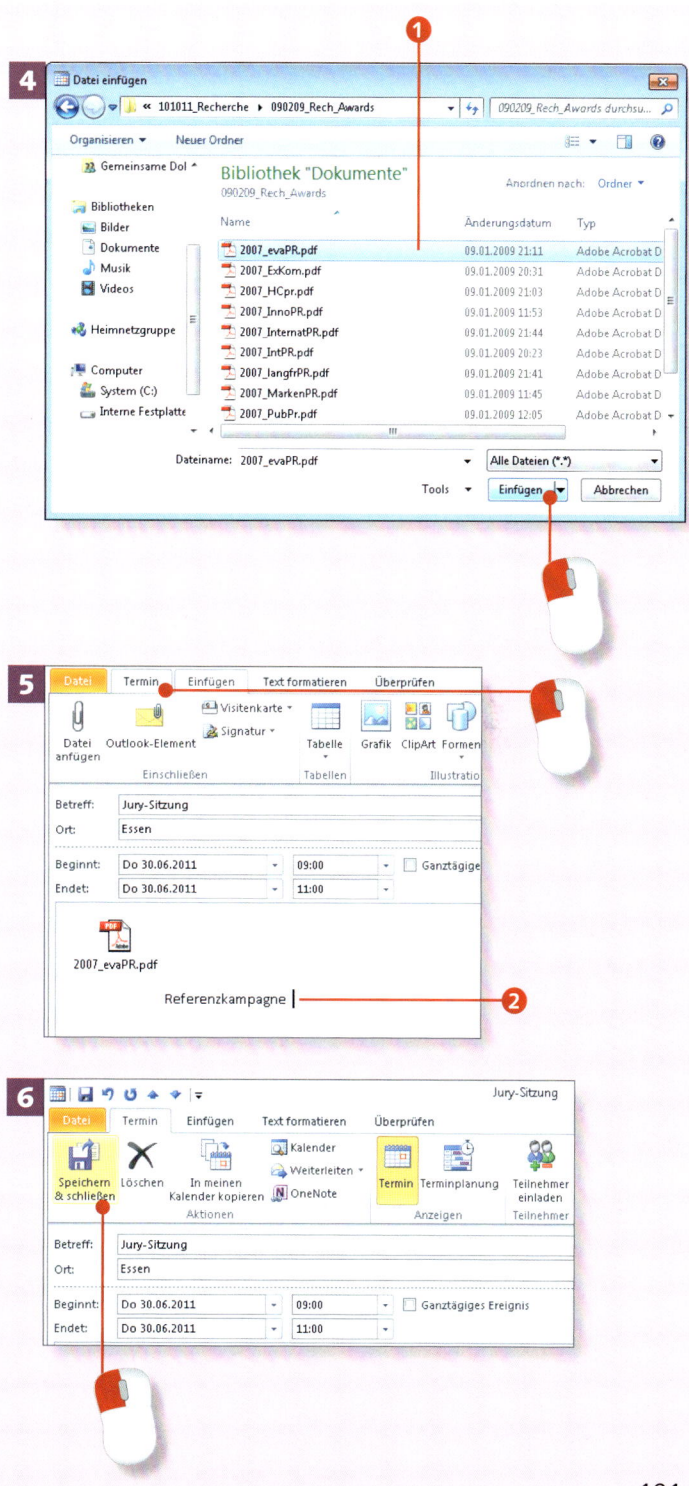

Feiertage automatisch anzeigen lassen

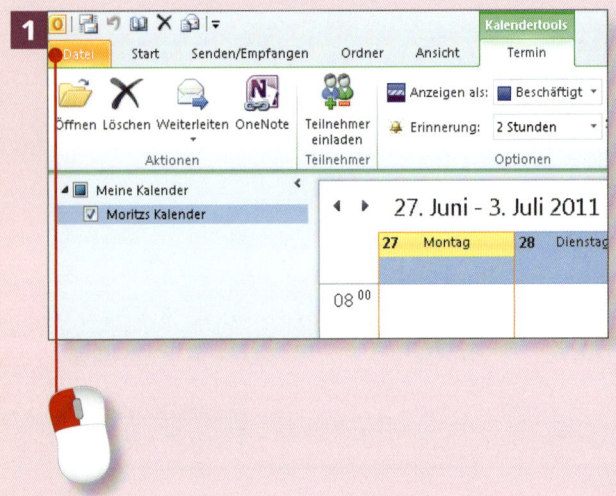

Es ist durchaus sinnvoll, im Kalender immer alle Feiertage angezeigt zu bekommen. Diese Funktion beinhaltet der Outlook-Kalender allerdings nicht standardmäßig. Sie muss gesondert aktiviert werden. Das ist aber mit ein paar Klicks geschehen.

Schritt 1

Wechseln Sie im Bereich **Kalender** auf die Registerkarte **Datei**, indem Sie daraufklicken.

Schritt 2

Auf der Registerkarte **Datei** klicken Sie auf die Schaltfläche **Optionen**.

Schritt 3

Das Fenster **Outlook-Optionen** öffnet sich. Klicken Sie links oben auf **Kalender ❶** und anschließend im rechten Bereich des Fensters unter der Überschrift **Kalenderoptionen** auf die Schaltfläche **Feiertage hinzufügen**.

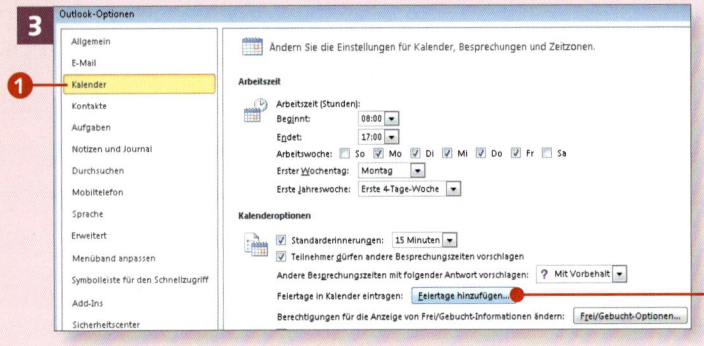

Schritt 4

Sie sehen das Fenster **Feiertage in Kalender eintragen**. Wählen Sie hier die Feiertage aus, die Ihnen angezeigt werden sollen. Vermutlich wollen Sie wie wir auch die deutschen Feiertage im Kalender sehen. Setzen Sie also das Häkchen neben **Deutschland**, und bestätigen Sie Ihre Eingabe anschließend mit **OK**.

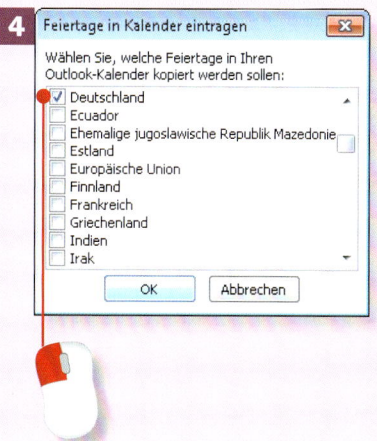

Schritt 5

Outlook gibt Ihnen die Rückmeldung, dass der Befehl erfolgreich ausgeführt wurde. Klicken Sie auf die Schaltfläche **OK**.

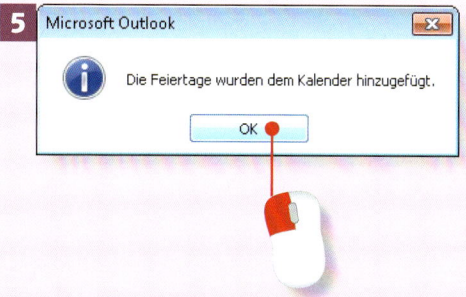

Schritt 6

Sie befinden sich wieder im Outlook-Kalender. Nun wollen wir prüfen, ob alles funktioniert hat. Bewegen Sie sich über die Pfeilschaltflächen bis zum nächsten Feiertag vor. Im Beispiel sehen Sie, dass der 3. Oktober als Ereignis (d.h. ganztägig) unter der Anzeige des Wochentags eingetragen ist. Es hat also geklappt. Ein ggf. für diesen Tag angesetzter Termin wird dennoch angezeigt.

Geburtstage eintragen

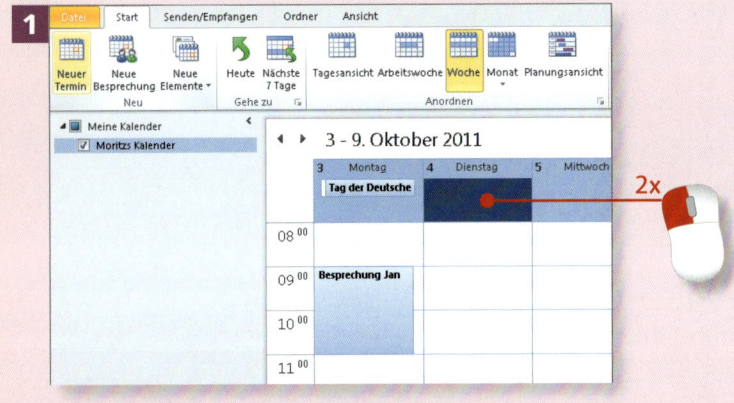

Mindestens so wichtig wie die Anzeige von Feiertagen ist die Darstellung der Geburtstage von Freunden, Bekannten und Kollegen. Es gibt zwei Wege, die Geburtstage in den Kalender einzutragen. Beide stellen wir Ihnen hier vor.

Schritt 1

Klicken Sie doppelt auf den Kopf eines Tages in der Kalenderansicht **Woche**.

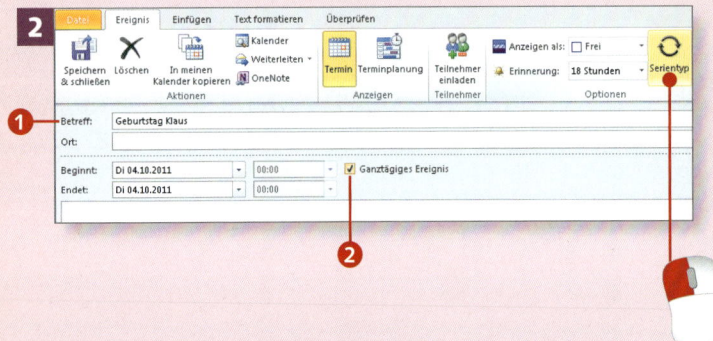

Schritt 2

Das Ereignisformular öffnet sich. Tragen Sie einen Betreff ❶ ein, z.B. »Geburtstag Klaus«. Setzen Sie nun ein Häkchen vor **Ganztägiges Ereignis** ❷. Überprüfen Sie daneben noch einmal das eingetragene Datum für das Ereignis. Klicken Sie dann auf **Serientyp**.

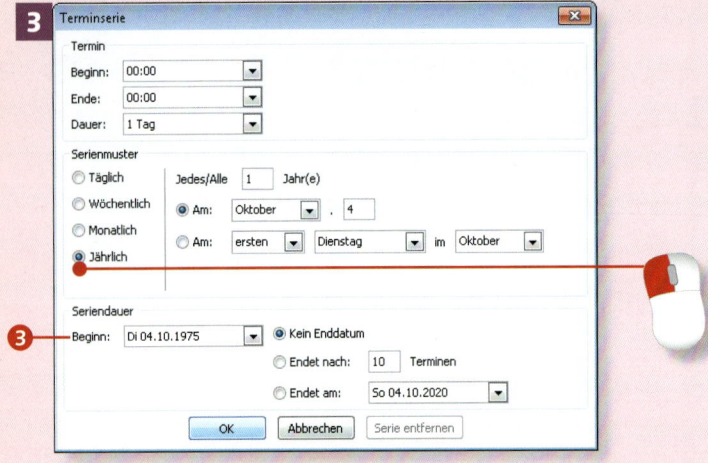

Schritt 3

Im Fenster **Terminserie** markieren Sie als Serienmuster **Jährlich**. Ein Enddatum geben Sie nicht an. Wenn Sie das genaue Geburtsjahr kennen, tragen Sie es hinter **Beginn** ❸ ein. Klicken Sie danach auf **OK**.

Schritt 4

Das Ereignisformular schließen Sie nun, indem Sie auf die Schaltfläche **Speichern & schließen** klicken.

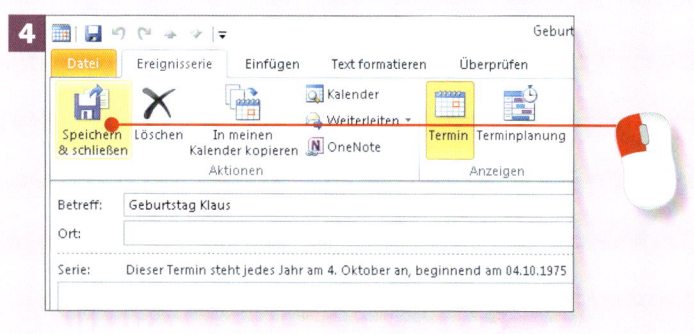

Schritt 5

Das war der erste Weg. Im Kalender erscheint jetzt der Hinweis auf den Geburtstag der eingetragenen Person ❹. Die Alternative führt über die Kontakteinträge. Klicken Sie also zunächst auf die Schaltfläche **Kontakte**.

Schritt 6

Im Outlook-Bereich **Kontakte** wählen Sie die Person aus, deren Geburtstag angezeigt werden soll, indem Sie den Eintrag zu dieser Person per Doppelklick öffnen.

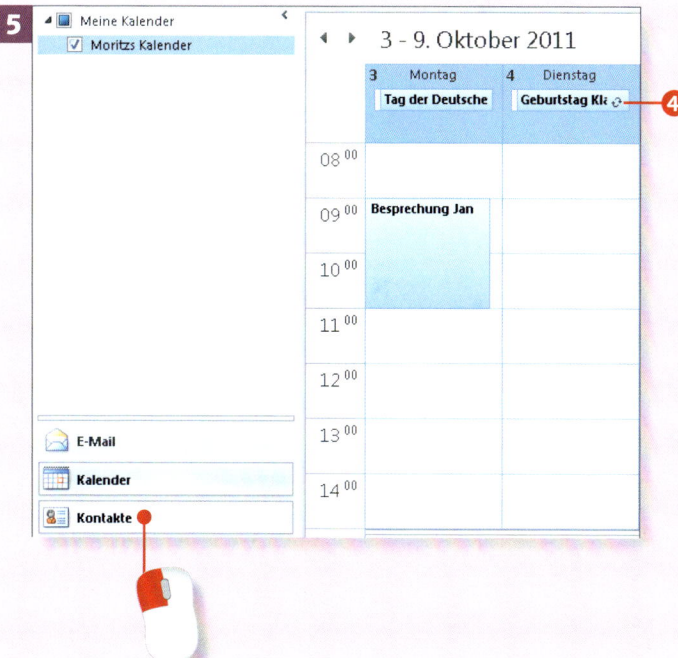

Viele Geburtstage auf einmal

Wenn Sie Ihren Kalender auf den neuesten Stand bringen wollen und gleich sehr viele Geburtstage auf einmal eingeben möchten, können Sie auch eine Excel-Liste anlegen und importieren. Lesen Sie dazu den Abschnitt »Kontakte aus Excel importieren« ab Seite 162.

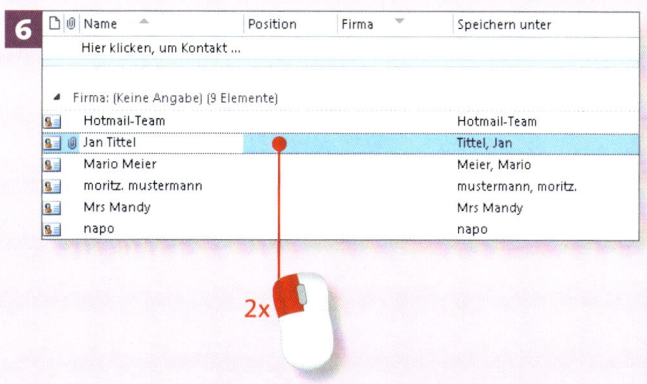

Geburtstage eintragen (Forts.)

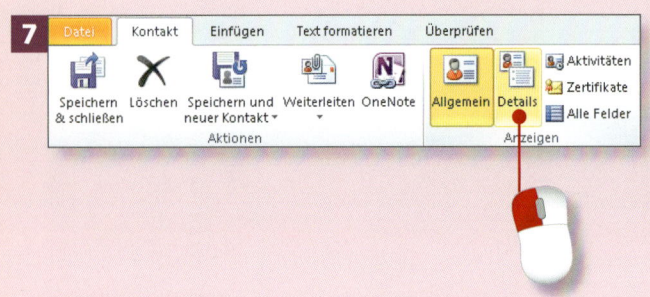

Schritt 7

Nun wollen wir die Daten bearbeiten, die wir zu dieser Person gespeichert haben. Klicken Sie dazu in der Befehlsgruppe **Anzeigen** auf die Schaltfläche **Details**.

Schritt 8

Tragen Sie den **Geburtstag** ❶ Ihres Kontakts ein. Sollte Ihnen das Geburtsjahr unbekannt sein, können Sie alternativ auch einfach das Jahr eingeben, in dem Sie den Eintrag zum ersten Mal in den Kalender aufnehmen wollen. Der Geburtstag wird in jedem Fall später im Kalender zu sehen sein. Sichern Sie den Dateneintrag, indem Sie auf **Speichern & schließen** klicken.

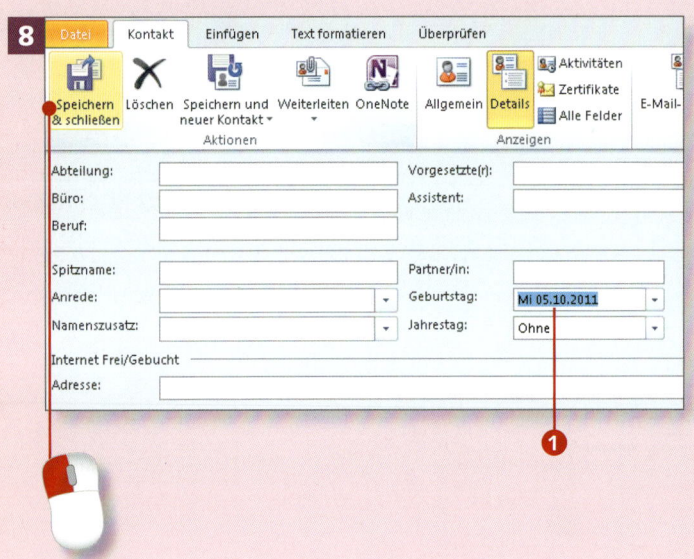

Schritt 9

Sie befinden sich wieder im Bereich **Kontakte**. Kehren Sie von dort aus zurück in den Bereich **Kalender**, indem Sie auf die Schaltfläche **Kalender** klicken.

> **! Vorsicht bei falschen Daten!**
> Normalerweise sollten Sie vorsichtig mit Dateneinträgen wie dem Geburtsjahr umgehen, wenn Sie sich unsicher sind. Für unser Beispiel haben wir einmal eine Ausnahme gemacht.

Schritt 10

Es öffnet sich die Tagesansicht zum aktuellen Datum. Öffnen Sie die Wochenansicht durch Anklicken der Schaltfläche **Woche**.

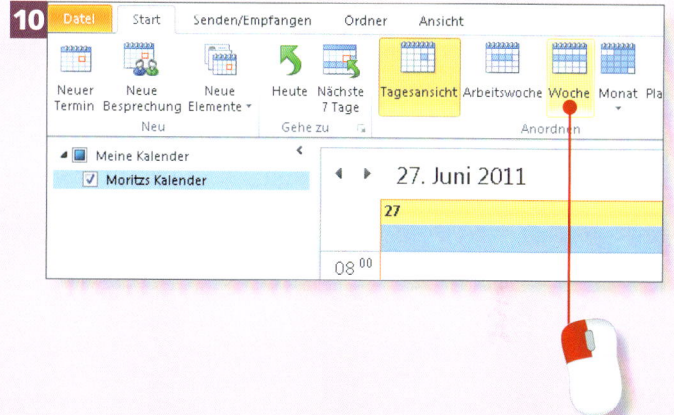

Schritt 11

Sie befinden sich in der Wochenansicht zum aktuellen Datum. Klicken Sie in den Datumsnavigator rechts oben, und navigieren Sie über den Monat zum Tag des zuvor eingetragenen Geburtstages.

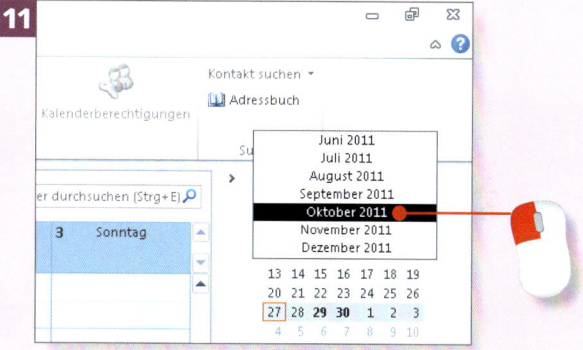

Schritt 12

In der entsprechenden Woche des Jahres finden Sie nun im Kopf des Tagesdatums den korrekten Geburtstagseintrag als ganztägiges Ereignis. Sie sehen: Beide Methoden waren erfolgreich. Welche Sie bevorzugen, liegt bei Ihnen.

Besprechungen: einladen und antworten

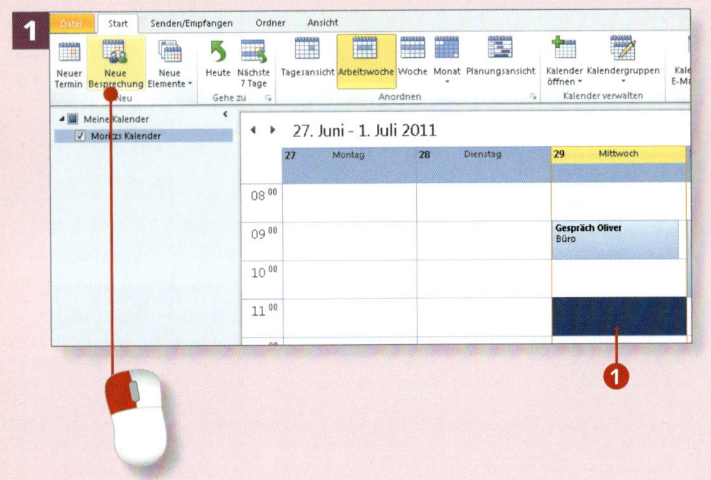

Mit »Besprechungen« können Sie in Outlook Termine mit anderen Gesprächspartnern planen. Sie können jemanden einladen und gemeinsam den Termin festlegen.

Schritt 1

Wir wollen eine Besprechung für Mittwochvormittag um 11:00 Uhr ansetzen. Markieren Sie diesen Bereich im Kalender ❶. Klicken Sie dann in der Befehlsgruppe **Neu** auf die Schaltfläche **Neue Besprechung**.

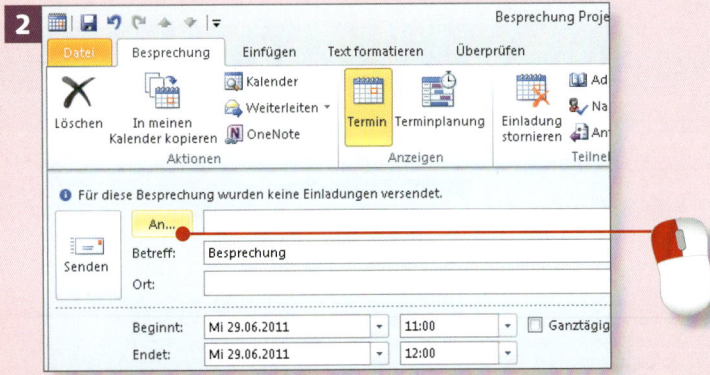

Schritt 2

Das Besprechungsformular öffnet sich. Prüfen Sie nun die eingetragenen Daten, und verändern Sie sie, falls nötig. Ergänzen Sie einen Betreff, und klicken Sie auf die Schaltfläche **An**.

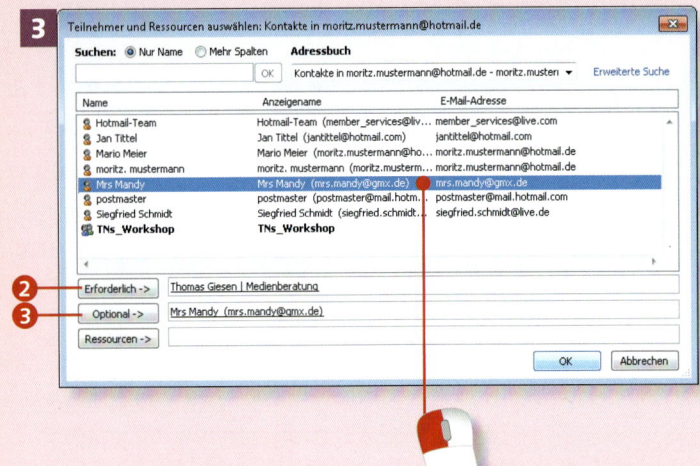

Schritt 3

Im Fenster **Teilnehmer und Ressourcen auswählen** klicken Sie auf eine Adresse. Klassifizieren Sie die Empfänger danach nach deren Bedeutung als **Erforderlich** ❷ oder **Optional** ❸ für den Termin, und klicken Sie abschließend auf **OK**.

Schritt 4

Im noch geöffneten Besprechungsformular sind nun alle Daten gesetzt.
Versenden Sie Ihre Anfrage durch
einen Klick auf **Senden**.

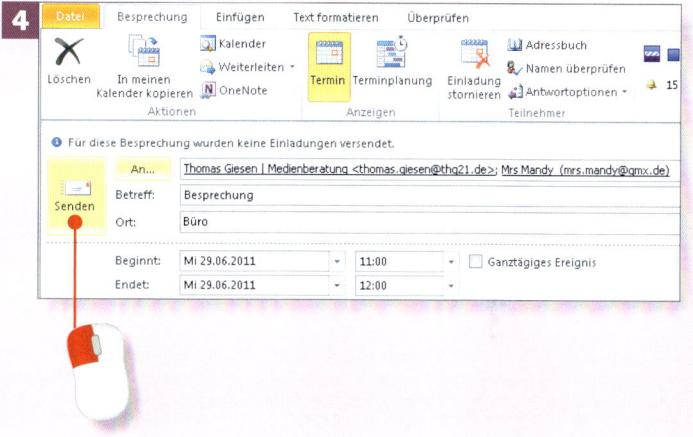

Schritt 5

Der angefragte Besprechungstermin
erscheint bereits direkt nach dem
Versand der Anfrage in Ihrem Kalender ④. Nun müssen Sie nur noch auf
die Antwort der Teilnehmer warten.

Schritt 6

Dem Empfänger Ihrer E-Mail wird
Ihre Anfrage in seinem Terminka-
lender für den betreffenden Tag
dargestellt ⑤. Er kann nun schnell
entscheiden, ob er zusagt. Dazu
klickt er auf **Antwort jetzt senden**
im Menü der Schaltfläche **Zusagen**.

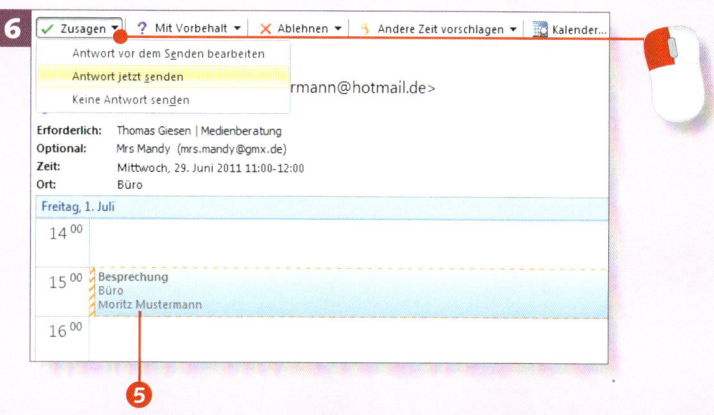

Besprechungen: einladen und antworten (Forts.)

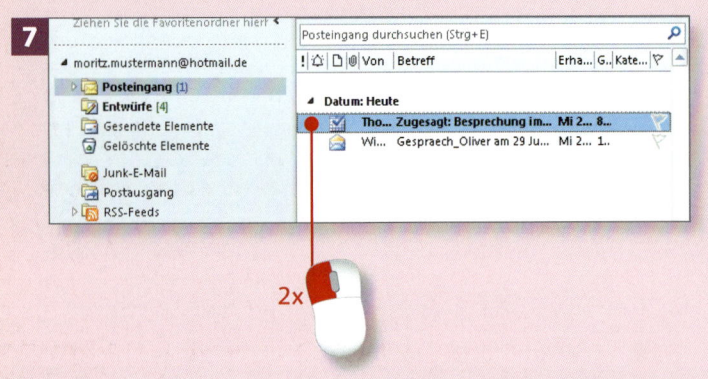

Schritt 7

Nach dem Versand der Zusage geht in Ihrem Posteingang die Antwort ein. Doppelklicken Sie auf das Nachrichtenelement, um die Statusübersicht Ihrer Besprechungsnachfrage zu lesen.

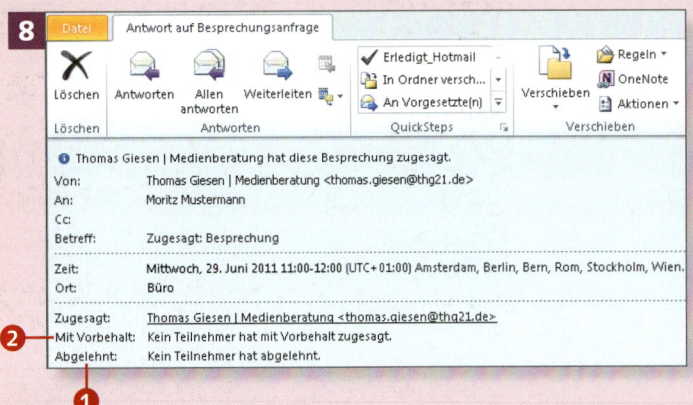

Schritt 8

Im geöffneten Fenster sind auch Ablehnungen ❶ und vorbehaltliche Zusagen ❷ aufgeführt. Angenommen, es bliebe bei diesem Ergebnis und die vorbehaltliche Teilnahme der dritten Person wäre Ihnen wichtig, so müssten Sie den Besprechungstermin absagen. Dazu gehen Sie folgendermaßen vor: Schließen Sie das aktuelle Fenster.

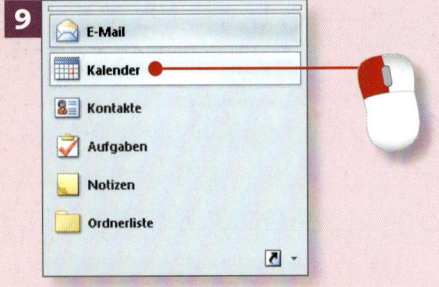

Schritt 9

Wechseln Sie vom Bereich **E-Mail** wieder zurück in den Bereich **Kalender**, indem Sie auf die Schaltfläche **Kalender** klicken.

Schritt 10

In der Outlook-Kalenderansicht **Woche** klicken Sie doppelt auf den anvisierten und bereits eingetragenen Besprechungstermin.

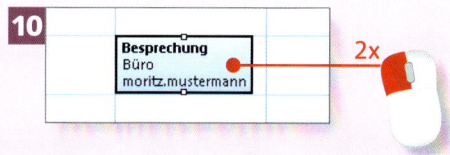

Schritt 11

Im Menüband des sich dann öffnenden Besprechungsformulars klicken Sie auf die Schaltfläche **Besprechung absagen**.

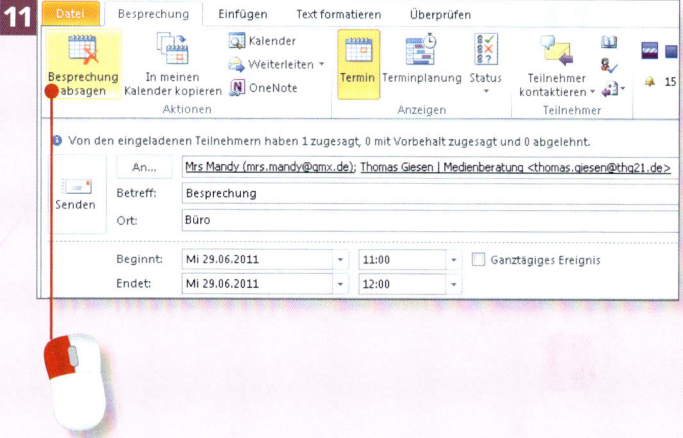

Schritt 12

Outlook öffnet das Besprechungsformular erneut, nun sehen Sie allerdings anstelle der üblichen Schaltfläche **Senden** die Schaltfläche **Absage senden**.

Absage oder neuer Vorschlag

Sollten Sie einmal eine Einladung zu einer Besprechung erhalten, können Sie, wie in Schritt 6 dargestellt, zusagen, aber natürlich auch ablehnen oder einen anderen Terminvorschlag machen. Klicken Sie dazu auf die entsprechenden Felder. Lesen Sie dazu auch den nächsten Abschnitt »Eine E-Mail als Termin übernehmen«.

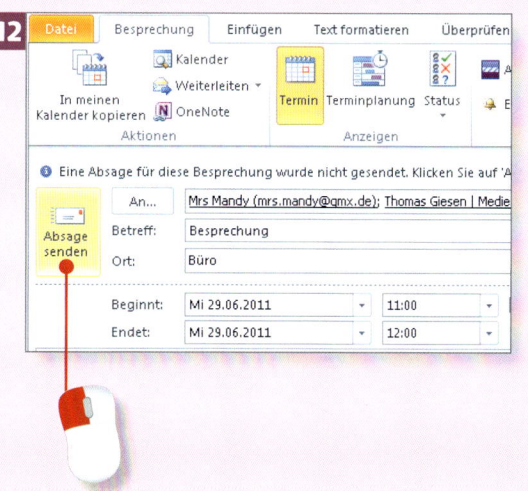

Eine E-Mail als Termin übernehmen

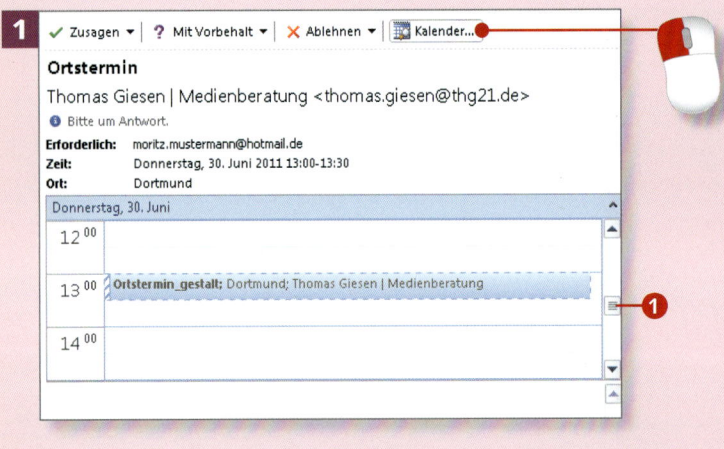

Natürlich können Sie auch Besprechungsanfragen erhalten, in denen Sie um Zu- oder Absagen gebeten werden. Wie Sie mit einer solchen Anfrage umgehen, zeigen wir Ihnen hier.

Schritt 1

Im Ordner **Posteingang** liegt eine Besprechungsanfrage, und im Vorschaubereich ist die Anfrage bereits in Ihren Tageskalender eingepflegt. Durch Scrollen **1** sehen Sie Ihre übrigen Termine an diesem Tag. Zur Darstellung der Anfrage in der Wochenansicht klicken Sie auf die Schaltfläche **Kalender** im Vorschaubereich oben rechts.

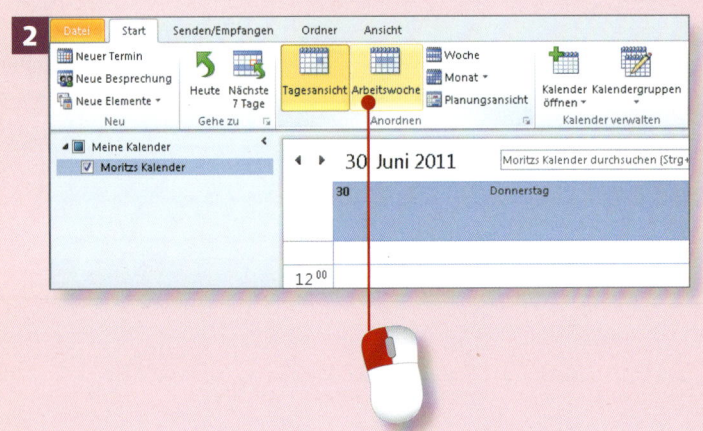

Schritt 2

Die Tagesansicht des Kalenders öffnet sich. Wechseln Sie von der Tagesansicht in die Wochenansicht, indem Sie im Menüband auf **Arbeitswoche** klicken.

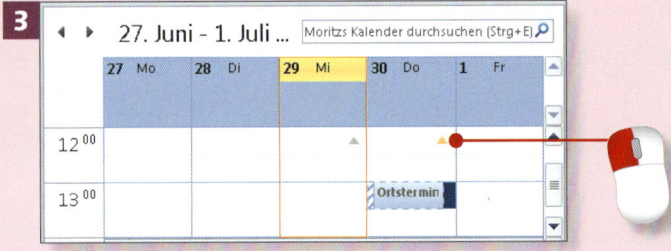

Schritt 3

In der Ansicht **Arbeitswoche** verschaffen Sie sich einen besseren Überblick, wenn Sie auf die kleinen Pfeile in der Kalenderdarstellung klicken, die immer dann von Outlook ergänzt werden, wenn es noch andere Termine gibt.

Schritt 4

In der vergrößerten Wochenansicht sehen Sie jetzt für den Tag der Besprechungsanfrage den bereits vergebenen Termin ❷. Außerdem werden auch Termine der anderen Wochenarbeitstage angezeigt. Wechseln Sie wieder in den Posteingang.

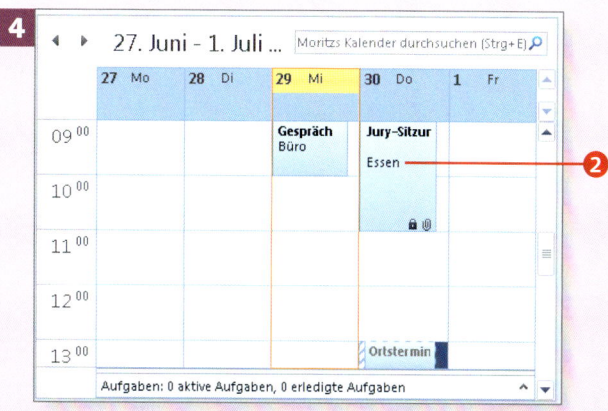

Schritt 5

Nun gibt es zwei Wege, auf die eingegangene Besprechungsanfrage zu antworten: Entweder gehen Sie über den Vorschaubereich (siehe Schritt 1), oder Sie öffnen das Besprechungsformular. Wir wählen den zweiten Weg. Klicken Sie dazu doppelt auf das noch ungeöffnete Nachrichtenelement.

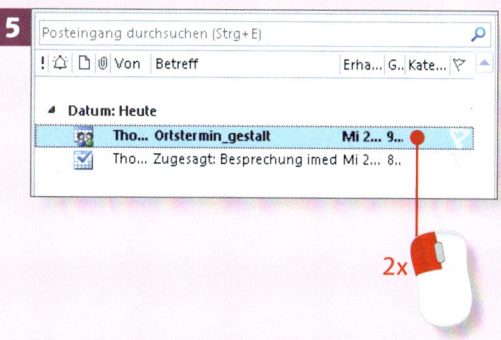

Schritt 6

Im Besprechungsformular klicken Sie über die Schaltfläche **Zusagen** auf **Antwort jetzt senden**.

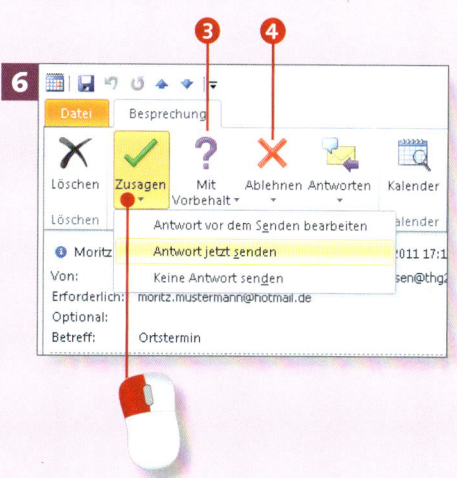

ℹ️ **Unter Vorbehalt zusagen**

Sie können natürlich auch **Mit Vorbehalt** ❸ zusagen, wenn Sie den Termin nicht mit Sicherheit zusagen können, oder auch die Option **Ablehnen** ❹ wählen. Natürlich können Sie das auch begründen.

Kalenderdaten weitergeben

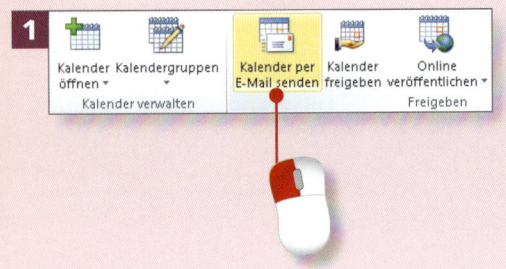

Anstelle einer einzelnen Besprechungsanfrage für einen bestimmten Zeitpunkt können Sie auch ganze Auszüge Ihres Kalenders – z.B. eine Wochenplanung – zur Abstimmung eines Besprechungstermins versenden.

Schritt 1

Klicken Sie im Outlook-Bereich **Kalender** in der Ansicht **Arbeitswoche** im Menüband auf die Schaltfläche **Kalender per E-Mail senden**.

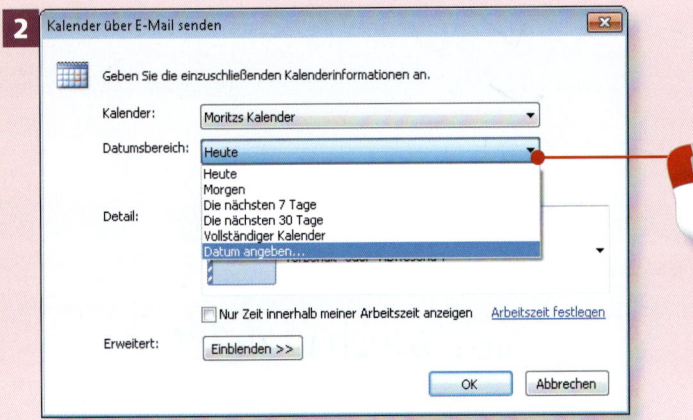

Schritt 2

Das Fenster **Kalender über E-Mail senden** öffnet sich. Im Aufklappmenü des Feldes **Datumsbereich** wählen Sie den Eintrag **Datum angeben**.

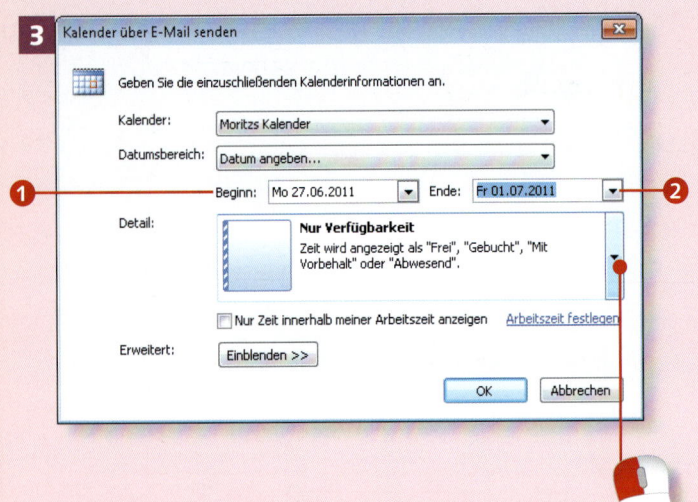

Schritt 3

In den nun zusätzlich angezeigten Feldern **Beginn** ❶ und **Ende** ❷ setzen Sie ein Datum für den Beginn und das Ende des Teils Ihres Kalenders, den Sie versenden möchten. Klicken Sie anschließend auf den Pfeil im Bereich **Detail**.

Schritt 4

Klicken Sie auf den Eintrag **Alle Details**. Im Auszug, den Sie versenden wollen, werden alle Detailangaben Ihrer Termine – mit Ausnahme der durch die Option **Privat** gekennzeichneten Informationen – versendet.

Schritt 5

Bestätigen Sie Ihre Eingaben durch einen Klick auf **OK** im Fenster **Kalender über E-Mail senden**.

Schritt 6

Sie landen im Ihnen bereits bekannten E-Mail-Formular. Dort sind der Betreff und die digitalisierte Fassung des Kalenderausschnitts ❸ schon eingefügt. Im Notizfeld erscheinen einige Informationen zu Ihrem Kalender. Sie müssen nur noch den Empfänger Ihrer E-Mail im Feld **An** bestimmen und auf **Senden** klicken.

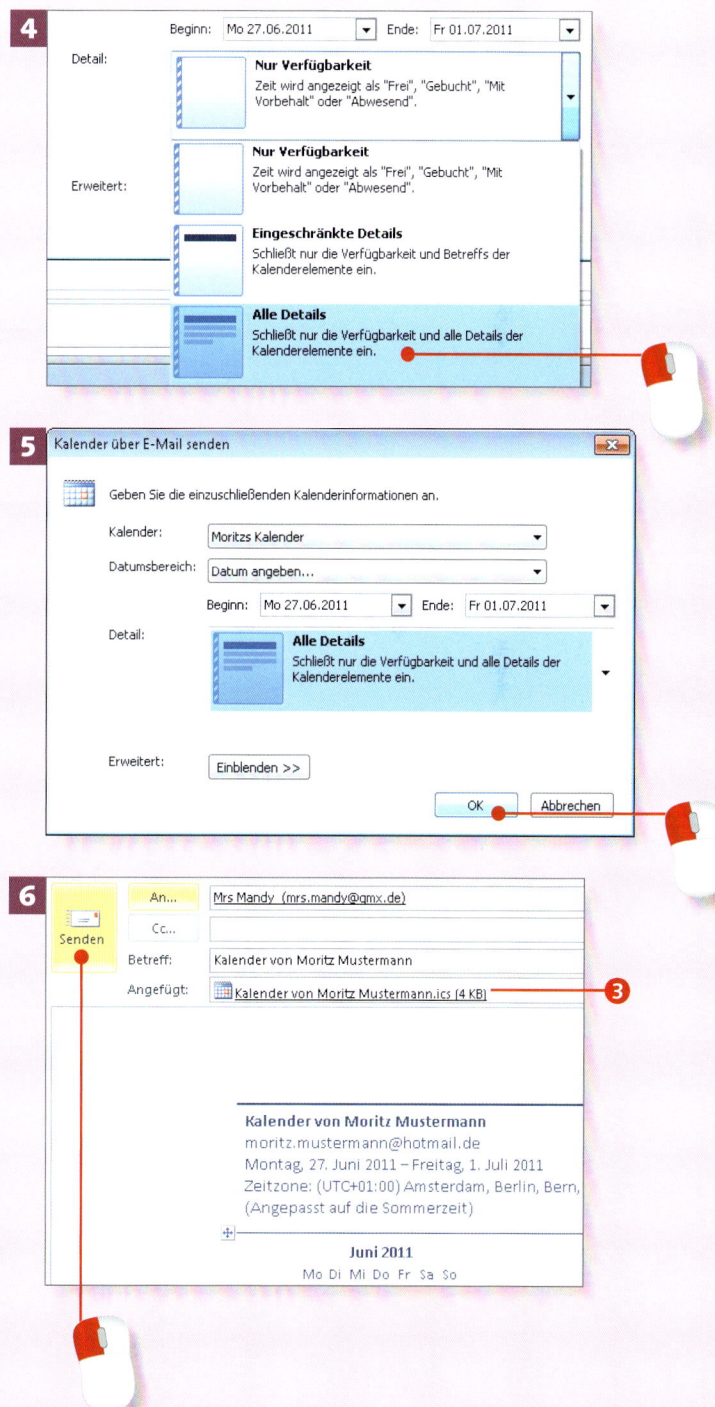

ℹ Einen Termin eintragen

Wie Sie ganz grundsätzlich einen Termin in Ihrem Kalender eintragen, erfahren Sie im Abschnitt »Einen Termin eintragen und bearbeiten« ab Seite 182.

Kalenderdaten drucken

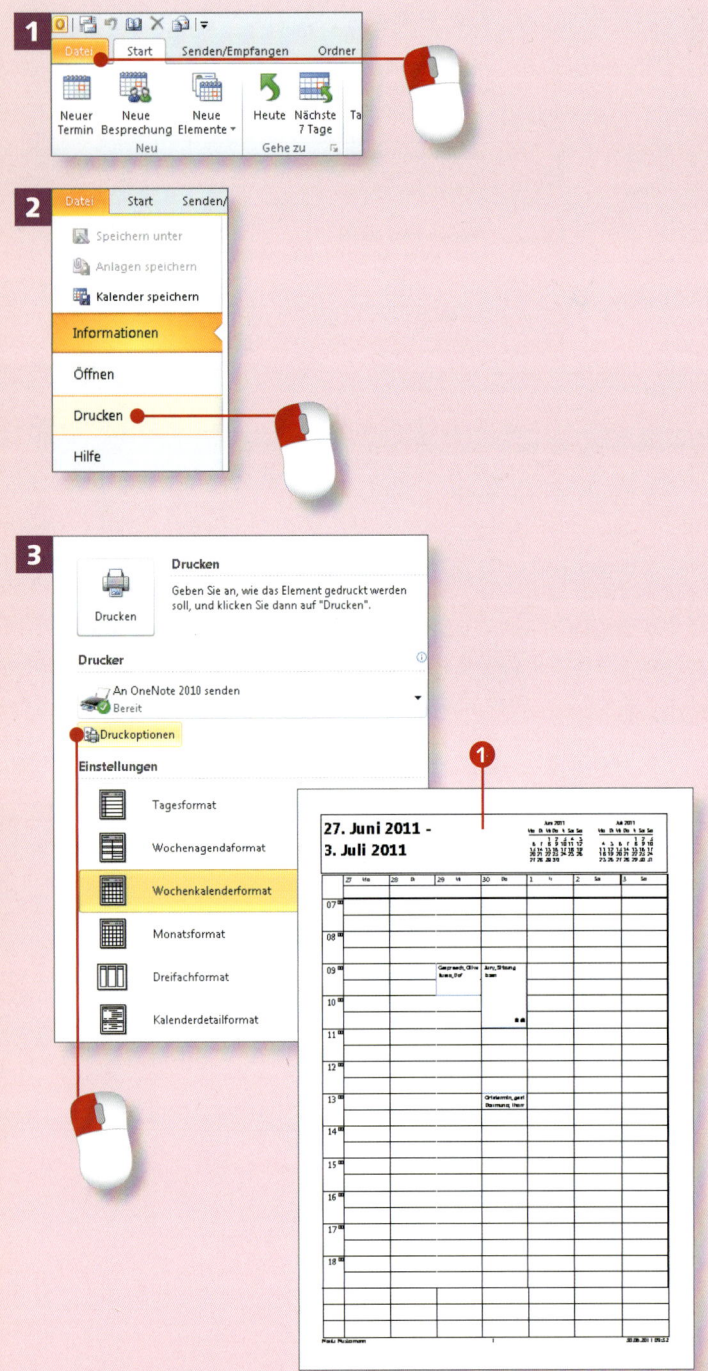

Manchmal ist der gute alte Papier-ausdruck immer noch hilfreich. Na-türlich können Sie in Outlook Ihren Kalender oder bestimmte Auszüge aus Ihrem Kalender auch ausdrucken. Wie das geht, zeigen wir Ihnen in dieser Anleitung.

Schritt 1

Sie befinden sich im Bereich **Ka-lender**. Wählen Sie zunächst die Ansicht, die Sie ausdrucken wollen: die Tages-, Wochen- oder Monats-ansicht. Zum Ausdrucken dieses Kalenderausschnitts klicken Sie dann auf die Registerkarte **Datei**.

Schritt 2

Auf der Registerkarte **Datei** wählen Sie nicht die standardmäßig orange markierte Kategorie **Informationen**, sondern klicken auf die Schaltfläche **Drucken**.

Schritt 3

Im nächsten Fenster wird Ihnen im markierten **Wochenkalenderfor-mat** der Ausdruck Ihres versendeten Wochenkalenders ❶ als Vorschau angezeigt. Klicken Sie hier auf die Schaltfläche **Druckoptionen**.

Schritt 4

Im Dialogfenster **Drucken**, das sich daraufhin öffnet, kontrollieren Sie noch einmal die Datumsangaben für den Zeitraum, den Sie für den zu druckenden Kalenderauszug ausgewählt haben ❷. Setzen Sie ein Häkchen vor **Details von privaten Terminen nicht drucken**.

Schritt 5

Wenn Sie möchten, können Sie auch mehrere Exemplare des Kalenderauszugs drucken. Stellen Sie im Feld **Exemplare** die entsprechende Anzahl ein. Klicken Sie anschließend ganz unten im Dialogfenster auf die Schaltfläche **Drucken**.

Schritt 6

Ihr Kalenderauszug wird jetzt Ihren Angaben entsprechend gedruckt. Sie befinden sich wieder in der Ansicht **Woche** des Outlook-Bereichs **Kalender**.

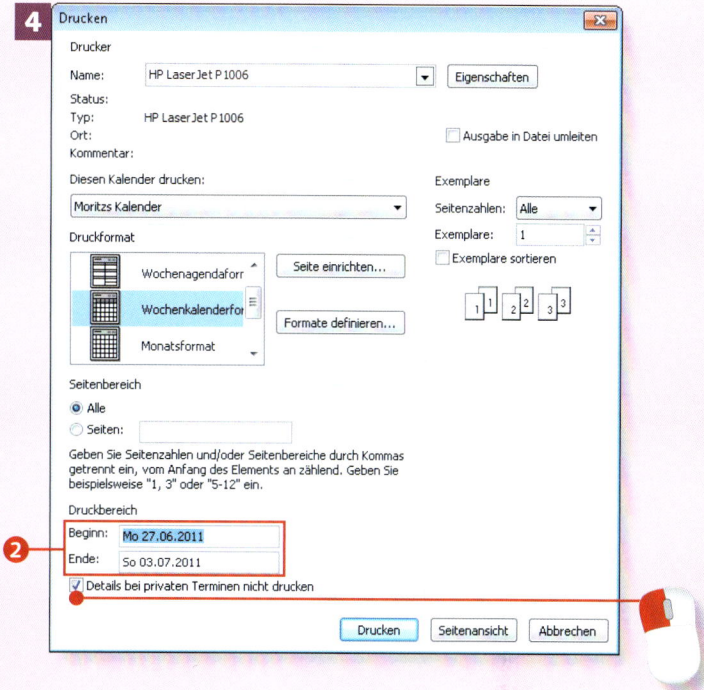

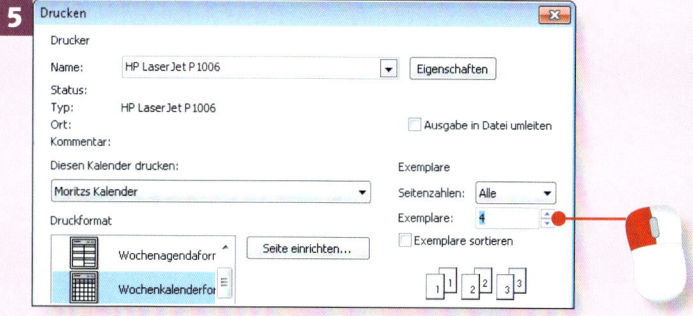

Termine als privat kennzeichnen

Klicken Sie im Terminformular auf der Registerkarte **Start** in der Befehlsgruppe **Kategorien** auf die Schaltfläche **Privat**.

Kapitel 10
Aufgaben organisieren

Mit den »Aufgaben« in Outlook haben Sie eine wirklich praktische Möglichkeit, alles zu organisieren, was Sie privat oder im Büro zu erledigen haben. Ihnen steht eine unglaubliche Funktionsvielfalt zur Verfügung. Sie können Aufgaben zeitlich festlegen, sortieren, delegieren, den Fortschritt verfolgen und vieles mehr.

Aufgaben anlegen

Für jede Aufgabe geben Sie einen Zeitraum an, in dem sie erledigt werden soll, und natürlich einen Betreff, um sie jederzeit zuordnen zu können. Darüber hinaus lassen sich im Aufgabenformular ❶ viele weitere Informationen angeben, wie z.B. der Status oder die Priorität. So behalten Sie den Überblick.

Eine Serienaufgabe definieren

Wenn Sie eine Aufgabe nicht an einem Stück bearbeiten können und eine Verteilung der Aufgabe auf verschiedene Tage über Wochen oder sogar Monate notwendig ist, können Sie dies mit der Outlook-Funktion **Serienaufgabe** ❷ organisieren. Das Programm erinnert Sie außerdem – wenn Sie möchten – stets rechtzeitig an die Teilaufgaben.

Den Fortschritt einer Aufgabe verfolgen

Aufgaben, deren Erledigung sich über einen längeren Zeitraum erstreckt, können Sie immer wieder hinsichtlich der Frage bewerten, wie weit Sie die Aufgabe schon bearbeitet haben ❸. Das hilft Ihnen, Ihre Energien bei der Bearbeitung sinnvoll einzusetzen, und versetzt Sie zudem auch in die Lage, genaue Informationen über den Bearbeitungsgrad weitergeben zu können.

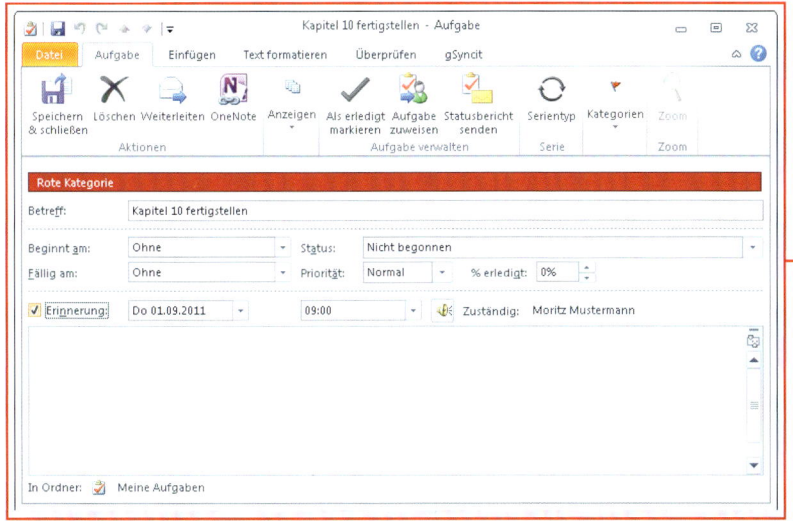

So sieht das Formular aus, mit dem Sie in Outlook Aufgaben anlegen.

Wenn Sie eine Aufgabenserie anlegen, ersparen Sie es sich, wiederkehrende Termine jede Woche neu in den Kalender einzutragen.

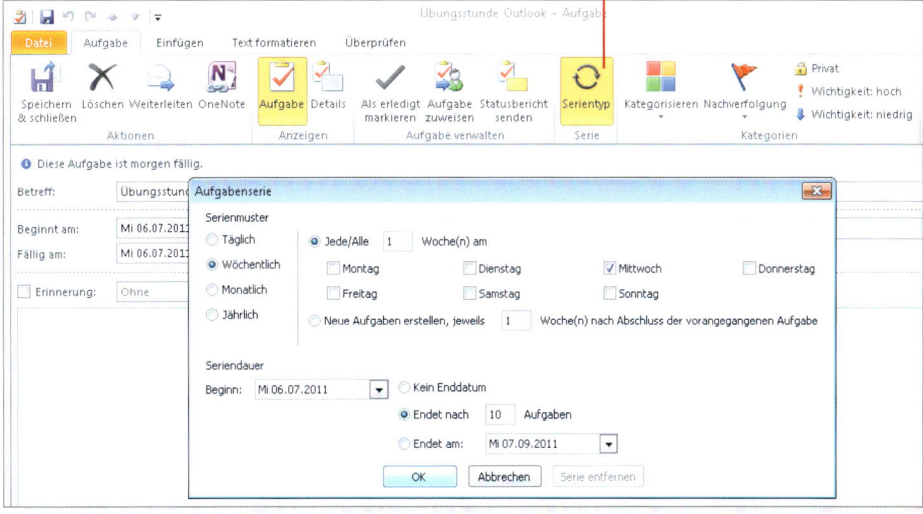

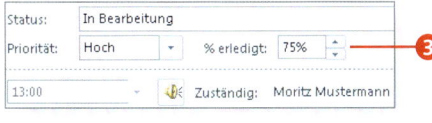

Die sogenannte »Fortschrittsangabe« einer Aufgabe: Hier sehen Sie, wie viel Sie noch zu tun haben, bis die Aufgabe erledigt ist.

Aufgaben anlegen und bearbeiten

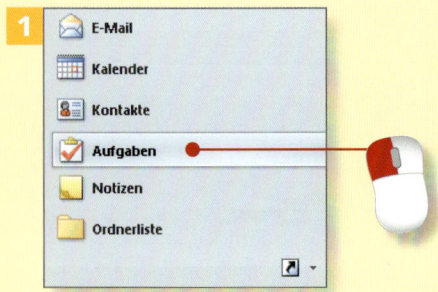

Outlook macht Ihnen das Leben leichter. Sie werden es schnell zu schätzen wissen, Aufgaben digital zu verwalten, Fälligkeiten aus dem Kalender heraus zu verfolgen oder Erinnerungen einzurichten.

Schritt 1

Um in den Bereich **Aufgaben** zu gelangen, klicken Sie zunächst links unten im Outlook-Fenster auf die Schaltfläche **Aufgaben**.

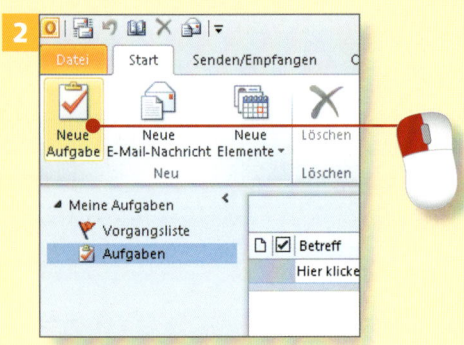

Schritt 2

Um nun eine neue Aufgabe anzulegen, klicken Sie im Bereich oberhalb des Ordners **Aufgaben** auf der Registerkarte **Start** auf die Schaltfläche **Neue Aufgabe**.

Schritt 3

Im geöffneten Aufgabenformular tragen Sie einen Betreff ein und klicken anschließend auf **Speichern & schließen** im Menüband des Formulars.

Schritt 4

Im Ordner **Aufgaben** des Bereichs **Kalender** sehen Sie nun die gerade angelegte Aufgabe. Wenn Sie diese Aufgabe weiterbearbeiten möchten, klicken Sie doppelt in das markierte Aufgabenelement.

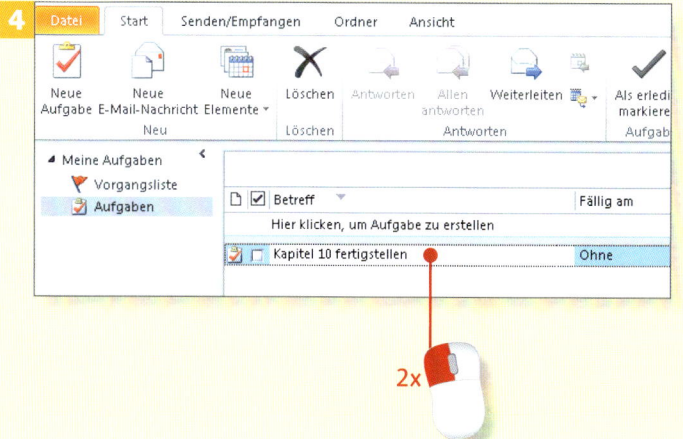

Schritt 5

Wieder öffnet sich das Aufgabenformular. Bestimmen Sie dort ein Datum für den Beginn der Aufgabe im Feld **Beginnt am** ❶ und für das Ende im Feld **Fällig am** ❷. Tragen Sie eine Kurzinformation in das Notizfeld ❸ ein, und setzen Sie den Aufgabenstatus ❹ auf **In Bearbeitung**. Abschließend klicken Sie auf die Schaltfläche **Details** im Menüband.

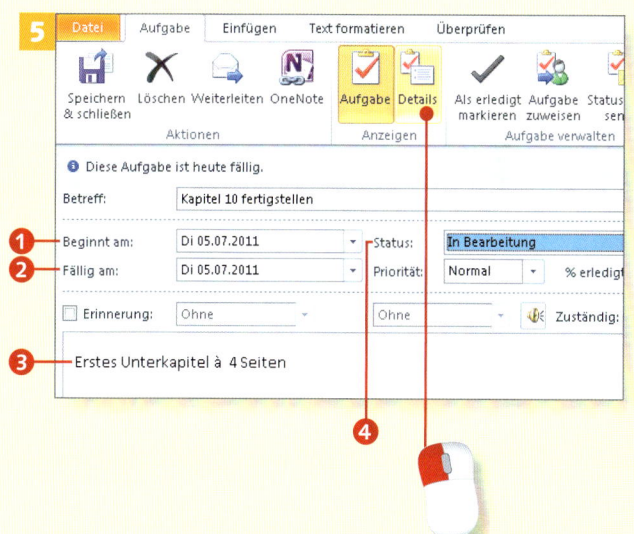

Schritt 6

Klicken Sie im Menüband des neuen Fensters innerhalb der Befehlsgruppe **Kategorien** auf die Schaltfläche **Wichtigkeit: hoch**.

Aufgaben anlegen und bearbeiten (Forts.)

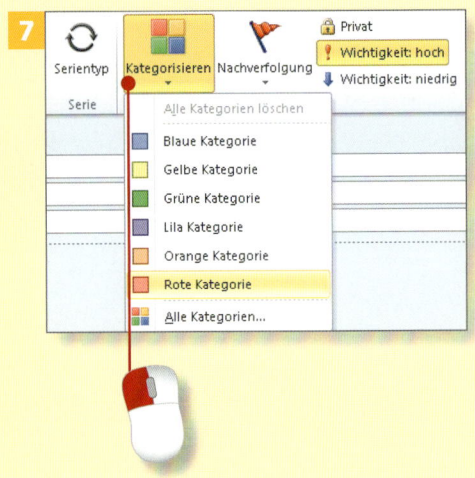

Schritt 7

Nun wollen wir noch eine Kategorie vergeben. Klicken Sie dazu auf die Schaltfläche **Kategorisieren**. Wählen Sie danach eine Kategorie, die im Aufklappmenü angeboten wird, z.B. **Rote Kategorie**.

Schritt 8

Sie befinden sich immer noch im Aufgabenformular **Details**, das durch Ihre Nachbearbeitungen unberührt bleibt. Klicken Sie im Menüband nun wieder auf **Aufgabe**.

Schritt 9

Im nächsten Fenster werden nun alle Änderungen angezeigt, die wir in den letzten Schritten an der Aufgabe vorgenommen haben. Das Aufgabenformular durchläuft jetzt ein rotes Band als Kennzeichnung der gewählten Kategorie ❶. Im Feld **Priorität** ist **hoch** ❷ eingetragen. Klicken Sie auf **Speichern & schließen**.

Kategorien

Wie in anderen Outlook-Bereichen können Sie natürlich auch für die Aufgaben eigene Kategorien anlegen, die etwas aussagekräftiger sind als **Rote Kategorie**.

Schritt 10

Zurück im Ordner **Aufgaben** werden unter den angezeigten Spalten die von Ihnen eingegebenen Daten dargestellt. Klicken Sie auf **Vorgangsliste**.

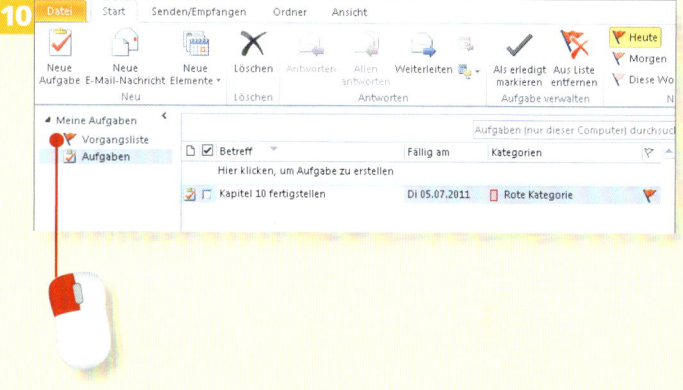

Schritt 11

In der Vorgangsliste, die sich daraufhin in der Mitte zeigt, werden die Aufgaben einschließlich der wichtigsten Daten aus allen Aufgabenordnern gemeinsam dargestellt.

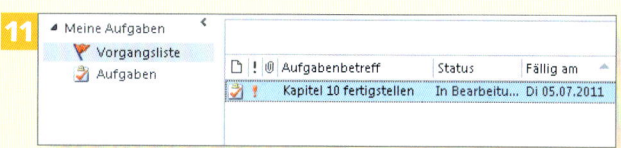

Schritt 12

Legen Sie nun zur Übung einige Aufgaben an. Damit Sie die nächsten Anleitungen nachvollziehen können, ist es sinnvoll, wenn Sie mit mehreren Aufgaben arbeiten.

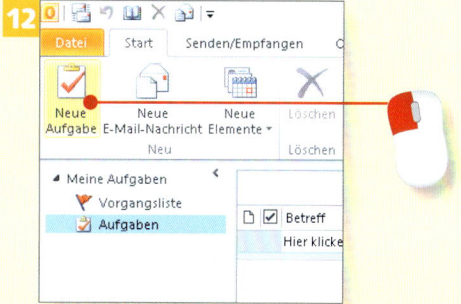

Wichtige Aufgaben

Wenn Sie eine Aufgabe mit **Wichtigkeit: hoch** markieren, erkennen Sie später am roten Ausrufezeichen in der Übersicht direkt, dass die Aufgabe besondere Priorität hat. Sie wird auch in der Listenansicht immer weiter oben einsortiert als Aufgaben mit geringerer Wichtigkeit.

Aufgaben übersichtlich darstellen

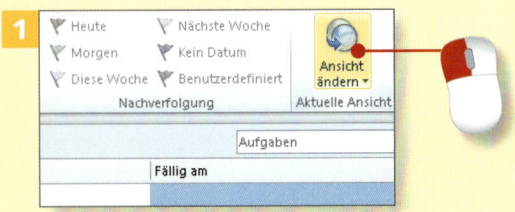

Die Darstellung von Aufgaben nach Fälligkeit, Wichtigkeit oder Kategorien macht es Ihnen leichter, den Überblick zu behalten. Die so gewonnene Zeit können Sie dann in die Erledigung Ihrer Aufgaben stecken.

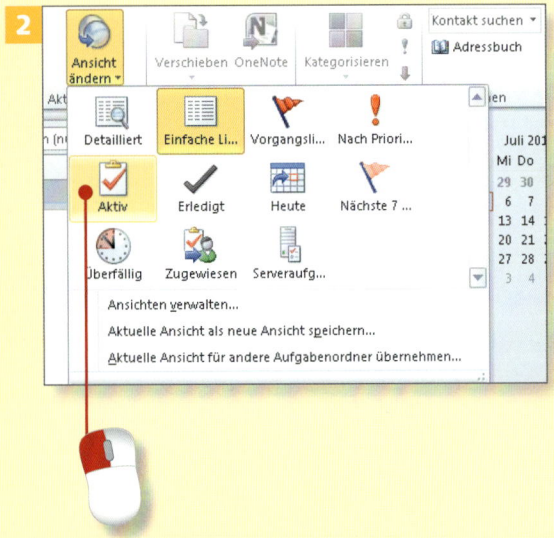

Schritt 1

Klicken Sie im Bereich **Aufgaben** auf den Ordner **Aufgaben** und anschließend auf die Schaltfläche **Ansicht ändern**.

Schritt 2

Daraufhin öffnet sich ein Ausklappmenü. Wechseln Sie von der Standardeinstellung **Einfache Liste** in die aktive Ansicht, indem Sie auf die Schaltfläche **Aktiv** klicken.

Schritt 3

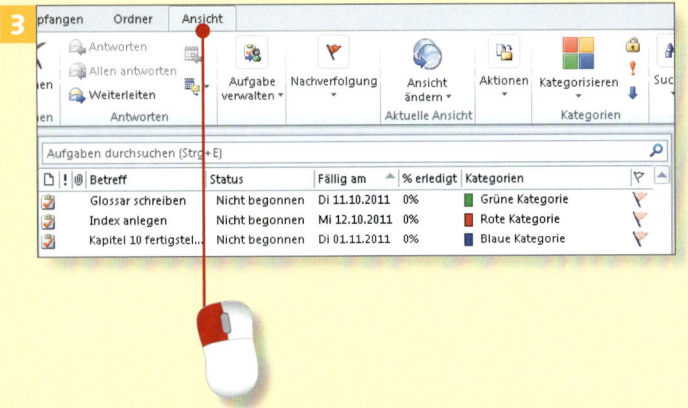

Sie sehen, Ihre Aufgaben werden nun mit mehr Details dargestellt: Im Unterschied zur Ansicht **Einfache Liste** sind jetzt mehr Spalten zu sehen, die Ihnen die wichtigen Daten der Aufgaben anzeigen. Klicken Sie auf die Registerkarte **Ansicht**.

Schritt 4

Die Aufgaben werden standardmäßig nach ihrer Fälligkeit sortiert.
Wir wollen sie nun nach Kategorien
sortieren. Klicken Sie dazu auf den
Kopf der Spalte **Kategorien**.

Schritt 5

Ihre Aufgaben sind jetzt nach
Kategorien sortiert. Im Menüband
wird darüber hinaus die aktuelle
Anordnung angezeigt ❶. Klicken Sie
auf die Schaltfläche **Ansichtseinstellungen**, wenn Sie an weiteren
Filtermöglichkeiten interessiert sind.

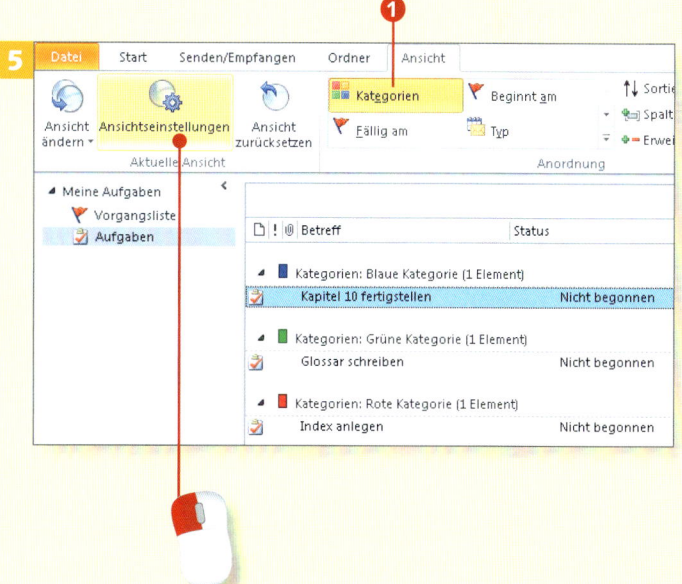

**ℹ Weitere Sortier- und Filter-
möglichkeiten**

Klicken Sie doch einmal auf der
Registerkarte **Ansicht** auf **Ansichtseinstellungen**. Ganz ähnlich
wie auch bei E-Mails haben Sie
hier die Möglichkeit, Ihre Aufgaben zu filtern, zu sortieren und
die Ansicht Ihren Bedürfnissen
entsprechend anzupassen. Schauen
Sie sich dazu auch die Anleitung
»E-Mails filtern und sortieren« ab
Seite 134 an.

An Aufgaben erinnert werden

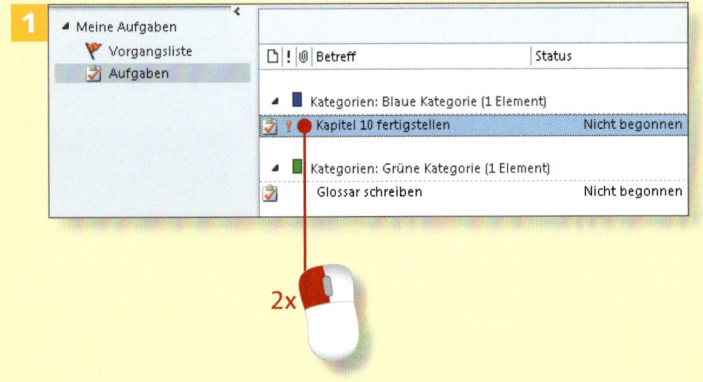

Sicher haben auch Sie nicht immer im Kopf, wann Ihre Aufgaben erledigt sein müssen. Outlook kann Ihnen helfen: Lassen Sie sich doch an Ihre Aufgaben erinnern.

Schritt 1

Klicken Sie doppelt auf die Aufgabe, an die Sie sich erinnern lassen möchten.

Schritt 2

Sie sehen das Aufgabenformular vor sich. Sehen Sie in der untersten Zeile, direkt über dem Notizfeld, das Wort **Erinnerung**? Setzen Sie in das kleine Feld ❶ davor per Klick ein Häkchen. Jetzt können Sie das Datumsfeld daneben anklicken. Stellen Sie das Datum ein, an dem Sie an die Aufgabe erinnert werden wollen.

Schritt 3

Rechts neben dem Feld für das Erinnerungsdatum klicken Sie auf die Tageszeit, zu der Sie erinnert werden möchten. Über die danebenliegende Schaltfläche mit dem Lautsprechersymbol ❷ können Sie übrigens die standardmäßige Verstärkung der Erinnerung mit einem Geräusch deaktivieren.

Schritt 4

Im Aufgabenformular werden Ihnen jetzt die von Ihnen bestimmten Daten zur Erinnerung an die Erledigung einer Aufgabe angezeigt. Wenn alles ok ist, klicken Sie auf **Speichern & schließen**.

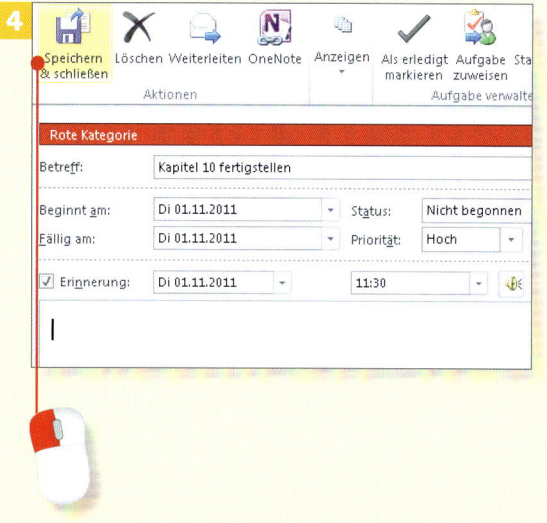

Schritt 5

Sie befinden sich wieder im Ordner **Aufgaben**. In der Aufgabendarstellung am rechten unteren Rand sehen Sie, dass der Aufgabe neben den Symbolen für Fälligkeit und Kategorie auch noch das Zeichen für die Erinnerung angefügt wurde ❸.

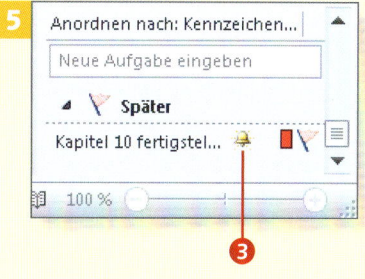

Wählen Sie Erinnerungen bewusst

Auch für Aufgaben gilt unser Tipp: Lassen Sie sich nur an die wichtigen Aufgaben erinnern, nicht an jede Aufgabe, die Sie eingetragen haben. Wenn dauernd ein Erinnerungsfenster aufpoppt, geht erstens dessen Wirkung verloren, und zweitens werden Sie dadurch nur unnötig abgelenkt.

Wiederkehrende Aufgaben festlegen

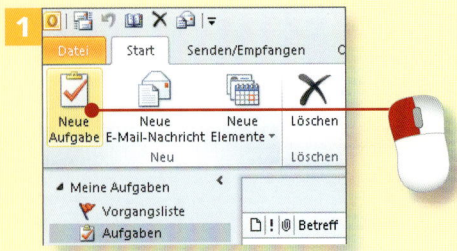

Manchmal muss eine Aufgabe in Etappen bearbeitet werden. Durch die wiederkehrende Anzeige kann Ihnen Outlook hier helfen, Ihr Ziel nie aus den Augen zu verlieren.

Schritt 1

Klicken Sie im Menüband des Outlook-Bereichs **Aufgaben** auf die Schaltfläche **Neue Aufgabe**.

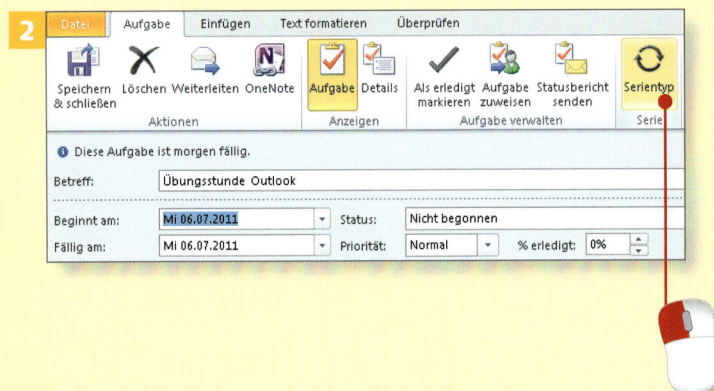

Schritt 2

Es öffnet sich ein Aufgabenformular. Tragen Sie einen Betreff in das entsprechende Feld ein, und legen Sie den Beginn und das Ende für Ihre neue Aufgabe fest. Klicken Sie dann im Menüband auf **Serientyp**.

Schritt 3

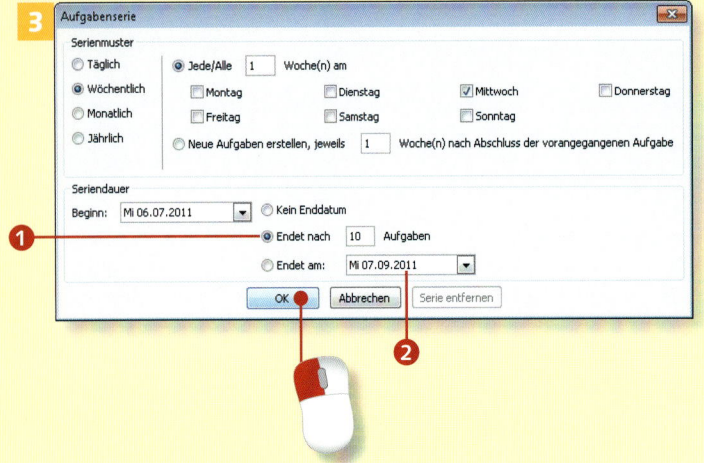

Sie sehen nun das Fenster **Aufgabenserie**. Ihre Aufgabe ist hier mit einer wöchentlichen Wiederholung für den Zeitraum von zehn Wochen definiert ❶. Alle angezeigten Daten sind aufeinander bezogen: Ändern Sie z.B. die Zahl der Wiederholungen, wird automatisch auch das Enddatum ❷ angepasst. Passen Sie die Einstellungen nach Ihren Wünschen an, und klicken Sie auf **OK**.

Schritt 4

Zurück im Aufgabenformular klicken
Sie in der Befehlsgruppe **Aktionen**
auf die Schaltfläche **Speichern und
schließen**, wenn alle Angaben vollständig und richtig sind.

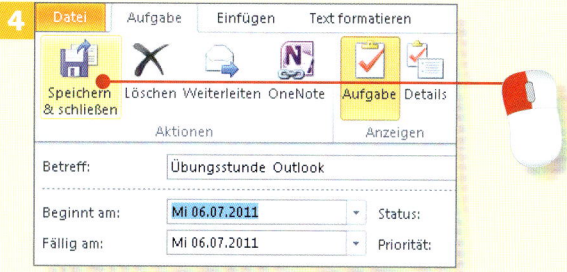

Schritt 5

Die neue Serienaufgabe wird jetzt im
Outlook-Bereich **Aufgaben** angezeigt. Achten Sie auf das veränderte
Symbol vor der Anzeige des Betreffs
im Aufgabenelement ❸. Sie werden
nun regelmäßig an Ihre Aufgabe
erinnert.

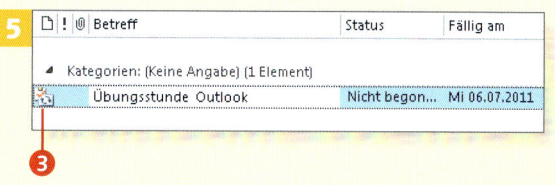

Aufgaben als Serie festlegen
Viele Aufgaben – private wie
berufliche – wiederholen sich in
regelmäßigen Abständen. Und
gerade bei Routineaufgaben ist die
Gefahr groß, sie einmal zu vergessen. Sie werden sehen: Aufgaben
als Serien festzulegen ist hier eine
echte Hilfe.

Den Fortschritt einer Aufgabe festhalten

In Outlook können Sie neben dem Bearbeitungsstatus auch Angaben über den Grad der Bearbeitung in Prozent machen. So dokumentieren Sie, wie weit Sie mit der Erledigung sind.

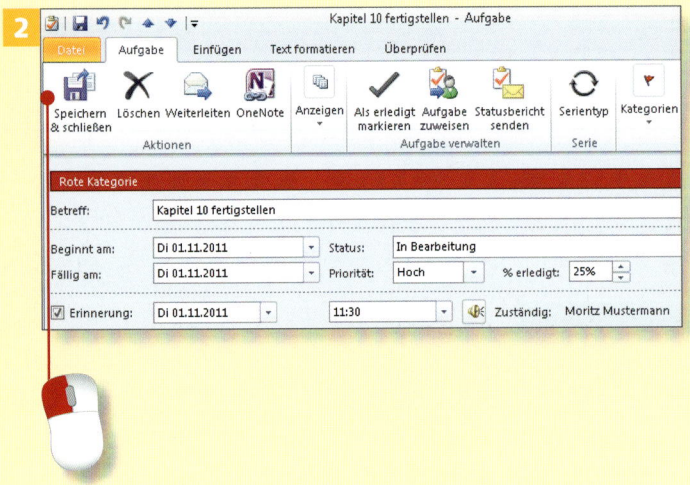

Schritt 1

Klicken Sie doppelt auf eine Aufgabe im Outlook-Bereich **Aufgaben**. Im geöffneten Auftragsformular geben Sie im Feld **% erledigt** einen Wert an, der dem Grad Ihrer Bearbeitung der Aufgabe entspricht.

Schritt 2

Vervollständigen Sie alle Angaben im Auftragsformular, z.B. den Betreff und die Priorität, und klicken Sie dann auf **Speichern & schließen**.

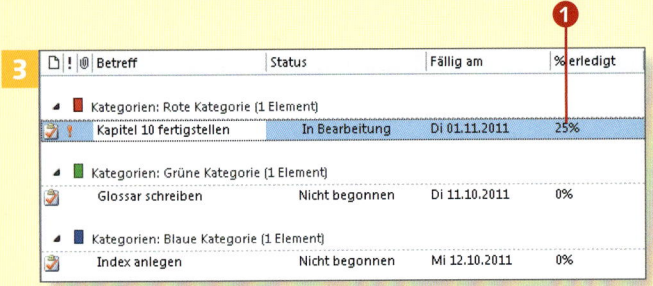

Schritt 3

Auch in der Übersicht der Aufgaben wird nun in der entsprechenden Spalte der eingegebene Prozentwert **1** angezeigt. So haben Sie immer schnell im Blick, wie weit Sie mit der Erledigung der Aufgabe sind.

Sie können einer Aufgabe auch Dateien mit Notizen »anhängen« – so haben Sie als Betreff nur eine kurze Info und können alles Weitere im Anhang erläutern oder notieren.

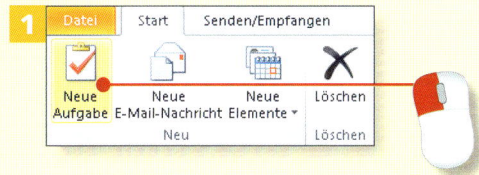

Schritt 1

Erstellen Sie eine neue Aufgabe auf dem bekannten Weg, indem Sie auf die Schaltfläche **Neue Aufgabe** auf der Registerkarte **Start** klicken.

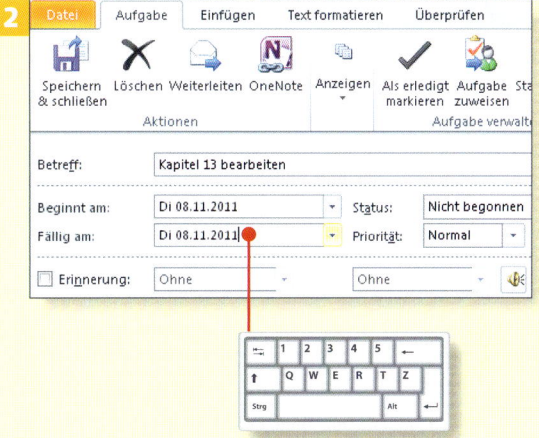

Schritt 2

Im Aufgabenformular, das sich daraufhin öffnet, tragen Sie alle Grunddaten und einen passenden Betreff ein, so wie wir es in der ersten Anleitung dieses Kapitels, »Aufgaben anlegen und bearbeiten«, ab Seite 210 beschrieben haben.

Schritt 3

Wechseln Sie nun die Registerkarte, indem Sie auf **Einfügen** klicken.

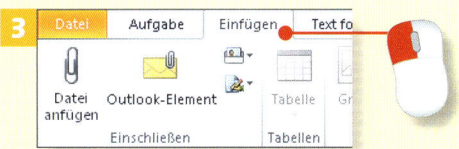

Dateien und Notizen hinzufügen (Forts.)

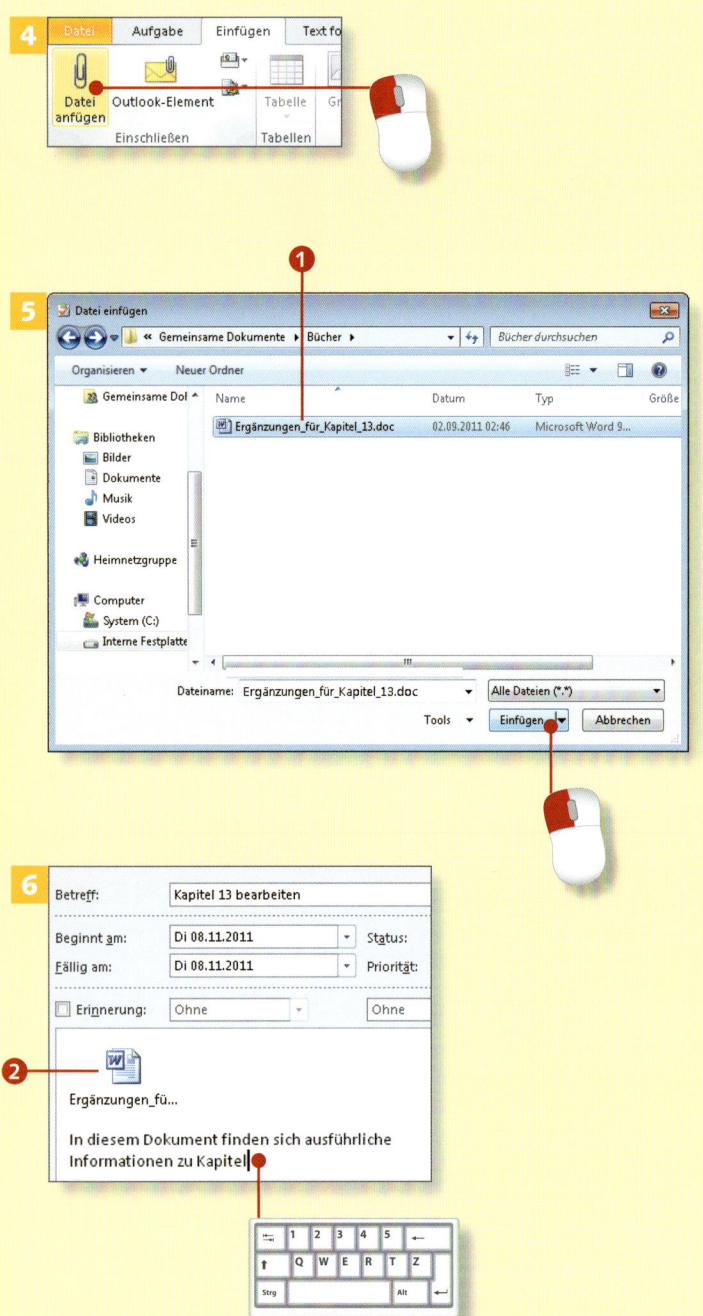

Schritt 4

Auf der Registerkarte **Einfügen** klicken Sie auf die Schaltfläche **Datei anfügen** in der Befehlsgruppe **Einschließen**.

Schritt 5

Es öffnet sich das Fenster **Datei einfügen**. Wählen Sie aus Ihren Ordnern eine Datei ❶ aus, die Sie mit der Aufgabe verknüpfen möchten, und klicken Sie anschließend ganz unten im Fenster auf die Schaltfläche **Einfügen**.

Schritt 6

Wie Sie sehen, fügt Outlook die ausgewählte Datei ❷ in das Notizfeld des Aufgabenformulars ein. Tragen Sie eine kurze Information zur eingefügten Datei ein, damit Sie auch ohne die Datei zu öffnen gleich wissen, worum es dabei geht.

Schritt 7

Klicken Sie dann auf die Registerkarte **Aufgabe**, um wieder zur eigentlichen Hauptansicht der Aufgabe zurückzukehren.

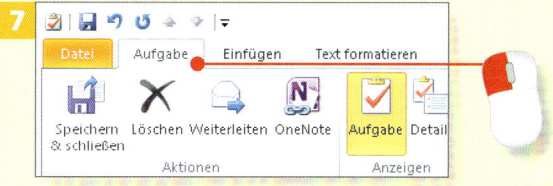

Schritt 8

Um den Vorgang abzuschließen, klicken Sie zu guter Letzt auf die Schaltfläche **Speichern & schließen** in der Befehlsgruppe **Aktionen**.

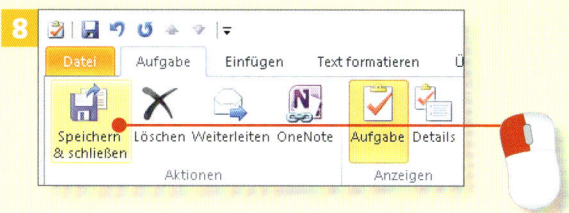

Schritt 9

Sie können nun jederzeit auf das angehängte Dokument zugreifen, wenn Sie an der Aufgabe arbeiten, indem Sie doppelt auf das Dateisymbol klicken. Wenn Sie etwas in der Datei ändern, müssen Sie die neue Version jedoch auch noch einmal neu anhängen.

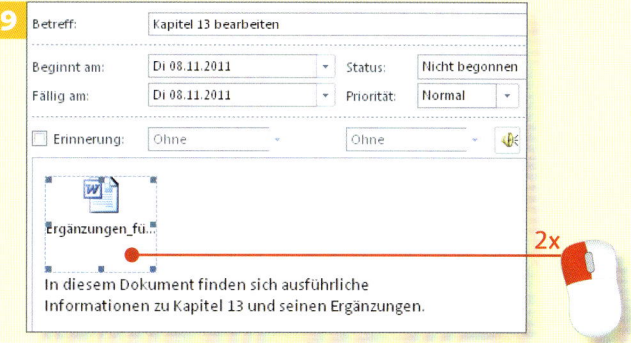

Kapitel 11
Notizen machen

Arbeiten Sie gerne mit Notizzetteln? Dann steigen Sie jetzt auf die digitale Version um! Und zwar ganz einfach dadurch, dass Sie Ihre Notizzettel fortan digital erstellen. Mit Outlook ist das ganz einfach. Vor allem konzentrieren Sie so alles, was Sie im Blick haben müssen, also E-Mails, Kalender, Aufgaben und Notizen, auf ein Programm.

Eine digitale Notiz schreiben

Mit ein paar Handgriffen haben Sie Ihre erste digitale Notiz in Outlook geschrieben ❶. Und danach können Sie mit dieser Notiz im Grunde all das machen, was Sie mit jedem anderen Outlook-Element wie z.B. einer E-Mail oder einem Kalendereintrag auch tun können. Sie arbeiten also auf vertrautem Terrain.

Notizen übersichtlich gestalten

Hoffentlich müssen Sie nicht allzu viele Notizen anlegen. Falls doch, können Sie Ihre Notizzettel aber mit unterschiedlichen Farben ❷ sehr übersichtlich gestalten. Das Mittel dazu sind die Ihnen schon bekannten Kategorien.

Notizen ordnen

Sie können Ihre Notizen nicht nur farblich, sondern auch in ihrer Anordnung sortieren ❸. So behalten Sie immer den Überblick – auch, wenn Sie die Notizfunktion oft einsetzen.

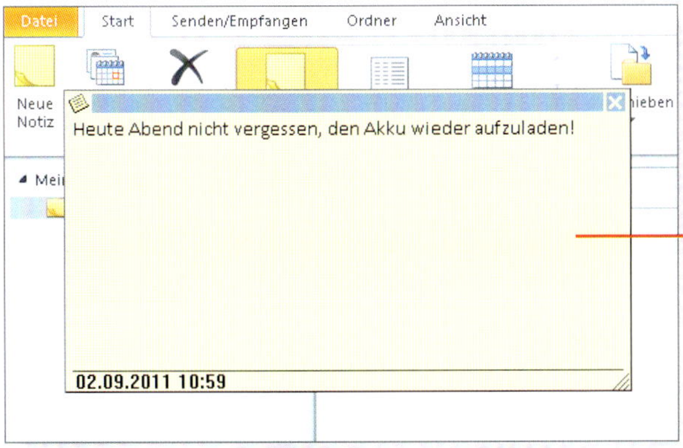

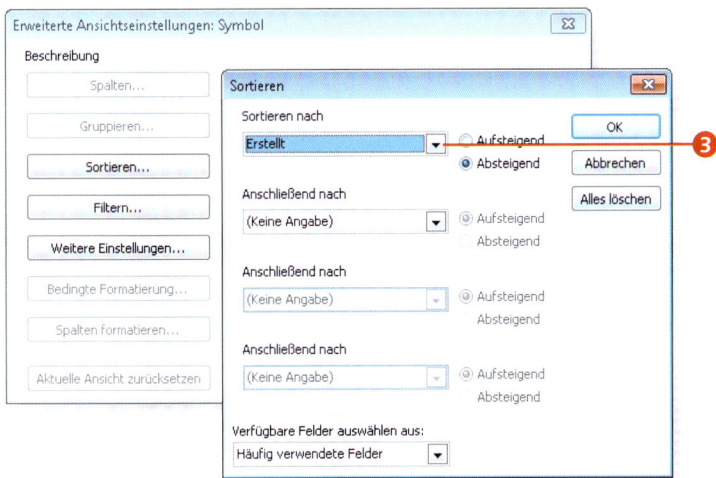

Über die gleichnamige Schaltfläche legen Sie eine neue Notiz an.

❶

Über das Kontextmenü können Sie Ihre Notizen kategorisieren.

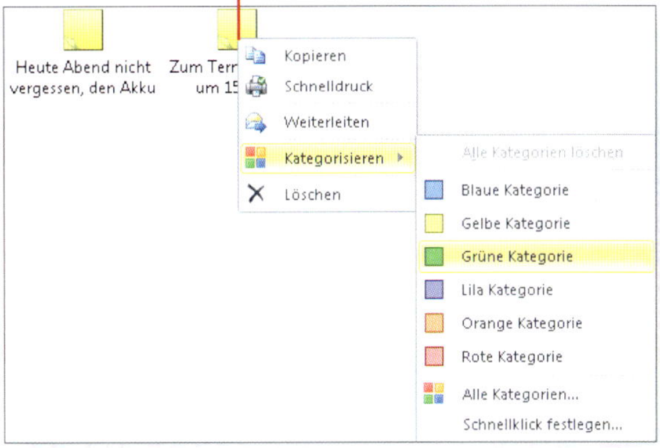

❷

Über die Ansichtseinstellungen und die Schaltfläche **Sortieren** bringen Sie noch mehr Übersicht in Ihre Notizen.

❸

Eine Notiz schreiben

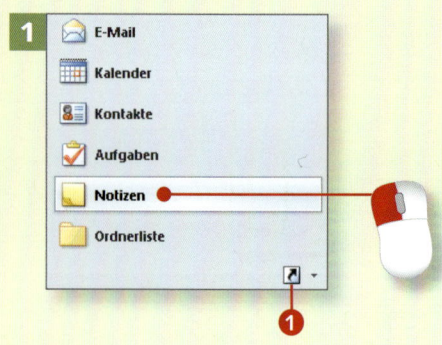

Arbeiten Sie mit Post-its? Dann können Sie sich freuen, denn mit Outlook können Sie Ihre kleinen, gelben Klebezettel fortan digital schreiben.

Schritt 1

Um in den **Notizen**-Bereich zu wechseln, klicken Sie links unten in Outlook auf die Schaltfläche **Notizen**.

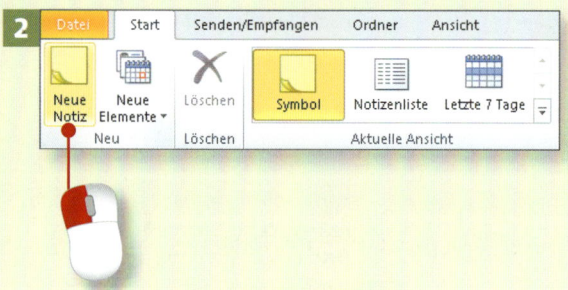

Schritt 2

Sie befinden sich nun im Bereich **Notizen**. Dort klicken Sie im Menüband ganz links auf die Schaltfläche **Neue Notiz**.

Schritt 3

Ein kleines gelbes Fensterchen öffnet sich, Ihr erster Notizzettel. An der rechten unteren Ecke können Sie mit gedrückt gehaltener Maustaste das Fenster größer oder kleiner ziehen, falls nötig.

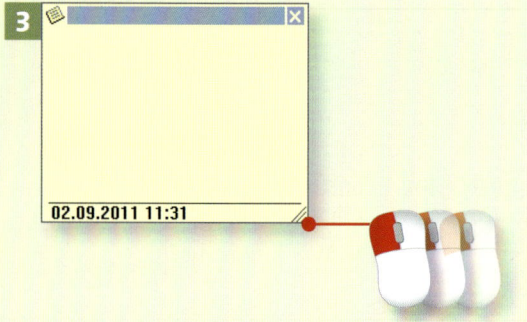

Sie sehen die Schaltfläche »Notizen« nicht?
Sollte die Schaltfläche **Notizen** bei Ihnen nicht erscheinen, ist sie vermutlich einfach ausgeblendet. Klicken Sie auf den kleinen Pfeil ❶, und wählen Sie **Weitere Schaltflächen anzeigen**, bis die Schaltfläche **Notizen** erscheint.

Schritt 4

Geben Sie nun einen Text ein, ganz genau so, wie Sie auch auf ein Post-it schreiben würden.

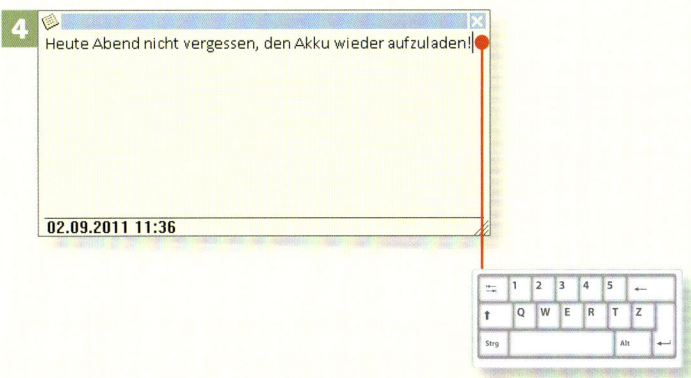

Schritt 5

Nachdem Sie den Text in Ihren Notizzettel geschrieben haben, klicken Sie auf das gelbe Symbol links oben neben dem blauen Balken. Es öffnet sich ein Aufklappmenü. In diesem Menü klicken Sie auf den Befehl **Speichern & schließen**.

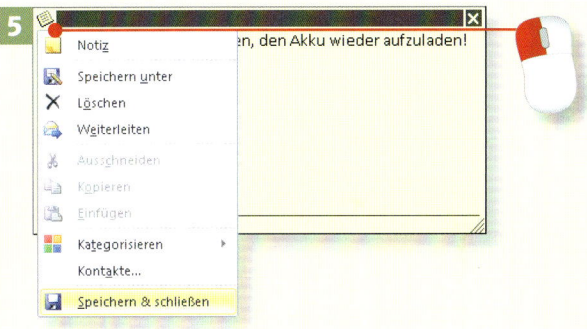

Schritt 6

Sie befinden sich nun wieder auf der Registerkarte **Start** im Outlook-Bereich **Notizen**. Das System hat Ihren Notizzettel dort im Ordner **Notizen** abgespeichert. Eine praktische Sache, oder?

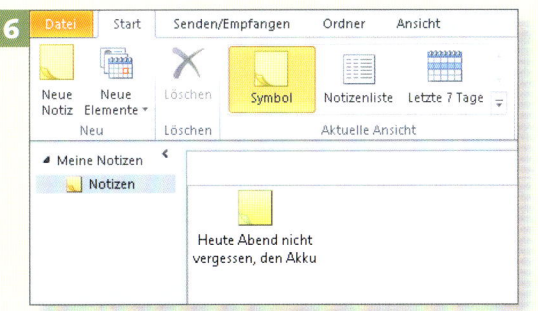

Der Notiz eine Farbe zuweisen

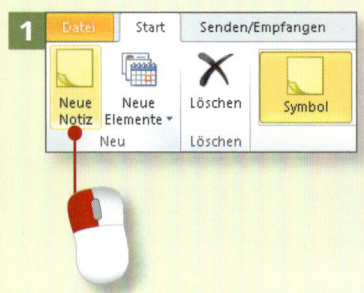

Nicht alle Notizen haben die gleiche Bedeutung oder Dringlichkeit. Durch die Wahl verschiedener Farben für Ihre Zettel können Sie Ihren Notizen unterschiedliche Prioritäten zuordnen, z.B. Rot für »ganz dringend« und Grün für »in aller Ruhe zu erledigen«.

Schritt 1

Legen Sie eine neue Notiz an, wie wir es in der vorhergehenden Anleitung beschrieben haben. Klicken Sie auf **Neue Notiz**.

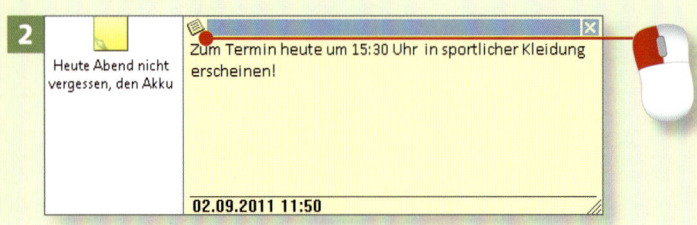

Schritt 2

Schreiben Sie einen Text für den neuen Notizzettel, und klicken Sie danach auf das gelbe Symbol links oben neben dem blauen Balken.

Schritt 3

Klicken Sie im Menü auf **Kategorisieren**. Ein zweites Menü öffnet sich. Legen Sie hier eine Kategorie, z.B. **Grüne Kategorie**, fest.

Selbst Kategorien festlegen
Natürlich können Sie auch hier wieder eigene Kategorien verwenden oder auch anlegen, indem Sie im Ausklappmenü in Schritt 3 **Alle Kategorien** ❶ wählen.

Schritt 4

Outlook zeigt Ihren Notizzettel jetzt in der ausgewählten Farbe an. Klicken Sie erneut auf das gelbe Symbol links oben.

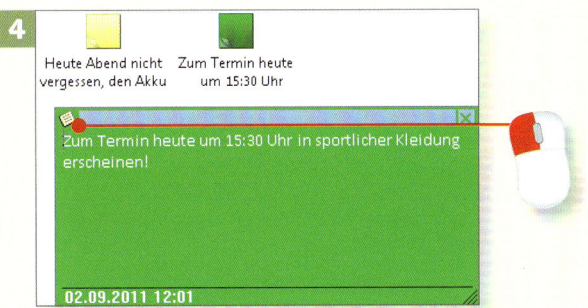

Schritt 5

Klicken Sie dann im geöffneten Aufklappmenü auf den Befehl **Speichern & schließen**.

Schritt 6

Ihr zweiter Notizzettel erscheint nun im Ordner **Notizen** in der von Ihnen gewählten Farbe neben dem zuvor angelegten Notizzettel.

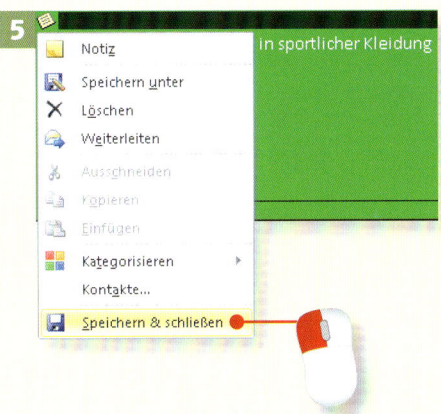

Nutzen Sie Kategorien sinnvoll

Kategorien dienen nicht nur der farblichen Markierung. Vielmehr soll die farbliche Markierung von Outlook-Elementen Ausdruck eines Ordnungssystems sein. Sie können also auch mit Kategorien wie »Sport«, »Urlaub« oder »Familie« arbeiten und diesen bestimmte Farben zuweisen, um sie dann sofort an ihrer Farbe zu erkennen.

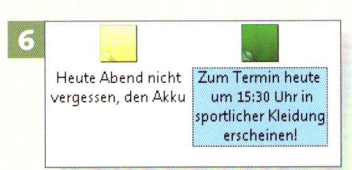

Notizen sortieren

Auch wenn Sie durch die Vergabe von Kategorien leichter den Überblick über Ihre Notizen behalten, ist es ab einer gewissen Anzahl von Notizzetteln nötig, sie zu ordnen. Mit Outlook können Sie Notizen deshalb nach bestimmten Gesichtspunkten sortieren.

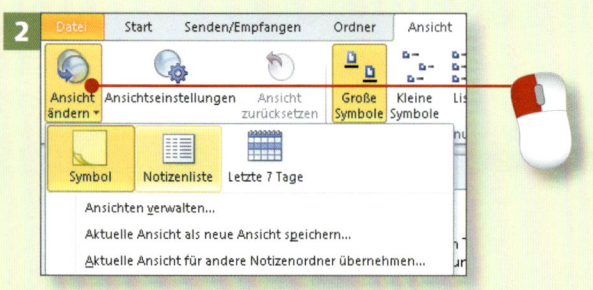

Schritt 1

Wechseln Sie im Bereich **Notizen** auf die Registerkarte **Ansicht**, indem Sie auf den entsprechenden Reiter klicken.

Schritt 2

Klicken Sie nun auf die Schaltfläche **Ansicht ändern**. Im Aufklappmenü wählen Sie danach die Ansicht **Notizenliste**.

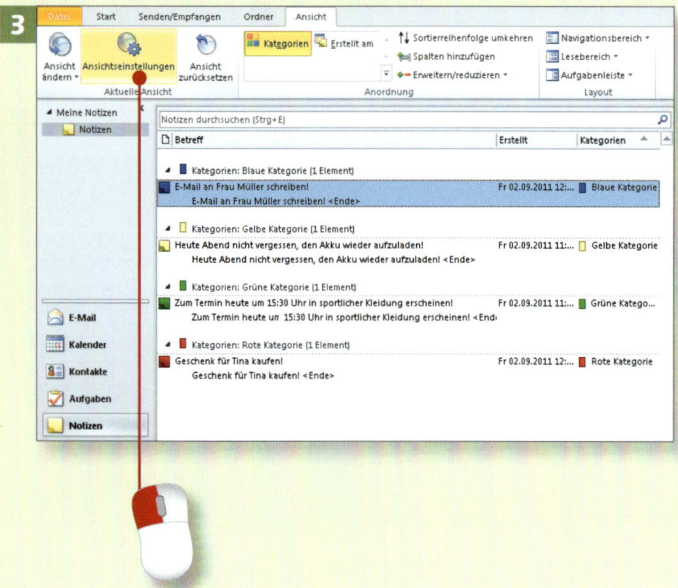

Schritt 3

Ihre Notizen werden jetzt in einer Liste dargestellt. Sie sehen den Inhalt der Notiz, das Datum ihrer Erstellung und die für Ihre Notiz ausgewählte Kategorie in Spalten nebeneinander. Um Ihre Notizen zu sortieren, klicken Sie auf **Ansichtseinstellungen** oben im Menüband.

Schritt 4

Sie sehen nun das Fenster **Erweiterte Ansichtseinstellungen: Notizenliste**. Klicken Sie auf die Schaltfläche **Sortieren**.

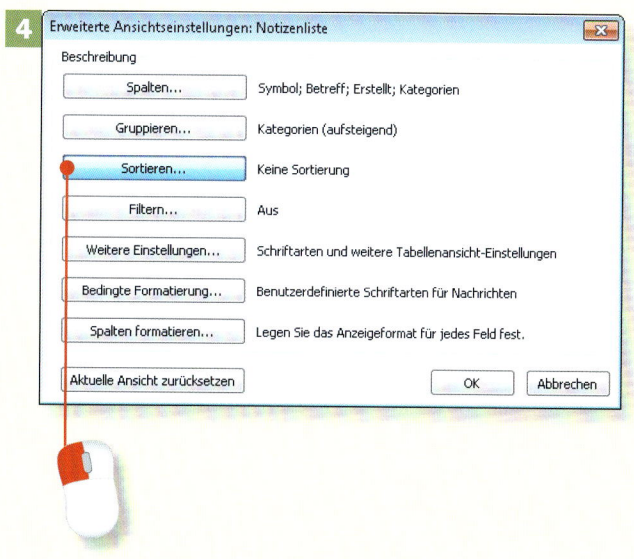

Schritt 5

Das Fenster **Sortieren** öffnet sich. Hier haben Sie die Möglichkeit, Ihre Notizen nach verschiedenen Kriterien zu sortieren. Wir wollen die Notizen nun nach ihrem Erstellungsdatum absteigend anordnen. Klicken Sie dazu auf das Auswahlmenü unter **Sortieren nach**, und wählen Sie dort **Erstellt** ❶. Rechts daneben setzen Sie den Punkt bei **Absteigend** ❷. Bestätigen Sie Ihre Eingabe mit **OK**. Das Fenster **Erweiterte Ansichtseinstellungen: Notizenliste** schließen Sie ebenfalls mit **OK**.

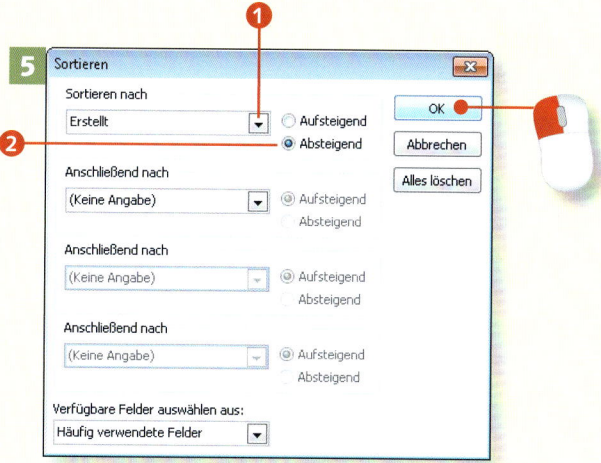

Schritt 6

Sie sehen, dass die Reihenfolge der Notizen sich verändert hat. Die jüngste Notiz steht oben, die älteste unten.

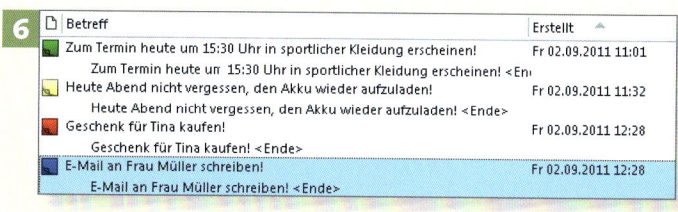

Testen Sie die Sortierkriterien

Probieren Sie ruhig die Einstellungen im Fenster **Sortieren** (siehe Schritt 5) ein wenig aus. Viele Sortiermöglichkeiten stehen Ihnen hier zur Verfügung.

Notizen per E-Mail versenden

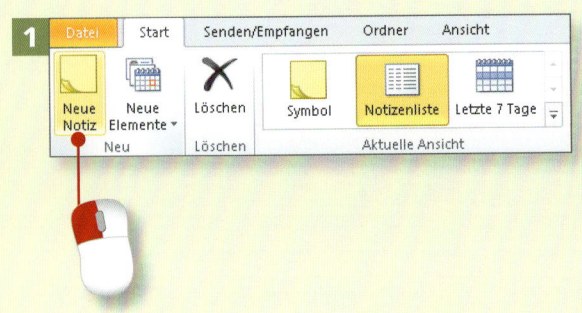

Sie können Notizen in Outlook sogar versenden. Meist wird eine E-Mail zweckmäßiger sein, wir wollen Ihnen diese Möglichkeit aber zumindest kurz vorstellen.

Schritt 1

Klicken Sie im Bereich **Notizen** auf die Schaltfläche **Neue Notiz** ganz links im Menüband.

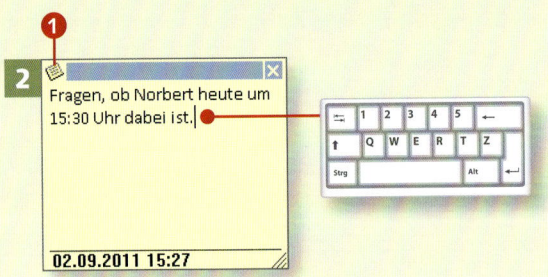

Schritt 2

Formulieren Sie eine Notiz, die Sie versenden möchten, und klicken Sie im Notizzettelfenster auf das gelbe Symbol ❶ links oben.

Schritt 3

Das Aufklappmenü öffnet sich. Klicken Sie hier auf den Befehl **Weiterleiten**.

Notizen sollten Sie eher für private Zwecke versenden

Dieses Verfahren ist natürlich recht formlos. Im privaten Bereich, an Freunde oder Familie, können Sie auf diese Art und Weise natürlich eine Notiz senden, für berufliche Zwecke oder wichtige Anliegen sollten Sie aber doch lieber auf die üblichen E-Mails zurückgreifen.

Schritt 4

Aus dem Bereich **Notizen** heraus öffnet sich das Nachrichtenformular. Tragen Sie hinter **An** die Empfängeradresse ein, und klicken Sie dann auf **Senden**.

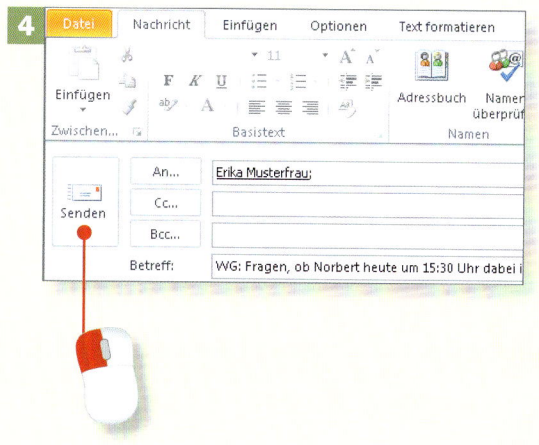

Schritt 5

Nach dem Senden befinden Sie sich wieder im Ausgangsordner auf der Registerkarte **Start**. Klicken Sie wieder auf das gelbe Symbol oben links am Notizzettel und anschließend auf **Speichern & schließen**.

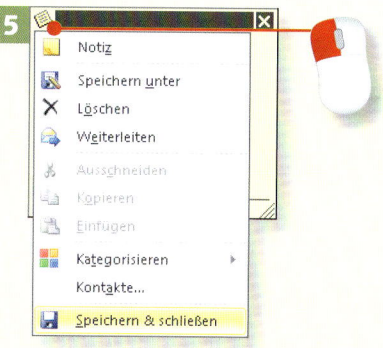

Schritt 6

Ihre neue und versendete Notiz wird im Ordner **Notizen** abgelegt und dort auch angezeigt.

Die Absenderadresse anzeigen

Wenn Sie übrigens auch immer Ihre Absenderadresse anzeigen lassen wollen (z.B. wenn Sie verschiedene E-Mail-Adressen benutzen), klicken Sie auf der Registerkarte **Optionen** in der Befehlsgruppe **Felder anzeigen** auf die Schaltfläche **Von**. Über der Schaltfläche **An** im Nachrichtenformular wird daraufhin das Absenderfeld **Von** eingeblendet.

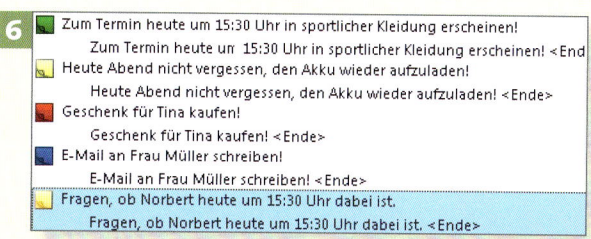

Kapitel 12
Outlook individuell anpassen

Durch die richtigen Einstellungen können Sie Outlook noch effizienter bedienen. Unsere Empfehlung: Passen Sie die Funktionen und auch die Optik des Programms Ihren Bedürfnissen an. Es lohnt sich!

Eigene Registerkarten anlegen

Über eine selbst definierte Registerkarte ❶ können Sie alle Befehle schnell zugänglich machen, die Sie täglich benötigen und die Sie sonst nur über verschiedene andere Registerkarten erreichen können. Die eigene Registerkarte verkürzt somit Wege. Außerdem können Sie Registerkarten löschen, die Sie nicht benötigen.

Die Symbolleiste für den Schnellzugriff anpassen

Eine zusätzliche Möglichkeit, die Wege zum Ziel zu verkürzen, bietet die Symbolleiste für den Schnellzugriff ❷. Allerdings ist die Anzahl der Befehle in der Leiste begrenzt. Dafür steht sie Ihnen aber immer zur Verfügung, egal, in welchem Bereich Sie sich befinden.

Die Kontodaten ändern

Die Daten Ihres E-Mail-Kontos können sich im Laufe der Zeit verändern. Das kann z.B. passieren, wenn Ihr Provider (E-Mail-Anbieter) Änderungen vornimmt oder wenn Sie zu einem anderen Provider wechseln. Wir zeigen Ihnen, wo und wie Sie in diesem Fall die nötigen Anpassungen ❸ vornehmen.

Eine selbst erstelle, individuelle
Registerkarte mit dem Namen
❶ Wichtige Elemente

Die Symbolleiste für den Schnellzugriff
❷ mit eigens zusammengestellten Befehlen

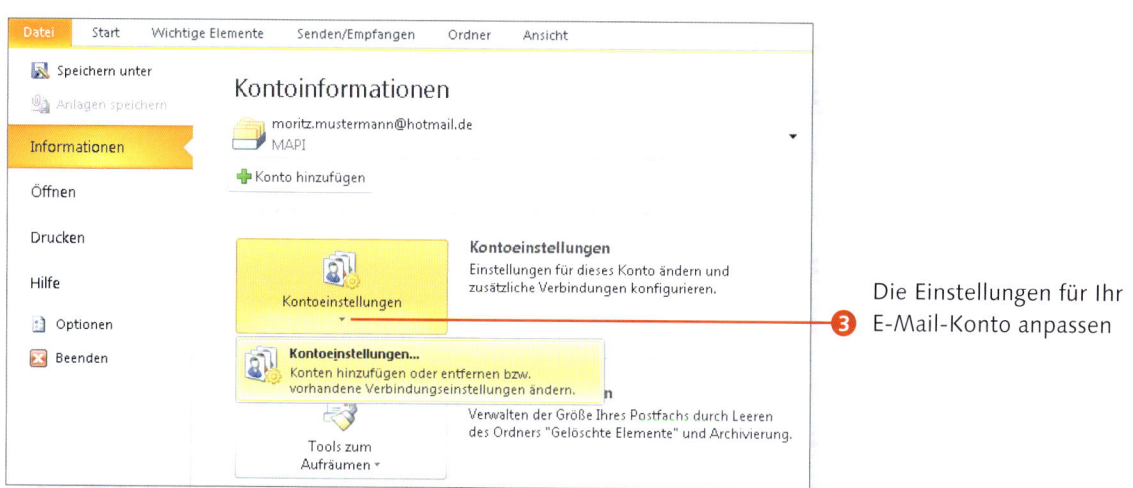

Die Einstellungen für Ihr
❸ E-Mail-Konto anpassen

Das Menüband anpassen

Sie können das Menüband um eigene Registerkarten erweitern, beispielsweise mit einer Sammlung Ihrer wichtigsten Befehle. Umgekehrt können Sie Registerkarten auch wieder löschen. Wir zeigen Ihnen, wie das geht.

Schritt 1

Klicken Sie zunächst auf die Schaltfläche der Registerkarte **Datei**, um dem Menüband eine eigene Registerkarte hinzuzufügen.

Schritt 2

Im Dialogfenster **Outlook-Optionen** können Sie sehr viele Anpassungen und Einstellungen vornehmen, z.B. eben auch das Menüband individuell festlegen. Um das Dialogfenster zu öffnen, klicken Sie also auf **Optionen**.

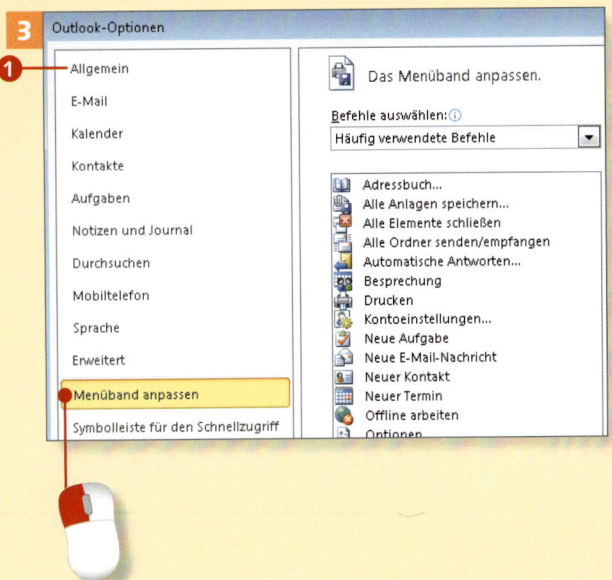

Schritt 3

Im Fenster **Outlook-Optionen** ist die Kategorie **Allgemein** ❶ standardmäßig aktiviert. Klicken Sie nun auf den Menüpunkt **Menüband anpassen**.

Schritt 4

Im rechten unteren Bereich des Dialogfensters sehen Sie einige Schaltflächen. Klicken Sie hier auf die Schaltfläche **Neue Registerkarte**.

Schritt 5

Outlook zeigt die neue Registerkarte mit dem Namen **Neue Registerkarte (Benutzerdefiniert)** im Verzeichnis der Registerkarten an. Dieser Name ist noch nicht sehr aussagekräftig. Klicken Sie ihn deshalb mit der rechten Maustaste an, und wählen Sie im Kontextmenü **Umbenennen**.

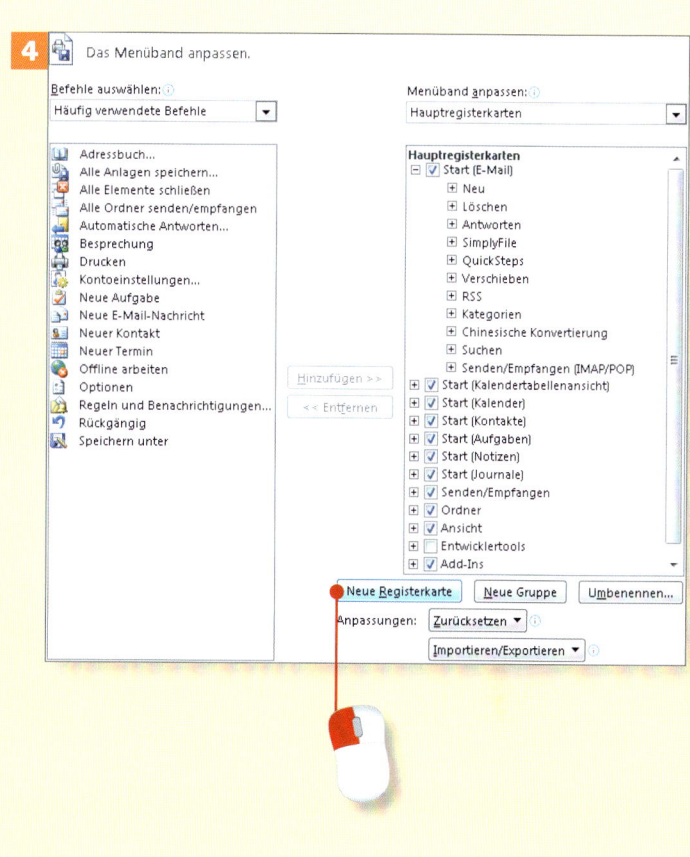

Schritt 6

Das Fenster **Umbenennen** öffnet sich. In diesem Fenster tragen Sie einen Namen für die neue Registerkarte ein und klicken anschließend auf die Schaltfläche **OK**.

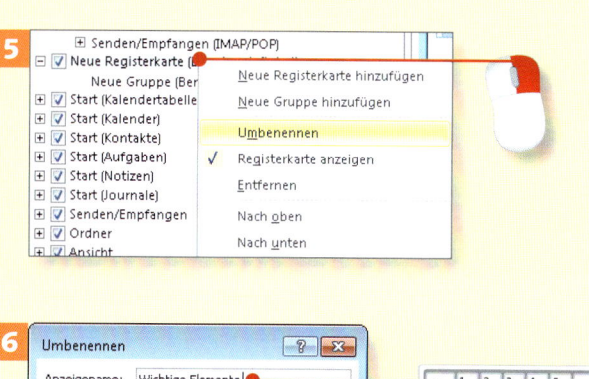

Der Name der Registerkarte

Wählen Sie einen bezeichnenden und nicht zu langen Namen für Ihre Registerkarte. So wissen Sie immer sofort, welche Befehle dort zu finden sind. Natürlich können Sie die Karte auf dem gleichen Weg, wie in den Schritten 5 und 6 gezeigt, nachträglich umbenennen.

Das Menüband anpassen (Forts.)

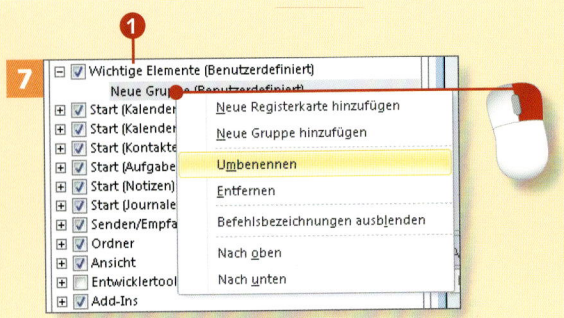

Schritt 7

In der Auflistung der Registerkarten wird Ihre neue Registerkarte jetzt unter dem eingegebenen Namen geführt ❶. Darunter befindet sich der Eintrag **Neue Gruppe (Benutzerdefiniert)**. Auch dieser Name ist nicht besonders aussagekräftig. Daher klicken Sie mit rechts darauf und wählen im Kontextmenü den Eintrag **Umbenennen**.

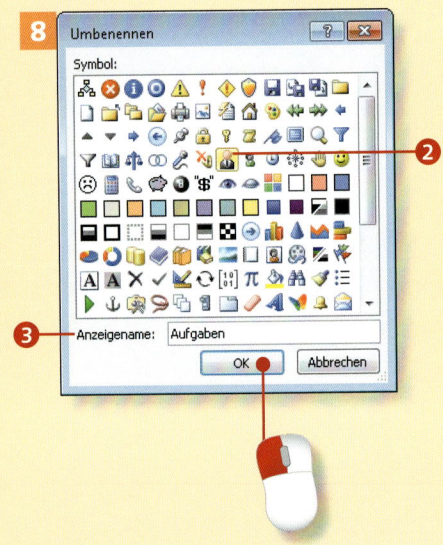

Schritt 8

Das Fenster **Umbenennen** öffnet sich. Hier wählen Sie ein Symbol ❷ und tragen einen Anzeigenamen ❸ für die neue Gruppe ein. Wir nennen sie in unserem Beispiel »Aufgaben«. Klicken Sie danach auf **OK**.

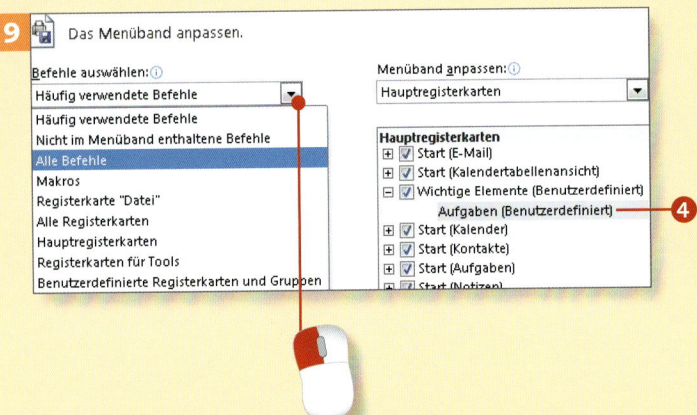

Schritt 9

Sie befinden sich wieder auf der Befehlsebene **Menüband anpassen**. Ihre neue Gruppe wird unterhalb der neuen Registerkarte angezeigt ❹. Nun wollen wir dieser Gruppe noch Befehle hinzufügen. Klicken Sie deshalb auf die Schaltfläche unterhalb von **Befehle auswählen**. Wählen Sie **Alle Befehle** aus der Liste.

Schritt 10

Links sehen Sie nun die angekündigte Auflistung aller Outlook-Befehle. Markieren Sie einen Befehl, den Sie Ihrer neuen Registerkarte hinzufügen möchten (wir wählen hier **Neue Aufgabe** ⑤), und klicken Sie dann auf die Schaltfläche **Hinzufügen**.

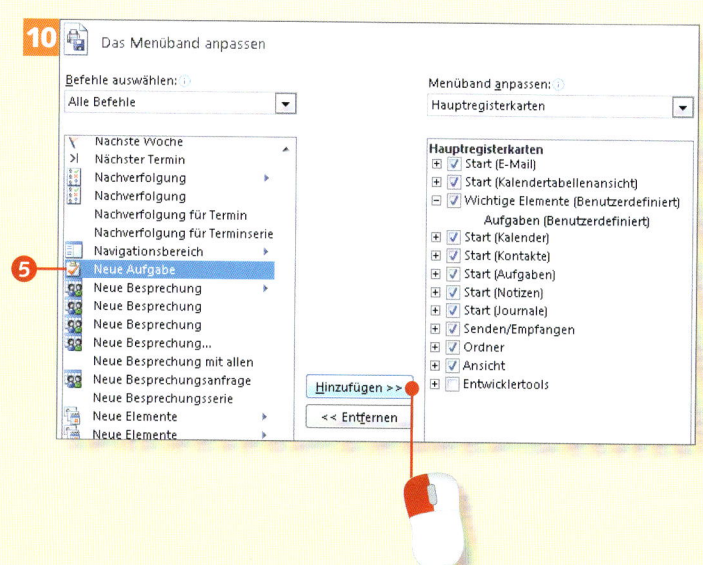

Schritt 11

Ihrer Befehlsgruppe **Aufgaben** ist jetzt der Befehl **Neue Aufgabe** hinzugefügt worden. Klicken Sie auf **OK**, um das Fenster **Outlook-Optionen** zu schließen.

Schritt 12

Wechseln Sie nun auf Ihre neue Registerkarte **Wichtige Elemente**. Wie Sie sehen, wird Ihr neuer Befehl **Neue Aufgabe** in der Befehlsgruppe **Aufgaben** dargestellt.

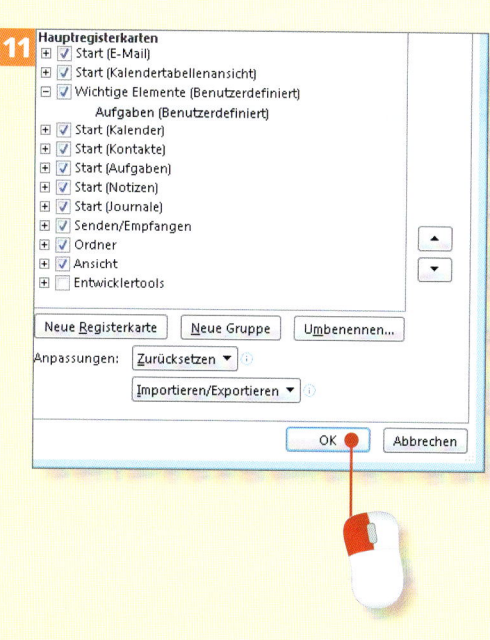

Befehle hinzufügen/löschen

So wie hier beschrieben, können Sie Ihrer Registerkarte weitere Befehle und weitere Gruppen hinzufügen. Wiederholen Sie dazu einfach die entsprechenden Schritte. Löschen können Sie Gruppen und Registerkarten über Rechtsklick und **Entfernen**.

Die Symbolleiste für den Schnellzugriff anpassen

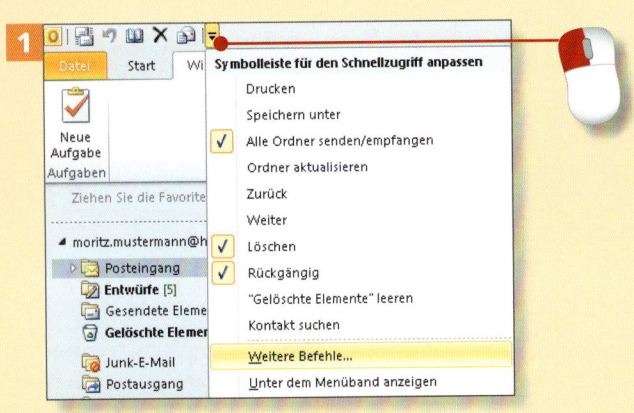

So wie ins Menüband lassen sich Befehle auch in die Symbolleiste individuell einfügen. Sie haben jedoch nur für wenige Befehle Platz.

Schritt 1

Klicken Sie auf den kleinen nach unten gerichteten Pfeil neben der Symbolleiste für den Schnellzugriff, und wählen Sie im Aufklappmenü den Eintrag **Weitere Befehle**.

Schritt 2

Das Fenster **Outlook-Optionen** öffnet sich. Sie befinden sich im Navigationspunkt **Allgemein ❶**. Markieren Sie im Feld **Befehle auswählen** einen Befehl (wir entscheiden uns wieder für **Neue Aufgabe ❷**), und klicken Sie anschließend auf die Schaltfläche **Hinzufügen**.

Schritt 3

Ihr neuer Befehl für die Symbolleiste für den Schnellzugriff wird in der Liste der anderen Befehle nun markiert angezeigt. Er steht ganz am Ende und wird in der Schnellzugriffsleiste später auch ganz rechts angezeigt. Klicken Sie auf den schwarzen Pfeil, um den Befehl weiter nach vorne zu schieben.

Schritt 4

In der Auflistung aller Befehle ist der neue Befehl nun um eine Position nach oben gerückt. Dies entspricht der späteren Reihenfolge in der Symbolleiste für den Schnellzugriff.

Schritt 5

Wir wollen nun einen weiteren Befehl hinzufügen. Markieren Sie dazu unter **Befehl auswählen** einen weiteren Befehl (wir haben uns für **Neuer Termin** ❸ entschieden), und klicken Sie wieder auf die Schaltfläche **Hinzufügen**.

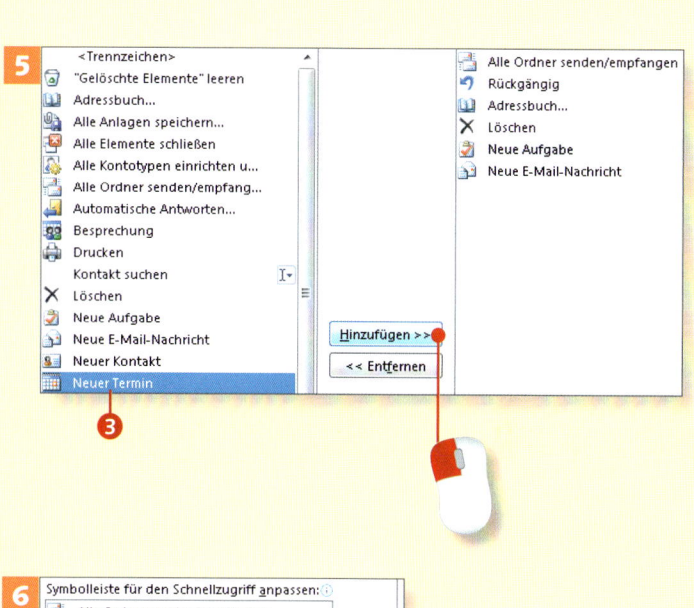

Schritt 6

Der zweite neue Befehl wird in der Liste rechts angezeigt. Klicken Sie abschließend auf **OK**, damit Sie die beiden neuen Befehle in der Symbolleiste für den Schnellzugriff sehen können.

Befehle auswählen

Wenn Sie einen Befehl nicht finden, können Sie in der Auswahlliste **Befehle auswählen** (siehe Schritt 2) Befehle aus den Registerkarten direkt auswählen. Im Zweifel wählen Sie dort **Alle Befehle**, um die vollständige Liste an Befehlen zu sehen.

Einstellungen für E-Mail-Konten

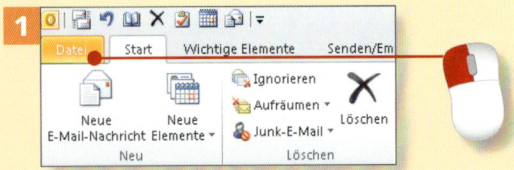

Es kommt vor, dass Ihr Provider E-Mail-Kontodaten ändert. Über die Einzelheiten werden Sie in einem solchen Fall per E-Mail informiert. Sie müssen die veränderten Daten dann auch in Outlook übernehmen.

Schritt 1

Klicken Sie auf die Schaltfläche der Registerkarte **Datei** über dem Menüband.

Schritt 2

Sie landen automatisch im Bereich **Informationen**. Dort klicken Sie auf die Schaltfläche **Kontoeinstellungen** und dann auf den Menüeintrag, der ebenfalls **Kontoeinstellungen** heißt.

Schritt 3

Das Fenster **Kontoeinstellungen** öffnet sich, Sie befinden sich standardmäßig auf der Registerkarte **E-Mail** ❶. Dort wählen Sie per Mausklick das Konto ❷, das Sie ändern möchten, und klicken dann auf die Schaltfläche **Ändern**.

Schritt 4

Das Fenster **Konto ändern** öffnet sich. Hier können Sie z.B. die E-Mail-Adresse, das Kennwort, den Kontotyp, den Posteingangsserver oder den Postausgangsserver ändern. Tun Sie das entsprechend den Angaben in der Mail Ihres Providers. Klicken Sie danach auf die Schaltfläche **Weiter**.

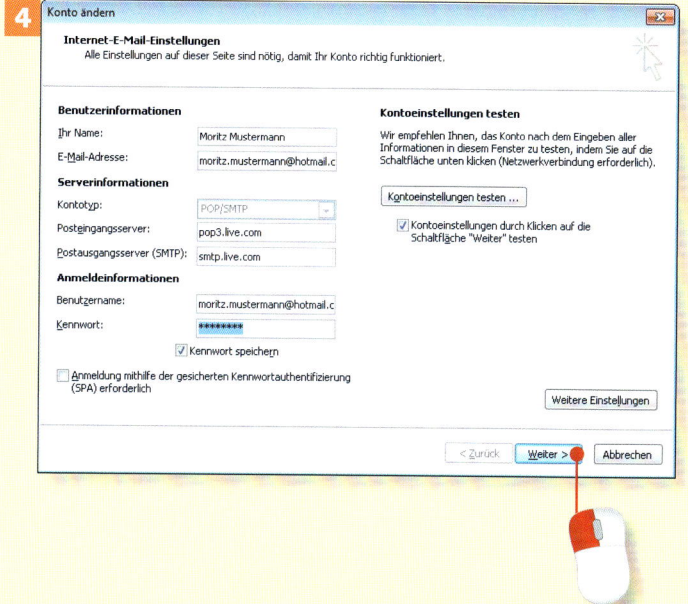

Schritt 5

Klicken Sie im Dialogfenster **Konto-einstellungen** auf die Schaltfläche **Schließen**. Die Aktualisierung Ihrer Kontodaten ist nun abgeschlossen und Sie können Outlook wie gewohnt weiter nutzen.

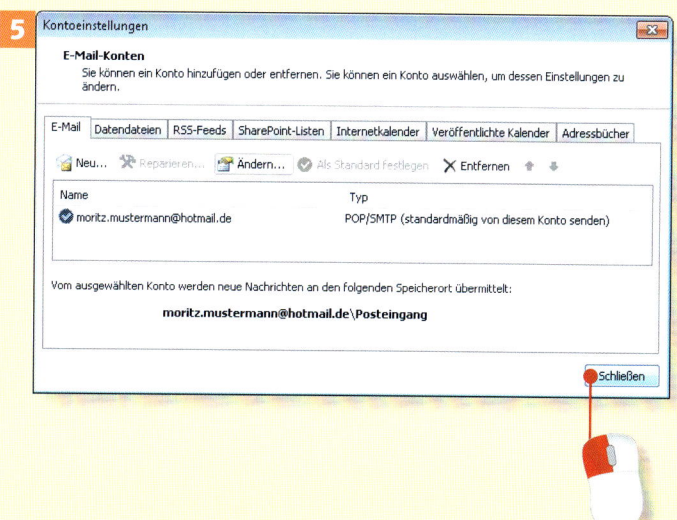

Den Ordner »Gelöschte Elemente« leeren

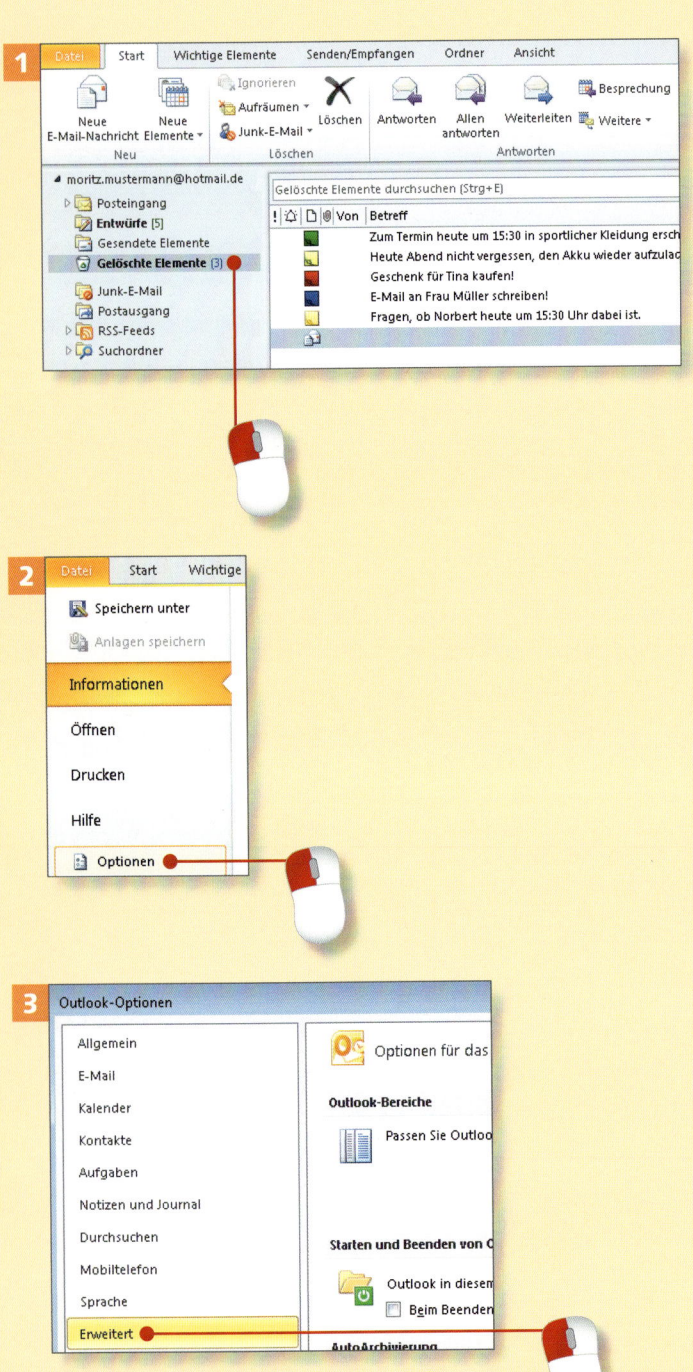

Alle gelöschten Elemente – egal, ob E-Mails, Aufgaben, Kontakte oder Notizen – landen in Outlook erst einmal im Ordner »Gelöschte Elemente«. Wenn Sie die Daten dort endgültig löschen möchten, können Sie das auf zwei Wegen erreichen. Beide stellen wir Ihnen hier vor.

Schritt 1

Verschaffen Sie sich zunächst einmal einen Überblick über die Elemente, die Sie bisher gelöscht haben. Dazu klicken Sie im Bereich **E-Mail** auf den Ordner **Gelöschte Elemente**. Vermutlich haben sich bei Ihnen, wie auch bei uns, schon einige Daten angesammelt.

Schritt 2

Diese Daten müssen nicht ewig und vor allem unnötig Speicherplatz belegen. Wir wollen sie endgültig löschen. Klicken Sie deshalb auf die Registerkarte **Datei**. Dort klicken Sie auf die Schaltfläche **Optionen**.

Schritt 3

Im Fenster **Outlook-Optionen** klicken Sie auf den Menüpunkt **Erweitert**.

Schritt 4

Unter der Überschrift **Starten und Beenden von Outlook** setzen Sie ein Häkchen vor **Beim Beenden von Outlook die Ordner "Gelöschte Elemente" leeren**. Schließen Sie das Fenster danach durch einen Klick auf **OK**. Nun werden die Elemente jedes Mal entfernt, wenn Sie Outlook verlassen.

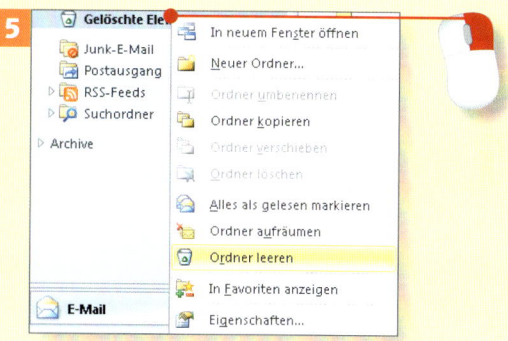

Schritt 5

Wenn Sie Ihre gelöschten Elemente lieber von Hand entfernen möchten, gibt es eine zweite Möglichkeit. Setzen Sie dann das Häkchen aus Schritt 4 nicht. Klicken Sie im Bereich **E-Mail** mit der rechten Maustaste auf den Ordner **Gelöschte Elemente** und im Kontextmenü auf **Ordner leeren**. Sie werden dann noch gefragt, ob Sie die Elemente sicher löschen möchten. Klicken Sie hier auf **Ja**.

Schritt 6

Beide Methoden bewirken dasselbe: Die Elemente des Ordners **Gelöschte Elemente** werden entfernt und damit unwiederbringlich gelöscht.

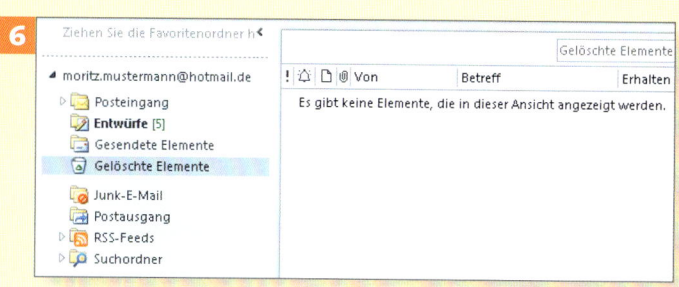

Sich automatisch an Aufgaben erinnern lassen

Nutzen Sie die Aufgaben-Funktion in Outlook? Dann können Sie sich automatisch an alle fälligen Aufgaben erinnern lassen – mit nur einer einzigen Einstellung.

Schritt 1

Überlegen Sie sich, ob es für Sie nützlich ist, sich standardmäßig an alle fälligen Aufgaben erinnern zu lassen. Oft ist diese Option durchaus sinnvoll. Wenn Sie das möchten, klicken Sie auf die Schaltfläche der Registerkarte **Datei**.

Schritt 2

Auf der Registerkarte **Datei** klicken Sie auf die Schaltfläche **Optionen**, denn hier finden sich auch die allgemeinen Einstellungen für Aufgaben.

Schritt 3

Im Fenster **Outlook-Optionen** klicken Sie nun auf den Bereich **Aufgaben**.

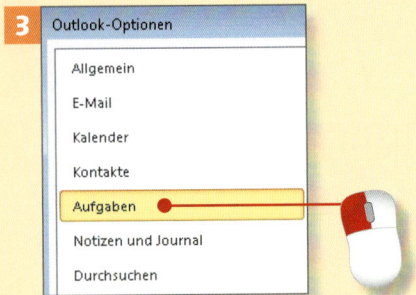

Die Outlook-Optionen

Wann immer Sie auch abseits der Aufgaben etwas anpassen wollen, sollte dieses Dialogfenster Ihre erste Anlaufstelle sein. Klicken Sie sich ruhig einmal durch die einzelnen Bereiche, um einen Überblick zu bekommen.

Schritt 4

Unter der Überschrift **Aufgabenop-
tionen** setzen Sie neben **Erinnerung
für Aufgaben mit Fälligkeitsdatum
aktivieren** ein Häkchen. Hier können Sie auch die Standarderinne-
rungszeit ❶ festlegen. Wir setzen
sie von der Standardeinstellung
9:00 Uhr auf **9:30 Uhr**. Klicken Sie
anschließend auf **OK**.

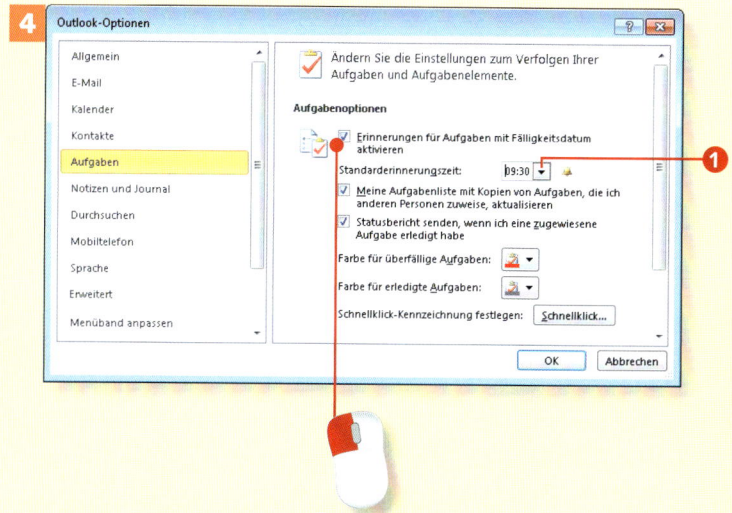

Schritt 5

Nun wollen wir prüfen, ob die Einstellungen auch tatsächlich übernommen wurden und die Erinne-
rungsfunktion funktioniert. Klicken
Sie dazu auf die Registerkarte
Ansicht.

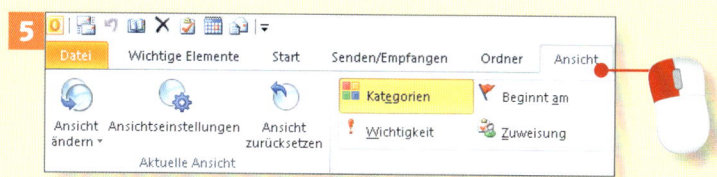

Schritt 6

Dort klicken Sie auf die Schaltfläche **Erinnerungsfenster**. Es öffnet
sich ein Fenster, das Sie jedes Mal
sehen werden, wenn Sie ab jetzt
standardmäßig an Aufgaben erinnert werden. Hier sehen Sie nun alle
momentan fälligen Erinnerungen.
Schließen Sie das Fenster wieder.

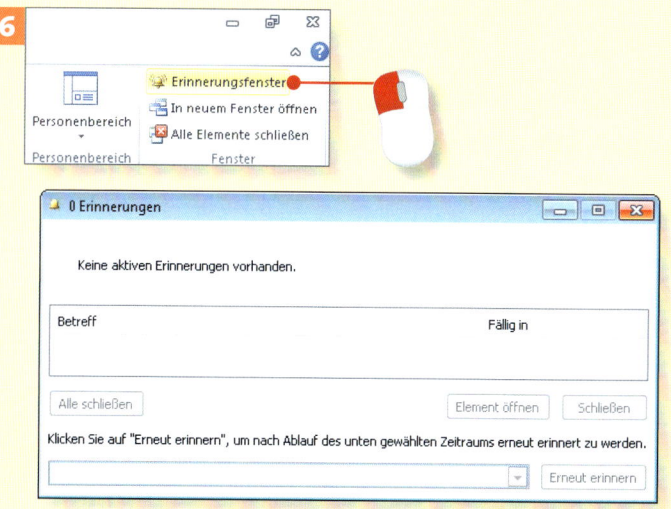

Die Einstellungen für den Kalender ändern

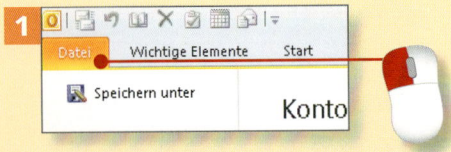

Wenn Sie Ihren Kalender im Bereich »Kalender« öffnen, beginnt Outlook die Stundenübersicht immer mit der ersten Stunde Ihrer Arbeitswoche. Die Einstellungen für Ihre Arbeitswoche lassen sich in Outlook leicht anpassen.

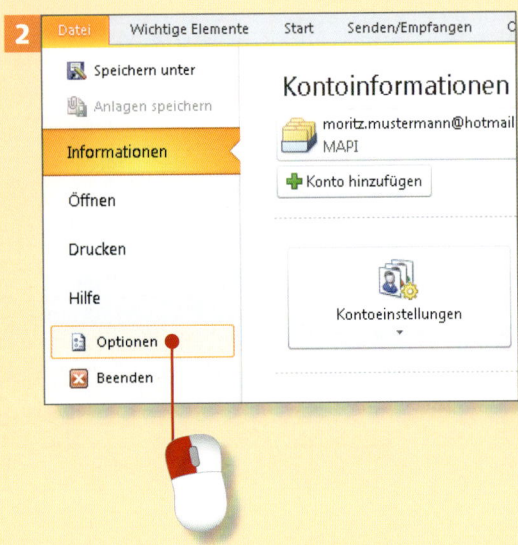

Schritt 1

Klicken Sie auf die Registerkarte **Datei**.

Schritt 2

Dort klicken Sie auf die Schaltfläche **Optionen**.

Schritt 3

Das Fenster **Outlook-Optionen** öffnet sich. Um in die Einstellungen für den Kalender zu gelangen, klicken Sie im linken Menü auf die Kategorie **Kalender**.

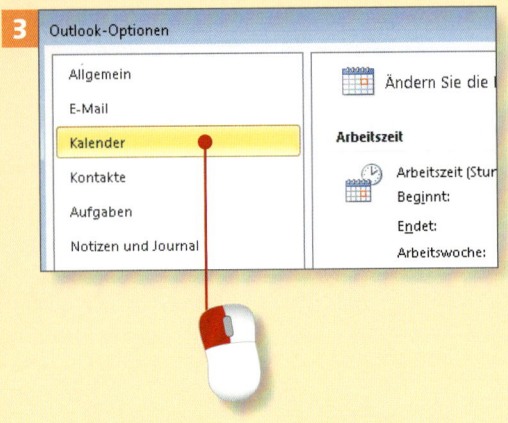

i

Optionen für den Bereich »Kalender«

Testen Sie ruhig auch hier die anderen Möglichkeiten einmal aus, die es in den Optionen gibt. Keine Angst, Sie können jede Einstellung jederzeit wieder rückgängig machen.

Schritt 4

Unterhalb der Überschrift **Arbeitszeit** können Sie nun Beginn und Ende Ihrer Arbeitszeit mithilfe des Aufklappmenüs festlegen.

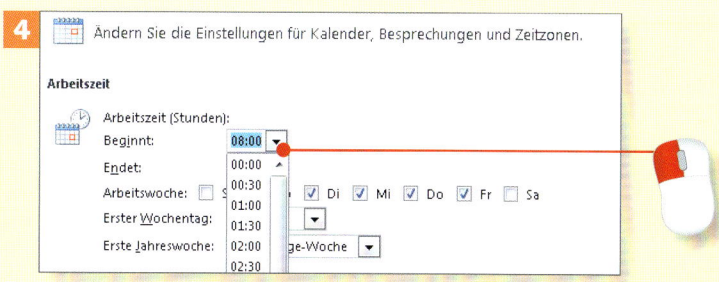

Schritt 5

Im nächsten Schritt unter demselben Unterpunkt nehmen Sie einen weiteren Wochentag zu Ihrer Arbeitswoche hinzu und klicken dann auf **OK**.

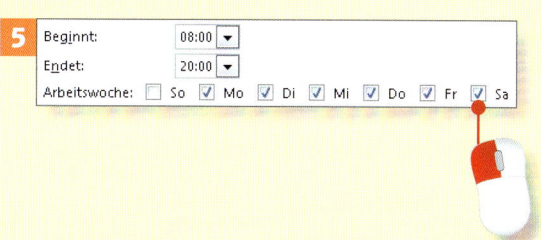

Schritt 6

Wechseln Sie danach in den Bereich **Kalender**. Sie sehen, dass jetzt der Bereich Ihrer Arbeitswoche Ihren Einstellungen entsprechend heller dargestellt wird und um den Samstag erweitert wurde. Die anderen Bereiche sind leicht farbig hinterlegt.

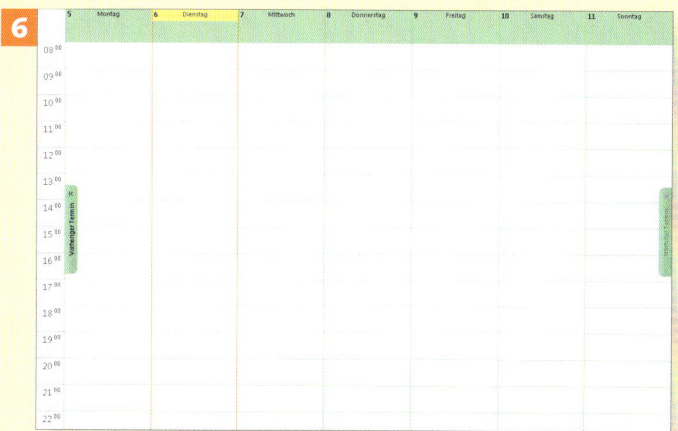

Die Einstellungen für Aufgaben ändern

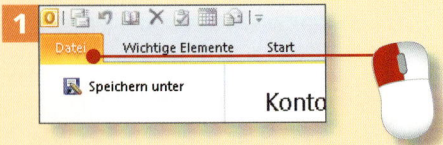

Über die Grundeinstellungen für das Aufgaben-Modul können Sie Ihren Aufgaben Farben zuweisen, die den aktuellen Bearbeitungsstatus anzeigen.

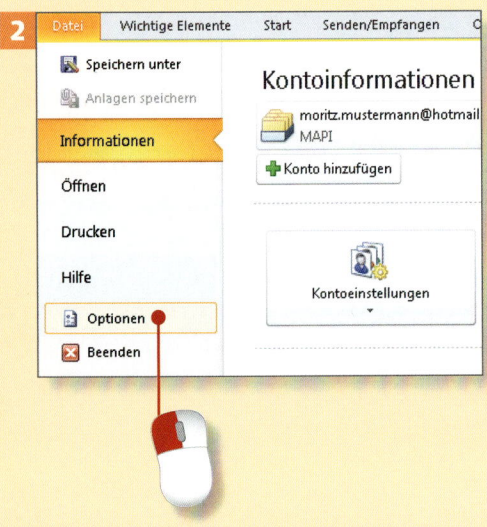

Schritt 1

Klicken Sie auf die Registerkarte **Datei**.

Schritt 2

Auf der Registerkarte **Datei** klicken Sie auf die Schaltfläche **Optionen**.

Schritt 3

Im Fenster **Outlook-Optionen** klicken Sie im linken Menü auf die Kategorie **Aufgaben**.

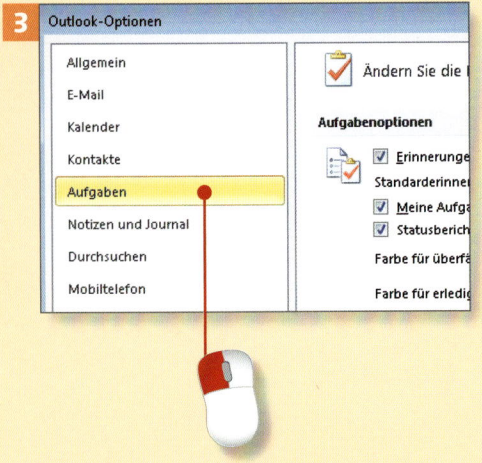

Optionen für den Bereich »Aufgaben«

Sie können noch einiges mehr an Einstellungen für Ihre Aufgaben vornehmen als die, die wir Ihnen hier zeigen. Probieren Sie doch ruhig die anderen Möglichkeiten einmal aus.

Schritt 4

Unter der Überschrift **Aufgaben-optionen** definieren Sie über das Aufklappmenü die Farbe, in der überfällige Aufgaben angezeigt werden sollen. Wir wählen hier ein leuchtendes Grün.

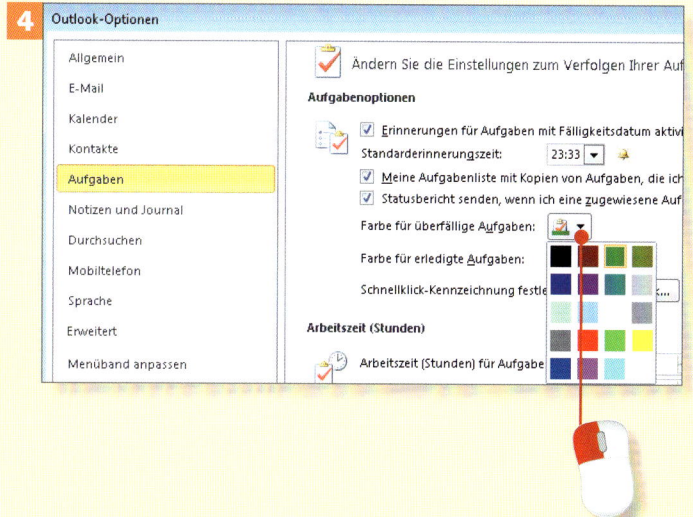

Schritt 5

Im nächsten Schritt wählen Sie die Farbe Grau als Farbton, in dem erledigte Aufgaben angezeigt werden sollen. Klicken Sie auf **OK**, um Ihre Eingaben zu bestätigen und das Fenster **Outlook-Optionen** für den Bereich **Aufgaben** zu schließen.

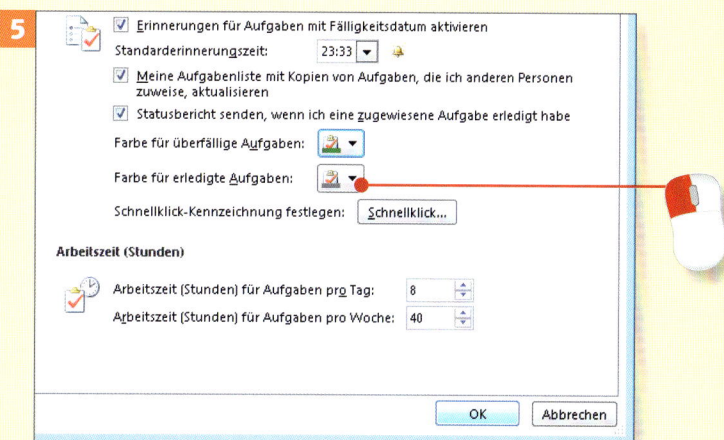

Schritt 6

Werfen Sie einmal einen Blick auf Ihre Aufgaben, indem Sie ganz links unten auf die Schaltfläche für den Bereich **Aufgaben** klicken. Sie sehen: Die fälligen Aufgaben sind nun in der Aufgabenliste grün dargestellt.

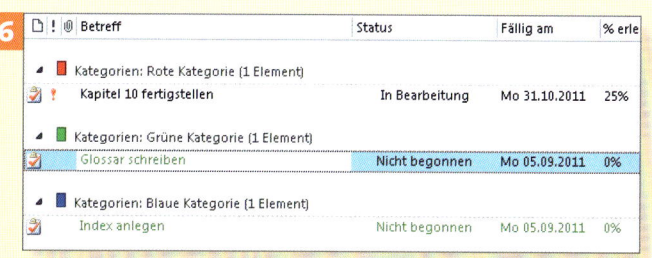

Die Einstellungen für Kontakte ändern

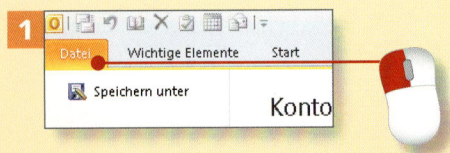

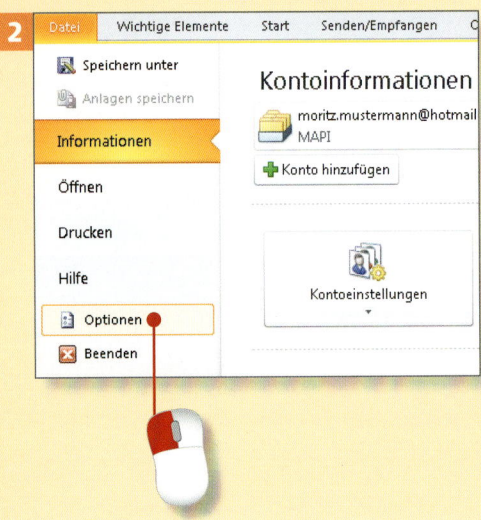

In den Einstellungen für den Bereich »Kontakte« können Sie sich z.B. entscheiden, wie die Namen Ihrer Kontakte angezeigt werden und ob Outlook automatisch alle Empfänger Ihrer E-Mails in den Bereich »Kontakte« übernimmt.

Schritt 1

Klicken Sie auf die Registerkarte **Datei**.

Schritt 2

Auf der Registerkarte **Datei** klicken Sie auf die Schaltfläche **Optionen**.

Schritt 3

Das Fenster **Outlook-Optionen** öffnet sich. Klicken Sie im Menü links auf die Kategorie **Kontakte**.

Die Optionen für den Bereich »Kontakte«

Natürlich können Sie im Fenster **Outlook-Optionen** noch wesentlich mehr Einstellungen für Ihr Adressbuch vornehmen. Das Beispiel in dieser Anleitung ist lediglich eine erste Annäherung, um Ihnen zu zeigen, wie Sie in den entsprechenden Dialog gelangen. Schauen Sie sich die Einstellungsmöglichkeiten in Ruhe an.

Schritt 4

Im Bereich **Kontakte** des Fensters **Outlook-Optionen** unter der Überschrift **Namen und Ablage** wählen Sie im Feld **Namensreihenfolge (Standard)** die Option **Nachn. Vorn.** aus.

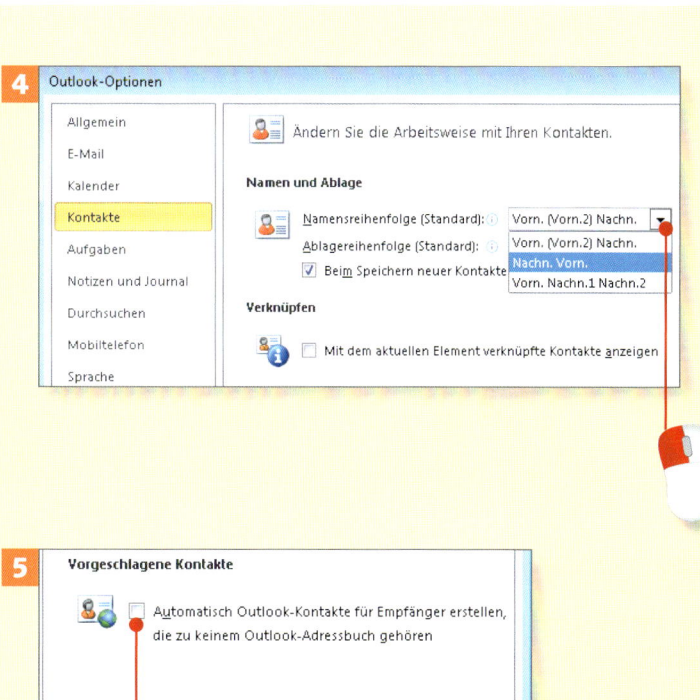

Schritt 5

Im nächsten Schritt desselben Fensters entfernen Sie unter der Überschrift **Vorgeschlagene Kontakte** das Häkchen vor **Automatisch Outlook-Kontakte für Empfänger erstellen, die zu keinem Outlook-Adressbuch gehören**. Schließen Sie das Fenster dann mit **OK**.

Schritt 6

Wenn Sie nun in den Bereich **Kontakte** wechseln, sehen Sie, dass die Sortierung Ihrer Kontakte nun nach Nachnamen vorgenommen wird. In dieser Liste werden jetzt bald auch automatisch weitere Kontakte ergänzt – nämlich die, die Sie als Empfänger Ihrer Mails eintragen. Praktisch, oder?

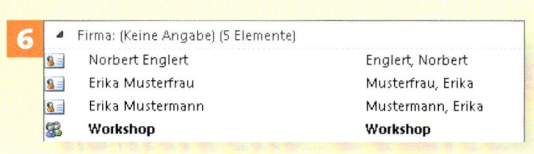

Kapitel 13
Outlook-Daten sichern

Festplatten halten nicht ewig. Und wenn sie ausfallen, geschieht das meist plötzlich. Auch ein Virenbefall kann dafür sorgen, dass Sie von heute auf morgen Ihren Rechner komplett neu installieren müssen. In solchen Fällen sind dann auch Ihre E-Mails, Kalendereinträge und Kontakte für immer verloren. Sie sollten deshalb vorbereitet sein und Ihre Outlook-Daten sichern.

Alte Daten archivieren

In Outlook können Sie Ihre Daten automatisch archivieren. Dabei werden ausgewählte Daten in einen Archivordner verschoben. Damit machen Sie Ihr Outlook nicht nur schneller, sondern Sie sorgen gleichzeitig auch dafür, dass die Outlook-Daten automatisch ❶ in einer separaten Datei (*archive.pst*) gespeichert werden.

Daten sichern

Die Speicherung Ihrer gesamten Outlook-Daten in einer Backup-Datei sollten Sie immer wieder selbst anstoßen. Dazu nutzen Sie die Export- und Importfunktionen ❷ auf der Registerkarte **Datei**.

Datendateien anzeigen

Die Backup-Dateien (*backup.pst* und *archive.pst)* lassen sich im Ordnerbereich von Outlook als Ordner ❸ darstellen. Auf diese Art und Weise können Sie mit den Datendateien genauso umgehen wie mit anderen Ordnern, z.B. dem Posteingang.

In Outlook können Sie mithilfe der AutoArchivierung Ihre Daten ganz einfach sichern.

Die Exportfunktionen finden Sie – leider etwas versteckt – im Menü der Schaltfläche **Importieren**.

Auf den Backup-Ordner können Sie genauso zugreifen wie auf den Ordner **Posteingang**.

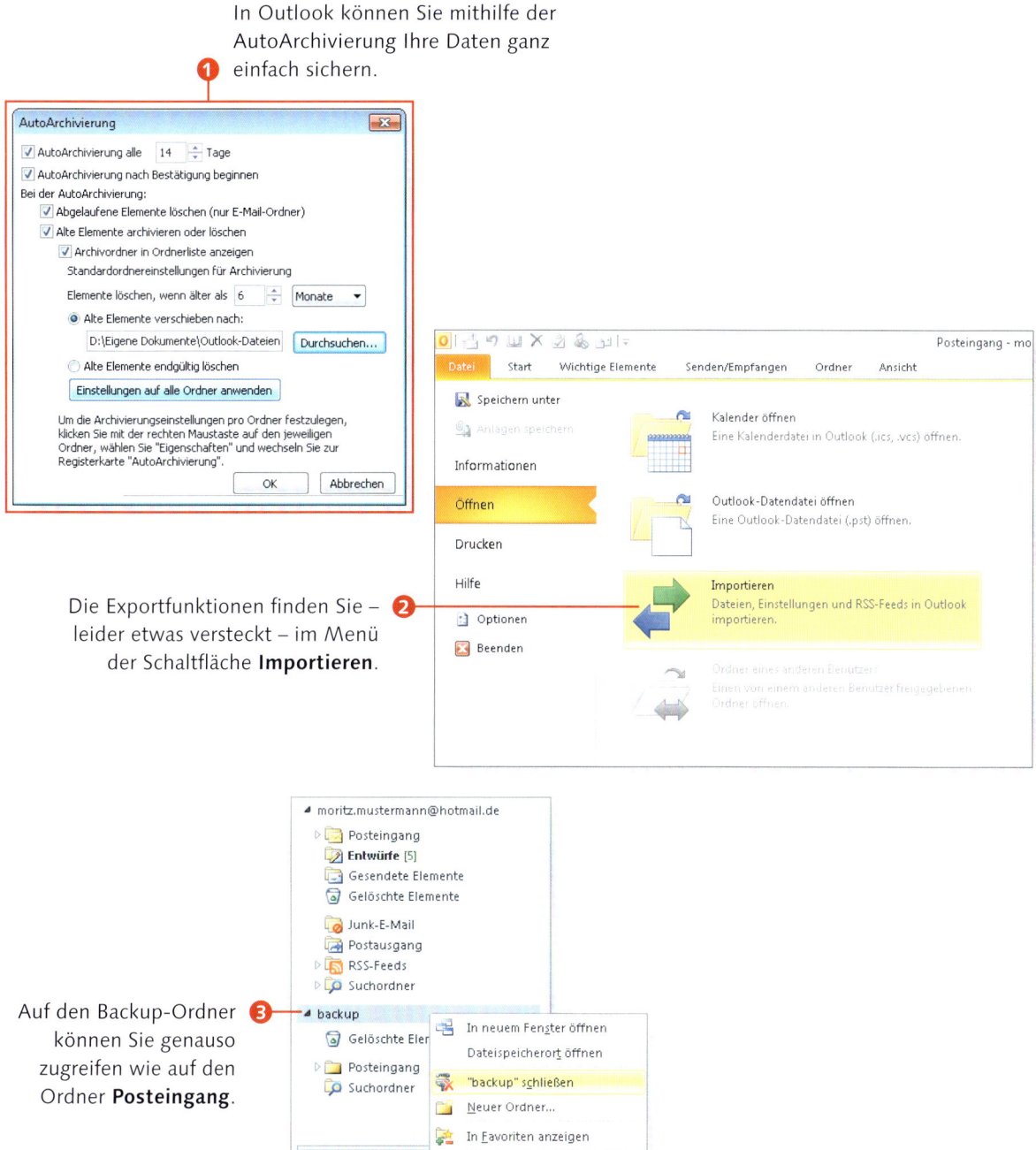

Alte Daten archivieren

Bei der AutoArchivierung verschiebt Outlook alle älteren Elemente in eine Datei im Dokumentenordner. Diese Funktion sorgt dafür, dass Outlook schneller läuft.

Schritt 1

Um die AutoArchivierung zu starten, klicken Sie zunächst auf die Registerkarte **Datei**.

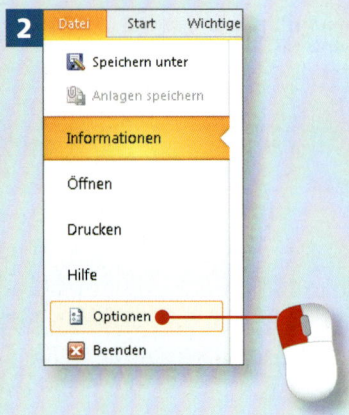

Schritt 2

Auf der Registerkarte **Datei** klicken Sie nun auf die Schaltfläche **Optionen**.

Schritt 3

Das Fenster **Outlook-Optionen** öffnet sich. Klicken Sie hier auf die Kategorie **Erweitert**.

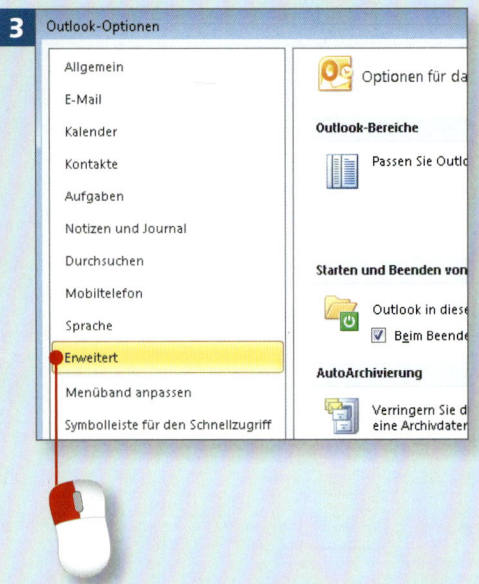

Ab wann lohnt sich eine Auto-Archivierung?

Wenn Sie Ihr Konto gerade erst eingerichtet haben, lohnt sich die Archivierung noch nicht. Nach einigen Wochen und Monaten, wenn Sie schon einige Mails empfangen haben, ist eine Archivierung aber sinnvoll. Sie werden sehen: Outlook läuft danach merklich schneller.

Schritt 4

Unter der Überschrift **AutoArchivie-rung** finden Sie die Schaltfläche **Einstellungen für AutoArchivierung**. Klicken Sie darauf.

Schritt 5

Das Dialogfenster **AutoArchivierung** öffnet sich. Setzen Sie hier ein Häkchen vor **AutoArchivierung** ❶. Nun bestimmen Sie das Intervall (z.B. alle 14 Tage) ❷, in dem Outlook-Elemente mit einer gewissen Lagerzeit (z.B. älter als sechs Monate) ❸ in den Archivbereich verschoben werden sollen. Um zu bestimmen, wohin Sie diese Dateien verschieben wollen, klicken Sie auf **Durchsuchen**.

Schritt 6

Im Fenster **Outlook-Datendateien suchen** können Sie nun den Ablageort für Ihre Daten festlegen. Sie werden in einer Datei im PST-Format gespeichert. Der Ordner *Eigene Dokumente/Outlook-Dateien* ❹ ist automatisch ausgewählt. Auch der Name ❺ ist voreingestellt: *archive. pst*. Behalten Sie diese Einstellungen im Zweifel bei, und klicken Sie auf **OK**.

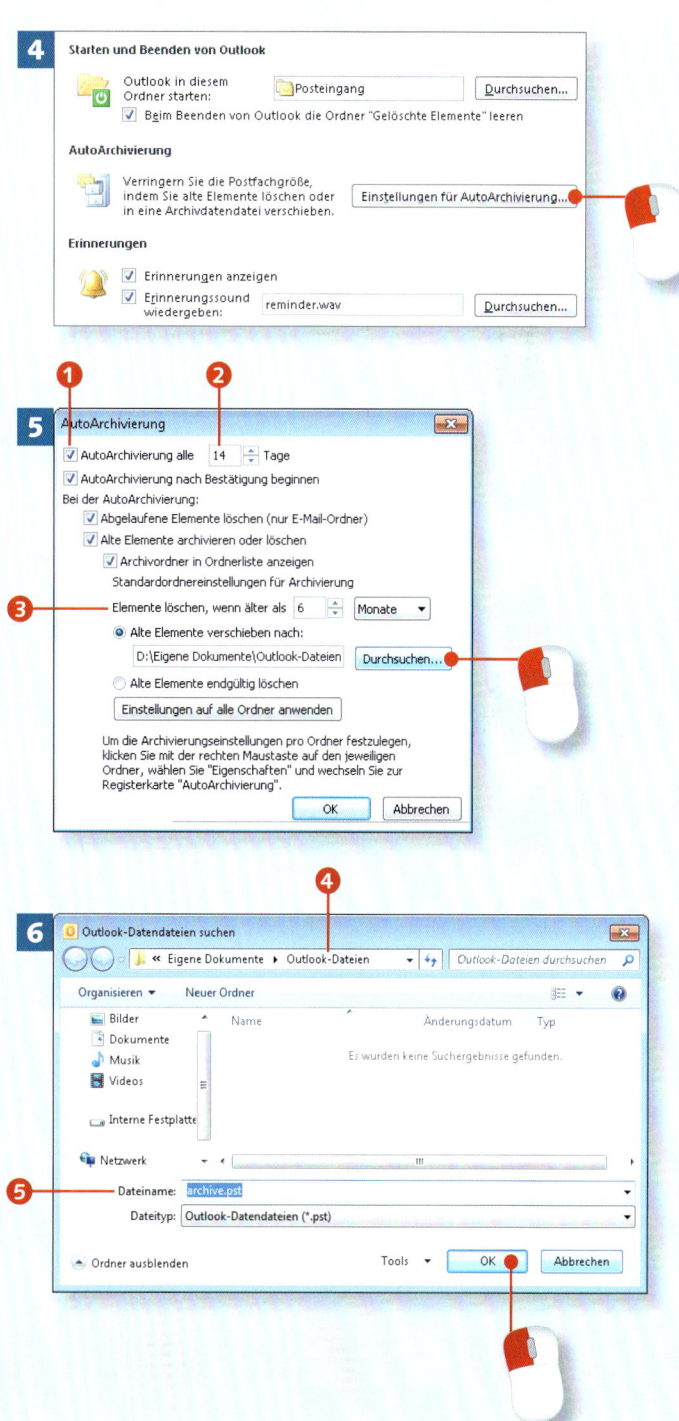

Alte Daten archivieren (Forts.)

Schritt 7

Zurück im Fenster **AutoArchivierung** klicken Sie auf die Schaltfläche **Einstellungen auf alle Ordner anwenden**.

Schritt 8

Outlook übernimmt die Einstellungen nun für alle Outlook-Elemente-Ordner. Um die Einstellungen zur AutoArchivierung zu verlassen, klicken Sie anschließend auf **OK**.

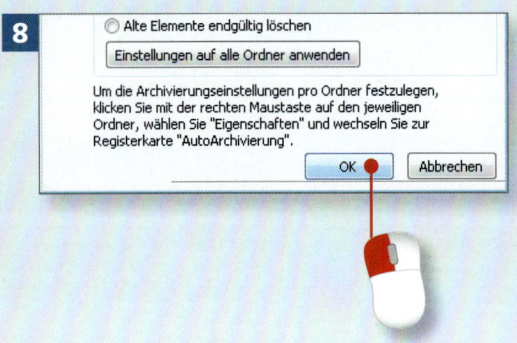

Schritt 9

Sie landen wieder im Fenster **Outlook-Optionen**. Auch dieses schließen Sie, indem Sie auf die Schaltfläche **OK** klicken.

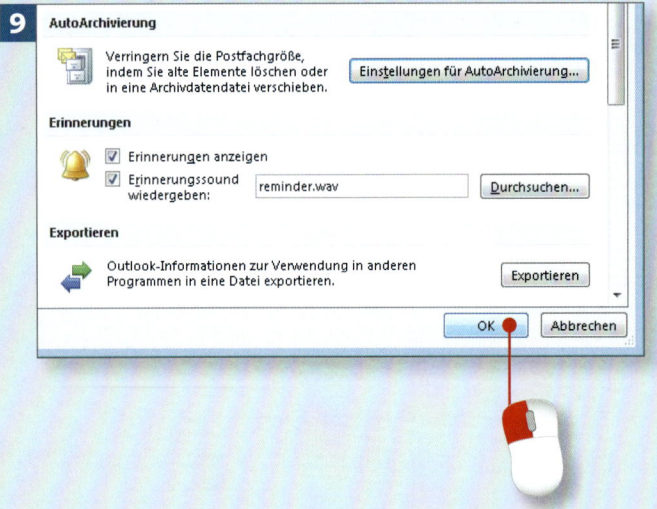

i

Durch die Archivierung gehen keine Daten verloren

Keine Sorge, die Archivierung löscht keine Elemente. Sie verschiebt sie nur. Sollten Sie einmal auf eine ältere Mail zurückgreifen wollen, können Sie sie jederzeit wieder aus dem Archiv »herausholen«. Lesen Sie dazu auch die Anleitung »Mit Datendateien arbeiten«, ab Seite 266.

Schritt 10

Die AutoArchivierung ist nun aktiviert. Nun wollen wir den Posteingang noch von der AutoArchivierung
ausnehmen, denn die Elemente
im Posteingang sollen niemals ins
Archiv verschoben werden. Auch
nicht, wenn sie älter als sechs
Monate sind. Klicken Sie deshalb
mit der rechten Maustaste auf den
Ordner **Posteingang** und im Kontextmenü auf **Eigenschaften**.

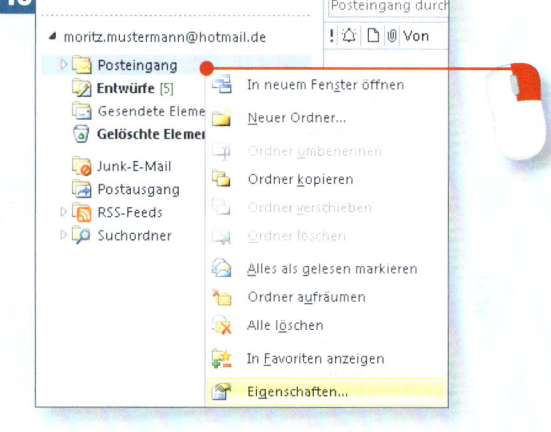

Schritt 11

Sie sehen das Fenster **Posteingang:
Eigenschaften**. Klicken Sie hier auf
die Registerkarte **AutoArchivierung**.

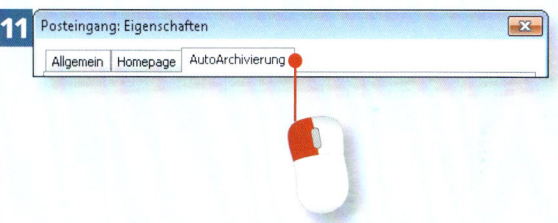

Schritt 12

Auf der Registerkarte **AutoArchivierung** im Fenster **Posteingang:
Eigenschaften** setzen Sie den Punkt
vor **Elemente in diesem Ordner
nicht archivieren**. Klicken Sie dann
auf **OK**, um in die Ausgangssituation
zurückzukehren.

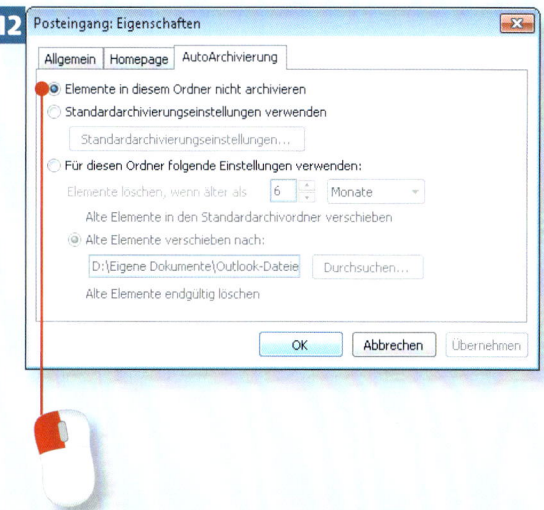

Daten sichern

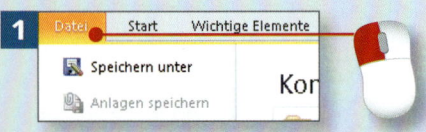

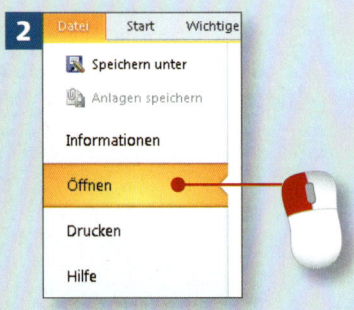

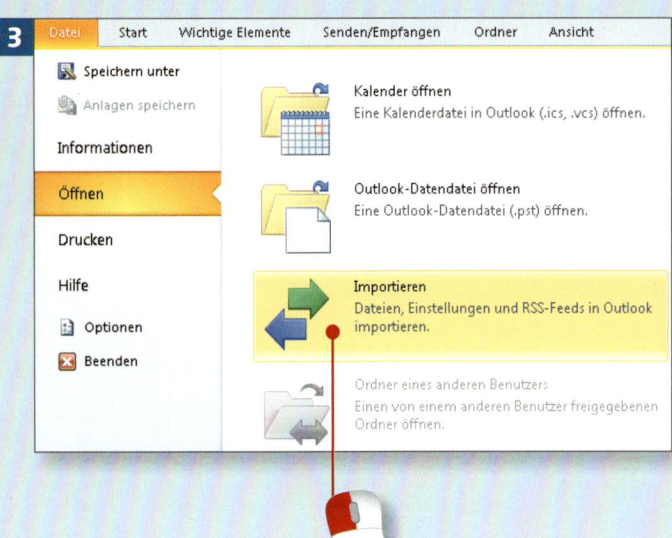

Sie sollten alle Outlook-Elemente (die Dateien aus dem Archivbereich eingeschlossen) sichern und zusätzlich auf einem Medium wie einer DVD oder einer externen Festplatte speichern, damit Sie Outlook notfalls wiederherstellen können.

Schritt 1

Klicken Sie auf die Schaltfläche der Registerkarte **Datei**.

Schritt 2

Auf der Registerkarte **Datei** klicken Sie auf die Schaltfläche **Öffnen**.

Schritt 3

Im Bereich **Öffnen** klicken Sie auf die Schaltfläche **Importieren**, durch die Sie Dateien und Einstellungen aus Outlook importieren, aber auch exportieren können.

Importieren oder exportieren?
Seit Outlook 2010 ist die Export-Funktion ein wenig ungünstig unter dem Stichwort »Importieren« versteckt. Wir sind gespannt, ob sich das in der nächsten Version ändern wird.

Schritt 4

Der sogenannte **Import/Export-Assistent** öffnet sich. Markieren Sie hier die Option **In Datei exportieren**, und klicken Sie auf **Weiter**.

Schritt 5

Im Fenster **In eine Datei exportieren** wählen Sie **Outlook-Datendatei (.pst)** aus. Klicken Sie danach erneut auf **Weiter**.

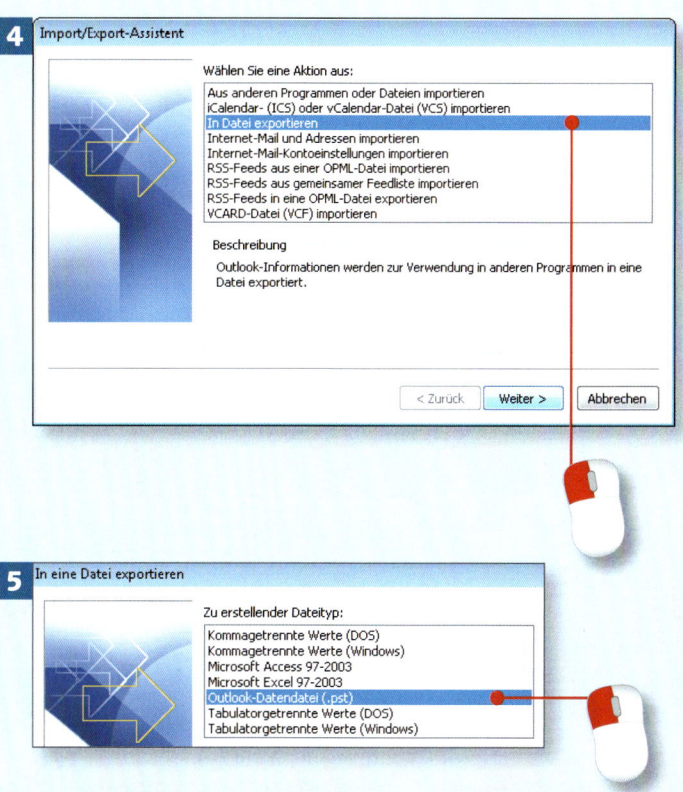

Schritt 6

Das Fenster **Outlook-Datendatei exportieren** öffnet sich. Sie sehen eine Liste aller Outlook-Ordner. Wählen Sie hier den Ordner, aus dem Sie Daten exportieren wollen. Vergessen Sie dabei nicht, das Häkchen vor **Unterordner einbeziehen** ❶ zu setzen. Klicken Sie auf **Weiter**.

i Welche Ordner kann ich exportieren?

Sie können in Schritt 6 den gesamten Datenordner wählen, um auf Nummer sicher zu gehen und alle Outlook-Daten zu exportieren, oder auch nur einzelne Ordner: beispielsweise nur Ihre E-Mails oder auch nur einen bestimmten E-Mail-Ordner, den Kalender, die Notizen, Kontakte oder Ihre Aufgaben.

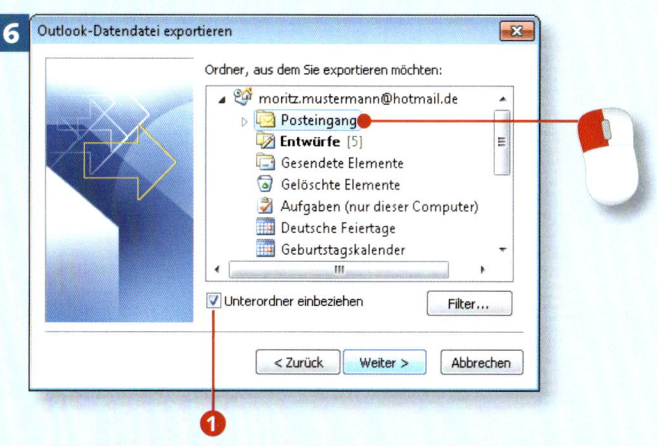

Daten sichern (Forts.)

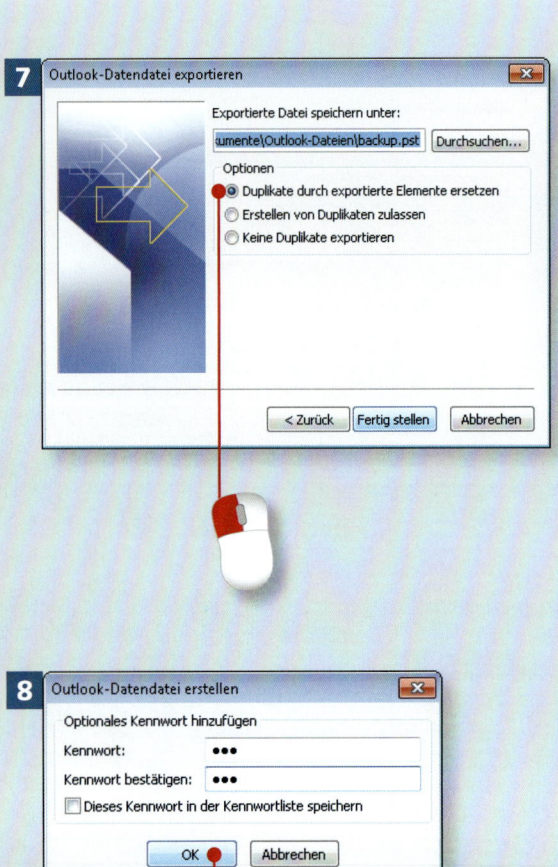

Schritt 7

Bevor Sie im letzten Fenster zum Exportieren Ihrer Outlook-Daten auf **Fertig stellen** klicken, wählen Sie die Einstellung **Duplikate durch exportierte Elemente ersetzen**. So vermeiden Sie überflüssige Dopplungen in Ihrer Export-Datei.

Schritt 8

Um den Export Ihrer Outlook-Daten nun endgültig abzuschließen, müssen Sie noch ein Kennwort vergeben. Dieses Kennwort benötigen Sie, um die neue Datendatei wieder öffnen zu können. So stellen Sie sicher, dass keine Unbefugten Zugriff auf Ihre Daten bekommen. Klicken Sie auf **OK**.

Schritt 9

Im folgenden Fenster **Kennwort für Outlook-Datendatei** geben Sie Ihr Kennwort erneut ein. Klicken Sie abschließend auf **OK**.

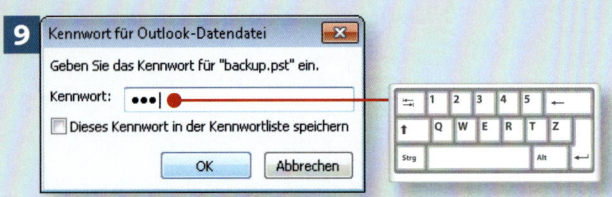

Die Datendatei sichern

Sie sollten die exportierte PST-Datei nun am besten auf einen externen Datenträger kopieren, z.B. eine DVD oder eine externe Festplatte. So können Sie Ihre Daten auch dann wiederherstellen, wenn Sie Ihren Rechner gar nicht mehr starten können.

Daten wiederherstellen

Sie haben Ihre Daten in einer Datendatei gesichert. Nun möchten wir Ihnen zeigen, wie Sie die Daten wiederherstellen, also »importieren«, können.

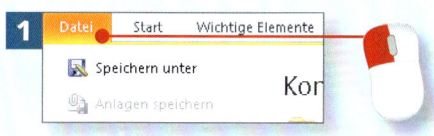

Schritt 1

Um den Import einer Datendatei zu starten, klicken Sie zunächst auf die Registerkarte **Datei**.

Schritt 2

Klicken Sie auf der Registerkarte **Datei** auf die Schaltfläche **Öffnen**.

Schritt 3

Anschließend klicken Sie auf die Schaltfläche **Importieren**.

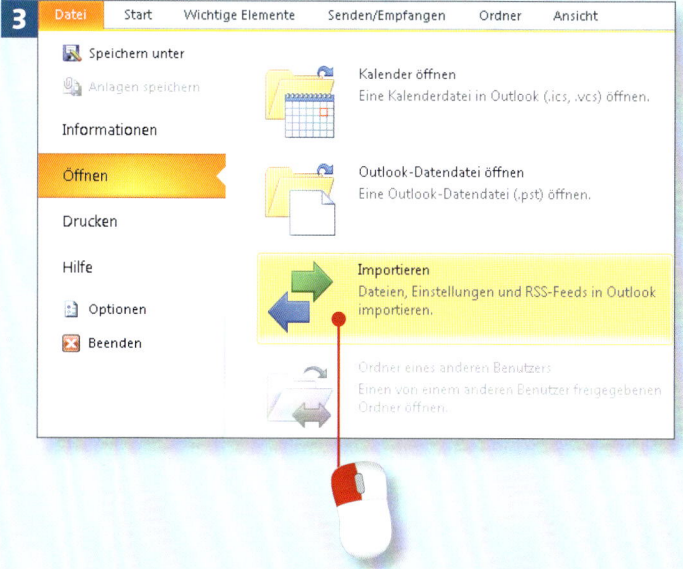

Daten in Outlook importieren

Outlook kann neben Excel (siehe dazu den Abschnitt »Kontakte aus Excel importieren« ab Seite 162) mit einer ganzen Reihe von Formaten aus unterschiedlichen Programmen umgehen. Beim Import empfehlen wir, immer zunächst mit einer kleinen Datei zu testen, ob der Vorgang fehlerfrei funktioniert, bevor Sie größere Datenmengen übertragen.

Daten wiederherstellen (Forts.)

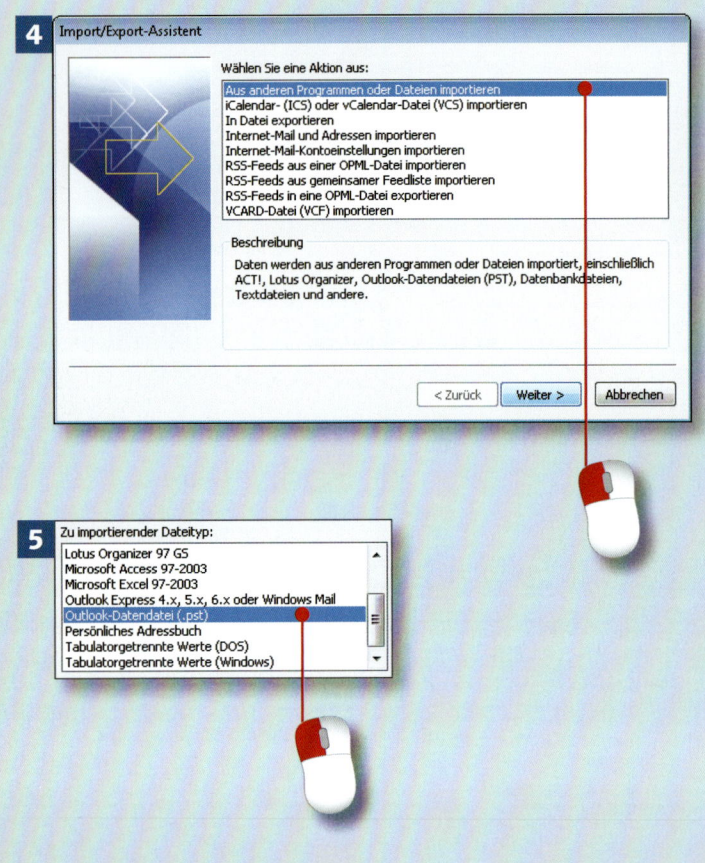

Schritt 4

Der **Import/Export-Assistent** öffnet sich. Markieren Sie hier die erste Option **Aus anderen Programmen oder Dateien importieren**, und klicken Sie anschließend auf **Weiter**.

Schritt 5

Im Fenster **Datei importieren** wählen Sie im Bereich **Zu importierender Dateityp** den Eintrag **Outlook-Datendatei (.pst)** aus. Klicken Sie dann auf **Weiter**.

Schritt 6

Im Fenster **Outlook-Datendatei importieren** wählen Sie die Option **Keine Duplikate importieren** ❶. Klicken Sie auf **Durchsuchen**, und wählen Sie die PST-Datei aus, die Sie importieren möchten. Klicken Sie danach auf **Weiter**.

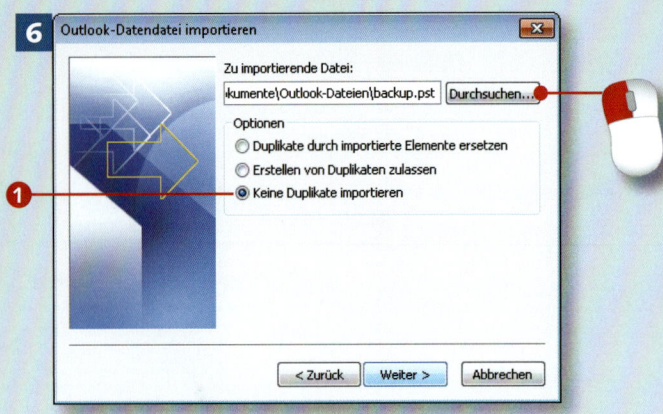

❗ Duplikate importieren

Wenn Sie Duplikate tatsächlich als doppelte Elemente importieren oder die vorhandenen Elemente mit den importierten überschreiben möchten, wählen Sie in Schritt 6 die entsprechende Option. Sie sollten sich dann aber immer sehr sicher sein, welche Daten Sie importieren.

Schritt 7

Im folgenden Fenster **Kennwort für Outlook-Datendatei** geben Sie das Kennwort ein, das Sie beim Export vergeben haben (siehe Seite 262). Klicken Sie anschließend auf **OK**.

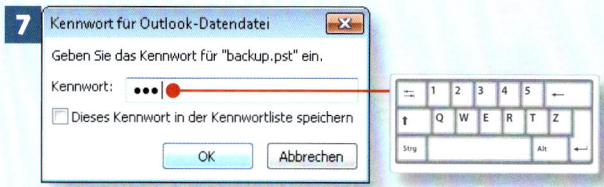

Schritt 8

Im Fenster **Outlook-Datendatei importieren** wählen Sie nun den Ordner ❶, in den Sie die Daten importieren wollen. Meist wird der Ordner von Outlook bereits richtig ausgewählt. Setzen Sie nun noch den Punkt vor **Elemente in denselben Ordner importieren in** ❷, und klicken Sie zum Abschluss auf **Fertig stellen**.

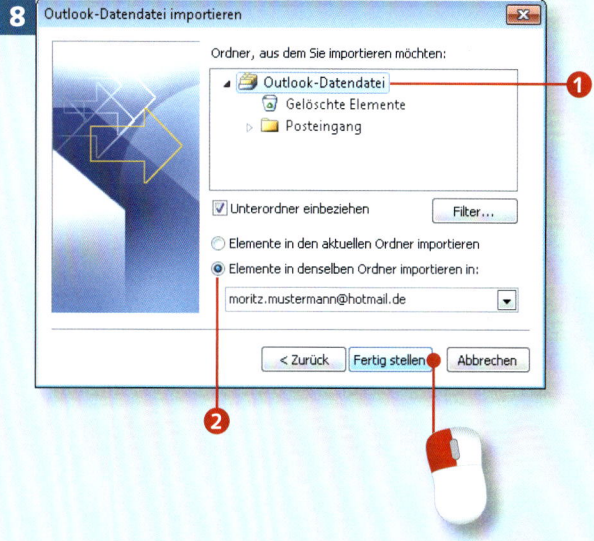

ℹ Prüfen, ob der Import funktioniert hat

Sollte Outlook die Datei nicht öffnen können oder ein anderes Problem auftreten, wird Ihnen eine Fehlermeldung angezeigt. Wenn alles funktioniert, meldet Outlook in der Regel nichts. Sie können dann den Erfolg des Imports nur dadurch prüfen, dass Sie im entsprechenden Outlook-Bereich (**E-Mail**, **Kalender**, **Aufgaben** oder **Notizen**) nachschauen, ob die neuen Elemente dort auch angekommen sind.

Mit Datendateien arbeiten

Wenn Sie die bisherigen Anleitungen nachvollzogen haben, verfügen Sie nun über eine Sicherung Ihrer Outlook-Elemente, die auch im Ordnerverzeichnis angezeigt wird. Sie können diese Sicherung öffnen und deren Inhalte einsehen.

Schritt 1

Klicken Sie auf der Registerkarte **Datei** auf **Öffnen**.

Schritt 2

Klicken Sie dann auf die Schaltfläche **Outlook-Datendatei öffnen**.

Schritt 3

Es öffnet sich das Fenster **Outlook-Datendatei öffnen**. Markieren Sie die PST-Datei, in der Ihre Sicherung gespeichert ist (in unserem Beispiel *backup.pst*), und klicken Sie anschließend zum Öffnen dieser Datei auf **OK**.

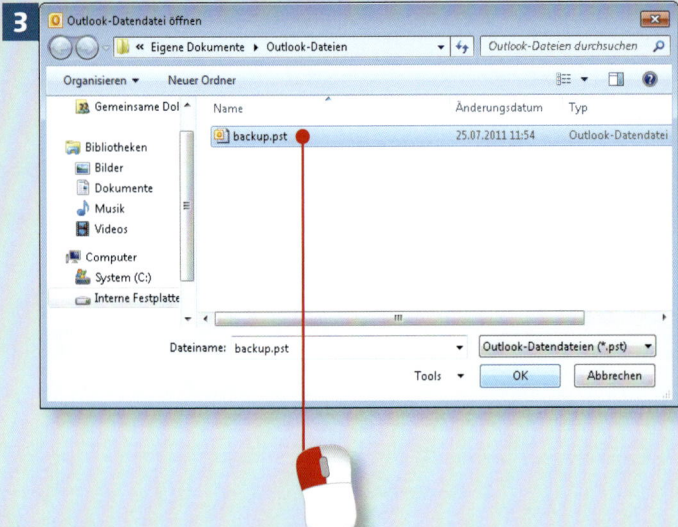

Daten im Archiv einsehen
Genau so, wie wir es hier für die Datensicherung beschreiben, können Sie übrigens auch das Outlook-Archiv einsehen, wenn Sie es wie im Abschnitt »Alte Daten archivieren« ab Seite 256 beschrieben angelegt haben.

Schritt 4

Im Outlook-Ordnerverzeichnis
wird jetzt der Ordner Ihrer Sicherung angezeigt (in unserem Beispiel
backup). Öffnen Sie diesen Ordner,
indem Sie auf den kleinen weißen
Pfeil vor dem Ordnernamen klicken.

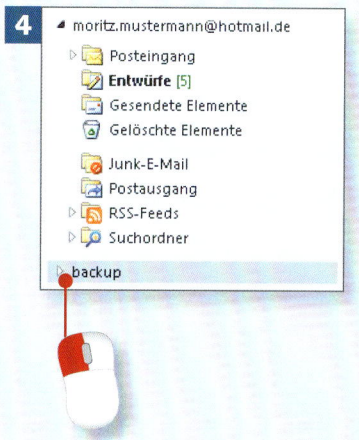

Schritt 5

Sie sehen das geöffnete Verzeichnis
des Ordners zur Sicherung Ihrer Outlook-Elemente. In diesem Ordner
und seinen Unterordnern können
Sie sich genauso bewegen wie im
Ordner **Posteingang**.

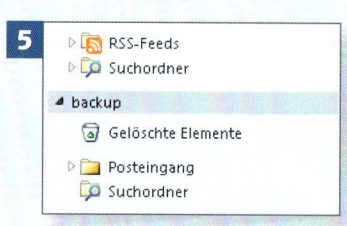

Schritt 6

Um den Ordner **backup** wieder zu
schließen, klicken Sie mit der rechten Maustaste darauf. Im Kontextmenü klicken Sie dann auf den
Eintrag **"backup" schließen**. Der
Ordner **backup** wird in der Outlook-
Ordnerliste dadurch nicht mehr
angezeigt. Die Datei selbst (hier
backup.pst) bleibt aber erhalten.

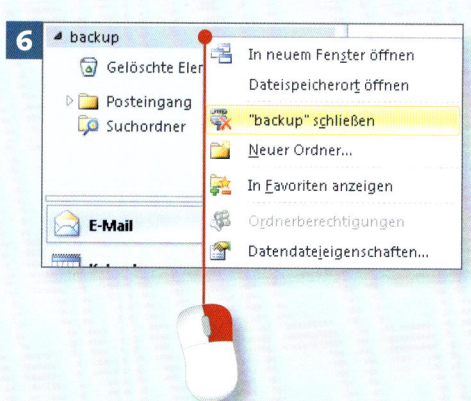

Glossar

Adressbuch	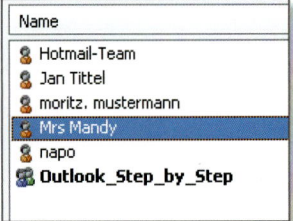	Das Adressbuch ist die Auflistung aller Kontakte aus dem Bereich **Kontakte** von Outlook. Beim Verfassen von Nachrichten können Namen, E-Mail-Adressen und Gruppenkontakte aus dem Adressbuch ausgewählt werden.
Aufgaben-formular	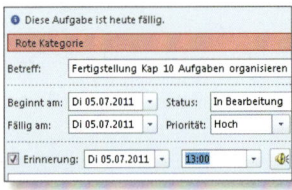	Das Aufgabenformular unterstützt Sie bei der schriftlichen Planung von Aufgaben, die zu bestimmten Terminen fällig sind. Über Sortier- und Filterfunktionen können die Aufgaben z.B. nach ihrer Fälligkeit oder Wichtigkeit angezeigt werden.
Aufklappmenü		Ein Aufklappmenü ist ein Listenfeld, das sich öffnet, wenn Sie auf eine Schaltfläche der Outlook-Benutzeroberfläche klicken. Es enthält verschiedene Befehle, die Sie ebenfalls mit einem Mausklick auswählen können.
Aufräumen		Mit dem Outlook-Befehl **Aufräumen** entfernen Sie sich wiederholende (redundante) Nachrichten einer Unterhaltung aus dem ausgewählten Ordner oder aus dem Hauptordner mit seinen Unterordnern (also aus allen Ordnern).
Befehl		Als Befehl wird alles bezeichnet, was eine Funktion oder den automatischen Ablauf von bestimmten Vorgängen innerhalb eines Anwendungsprogramms anstößt.
Befehlsgruppe	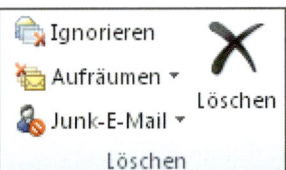	In einer Befehlsgruppe sind mehrere Befehle zusammengefasst, die einen ähnlichen Arbeitsbereich betreffen, z.B. **Löschen**. Auf einer Registerkarte, z.B. **Start**, gibt es wiederum mehrere sich ergänzende Befehlsgruppen.

Besprechungs-formular	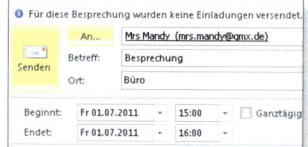	Ein Besprechungsformular dient der schriftlichen Anfrage bzw. Einladung (natürlich per E-Mail) für einen Besprechungstermin. Bestätigt man ein solches Besprechungsformular, wird der darin angesetzte Termin direkt in den Outlook-Kalender übernommen. Der Terminabgleich ist auf diese Weise für alle Beteiligten gleichermaßen zuverlässig wie komfortabel.
Datendatei	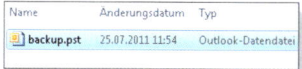	Eine Datendatei dient lediglich der Datensicherung Datendateien gibt es in Form von BACKUP.PST-Dateien zur Sicherung aller Outlook-Elemente und als ARCHIVE.PST-Dateien zur Archivierung älterer Elemente.
E-Mail-Adresse		Eine E-Mail-Adresse bezeichnet eine Absender- und Empfängeradresse im Internet. Sie besteht aus einem Teil vor dem @-Zeichen und einem danach, dem sogenannten Domain-Part.
E-Mail-Kopf	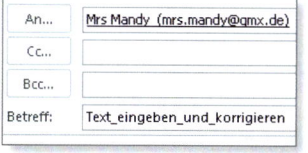	Eine E-Mail besteht aus einem Kopf und dem Inhalt der Nachricht. Der Kopf muss eine Absender- und Empfängeradresse enthalten. Darüber hinaus kann es optionale Angaben geben, z.B. einen Betreff.
Ereignis		Sie können in Outlook ganz einfach einen Termin anlegen. Zum Ereignis wird er dann, wenn er einen ganzen Tag dauert, z.B. ein Feiertag, Geburtstag o.Ä. Ein Ereignis ist also ein ganztägiger Termin.
Exportieren		Über die Funktion **Importieren** lassen sich alle Outlook-Elemente exportieren, also sichern. (Die gesicherten Daten sollten auch extern, also nicht nur auf der lokalen Festplatte, gespeichert werden.)

Glossar

Filtern 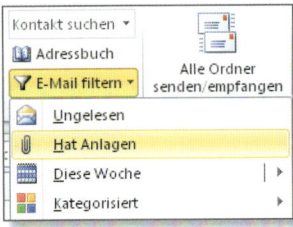 Damit Sie in sehr umfangreichen Ordnern nicht lange nach bestimmten E-Mails oder anderen Outlook-Elementen suchen müssen, können Sie Kriterien bestimmen, nach denen gefiltert wird. So können Sie sich beispielsweise nur E-Mails anzeigen lassen, die einen Anhang haben.

Formatvorlage  Mit einer Formatvorlage können Sie Ihre E-Mails ohne großen Aufwand einheitlich, übersichtlich und strukturiert gestalten.

Importieren  Wie schon beim Glossareintrag »Exportieren« erläutert, lassen sich Daten über die Schaltfläche **Importieren** sichern. Sie heißt jedoch deshalb so, weil Sie die gesicherten Outlook-Daten auch wieder importieren können, wenn Sie sie wieder brauchen.

Indizieren 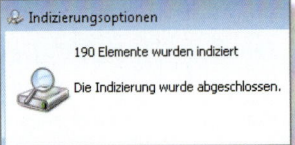 Wenn Sie Ihre Outlook-Elemente indizieren, also zur Suche freigeben, können Sie sie beim nächsten Mal auch über die Windows-Suche unter **Start** finden.

Kategorie  Sie können E-Mails, Aufgaben und Terminen Kategorien zuweisen. Auf diese Weise lassen sich diese Elemente leicht sortieren, Sie können eine eigene Ansicht für sie einrichten oder Regeln für Elemente einer bestimmten Kategorie anlegen.

Kontaktformular  Wenn Sie einen Eintrag im Adressbuch anlegen möchten, stellt Outlook ein Kontaktformular zur Verfügung, dessen standardisierte Felder Sie nur noch ausfüllen müssen.

Kontaktgruppe		Wenn Sie häufig die gleiche E-Mail an eine Gruppe von Leuten verschicken, z.B. an Ihre Familie oder Ihr Team, können Sie deren E-Mail-Adressen in einer Kontaktgruppe zusammenfassen. So müssen Sie nur eine Adresse einfügen und können die E-Mail trotzdem an alle Gruppenmitglieder verschicken. Der Name einer Kontaktgruppe wird auch im Adressbuch angezeigt.
Menüband	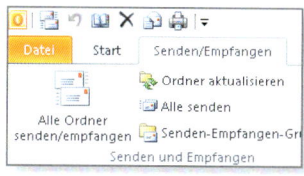	Das Menüband bildet optisch und funktionsmäßig den zentralen Bereich der Benutzeroberfläche von Outlook 2010. Es bündelt fast alle Befehle auf verschiedenen Registerkarten, sodass sie sich leichter auffinden lassen als in den früheren Outlook-Versionen.
Nachrichten-bereich	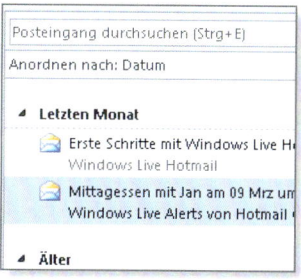	Der Nachrichtenbereich zeigt die E-Mails des jeweils geöffneten E-Mail-Ordners in einer Liste an. Er befindet sich zwischen der Ordnernavigation und dem Vorschaubereich, falls Sie diesen aktiviert haben.
Nachrichten-element	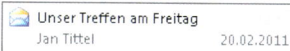	Einfach ausgedrückt, ist ein Nachrichtenelement eine E-Mail. Sie unterscheidet sich durch ihren Nachrichten- und Informationscharakter von anderen Outlook-Elementen wie Notizen, Aufgaben und Besprechungen.
Nachrichten-formular	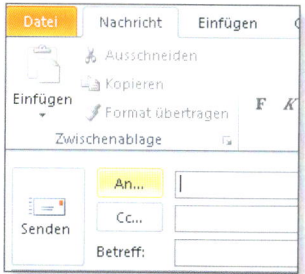	Das Nachrichtenformular ist die Vorlage zum Erstellen und Versenden von E-Mails. Es enthält Felder für Adressat und Absender, eventuelle weitere Empfänger, einen Betreff, Dateianhänge und natürlich den Text der E-Mail. Auf diese Weise haben die gesendeten und empfangenen E-Mail-Nachrichten immer dasselbe Format.

Glossar

PDF		Das Portable Document Format (PDF) ist ein plattformunabhängiges Dateiformat für Dokumente, die der Empfänger – unabhängig vom ursprünglichen Erstellungsprogramm – ohne Konvertierungsprobleme betrachten und ausdrucken können soll.
Posteingang		Der Posteingang ist ein Ordner bzw. ein Verzeichnis für eingehende Mitteilungen in einem E-Mail-Programm.
QuickStep		Mit QuickSteps zu arbeiten bedeutet, mehrere häufig durchgeführte Schritte in einem automatischen Ablauf zusammenzufassen und durch einen Klick auszuführen, z.B. eine E-Mail mit Standardtext zu beantworten und weiterzuleiten.
Regel		Mit Regeln lenken Sie eingehende Outlook-Elemente nach zuvor definierten Regeln direkt am Hauptordner **Posteingang** vorbei in einen bestimmten, z.B. für eine bestimmte Absenderadresse angelegten, Unterordner.
Registerkarte	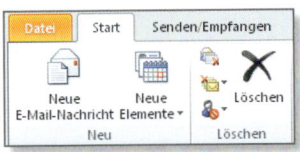	Die Registerkarten bündeln unterschiedliche Befehlsgruppen auf mehreren Ebenen, sodass alle Befehle schnell auffindbar und leicht zugänglich sind.
RSS-Feed		RSS (*Really Simple Syndication*) ist ein Format für die Veröffentlichung von kurzen Informationsblöcken, die aus einer Schlagzeile und einem Link zur Absenderseite bestehen. Wenn Sie einen solchen Feed abonniert haben, bekommen Sie in regelmäßigen Abständen Aktualisierungen, quasi wie ein Nachrichtenticker.

Schließkreuz	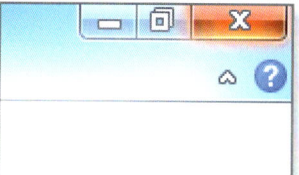	Über das Schließkreuz kann ein Programm oder eine Anwendung jederzeit beendet werden. Das Schließkreuz ist meistens in der oberen rechten Ecke des Programmfensters zu finden.
Sicherheitscenter	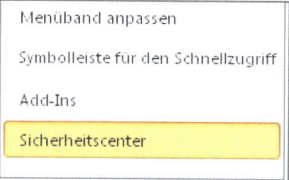	Das Sicherheitscenter ist der Ort, an dem sich die Einstellungen für Sicherheit und Datenschutz in Outlook 2010 befinden.
Sortieren		Im Nachrichtenbereich, wo Ihre E-Mails aufgelistet sind, sehen Sie mehrere Spalten, z.B. **Von** oder **Betreff**. Automatisch ist die Sortierung nach Eingangsdatum (**Erhalten**) aktiviert. Sie können aber auch eine der anderen Spalten zum Sortieren benutzen.
Statusleiste		Die Statusleiste ist die horizontale Leiste am unteren Bildschirmrand von Outlook, in der Informationen zu den Outlook-Elementen, Ihrem Status (z.B. **Verbunden**), der Fortschritt eines aktuellen Vorgangs oder Informationen zu einem ausgewählten Element angezeigt werden.
Suchen		Die Suchfunktion in Outlook ist sehr praktisch, weil Sie so alle Ihre Ordner durchsuchen können. Auf diese Weise werden auch viele E-Mails, sprich: große Datenmengen, nicht zum Problem.
Suchordner		Die Inhalte eines Suchordners haben zwar dauerhaft Bestand, enthalten aber keine Daten, sondern sind das Ergebnis der Suche. Elemente im Suchordner zu löschen heißt, dass diese wirklich gelöscht werden.

Glossar

Symbolleiste für Schnellzugriff	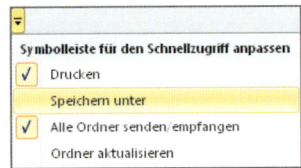	Bei dieser Symbolleiste für den Schnellzugriff handelt es sich um die kleine Leiste ganz links oben im Programmfenster. Sie enthält die wichtigsten Befehle, wie Speichern, Drucken oder Kopieren, in Form von kleinen Schaltflächen. Sie können Sie um weitere Befehle ergänzen, die Sie häufig verwenden und auf die Sie daher schnellen Zugriff brauchen.
Taskleiste		Die Taskleiste ist die horizontale Leiste unten auf dem Bildschirm von Windows 7. Sie enthält den Bereich **Start**, den mittleren Bereich, der anzeigt, welche Programme und Dateien geöffnet sind, und den Infobereich, der eine Uhr und Symbole enthält, die Sie über den Status bestimmter Programme und Computereinstellungen informieren.
Terminformular		Ein Terminformular hilft Ihnen dabei, einen Termin im Outlook-Kalender zu vermerken. Es enthält standardisierte Felder zu Beginn und Ende, Ort und Thema des Termins.
Textdatei		Eine Textdatei ist eine Datei, deren Inhalt mit einem einfachen Texteditor lesbar ist. Im Gegensatz zu anderen Dateiformaten braucht man hierfür also kein spezielles Programm.
Textformatierung	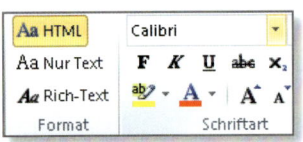	Textformatierung bedeutet, dass Sie die Attribute festlegen, mit denen der Text dargestellt wird, z.B. die Schrift, deren Größe und Farbe, besondere Hervorhebungen, aber auch Zeilenabstände oder das Seitenlayout.
Unterhaltung	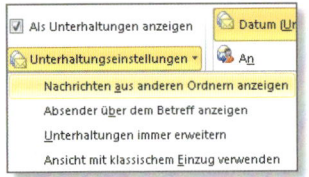	Eine Unterhaltung besteht aus mehreren E-Mails, die unter einem Betreff geschrieben und als Diskussion untereinander dargestellt werden, wobei die jeweils neueste Nachricht ganz oben angezeigt wird.

Visitenkarte	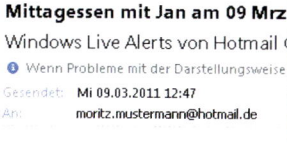	Eine Visitenkarte in Outlook enthält alle Kontaktdaten einer Person – hübsch und übersichtlich untereinander. Sie können Sie einfach mit einer E-Mail verschicken, wenn Sie die entsprechenden Kontaktdaten an Dritte weitergeben möchten, ohne sie extra abtippen zu müssen.
Vorschaubereich	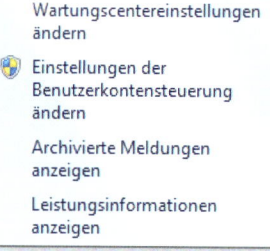	In Vorschaubereich wird der Inhalt einer E-Mail bzw. wenigstens der Anfang angezeigt. Besonders im Büro ist das oft hilfreich, da Sie nicht jede Nachricht erst mit einem Klick öffnen müssen, um sie zu lesen, und schließen müssen Sie sie hinterher auch nicht wieder.
Wartungscenter	Wartungscentereinstellungen ändern Einstellungen der Benutzerkontensteuerung ändern Archivierte Meldungen anzeigen Leistungsinformationen anzeigen	Im Wartungscenter sind verschiedene sicherheits- und wartungsbezogene Elemente des Computers zusammengefasst und werden dort überwacht. Wenn sich der Status eines Elements ändert, zeigt das System dies in der Taskleiste an.

Index

Index

Index

Index

Index

Für alle Windows-Versionen von
Starter bis Ultimate

Foto, Musik, Videos, Internet, Mail,
Netzwerk, Sicherheit u.v.m.

Mit klaren
Schritt-für-Schritt-Anleitungen

René Gäbler

Windows 7

Der umfassende Ratgeber

Was immer Sie mit Windows 7 tun wollen, hier finden Sie kompetent
Auskunft. René Gäbler zeigt und erklärt Ihnen das System mit all seinen
Möglichkeiten. Von der Installation und dem Umgang mit Dateien und
Ordnern über die Einrichtung von Hard- und Software bis hin zum
eigenen Heimnetzwerk. In Farbe, mit vielen Bildern und anhand
zahlreicher Schritt-für-Schritt-Anleitungen führt Sie René Gäbler in
diesem umfassenden Ratgeber durch Windows 7. Kompetent, praxisnah
und vollständig.

808 S., 2011, komplett in Farbe, mit DVD, 39,90 Euro
ISBN 978-3-8421-0017-6

>> www.vierfarben.de/2564

Vierfarben

Formeln und Funktionen richtig einsetzen

Verständliche und praktische Anleitungen

Über 400 Beispiele und Lösungen

Helmut Vonhoegen

Excel 2010. Formeln und Funktionen

Sie wollen eine bestimmte Aufgabe lösen, wissen aber nicht, welche Formel oder Funktion sich dafür am besten eignet? Dieses Buch führt Sie schnell zum Ziel. Alle Funktionen des Tabellenkalkulationsprogramms werden verständlich erklärt und ihre Anwendung anhand typischer Praxisbeispiele gezeigt. Das besondere Referenz-Layout sorgt dafür, dass Sie die gewünschten Informationen jederzeit schnell zur Hand haben. Mit diesem Buch meistern Sie spielend alle Probleme Ihres Excel-Alltags!

744 S., 2011, mit CD, 19,90 Euro
ISBN 978-3-8421-0006-0

>> www.vierfarben.de/2475

Word: Texte schreiben und gestalten

Excel: Rechnen und Diagramme erstellen

Outlook: E-Mails und Termine verwalten

PowerPoint: Beeindruckende Präsentationen gestalten

Frank Möller

Office 2010

Die Anleitung in Bildern

Mit Word Briefe schreiben, mit Excel rechnen, E-Mails mit Outlook verwalten oder gelungene Präsentationen mit PowerPoint erstellen – Schritt für Schritt zeigt Ihnen dieses Buch, wie Sie Office gekonnt für sich nutzen. Außerdem erfahren Sie, wie Sie Office zusammen mit dem Internet verwenden. Und das Wichtigste: All das lernen Sie mithilfe konkreter Anleitungen und anhand vieler Abbildungen.

320 S., 2011, komplett in Farbe, 12,90 Euro
ISBN 978-3-8421-0013-8

>> www.vierfarben.de/2517

Ideal zum Durcharbeiten und Nachschlagen

Alle neuen Funktionen und Features von Excel 2010

Inkl. Formeln, Funktionen, Diagramme, Datenaustausch, VBA u.v.m.

Helmut Vonhoegen

Excel 2010

Das Handbuch zur Software

In diesem Handbuch finden Sie umfassendes Excel-Wissen für den beruflichen Alltag und den privaten Einsatz – aktuell zu Excel 2010. Sie erfahren u.a., wie Sie Tabellen gestalten und Daten grafisch aufbereiten, wie Sie Formeln zur Berechnung einsetzen und Analysen erstellen oder wie Sie Ihre Excel-Daten ausdrucken und mit anderen teilen können. Auf besonders lösungsorientierte Weise lernen Sie die wichtigsten Funktionen des Programms »on the job« kennen. Dieses Buch leitet Sie Schritt für Schritt an und ist damit Nachschlagewerk und Fundgrube für praktische Tipps zugleich.

1150 S., 2011, mit CD, 19,90 Euro
ISBN 978-3-8421-0007-7

>> www.vierfarben.de/2476